Gemeinsame Kinder mit einem Narzissten?

SVEN GRÜTTEFIEN

Gemeinsame Kinder mit einem Narzissten?

Wie Sie sich im Umgang mit gemeinsamen Kindern während der Beziehung oder nach einer Trennung gegenüber dem narzisstischen Elternteil verhalten sollten

Dieser Bibliografische Information der Deutschen Nationalbibliothek:
Die Deutsche Nationalbibliothek verzeichnet diese Publikation in der
Deutschen Nationalbibliografie; detaillierte bibliografische Daten sind im
Internet über dnb.dnb.de abrufbar.

Herstellung:
BoD – Books on Demand, Norderstedt
Titelbild auf dem Cover: ©iceteastock - Fotolia.com

ISBN: 9783743102040

Inhalt

Teil 1

Gemeinsame Erziehung während einer Beziehung

Wie kann die Erziehung des gemeinsamen Kindes oder der gemeinsamen Kinder während der Beziehung mit einem Narzissten gelingen? Wo liegen die Gefahren, was sollten Sie vermeiden und worauf sollten Sie besonders achten?

1. Einführung

Eine Beziehung mit einem Narzissten ist geprägt von Höhen und Tiefen, wobei mit zunehmender Dauer die Höhen seltener und die Tiefen häufiger und schmerzhafter werden. Partner von Narzissten müssen lernen, diese Schwankungen als eine wiederkehrende Erscheinung in der Beziehung mit einem Narzissten zu akzeptieren und damit umzugehen. Empfinden sie eine zu starke Sehnsucht nach den Höhen und erwarten sie daher von dem Narzissten fortlaufend mehr Nähe, fühlt dieser sich eingeengt und stößt den Partner von sich. Klagen sie andererseits zu sehr über die Tiefen und können sie das egoistische und rücksichtslose Verhalten des Narzissten nicht verstehen und ertragen, dann empfindet der Narzisst den Protest des Partners als einen Angriff auf sein Selbstbild und wird in der Folge noch kälter und abweisender. Die Partner fühlen sich dann immer weniger gesehen, ernst genommen und geliebt. Sie steigern ihre Bemühungen, die extremen Schwankungen zwischen den Höhen und Tiefen zu verringern, immer weiter in der Hoffnung, den Narzissten endlich zufrieden stellen und besänftigen zu können. Erkennen die Partner nicht die dahinterliegenden Muster sowie die Ängste und Motive des Narzissten, dann verzweifeln sie an seiner Selbstherrlichkeit und finden keinen Ausweg.

Nicht selten soll dann durch ein gemeinsames Kind ein Ausgleich hergestellt werden, um dem aufreibenden Leben zwischen Hoffnung und Enttäuschung eine neue Perspektive und mehr Stabilität zu geben. Da der Partner von dem Narzissten nicht hinreichend das Gefühl bekommt, akzeptiert zu werden, und sich in der Beziehung einsam fühlt, kann ein Kinderwunsch besonders stark werden. Der Schmerz darüber, vom Narzissten nicht beachtet zu werden und scheinbar keine wesentliche Bedeutung für ihn zu haben, soll durch die Liebe des Kindes kompensiert werden. In diesem Fall soll das Gefühl, vom Kind gebraucht und geliebt zu werden, die fehlende Liebe des Narzissten ersetzen. Dann liegt dem Partner mehr daran, sein eigenes Leben zu bereichern als das seines Kindes.

Der Partner hofft aber möglicherweise auch, dass sich der Narzisst nach der Geburt eines Kindes mehr der Familie zuwendet und anfängt, Verantwortung zu übernehmen. Die Stabilität einer Familie soll die Sprunghaftigkeit des Narzissten eindämmen und ihn zu mehr Verlässlichkeit zwingen. Die Partner glauben dann, dass sich der Narzisst am Tag der Geburt in einen anderen Menschen verwandeln und zu den Tugenden zurückfinden wird, die er am Anfang der Beziehung gezeigt hat oder die man von einem pflichtbewussten Elternteil erwarten darf.

Dies sind natürlich schlechte Voraussetzungen für ein Kind: Es bekommt die Aufgabe übertragen, entweder den Partner glücklich oder aus dem Narzissten einen ordentlichen Menschen zu machen, um so die belastete Beziehung der Eltern zu retten. Doch ein Kind kann natürlich auch während der Hochphase einer Beziehung entstehen, in der sich beide Elternteile aus vollen Herzen ein Kind wünschen. Meist entsteht dieser Wunsch am Anfang der Beziehung mit einem Narzissten, wenn er sich noch im allerbesten Licht präsentiert und der Partner nicht ahnen kann, wohin das Schiff steuern wird. Für beide ist das gemeinsame Kind dann ein wichtiger Beitrag dazu, diesen vollkommenen Bund für alle Zeiten zu besiegeln. Das Kind soll die Manifestation eines unfassbar schönen Traums und die Krönung einer scheinbar idealen Liebe sein.

Die Partner müssen aber sehr schnell feststellen, dass die erhoffte Wirkung nach der Geburt des Kindes ausbleibt: Entweder zeigt der Narzisst plötzlich sein wahres Gesicht und mit den romantischen Stunden der Zweisamkeit ist es schlagartig vorbei oder – sofern die Beziehung schon länger besteht – verharrt in seinen starren und unflexiblen Strukturen und ändert sein Verhalten auch unter den veränderten Gegebenheiten nicht. Sein unberechenbares, abweisendes und niederträchtiges Verhalten ist auch nach der Geburt des Kindes an der Tagesordnung und der Narzisst sieht keine Notwendigkeit, nun plötzlich sein aus seiner Sicht ohnehin vorbildliches Benehmen zu verändern.

Somit gerät auch das Kind unweigerlich in den Sog des Narzissten und wird von der Unberechenbarkeit, der Unzuverlässigkeit, der Selbstsucht und dem mangelnden Einfühlungsvermögen des narzisstischen Elternteils in seiner Entwicklung massiv gestört. Der Narzisst denkt überhaupt nicht daran, sein launisches und egoistisches Verhalten zu ändern und aus Rücksicht zu dem Kind mehr Beständigkeit zu zeigen sowie mehr Wärme und Nachsicht zu versprühen. Da er von seiner Großartigkeit überzeugt ist und davon, alles was er sagt und macht sei perfekt, wird er sich fortan als ausgewiesener Experte für pädagogische Fragen aufspielen und den Partner darüber unterrichten, wie eine gute Erziehung auszusehen hat.

In den meisten Fällen wird der Partner mit der Erziehung allein gelassen, während sich der narzisstische Elternteil seinen Interessen widmet und seinen Einfluss lediglich aus dem Hintergrund ausübt, der dann allerdings schon ausreicht, um das Familienleben gehörig aus der Bahn zu werfen. In den meisten Fällen gehen nämlich die Ansichten der Eltern über eine förderliche Erziehung erheblich auseinander, wobei der Narzisst die Meinung des Partners überhaupt nicht ernst nimmt, während er seine Prinzipien zum Maß aller Dinge erhebt.

Meist ist es der narzisstische Elternteil, der mit seinem überheblichen Vorgehen, seiner wenig einfühlsamen Art und seinen zweifelhaften Ansichten und Methoden eine günstige Erziehung behindert. Ein Kind braucht für seine gesunde Entwicklung das unablässige Gefühl von Sicherheit und Geborgenheit. Es braucht die allgegenwärtige Aufmerksamkeit und Liebe der Eltern, sonst kann es sich nicht stabil entwickeln. So sehr jedoch der eine Elternteil dieses Grundprinzip im Alltag auch umzusetzen versucht: Er wird darin von dem narzisstischen Elternteil gestört oder davon abgehalten.

Mit einem narzisstischen Elternteil ist kein Gleichklang in der Erziehung zu erzielen – eher ist zu erwarten, dass jeder gutgemeinte Ansatz von dem narzisstischen Elternteil sabotiert wird. Während die Partner in der Regel um einen durchaus vernünftigen Erziehungsstil bemüht sind und dem Kind Liebe und Geborgenheit schenken wollen, zeichnet sich der narzisstische Elternteil durch Strenge, Intoleranz und Unnahbarkeit auf, um das Kind auf Distanz zu halten und es seinem Willen zu unterwerfen. Das Kind erlebt dann einen emotionalen Missbrauch, der vom anderen Elternteil meistens in Form von Nachgeben und Schweigen toleriert und somit passiv unterstützt wird. In der Hoffnung, durch ihren Gehorsam dem Kind Schutz gewähren zu können, dulden betroffene Elternteile den autoritären Erziehungsstil des Narzissten, ohne sich dabei bewusst zu sein, wie viel Schaden sie durch ihre Unterordnung dem Kind zusätzlich zufügen.

Betroffene Elternteile müssen oft eine enorme Belastung aushalten, reiben sich zwischen dem Willen des narzisstischen Elternteils und den eigenen Werten und Überzeugungen auf und müssen meist strategisch und sehr geschickt operieren, um das Kind vor den Entgleisungen, übertriebenen Forderungen und emotionalen Angriffen des narzisstischen Elternteils zu schützen. Die unsachgemäße und oft gegenläufige Beteiligung des Narzissten an der Erziehung macht betroffenen Elternteilen das Leben doppelt schwer, weil sie weitgehend allein die Aufgabe bewältigen müssen, dem Kind dauerhaft emotionale Sicherheit und Geborgenheit zu gewähren.

Wollen betroffene Elternteile die Fahrt durch diese raue See überstehen, dann hilft nur die konsequente Abgrenzung gegenüber dem narzisstischen Elternteil, um auf diese Weise einen verständnisvollen Gegenpol für das Kind zu schaffen und somit das Kind nicht nur zu schützen, sondern diesem auch als Vorbild zu dienen. Das Kind kann überhaupt nur durch das autonome Verhalten des anderen Elternteils die krankhaften Anteile des Narzissten erkennen und lernen, dass es sich nicht verantwortlich für die unpassenden Reaktionen des narzisstischen Elternteils fühlen muss.

Wie dies gelingen kann, soll der Inhalt dieses Buches sein. Es beschreibt, welche Bedingungen für ein Kind wichtig sind, damit es sich gesund entwickeln kann, welche negativen Eigenschaften eines Narzissten der Förderung des Kindes entgegenwirken, wie der Konflikt der Eltern die Erziehung belastet und welche unüberwindbaren Schwierigkeiten von einem narzisstischen Elternteil bei der gemeinsamen Erziehung ausgehen. Es werden die Grenzen und Gefahren aufgezeigt, aber auch die Möglichkeiten, die betroffene Elternteile haben, einen vernünftigen Ausgleich für das Kind zu schaffen und dem Kind trotz widriger Umstände eine gute Erziehung angedeihen zu lassen und eine schöne Kindheit zu ermöglichen.

2. Ideale Voraussetzungen für das Kind

Bevor man sich intensiver mit dem Thema beschäftigt, wie die Erziehung eines gemeinsamen Kindes mit einem narzisstischen Partner gelingen und man das Kind vor dem destruktiven Verhalten des Narzissten schützen kann, sollte man sich zunächst ein Bild davon machen, wie eine gute und förderliche Erziehung sowie optimale Rahmenbedingungen für ein Kind aussehen. Indem man sich das Idealbild vor Augen führt, kann man die groben Abweichungen davon durch die unvorteilhaften narzisstischen Erziehungsprinzipien und das mangelnde Einfühlungsvermögen des Narzissten wahrnehmen.

Die wichtigste Voraussetzung für die gesunde Entwicklung eines Kindes ist die kontinuierliche Gewährung von Schutz und Geborgenheit durch die Eltern. Das Kind kann nur dann eine selbstbewusste und stabile Persönlichkeit entwickeln, wenn neben der leiblichen Versorgung auch seine emotionalen und sozialen Bedürfnisse befriedigt werden. Schenken die Eltern dem Kind emotionale Sicherheit, dann wächst das Selbstvertrauen des Kindes und das Vertrauen des Kindes in seine unmittelbare Umgebung. Es entsteht ein Urvertrauen und das Kind wird mutig auf seine Welt zugehen, leicht Kontakt zu anderen finden, neugierig experimentieren und Freude am Leben entwickeln. Das Kind wird später eine angemessene Bindung zu anderen Menschen eingehen, Nähe zulassen und vertrauen können.

Die Basis für ein starkes und gesundes Selbstbewusstsein wird in den ersten Lebensjahren eines Kindes gelegt. Hier entscheidet sich, wie sich ein Kind im Vergleich zu anderen wahrnimmt. Erfährt das Kind vorrangig Vernachlässigung, Ignoranz, Abwertung, Demütigung oder körperliche Gewalt, dann verliert es rasch den Glauben an sich und seinen Wert als Mensch. Das Kind kann weder seine Anlagen und Talente in einem negativen Umfeld entwickeln noch fühlt es sich sicher und geborgen. Es braucht einen respektvollen und verständnisvollen Umgang, der ihm zeigt, dass es mit seinen Bedürfnissen gesehen und angenommen sowie in seinen Begabungen gefördert wird. Damit sich ein Kind entfalten kann, braucht es die Achtung und den Schutz der Erwachsenen, die es ernst nehmen, wertschätzen und ihm ehrlich dabei helfen, in seinem Leben eine Orientierung zu finden.

Erfährt es hingegen eine gegenteilige und entwicklungshemmende Behandlung – wird es manipuliert, gekränkt oder geschlagen –, dann muss es ständig Furcht vor seinen Eltern haben, fühlt sich nicht sicher und ist permanent damit beschäftigt, sich vor den entwürdigenden Angriffen der Eltern zu schützen. Durch diese Angst fixiert sich das Kind sehr stark auf alle Regungen seiner Eltern, verliert seine eigenen Bedürfnisse aus den Augen, orientiert sich ausschließlich am Willen der Eltern und kann zu sich selbst keine gesunde Beziehung aufbauen.

Die normale Reaktion eines Kindes auf eine lieblose Behandlung der Eltern wäre Wut, Trotz oder Trauer. Diese Gefühle kann das Kind aber nicht äußern, weil es dann Bestrafungen durch die Eltern fürchten muss, die das Leid nur noch vergrößern würden. Also werden die Gefühle verdrängt, damit das Kind diese zusätzlichen Schmerzen nicht ertragen muss. Diese verdrängten Gefühle finden dann später in anderer Weise ihren Ausdruck: entweder in zerstörerischen Aktionen gegenüber anderen (z. B. Entwertungen, Aggressionen, Missbrauch, Kriminalität, Sadismus, Gewalt) oder gegen sich selbst (z. B. autoaggressives Verhalten, Drogensucht, Alkoholismus, soziale Isolation, psychosomatische Beschwerden, Suizid). Oft werden im späteren Leben zum Abbau der inneren Spannungen wiederum die Partner oder die eigenen Kinder für die erlebten Gräueltaten in der Kindheit misshandelt.

Daher ist es so wichtig, dass Eltern ihrem Kind bestmögliche Rahmenbedingungen ermöglichen und sich ihres eigenen Verhaltens und ihrer Wirkung auf das Kind stets bewusst sind, um dem Kind in jeder Hinsicht und zu jedem Zeitpunkt die emotionale Sicherheit zu geben, die es benötigt, um eine stabile Persönlichkeit entwickeln zu können. Folgende Kriterien sind dabei besonders wichtig:

Emotionale Wärme

Kinder brauchen die Aufmerksamkeit und Liebe der Eltern. Nur wenn sich die Eltern dem Kind liebevoll zuwenden, gemeinsam Zeit mit ihm verbringen und eine wohlwollende und vertrauensvolle Atmosphäre aufbauen, kann sich ein Kind sicher und geborgen fühlen. Es muss sich der Liebe der Eltern jederzeit uneingeschränkt sicher sein und es muss sich darauf verlassen können, von den Eltern stets in seinen Bedürfnissen unterstützt zu werden. Ohne die positive Zuwendung der Eltern kann das Kind nicht lernen, sich selbst zu lieben, weil es durch seine wichtigsten Bezugspersonen nicht erfährt, liebenswert zu sein.

Zuneigung kann besonders durch Körpernähe zum Ausdruck gebracht werden, indem das Kind in den Arm genommen wird, indem man durch sein Haar fährt oder mit ihm liebevoll kuschelt. Zuneigung entsteht, wenn man sich Zeit für das Kind nimmt und sich intensiv sowie regelmäßig mit dem Kind beschäftigt. Es kann dann entsprechend seiner Entwicklungsstufe gefördert, zu Fortschritten ermuntert und für erfreuliche Resultate gelobt werden. Das Kind braucht den einfühlsamen Austausch mit den Eltern, ihre Resonanz, Bestätigung, aber auch die verständnisvolle Auseinandersetzung. Das Kind muss sich in den Reaktionen und im Verhalten der Eltern spiegeln und auf diese Weise auf seinen eigenen Wert schließen können.

Dafür müssen die Eltern dem Kind in der gemeinsamen Zeit kein exzessives Animationsprogramm bieten und jede freie Minute ihm verbringen. Es reicht, wenn das Kind weiß, dass die Eltern jederzeit verfügbar sind, sobald es ein Problem hat oder eine Frage stellen möchte. Eltern sollten sich in solchen Momenten voll und ganz dem Kind widmen und ihm ihre ganze Aufmerksamkeit schenken. Die Eltern sollten dem Kind zuhören, sich zu ihm setzen und Augenkontakt oder Körpernähe herstellen. Das Kind sollte das Gefühl bekommen, dass sein Anliegen ernst genommen wird und die Eltern auf seine Bedürfnisse eingehen. Auf diese Weise fühlt es sich angenommen. Kleine Kinder brauchen in einem solchen Fall unverzüglich den Kontakt zu den Eltern – sie können ihre Bedürfnisse noch nicht aufschieben. Ältere Kinder hingegen verstehen es auch, wenn sie mal warten müssen.

Bei der Erziehung des Kindes ist weniger die Quantität als vielmehr die Qualität entscheidend. Wird auf das Kind nicht wirklich eingegangen, sondern werden seine Bedürfnisse nur oberflächlich befriedigt, dann fühlt es sich missachtet und in seiner Person nicht ausreichend wahrgenommen und wertgeschätzt. Umso mehr wird es sein Bedürfnis nach Aufmerksamkeit und Nähe einfordern oder es zieht sich in seine eigene Welt zurück. Stellt sich das Kind offen und aggressiv gegen die Wünsche und Anweisungen der Eltern, wird der Druck von den Erwachsenen meist erhöht. Statt dem Kind in solchen Situationen zuzuhören, um es zu verstehen, werden harte Konsequenzen angedroht, sofern das Kind nicht unverzüglich zu einem akzeptablen Verhalten zurückkehrt. Für die Eltern steht dann im Vordergrund, selbst vom Kind ernst genommen zu werden und den Respekt zu erhalten, den sie glauben zu verdienen, den sie aber im umgekehrten Fall weniger bereit sind zu gewähren. Die Eltern sind in einer solchen Situation vorrangig damit beschäftigt, ihre Macht gegenüber dem Kind zu verteidigen, als dem harmlosen Bedürfnis des Kindes nach Aufmerksamkeit nachzukommen. Aus dieser Tatsache heraus entwickelt sich häufig ein Teufelskreis, in dem sich das Kind immer weniger beachtet fühlt, immer mehr Zuwendung einfordert und immer mehr Zurechtweisungen, Ablehnung und Bestrafungen erfährt.

Verlässlichkeit und emotionale Sicherheit

Das Gefühl von Geborgenheit und Sicherheit entsteht, wenn das Kind in der gemeinsamen Zeit mit seinen Bezugspersonen Stabilität erlebt. Wenn sein Alltag in einem festen Rhythmus verläuft, wenn Ereignisse vorhersehbar sind, wenn Zusagen eingehalten werden und wenn es sich nicht ständig auf neue Umstände einstellen muss und enttäuschende Überraschungen erlebt, erfährt es emotionale Sicherheit durch ein hohes Maß an Verlässlichkeit.

Diese Verlässlichkeit kann durch feste Rituale geschaffen werden.

Rituale vermitteln durch ihren immer wiederkehrenden gleichen Ablauf eine gewisse Planbarkeit. Feste Gewohnheiten wie z. B. das gemeinsame Essen am Tisch, das tägliche Vorlesen vor dem Schlafengehen, das gemeinsame Bad oder der Spieleabend mit der ganzen Familie schaffen Vertrautheit und sorgen dafür, dass sich das Kind behütet fühlt. Durch die regelmäßige Wiederholung bekannter Abläufe erfährt das Kind ein Gefühl der Sicherheit, weil es weiß, was passiert und wie es ablaufen wird.

Wertschätzender und respektvoller Umgang

Um sich selbst mögen und zu sich selbst eine positive Einstellung aufbauen zu können, muss ein Kind das Gefühl haben, von seinen Eltern vorbehaltlos geliebt zu werden. Das Kind kann sich nur über seine Eltern erfahren und nur dann einen Wert für seine Person entwickeln, wenn auch die Eltern dem Kind einen Wert beimessen. Nur aus der Art und Weise, wie es von den Eltern behandelt wird, kann es darauf schließen, ob es liebenswert oder ungeliebt ist.

Die Eltern sollten daher ihr Kind bedingungslos annehmen – so, wie es nun einmal ist. Das bedeutet aber nicht, dass das Kind nicht kritisiert oder korrigiert werden darf. Natürlich muss ein Kind lernen, was unerwünscht ist und wo Grenzen sind. Wenn Eltern ihr Kind verbessern müssen, dann sollte dies aber in einer respektvollen Art und Weise geschehen und sie sollten klarstellen, dass das Kind nur für ein situatives Verhalten kritisiert wird und niemals als ganze Person. Das Kind sollte lernen und sich bewusst werden, dass es sich in einer bestimmten Situation nicht korrekt verhalten und eine Grenze überschritten hat. Es sollte aber gleichzeitig auch lernen, dass es Fehler machen darf, sie hinterher korrigieren kann und deshalb nicht gleich in seiner ganzen Person abgewertet wird.

Die Eltern sollen dem Kind helfend zur Seite stehen, ohne seine Persönlichkeit zu verletzen oder zu sehr einzuschränken. Dazu sollten die Eltern das Kind ernst nehmen, auf seine Wünsche und Bedürfnisse eingehen und die Motive für sein Verhalten erkennen. So stößt das Kind auf verständnisvolle Resonanz und ist dann auch leichter in eine andere Richtung zu führen. Nur dann, wenn es darunter leidet, dass es nie oder viel zu selten mit seinen Bedürfnissen gesehen wird, muss es sich immer wieder zeigen, sich unangepasst verhalten oder laut werden, um Aufmerksamkeit zu bekommen. Dann wird es regelmäßig gegen den Willen der Eltern vorgehen, nur damit sich die Eltern dem Kind zuwenden. Fühlt es sich hingegen grundsätzlich angenommen und respektiert, kann es auch leichter mit einem Verbot oder mit Kritik der Eltern umgehen.

Das Kind kann seine Eltern nur ernst nehmen und ihren Anweisungen folgen, wenn es sich selbst von den Eltern ernst genommen fühlt. Solange es das Gefühl hat, dass man sich mit ihm achtsam beschäftigt, kann es auch eher ein Nein akzeptieren. Das Kind ernst zu nehmen bedeutet jedoch nicht, dem Kind zu gehorchen und alles durchgehen zu lassen. Es bedeutet, sich mit dem Kind auseinanderzusetzen und seine Bedürfnisse als denen der Erwachsenen gleichwertig zu betrachten. Eltern können durchaus gegen den Willen des Kindes entscheiden, sie sollten die Entscheidung dem Kind aber vernünftig erklären.

Letztlich haben die Eltern immer das letzte Wort, und das muss auch in vielen Situationen so sein, weil es dem Kind an Wissen und Erfahrung mangelt. Ein Kind kann lernen, den Willen der Eltern zu respektieren, wenn die Eltern bereit sind, dem Kind zuzuhören und seine Bedürfnisse gegen die eigenen Wünsche oder die Umstände abzuwägen.

Viele Eltern fürchten sich aber vor den Konsequenzen ihres Neins und neigen dann dazu, dem Kind zu viel Entscheidungsfreiheit einzuräumen, sich an der Stimmung des Kindes zu orientieren und einem Konflikt möglichst aus dem Weg zu gehen. Sie wollen das Kind nicht enttäuschen oder frustriert zurücklassen und verhalten sich aus diesem Grund oft unentschlossen, halbherzig und unüberlegt. Das Kind spürt aber diese Unsicherheit und wird das Zögern und die Unentschlossenheit der Eltern zum eigenen Vorteil nutzen.

Eltern meiden das Aufstellen von klaren Grenzen, weil sie Angst davor haben, vom Kind abgelehnt zu werden. Diese Gefahr besteht für einen Elternteil in ganz besonderem Maße, wenn er mit einem Narzissten liiert ist. Da er ohnehin nicht viel positive Zuwendung von dem Narzissten erfährt und permanent durch dessen Abwertungen verletzt wird, möchte der Elternteil es sich nicht auch noch mit dem Kind verscherzen. Vom Kind erhofft sich dann dieser Elternteil die Zuwendung und Liebe, die es vom narzisstischen Partner nicht bekommt. Eine Abweisung seitens des Kindes wäre dann nur sehr schwer zu ertragen.

Manchmal sind gerade die schroffen und unnachgiebigen Reaktionen des Narzissten dem Kind gegenüber der Auslöser dafür, dass der andere Elternteil dem Kind als Ausgleich Toleranz und Wohlwollen zukommen lässt, damit das Kind nicht nur auf Ablehnung stößt, sondern auch Zuwendung erfährt. Das kann in manchen Situationen tröstend für das Kind sein – ist aber nicht immer der richtige Weg. Denn letztlich wird das Kind darin unterstützt, den einen Elternteil für seine Großzügigkeit zu lieben und den anderen für seine Borniertheit zu hassen, was in der Folge zu Konflikten in der Familie führen wird.

Struktur, Regeln und Grenzen

Das Kind muss lernen, Grenzen zu akzeptieren. Solange es die Grenzen nicht gezeigt bekommt, wird es immer wieder Grenzen überschreiten und sich wenig kooperativ zeigen. Um jedoch Grenzen aufzuzeigen, muss das Kind von Zeit zu Zeit leider enttäuscht werden. Das Kind kann noch nicht wissen, was richtig und was falsch ist. Bei dem Konflikt zwischen dem, was das Kind will, und dem, was das Kind darf, muss es von den Eltern liebevoll begleitet werden.

Das Kind kommt ohne moralische Wertvorstellungen auf die Welt, die Regeln und Gebräuche der Gesellschaft muss es erst nach und nach lernen. Wie das soziale Miteinander funktioniert, müssen die Eltern dem Kind durch Regeln, Verbote und Gebote vermitteln. Hierzu sollten Eltern mit gutem Beispiel vorangehen und durch einfühlsame Gespräche und sinnvolle Erklärungen auf das Kind einwirken. Ein Kind kann sich nur adäquat in der Gesellschaft bewegen, wenn es die Werte und Regeln gelernt und akzeptiert hat und wenn es dadurch nicht in einen Konflikt mit den eigenen Bedürfnissen gerät.

Das Setzen von Grenzen ist immer ein Balanceakt, weil Eltern auf der einen Seite zwar dem Kind unnötige Enttäuschungen durch ein Übermaß an Verboten ersparen möchten, auf der anderen Seite aber dem Kind auch eine Orientierung geben müssen und daher gezwungen sind, gegen den Willen des Kindes zu entscheiden. Das Kind kann aber von sich aus die Grenzen noch nicht erkennen; es braucht die nachsichtige Führung der Eltern. Auch hier ist wieder ein besonnenes Mittelmaß notwendig: Erfährt das Kind zu viele Grenzen, weil die Eltern kleinlich und sehr genau sind oder weil sie dem Kind nichts zutrauen, dann fühlt sich das Kind eingeschränkt und kann sich nicht so entfalten, wie es seiner Entwicklung förderlich wäre. Erfährt es hingegen gar keine Grenzen und wird ihm alles gewährt, dann lernt es, sich alles erlauben zu können, und der Aufbau sozialer Kompetenzen wird behindert. Es neigt dann zu Überheblichkeit, Egoismus und Selbstüberschätzung und kann einen übertriebenen Anspruch dem Umfeld gegenüber entwickeln.

Daher sollten folgende Punkte beachtet werden:

- Grenzen müssen klar abgesteckt werden, um dem Kind eine Orientierung zu geben.
- Die Grenzen müssen konstant sein und dürfen sich nicht ständig verschieben.
- Das Einhalten von Regeln und Absprachen muss für beide Seiten gelten, d. h., die Eltern haben sich genauso an die Regeln zu halten wie das Kind.
- Werden Grenzen überschritten, müssen angekündigte Konsequenzen auch durchgeführt und dürfen nicht nur angedroht werden.
- Die Eltern sollten sich gegenseitig bei der Einhaltung von Regeln und Absprachen unterstützen, damit sie vom Kind nicht gegeneinander ausgespielt werden können.
- Wurde eine sinnvolle Entscheidung gegen den Willen des Kindes verkündet, dann sollte darüber nicht mehr diskutiert werden. Das Kind muss lernen, die Entscheidung der Eltern zu respektieren.

Die Eltern tragen für das Kind die Verantwortung und das Kind wäre ohne die Eltern hilflos. Das bedeutet, dass die Eltern Macht über das Kind haben, es daher zwangsläufig ein Gefälle zwischen Eltern und Kind gibt und gar keine gleichberechtigte Beziehung möglich sein kann. Die Beziehung wird letztlich durch Hierarchie bestimmt. Diese Macht kann zum Wohle des Kindes ausgeübt werden, sie kann aber auch dazu benutzt werden, sich über das Kind zu stellen, es zu vernachlässigen, es zu verletzen oder auszubeuten. Die Eltern allein haben es in der Hand, wie sie mit ihrem Kind umgehen und welche Form der Erziehung das Kind erfährt. Das Kind kann sich nicht dagegen wehren und muss annehmen, dass alles, was die Eltern tun und ihm schenken, zu seinem Wohle ist.

Das Kind zu Kooperationen ermuntern

Das Kind ist zwar Teil der Familie, kann aber nur dann vollständig integriert werden, wenn es lernt, im Rahmen seiner Möglichkeiten und entsprechend seinem Entwicklungsstand einen Beitrag zum Familienleben zu leisten. Soll es sich als einen Teil der Familie erleben, so muss es auch eine Aufgabe zugeordnet bekommen. Das können kleine Aufgaben sein, wie z. B. beim Backen oder Kochen zu helfen, abends den Tisch für das Abendbrot zu decken oder den kleineren Geschwistern beim Anziehen zu helfen. Das Kind sollte über diese Aufgaben allmählich lernen, im Rahmen seiner Möglichkeiten Verantwortung zu übernehmen.

Erhält es hingegen keine Aufgaben und wird dem Kind immer alles aus der Hand genommen, so muss es zu der Einstellung gelangen, dass es wohl nicht gebraucht wird und keinen Beitrag leisten kann. Es entwickelt dann starke Minderwertigkeitsgefühle, weil ihm offenbar nichts zugetraut wird. Erhält es dagegen Aufgaben, mit denen es überfordert ist, erlebt es ständig ein Scheitern und muss zudem noch die Kritik und Vorwürfe der Eltern aushalten. Auch in diesem Fall kann es kein gesundes Gefühl für den eigenen Wert und die eigene Leistungsfähigkeit aufbauen.

Eltern sollten das richtige Verhältnis zwischen Forderung und För-

derung finden und ihr Kind entsprechend seinem Entwicklungsstand in das Alltagsleben der Familie durch die Übertragung von
Aufgaben einbinden, um dem Kind auf diese Weise das Gefühl zu
geben, gebraucht zu werden und für die Familie eine wichtige Hilfe
zu sein. So kann ein Kind seinen Stellenwert innerhalb der Gesellschaft – in diesem Fall innerhalb der Familie – erfahren.

Das Kind fördern und stärken

Ein Kind sollte eine anregende Umgebung geboten bekommen. Es
soll die Möglichkeit erhalten, mit Spielsachen oder geeigneten Ma-
terialien seine eigenen Erfahrungen machen zu dürfen, seine Fähigkeiten auszuprobieren und seine Fertigkeiten und seine Kreativität
zu trainieren. Das Kind sollte aber nicht mit Spielzeug überhäuft
werden oder durch andere stimulierende Reize wie Fernsehen oder
Internet überfrachtet werden. Es reicht oft, wenn es sich mit wenigen
Dingen beschäftigt, um sinnliche Erfahrungen zu machen und seine
Fantasie anzuregen.

Dabei sollten die Erwartungen an das Kind stets realistisch sein.
Das Kind sollte nicht überfordert werden, weil es dann mit dem
Gefühl der Minderwertigkeit konfrontiert wird, was bei entsprechender Regelmäßigkeit das Kind dazu führt, sich in Zukunft entweder nichts mehr zuzutrauen oder einen übertriebenen Ehrgeiz zu
entwickeln, weil es allen zeigen möchte, wie gut es in Wirklichkeit
ist. Daher wird es sich im späteren Leben die Anerkennung holen,
die es von den eigenen Eltern nie bekommen hat. Wenn das Kind
nun hingegen unterfordert wird, kann es weder seine Fähigkeiten
und Talente entdecken und richtig ausbauen noch seine Grenzen
erfahren. Es bekommt kein wirkliches Gespür für das eigene Können und wird dadurch im späteren Leben für Fremdbeeinflussungen
anfällig sein und auf Irrwege gelangen.

Auf die eigenen Bedürfnisse achten

Alle Eltern benötigen Zeit für sich als Paar oder auch mal ganz für sich allein. Um Kraft für die Erziehung zu haben und sich mit voller Aufmerksamkeit dem Kind widmen zu können, sollten Eltern auf die eigenen Bedürfnisse achten. Eltern brauchen Zeit für sich, um sich auch auf der Paarebene durch gemeinsame Erlebnisse Beachtung und gegenseitige Wertschätzung zu schenken. Idealerweise sollten sich Eltern in ihrer Zeit zu zweit gegenseitig verwöhnen und sich auch mal etwas gönnen. Nur wer genügend Lebensenergie hat, kann ruhig und gelassen in der Erziehung reagieren. Daher sollten Eltern regelmäßig freie Abende einplanen und gemeinsam Dinge unternehmen, an denen beide Spaß haben. Ist die gemeinsame Zeit geprägt von Konflikten, Kränkungen und Machtkämpfen, finden keine Entspannung und keine Erholung statt, die für die bevorstehenden Erziehungsaufgaben so wichtig wären.

Eltern müssen nicht perfekt sein

Das sind die wesentlichen Punkte, auf die man bei einer guten Erziehung achten sollte. Natürlich wird es nicht immer möglich sein, sich in jeder Situation an diese Empfehlungen zu erinnern und in jedem Moment wie aus dem Lehrbuch zu reagieren. Jedes Elternteil bringt seine eigenen Persönlichkeitsanteile, seine unbewussten Verhaltens- und Reaktionsmuster, seine eigenen Werte und Überzeugungen, seine Schwächen und Gewohnheiten sowie seine Ängste und seelischen Wunden mit, die ihn daran hindern können, die aufgeführten Kriterien jederzeit einzuhalten. Wenn es sich um Ausnahmen handelt, ist das auch überhaupt kein Problem; ein Kind kann bis zu einer gewissen Grenze mit Enttäuschungen umgehen und unvorteilhaftes Verhalten der Eltern verkraften. Wenn jedoch der Erziehungsstil überwiegend durch unpassendes, liebloses, negatives, abwertendes, verletzendes und desinteressiertes Verhalten gekennzeichnet ist, kommt es zwangsläufig zu einer gestörten Entwicklung des Kinds.

Da es keine perfekten Eltern gibt, wird jedes Kind in seiner Kindheit Frustrationen erleben. Das wird gar nicht anders möglich sein. Die besten Eltern werden nicht alle Wünsche und Bedürfnisse ihres Kindes befriedigen können – und wenn sie sich noch so viel Mühe geben. Selbst die belesensten und aufmerksamsten Eltern werden die Seele ihres Kindes niemals ganz verstehen und unbeabsichtigt Fehler machen. Es ist aber nicht die Enttäuschung an sich, die bei einem Kind zu psychischen Störungen führt, sondern die Fähigkeit, seinen Kummer zu verarbeiten. Wenn das Kind mit dem erlittenen Schmerz allein gelassen wird, findet es keine geeignete Methode, mit der leidvollen Erfahrung angemessen umzugehen, und muss daher diesen Konflikt verdrängen. In solchen Situationen sollten Eltern spüren, dass sie einen Fehler gemacht haben und das Kind nun leidet und inneren Spannungen ausgesetzt ist, die es nicht alleine lösen kann. Eltern sollten sich dann ihrem Kind widmen und beruhigend und unterstützend auf das Kind einwirken. Es bedarf natürlich der Selbstreflexion, um zu erkennen, dass man dem Kind durch das eigene Verhalten geschadet hat und dass es jetzt vor einem Dilemma steht. Es bedarf der Fähigkeit, sich einen Fehler eingestehen zu können, was manchen Eltern zuweilen schwerfällt und wodurch die Chance versäumt wird, folgenreiche Erziehungsmängel auszugleichen.

Eltern erwarten meist die bedingungslose Gefolgschaft des Kindes und halten sich für überlegen und schlau – ganz besonders, wenn es sich bei einem Elternteil um einen Narzissten handelt. Das Kind wagt dann nicht, die Eltern anzuklagen und sich über ihre Behandlungsweise zu beschweren, um auf diese Weise seinen Schmerz gegenüber den Eltern auszudrücken. Es fürchtet die Konsequenzen, die entstehen könnten, wenn es sich gegen die Eltern auflehnt, und bleibt daher in vielen Fällen mit seinem Kummer schweigend zurück.

Somit bleibt dem Kind nichts anderes übrig, als seine Gefühle zu verdrängen, die sich dann in den Tiefenschichten seines Unbewussten festsetzen und erhalten bleiben. Diese Gefühle lösen sich niemals von alleine auf, sondern richten sich später gegen das Kind selbst oder gegen andere. Da die Eltern gegenüber dem Kind in der Regel damit argumentieren, dass ihre Vorgehensweise nur zum Besten des Kindes sei, und daher ihre Erziehungsmethoden nicht in Frage gestellt werden dürfen, muss das Kind mit der Annahme aufwachsen, dass seine Gefühle wohl unpassend sind. Es lernt, dass es Frustrationen ertragen muss, um auf das Leben vorbereitet zu sein, und dass es seine Gefühle abspalten muss. Es darf nicht weinen, weil es stark werden soll, und es darf keine Wut zeigen, weil es sich nicht respektlos und unerzogen verhalten soll. Auf diese Weise muss das Kind einen Teil seiner Persönlichkeit ablehnen und wächst mit einem inneren Zwiespalt auf, der sich im späteren Leben durch anormale Verhaltens- und Reaktionsweisen zeigen wird.

3. Wie wirken sich die Eigenschaften eines Narzissten auf die Erziehung aus?

Im vorangegangenen Abschnitt wurden die Kriterien einer optimalen Erziehung beschrieben, die jedoch im täglichen Umgang mit dem Kind selten vollständig umgesetzt werden können. Eltern machen auch Fehler und nicht immer sind die Ruhe und Gelassenheit vorhanden, die nötig wären, um sich dem Kind ausschließlich zuwenden zu können. Alltagssorgen, Erschöpfung, natürliche Stimmungsschwankungen, Stress am Arbeitsplatz und Konflikte mit dem Partner oder anderen Personen verhindern, dass das Kind immer im Mittelpunkt der uneingeschränkten Aufmerksamkeit stehen kann. Auch andere aktuelle Themen und Probleme bedürfen der Aufmerksamkeit der Eltern. Situationsbedingt ist das auch nicht schlimm. Ein Kind muss lernen, dass es nicht immer an erster Stelle steht und dass andere Familienmitglieder auch Bedürfnisse und Sorgen haben.

Wächst ein Kind aber grundsätzlich in einer Atmosphäre der Kälte und Lieblosigkeit auf, wird es nicht ernst in seinen Bedürfnissen genommen und in seiner Person nicht beachtet und respektiert, erfährt es zu häufig Missachtung, Kränkungen und Gewalt oder lebt es täglich zwischen einem zermürbenden Konflikt der Eltern, dann wirkt sich dies negativ auf seine Entwicklung aus und Verhaltensauffälligkeiten werden die unabwendbare Folge sein.

Die Beziehung oder Ehe mit einem narzisstischen Partner und einem gemeinsamen Kind stellt daher eine brisante Herausforderung dar. Viele der genannten Punkte, die einer guten Erziehung förderlich sind, stehen nämlich konträr zu den Eigenschaften und Bedürfnissen eines narzisstischen Elternteils. Um die Risiken zu verdeutlichen, werden hier zunächst die wichtigsten Merkmale eines Narzissten aufgeführt und anschließend diese Kennzeichen denjenigen eines optimalen Erziehungsstils gegenübergestellt. Dieser notwendige Vergleich soll die erzieherischen Möglichkeiten eines Narzissten aufzeigen sowie die sich daraus ergebenden Konsequenzen.

Die Wesensart eines Narzissten

Auf meiner Webseite www.Umgang-mit-Narzissten.de beschreibe ich sehr ausführlich die Eigenschaften eines Narzissten, weshalb ich hier nur die wichtigsten und auffälligsten Merkmale eines Narzissten in Bezug auf seinen Erziehungsstil und die Auswirkungen auf das Kind darstelle. Die im Folgenden aufgeführten sechs Merkmale zeigen meiner Meinung nach besonders deutlich die narzisstische Persönlichkeit[1].

➢   **Ergänzung:** *Wenn ich in diesem Buch von »dem Narzissten« oder »dem narzisstischen Elternteil« spreche, unterscheide ich hierbei nicht nach den Geschlechtern. Gemeint ist dann immer entweder eine narzisstische Mutter oder ein narzisstischer Vater.*

Ein Narzisst tut in jeder erdenklichen Situation alles nur aus einem einzigen Motiv heraus: Er will Bewunderung haben. Er will für seine Person, Attraktivität, Leistungen, Talente oder für seinen Besitz bewundert werden, um auf diese Weise sein Selbstwertgefühl maximal steigern zu können. Hierfür bläht er sich auf und macht sich größer, als er in Wirklichkeit ist. Er täuscht seinen Mitmenschen einmalige Begabungen und Genialität vor. Er ist zutiefst von sich selbst überzeugt, fühlt sich in jeglicher Hinsicht allen anderen überlegen und lässt niemals Zweifel an der Einzigartigkeit seiner Person aufkommen. Das sich hieraus ergebende Selbstbewusstsein kann beeindruckend und sogar einschüchternd wirken.

Eigensucht

Der narzisstische Mensch besitzt eine maßlose Selbstsucht – er ist quasi süchtig nach sich selbst. Er ist süchtig nach allem, was er tut und sagt, was er hat und kann. In seiner grenzenlosen Eitelkeit ist

---

1   vgl. Sven Grüttefien, Wie erkenne ich einen Narzissten?, E-Book 2015, Seite 8 ff.

er übertrieben besorgt um die eigene körperliche Schönheit, sein Ansehen, seinen Erfolg, seinen materiellen Wohlstand und seine geistige Überlegenheit. Vor allem aber ist er süchtig nach der Resonanz seiner Umwelt, nach dem Lob und der Zuwendung anderer.

Die Folge dieser Eigenart in der Erziehung wird sein, dass er von seinem Kind erwartet, dass es sein grandioses Image unterstützt. Im Verhalten und in den Fähigkeiten des Kindes muss sich dieselbe Grandiosität widerspiegeln, die der Narzisst vorgibt zu haben. Er verlangt daher von seinem Kind, dass es sich dem Idealbild des Narzissten unterwirft und sich ganz nach seinen Vorstellungen verhält und entwickelt. Der Narzisst möchte stolz auf sein Kind sein und hegt daher hohe Erwartungen. Für ihn ist es ein höchst befriedigendes Gefühl, wenn er sich in dem Verhalten und in den Leistungen seines Kindes wiederfindet. Gleichzeitig achtet er allerdings sorgfältig darauf, dass ihn sein Kind nicht übertrifft, denn das könnte er wiederum nicht ertragen. Das Kind darf und muss gut in dem werden, was es tut; es darf aber niemals besser werden als er. Somit wird das Kind zwar gefördert, aber dabei regelmäßig von dem narzisstischen Elternteil auf seine Unzulänglichkeiten hingewiesen. Ein Narzisst gibt seinem Kind immer das Gefühl, niemals gut genug zu sein, damit er nicht eines Tages von seinem eigenen Kind vom Sockel gestoßen wird.

Egozentrik

Der Narzisst betrachtet sich als den Mittelpunkt des Universums, um den sich alles dreht. Alles ist nur auf ihn ausgerichtet und alles geschieht nur seinetwegen. Die Art und Weise, wie er denkt, wie er urteilt und wie er handelt, ist einmalig, großartig und niemals kopierbar. Alltägliche und ganz gewöhnliche Dinge werden geradezu als Heldentaten verkauft. Tugenden wie Bescheidenheit oder Mäßigung sind dem Narzissten völlig fremd. Die Meinungen, Leistungen oder Erfolge anderer Menschen interessieren ihn überhaupt nicht – und wenn, dann machen sie ihn eher neidisch und aggressiv. Neben ihm darf es keinen geben, der besser ist als er. Alles, was seine

Genialität mindern oder in Frage stellen könnte, wird aktiv und vehement bekämpft. Gegenüber seiner Umwelt hat er ein überhöhtes und völlig unrealistisches Anspruchsdenken: Er glaubt, ihm stehe auch ohne besondere Verdienste mehr zu als allen anderen.

In der Familie wird sich daher alles nur um seine Bedürfnisse drehen. Die Wünsche und Bedürfnisse seines Partners oder seines Kindes sind unwichtig, es sei denn, sie entsprechen seinen Vorstellungen. Entwickelt das Kind andere Vorstellungen als die des narzisstischen Elternteils und möchte es seine eigenen Interessen verfolgen, dann wird es von dem Narzissten rigoros daran gehindert. Der Narzisst lässt autonome Bestrebungen des Kindes nicht zu, weil dann die Gefahr besteht, dass sich das Kind von der Welt des Narzissten entfernen könnte. Es könnte durch die Entwicklung eigener Talente die Aufmerksamkeit der anderen auf sich ziehen, die der Narzisst für sich alleine beansprucht, und somit den narzisstischen Elternteil ausstechen. Da der Narzisst in der Eigenständigkeit seines Kindes eine Bedrohung für seine Großartigkeit vermutet, schwächt er fortwährend das Selbstwertgefühl des Kindes und macht es zu seinem treuen Gehilfen, der daran mitzuwirken hat, das Ansehen des Narzissten zu mehren, statt ihm Konkurrenz zu machen.

Das Kind wird gefügig gemacht, indem es nur dann Aufmerksamkeit und Akzeptanz erfährt, wenn es sich so verhält, wie es sich der narzisstische Elternteil wünscht. Verhält es sich anders oder lehnt es sich gegen den Willen des Narzissten auf, dann muss es mit Bestrafungen rechnen. Aus Angst vor Konsequenzen unterdrückt das Kind dann die eigenen Wünsche und Bedürfnisse. Es bekommt keinen Platz für seine persönliche Entfaltung, sondern wird von der Dominanz des Narzissten in seiner Entwicklung blockiert und eingeengt. Es bekommt gar nicht die Chance, seine eigenen Talente und Begabungen zu entwickeln, sondern ist gezwungen, sich ständig am Willen des narzisstischen Elternteils zu orientieren, um sich emotional sicher fühlen zu können. Es bekommt also Geborgenheit nicht aus Selbstlosigkeit geschenkt, sondern es muss sich dieses wertvolle Gut erst verdienen. Das Kind muss somit selbst für erträgliche Rahmenbedingungen sorgen und trägt daher allein die Schuld daran, wenn der narzisstische Elternteil ihm die emotionale Sicherheit verwehrt.

Empfindlichkeit

Der Narzisst ist im Austeilen unglaublich stark, im Einstecken hingegen sehr schwach. Während er anderen Menschen brachiale Kritik zumutet, erträgt er selbst nicht einmal die indirektesten Anspielungen, leisesten Zweifel oder wohlmeinendsten Ratschläge gegenüber seiner Einstellung oder Person. Jede Form der Kritik ist für ihn wie ein Faustschlag ins Gesicht, der bei ihm zu einer explosionsartigen Wut führen kann. Wer einen Narzissten auch nur wohlwollend kritisiert, wird sofort als bösartiger Feind betrachtet, dem unter gar keinen Umständen verziehen wird. Kritik kann der Narzisst nicht aushalten und er wird sich in einer unverhältnismäßigen Art und Weise dagegen wehren.

Das Kind wird mit der Zeit lernen müssen, dass es besser ist, sich nicht gegen den narzisstischen Elternteil aufzulehnen und ihm zu widersprechen. Geht es gegen seinen Willen vor, kritisiert es gar die Art und Weise des Narzissten oder wird beleidigend, dann erfährt es rüde und verletzende Reaktionen. Da ein Narzisst keine Kritik und keine andere Meinung ertragen kann, wird er sich gegen den unerhörten »Aufstand« seines Kindes massiv wehren und es unmittelbar korrigieren, belehren, kritisieren und besser noch erniedrigen und demütigen, um jede Zuwiderhandlung sofort im Keim zu ersticken und jegliche Form der Wiederholung zu unterbinden.

Dabei müssen die Äußerungen und Ansichten des Kindes noch nicht einmal Kritik beinhalten. Oft interpretiert der Narzisst Kritik in Äußerungen hinein, die so gar nicht gemeint waren. Auf diese Weise lernt das Kind, dass es sich gar nicht leise und unauffällig genug verhalten kann, weil der Narzisst in jeder Äußerung und in jedem Verhalten einen Angriff auf seine Person vermuten kann. Das Kind kann sich also niemals sicher sein, wann der Narzisst gelassen und vernünftig reagieren und wann er gereizt sein und aus der Haut fahren wird. Die Stimmung des Narzissten kann in jedem Augenblick umkippen und sich gegen das Kind oder den anderen Elternteil richten.

Das Kind muss lernen, irgendwie mit der Launen- und Sprunghaftigkeit des Narzissten umzugehen. Unvorhersehbare Reaktionen,

Stimmungsschwankungen, plötzliche Übergriffe und Aggressionen sind an der Tagesordnung. Die Folge wird sein, dass das Kind sehr feine und sensible Antennen entwickelt, die ihm schnell signalisieren, in welcher Verfassung sich der Narzisst gerade befindet. Es wird sich nie wirklich in Ruhe einer Sache hingeben können, solange der Narzisst anwesend ist, weil es nie weiß, wann der Narzisst plötzlich wieder aufgrund irgendeiner Kleinigkeit unzufrieden oder wütend sein wird und barsche Kritik äußert, demütigt oder sogar Gewalt anwendet. Das Kind wagt es nicht, in Gegenwart des Narzissten so zu sein, wie es ist, sondern es fixiert sich zu stark auf dessen wechselhafte Gemütsverfassung. In seiner Anwesenheit ist das Kind übermäßig angespannt und bemüht, bloß keinen Fehler zu machen oder etwas Falsches zu sagen und sich pflichtbewusst anzupassen, um sich vor seelischen Verletzungen zu schützen.

Empathiemangel

Ein Narzisst kann sich nicht in andere hineinfühlen: Er kann nicht in den Schuhen eines anderen gehen und er kann nicht in die Haut eines anderen schlüpfen. Die Gefühlswelt anderer Menschen erschließt sich ihm nicht. Das Leid von anderen kann er nicht verstehen, da er unfähig ist, mitzufühlen oder mitzuleiden. Das macht den Narzissten zum einen unmenschlich und zum anderen auch gefährlich. Man mag lernen, mit den drei erstgenannten Eigenschaften umzugehen, wenngleich sie auf Dauer entnervend sein können. Doch in diesem Punkt wird es erst so richtig ungemütlich. Zwischenmenschliche Beziehungen können nur funktionieren, wenn man sich in die Lage des anderen einfühlen und in irgendeiner Weise echte Anteilnahme, Verständnis und Respekt zeigen kann.

Der Narzisst wird seinem Kind nicht den Respekt und die Wertschätzung entgegenbringen, die es zur Entwicklung eines gesunden Selbstwertgefühls benötigt. Im Gegenteil: Der Narzisst erwartet von seinem Kind, dass es ihm Respekt und Wertschätzung entgegenbringt. Das Kind muss den narzisstischen Elternteil ehren, darf sich nicht gegen ihn stellen, sondern muss alles unternehmen, damit dieser zufrieden ist und sich großartig fühlt. Auf die Wünsche, Sorgen und Probleme des Kindes geht der Narzisst nicht adäquat ein. Es ist ihm eher lästig, wenn das Kind mit Problemen kommt. Die Anliegen des Kindes werden nur beiläufig erörtert, bagatellisiert oder einfach unter den Teppich gekehrt. Nie hat das Kind das Gefühl, ernst genommen zu werden; immer erscheinen die eigenen Bedürfnisse als unwichtig und unpassend. Das Kind muss einsehen, dass die Wünsche und Vorstellungen des Narzissten immer eine höhere Priorität haben als die eigenen und dass seine Bedürfnisse keine Bedeutung haben oder sogar kritisiert und belächelt werden.

Der Narzisst gibt sich keinerlei Mühe, sich in die Welt seines Kindes hineinzudenken. Er kann sich nicht auf sein Kind einlassen, sich ihm liebevoll zuwenden, ihm zuhören und seinen Bedürfnissen folgen. Der Narzisst sieht in seinem Kind nur ein Objekt, das ihm zu dienen hat, und nicht umgekehrt. Die Bedürfnisse des Kindes werden als störend empfunden. Ein Narzisst kann die verheerenden Folgen seiner ablehnenden Haltung für das Kind nicht abschätzen: Er kann in seinem Vorgehen niemals einen Schaden für das Kind erkennen, sondern ist sogar davon überzeugt, seinem Kind mit seinem ignoranten Verhalten zu helfen.

Entwertung

Die schlimmste und abstoßendste Eigenschaft des Narzissten ist die gnadenlose Entwertung seiner Mitmenschen. Er muss die anderen erniedrigen, um sich selbst noch größer und einmalig zu fühlen. Arroganz und das Verspotten von Eigenschaften und Fähigkeiten anderer, niederträchtiges Verhöhnen von Misserfolgen und Minderleistungen, beleidigende Aussagen zu Meinungen Dritter, grundloses Kränken und Provozieren, Lügen, Täuschen und Manipulieren sowie das Missachten und Ausgrenzen von Nichtprivilegierten sind bevorzugte Methoden des Narzissten, um andere Menschen zu entwerten.

Das Kind muss sich neben dem Narzissten immer klein und unbedeutend vorkommen, weil der Narzisst keine Situation auslässt, sein

Kind zu belehren, zu kritisieren, zu kränken oder zu bestrafen. Indem er sein Kind erniedrigt und sich über das Kind erhebt, kann er seine Machtposition behaupten. Gleichzeitig destabilisiert er sehr effektiv das Selbstwertgefühl des Kindes und bricht ihm damit das Rückgrat. Ist der Wille des Kindes einmal gebrochen, dann fühlt es sich fortan ständig unsicher und minderwertig und ist vom Narzissten leichter zu manipulieren. Der Narzisst braucht daher das Instrument der Entwertung, um seine Mitmenschen um sich herum zu schwächen und die Kontrolle zu behalten, damit sich alles in seinem Sinne verhält und entwickelt.

So erlebt sich der Narzisst als stark und mächtig, während alle anderen schwach und hilflos sind. Das Kind wird fortlaufend die schmerzhaften Gefühle, die es durch die permanenten Entwertungen erlebt, verdrängen müssen, um mit dieser Realität leben zu können. Es muss einen Weg finden, die Erlebnisse mit dem narzisstischen Elternteil so zu deuten, dass sie für ihn erträglich werden. Manche Kinder legen sich sogar eine äußere Coolness zu und geben damit an, ihnen machten diese seelischen Verletzungen gar nichts aus und sie seien sogar stolz darauf, die Kränkungen aushalten zu können. Das wiederum fördert den Stolz des narzisstischen Elternteils, der sein Kind ja abhärten und auf das brutale Leben vorbereiten will. Der Narzisst fühlt sich somit darin bestätigt, dass seine Erziehungsmaßnahmen richtig sind und dass ein bisschen Strenge noch niemandem geschadet hat.

Das Kind nimmt dann irgendwann gar nicht mehr wahr, wie seine Gefühlswelt durch die permanenten Entwertungen des narzisstischen Elternteils und die notgedrungene Verdrängung immer weiter abstumpft und sich daher ebenfalls keine gesunde Empathie bei dem Kind entwickeln kann. Dann fällt es dem Kind nicht schwer, im späteren Leben andere Menschen genauso zu behandeln, wie es selbst behandelt wurde.

Erfolgsorientierung

Der Narzisst besitzt in der Regel einen enormen Ehrgeiz: Er will sich von anderen Menschen abheben und als etwas Besonderes gelten. Er weiß, dass er dieses Ziel nur durch Fleiß und ungeheure Mühen erreichen kann, aber auch durch Geschick, Cleverness und Raffinesse. Insofern nimmt er den Wettbewerb mit anderen gerne auf, um sich zu steigern, besser zu werden und eines Tages als Sieger aus dem Ring zu steigen. Andere Faktoren wie Familie, Freundschaft oder Freizeit kann er dabei völlig aus den Augen verlieren. Er fixiert sich vollständig auf sein Ziel: Er will unbedingt vorwärtskommen und mit aller Energie daran arbeiten, sein Vorhaben zu erreichen. Sein Ehrgeiz kann geradezu Berge versetzen.

Der Narzisst macht es sich zur Aufgabe, dem Kind einen eisernen Willen anzuerziehen. Indem er immer wieder betont, dass man auf dieser Welt nichts geschenkt bekomme, dass man sich anstrengen müsse, um voranzukommen, und dass man hart arbeiten müsse, um sich die Anerkennung der anderen zu verdienen, trichtert er seinem Kind ein, dass es niemals für seine Person geachtet und geliebt werden wird, sondern nur für die Leistungen, die es erbringt. In dem Weltbild des Narzissten hat nur derjenige Anerkennung und Respekt verdient, der es zu etwas gebracht hat. Dabei sind die Erwartungen eines Narzissten immer überdurchschnittlich hoch. Er gibt sich niemals mit dem Durchschnitt zufrieden, sondern er erwartet Höchstleistungen und Spitzenergebnisse.

Für ein Kind wird es sehr schwer, stets den hohen Ansprüchen des Narzissten gerecht zu werden, wenn es auf die positive Zuwendung des Narzissten angewiesen ist, um sein seelisches Gleichgewicht zu halten. Wird es den Erwartungen des Narzissten gerecht, kann es mit Lob und Bewunderung rechnen. Schafft es aber nicht, die hohe Latte des Narzissten zu überspringen, kann in die Rolle des ewigen Taugenichts fallen. Der narzisstische Elternteil hackt dann ständig auf dem Kind herum, bescheinigt ihm, dass es zu nichts zu gebrauchen sei und dass man ihm nichts zutrauen könne. Dann erfährt das Kind nur noch das Gefühl, unfähig und wertlos zu sein, und wird von dem Narzissten abgelehnt oder irgendwie geduldet. Es erfährt aber keine Liebe.

Das Kind hat also keine andere Wahl, als sich dem harten Wettbewerb zu stellen, wenn es nicht vom Narzissten ausgegrenzt werden möchte. Da es Zuwendung und Liebe zum Leben benötigt, muss es sich den hohen Erwartungen des Narzissten stellen und dabei regelmäßig an seine Grenzen stoßen. Der Narzisst verkauft diesen Drill natürlich als eine Wohltat: »Indem du deine Grenzen überwindest, kannst du über dich hinauswachsen und besser werden als andere!« Würde der Narzisst jedoch nicht so energisch daran arbeiten, das Selbstwertgefühl des Kindes zu beschädigen, dann hätte das Kind gar nicht das Bedürfnis, unbedingt besser als andere zu sein, sondern könnte sich in Ruhe und mit Konzentration einer Aufgabe widmen, die mit seiner wahren Begabung einhergeht. Es würde sich einer sinnvollen Beschäftigung aus Freude und Lust hingeben und nicht einer Aufgabe, bei der es sich quälen muss, um Anerkennung zu bekommen.

Wie aus den Beschreibungen hervorgeht, bringt der Narzisst wenig Talente mit, die bei einer angemessenen Erziehung eines Kindes hilfreich sein könnten. Er ist ausschließlich mit sich selbst beschäftigt, interessiert sich nicht für die Bedürfnisse und Gefühle seiner Mitmenschen, sondern erwartet umgekehrt von ihnen, dass sie sich ausschließlich seinen Wünschen widmen und ihm zur Verfügung stehen. Es geht ihm nicht um die Entwicklung der individuellen Persönlichkeit und die Förderung der Autonomie seines Kindes, sondern um die Ausbildung eines verlässlichen Gefährten, der sich mit dem narzisstischen Elternteil verbunden fühlt, ihn ehrt und ihm dient. Die nachfolgend aufgeführten Kriterien einer optimalen Erziehung können daher nicht erfüllt werden.

Emotionale Wärme

Der Narzisst nimmt sich nicht genügend Zeit für das Kind, sondern delegiert die Erziehung in der Regel an den Partner, so dass er als Elternteil oft gar nicht erst in Erscheinung tritt. Er will nicht mit lästigen Erziehungspflichten behelligt werden, sondern fühlt sich ganz wohl in der Rolle des kritischen Beobachters, der nur einschreitet, wenn gravierende Probleme auftreten oder wenn er sich mit seinem Wissen und Können profilieren kann.

Wenn er anwesend ist, dann widmet er sich vorwiegend seinen eigenen Interessen und das Kind darf bestenfalls dazukommen und ihn unterstützen. Er denkt überhaupt nicht daran, sich zu seinem Kind zu gesellen und ihm bei seiner derzeitigen Tätigkeit zuzuschauen oder dabei mitzumachen. Weder mag er es, sich dem Kind beim Spielen anzuschließen, ihm eine Geschichte vorzulesen oder ihm bei den Schularbeiten zu helfen, noch sucht er den körperlichen Kontakt zu seinem Kind. Wenn er sich schon auf eine Beschäftigung mit dem Kind einlässt, dann soll das Kind in dieser Zeit wenigstens etwas lernen und die Zusammenkunft effektiv genutzt werden. Er zeigt seinem Kind, wie es die Schularbeiten richtig erledigt, wie es einen hohen Turm aus Bauklötzen baut, wie es beim Fußball so viel Tore wie möglich schießt und wie es richtig Fahrrad fährt. Der Narzisst kann dem Kind nicht einfach nur zusehen und ihm bei seiner Beschäftigung partnerschaftlich zur Seite stehen: Er muss unmittelbar das Zepter in die Hand nehmen und das Geschehen bestimmen und kontrollieren.

Das Kind bekommt nicht die Gelegenheit, dem narzisstischen Elternteil zu zeigen, was es gezeichnet, gebaut oder gebastelt hat. Sein optimistisches Bemühen, den Narzisst in sein Spiel oder seine Aufgabe zu integrieren, scheitert an dessen Willen zur unbedingten Führung. Der Narzisst fängt dann an, die gemeinsame Betätigung mit seinen Interessen und Erwartungen zu füllen und den Takt vorzugeben. In der Aufmerksamkeit des Kindes sieht er sogleich die Chance, sich vor seinem Kind profilieren zu können. Er beginnt, sein Kind zu unterrichten und zu belehren. Dabei spart er auch nicht mit Kritik und Kränkungen, wenn dem Kind nicht auf Anhieb gelingen mag, was der Narzisst fordert oder vorgemacht hat. Sehr schnell kann dann bei dem narzisstischen Elternteil der Geduldsfaden reißen und er wird zornig und verlässt das Zimmer. Seine zunächst gute Stimmung wechselt schlagartig zu einer unerklärbaren Gereiztheit, die das Kind erschrecken und zu der Vermutung führen muss, irgendetwas falsch gemacht und den Vorstellungen des Narzissten nicht entsprochen zu haben. Der Narzisst ist kaum in der Lage, eine liebevolle Atmosphäre aufzubauen, weil er zu sehr von seinem Ehrgeiz getrieben wird, dem Kind unbedingt etwas beibringen zu wollen, und von dem Kind etwas verlangt, was in der Regel Stress auslöst.

Der Narzisst kann sich aber auch überhaupt nicht um das Kind kümmern und es ignorieren, so als würde es gar nicht existieren. Er kommt dann nach Hause und geht ausschließlich seinen eigenen

Interessen und Hobbys nach. Nähert sich das Kind, weil es die Zuwendung des narzisstischen Elternteils gewinnen möchte, wird es weggestoßen und bekommt zu hören: »*Was willst du denn schon wieder?*« Möglicherweise macht ihn auch die pure Anwesenheit des Kindes schon nervös und er beklagt sich sogleich beim Partner: »*Warum liegt das Kind noch nicht im Bett?*« So erfährt das Kind unmittelbar die Ablehnung des Narzissten. Es spürt, dass es nicht erwünscht ist, dass es sich unauffällig verhalten muss und für den Narzissten keine Bedeutung hat.

Allerdings kann sich ein narzisstischer Elternteil dem Kind gegenüber auch kumpelhaft verhalten. Dann geht er auf alles ein, was das Kind sagt und möchte, schafft viele Gelegenheiten für schöne gemeinsame Erlebnisse und gestaltet die Zeit miteinander so angenehm wie möglich. In der Regel fragt er aber nicht wirklich nach den Wünschen des Kindes oder er interpretiert die Vorschläge seines Kindes zu seinen Gunsten um und vermischt sie mit eigenen Vorlieben. Die Ideen des Kindes erhalten einfach einen neuen Inhalt, damit sie auch für den narzisstischen Elternteil attraktiv werden. In seiner Überheblichkeit geht er ganz selbstverständlich davon aus, dass dem Kind seine kleinen Änderungen gefallen werden. Meist pflegt er zudem noch einen sehr laschen Erziehungsstil, setzt kaum Grenzen und lässt viel zu viel durchgehen. Die Regeln des anderen Elternteils werden ignoriert oder außer Kraft gesetzt. Der Narzisst will sich dann durch das Eliminieren für ihn unnötiger Grenzen bei seinem Kind beliebt machen und sich als der bessere Elternteil präsentieren.

Verlässlichkeit und emotionale Sicherheit

Damit das Kind Verlässlichkeit und emotionale Sicherheit erfahren kann, ist es wichtig, dass Absprachen, Regeln, Termine und Zusagen eingehalten werden. Der Narzisst schwankt in diesem Punkt aber oft zwischen zwei Extremen hin und her, was zu Widersprüchlichkeiten führt: Entweder verlangt er die strikte Einhaltung von Regeln ohne jegliche Toleranz oder wirft Planungen ständig über den Haufen.

Entweder tyrannisiert er die Familie durch Pedanterie und Rigidität oder macht durch das wiederholte Missachten von Regeln und Absprachen ein geordnetes Zusammenleben unmöglich.

Der Narzisst fühlt sich berufen, Regeln und Rituale aufzustellen, die strikt einzuhalten sind, an deren Sinnhaftigkeit nicht gerüttelt werden darf und die pünktlich und vollständig umgesetzt werden müssen. Der Narzisst kann als penibler Ordnungshüter auftreten und bereits äußerst gereizt reagieren, wenn ein Familienmitglied nur zwei Minuten zu spät zum Frühstück oder Mittagessen kommt. Durch das Verlangen von Perfektion, das zwanghafte Kontrollieren der Einhaltung der aufgestellten Regeln sowie die unmittelbaren Zurechtweisungen bei einer Nichteinhaltung erzeugt der Narzisst eine angespannte Atmosphäre, die keinen Raum für Spontanität bereithält.

Die Überkorrektheit schafft zwar einen verlässlichen Rhythmus und klare Regeln und Absprachen, die ein Kind durchaus benötigt, um emotionale Sicherheit zu erfahren. Da die strengen Regeln jedoch aufgrund des viel zu geringen Spielraums kaum ohne Vergehen umsetzbar sind und mehr einem militärischen Drill gleichen als der zweckmäßigen Förderung eines geordneten Familienlebens, muss das Kind ständig in Angst vor Bestrafungen leben. Es ist dann unentwegt damit beschäftigt, die hohen und zum Teil unsinnigen Standards einzuhalten, um den Aggressionen des narzisstischen Elternteils zu entgehen.

Dabei gelten die Regeln vorrangig für alle anderen Familienmitglieder und weniger für den narzisstischen Elternteil, der sich aus den Fesseln seiner selbst aufgestellten Regeln gerne einmal befreit. Er fühlt sich zwar dazu bestimmt, Regeln aufzustellen und Rituale einzuführen, um den Tagesablauf der Familie zu strukturieren, aber meist ist ausgerechnet er derjenige, der den Regeln und Absprachen nicht folgt und den unglückliche Umstände daran hindern, diese einzuhalten. Während er verlangt, dass seine »Vergehen« von den anderen Familienmitgliedern toleriert und die Regeln nicht so kleinlich ausgelegt werden, ist er umgekehrt ihnen gegenüber weitaus weniger großzügig. Durch das Vorbild des narzisstischen Elternteils lernt das Kind, Menschen in zwei Kategorien einzuteilen: in diejenigen, die sich brav und artig an alle Regeln halten, um so das Gemeinschaftsleben zu fördern, und in diejenigen, die sich frech und gerissen an gar nichts halten und damit das soziale Miteinander belasten. Dabei wird sich das Kind seiner ungünstigen Lage bewusst, nämlich derjenigen, dass es sich offenbar zusammen mit dem anderen Elternteil auf der falschen Seite des Lebens befindet, weil es für die angewandten Tugenden nichts als Enttäuschungen erntet.

Es ist nun einmal eine wesentliche Eigenart des Narzissten, sich nicht einschränken zu wollen. Er braucht die Freiheit, sich jederzeit kurzfristig anders entscheiden zu können. Was für andere gilt, gilt für ihn nicht. Während er die anderen mit strengen Regeln kontrollieren will, um dadurch unerwünschtes Verhalten zu vermeiden, nimmt er sich selbst jegliche Freizügigkeit heraus, um sein Leben nach Herzenslust zu gestalten. Neben seinem starken Freiheitsdrang bringt zudem noch seine Launenhaftigkeit jegliche Planung und Absprache zu Fall und das Zusammenleben mit dem Narzissten ist gekennzeichnet durch unentwegte Improvisation statt durch ein geordnetes Beisammensein. Das Kind muss sich ständig auf etwas Neues einstellen und lernt, dass es sich auf den narzisstischen Elternteil nicht verlassen kann und dass es offenbar ein Mensch zweiter Klasse ist, weil für den narzisstischen Elternteil andere, großzügigere Regeln gelten. Für diese himmelschreiende Ungerechtigkeit hat der Narzisst natürlich eine simple Erklärung: *»Komm erst mal in mein Alter, mein Kind! Sonderrechte musst du dir erst verdienen.«*

Wertschätzender und respektvoller Umgang

Der Narzisst erwartet zwar von seinem Kind, dass es ihn würdigt und respektvoll behandelt, er selbst allerdings verhält sich nicht in derselben Weise dem Kind gegenüber. Während er von seinem Kind verlangt, sich stets seinem Willen unterzuordnen, sein Wort nicht in Frage zu stellen und seine Wünsche und Anweisungen zu respektieren, wird auf die Bedürfnisse des Kindes gar nicht oder nicht in gewünschter Weise eingegangen.

Der respektvolle Umgang erweist sich somit als Einbahnstraße.

Der Narzisst kann sich nicht auf eine Stufe mit seinem Kind stellen, weil er dann befürchtet, an Macht zu verlieren. In seinem Weltbild hat das Kind für die Eltern da zu sein und nicht umgekehrt. Daher glaubt er, das Kind streng behandeln und mit Methoden wie Manipulation, Kränkung, Missachtung, Bestrafung oder Gewalt arbeiten zu müssen, um das Kind zu erziehen und auf das Leben vorzubereiten. Vor allem aber hat der narzisstische Elternteil die Absicht, die Hierarchie innerhalb der Familie aufrechtzuerhalten und seine Position zu festigen. Aus diesem Grund baut der narzisstische Elternteil eine emotionale Distanz zu seinem Kind auf, damit es ihm nicht zu nahe kommt und seine Schwächen und Fehler verborgen bleiben. Hinter der respektlosen Behandlung des Kindes stecken die Angst vor einem Machtverlust und die Befürchtung, selbst nicht mehr hinreichend respektiert und wertgeschätzt zu werden.

Aber auch das erhöhte Misstrauen des Narzissten allen Menschen gegenüber trifft das eigene, unschuldige Kind. Aus der tiefen Angst heraus, andere könnten ihn hintergehen, steht er allen Meinungen, Angeboten und Versprechen anderer argwöhnisch gegenüber und glaubt nicht an die Aufrichtigkeit seiner Mitmenschen. Er verlässt sich lieber auf sich selbst und lebt nach der Devise: »Selbst ist der Mann!« Bevor er seinem Kind vertraut, muss er sich erst Gewissheit über dessen Qualitäten verschaffen. Er verschenkt sein Vertrauen nicht so ohne weiteres, sondern das Kind muss sich das Vertrauen erst hart verdienen. Und selbst wenn es alle Prüfungen bestanden hat, bleiben für den Narzissten unüberwindbare Restzweifel erhalten. Sein hoher Mangel an Vertrauen macht daher eine aufrichtige Wertschätzung unmöglich.

Struktur, Verbindlichkeit, Regeln und Grenzen

Beim Abstecken von Grenzen entscheidet der Narzisst meist willkürlich: Entweder werden die Grenzen nicht deutlich definiert und erklärt oder sie werden zu eng gesetzt. Ein Narzisst findet selten ein gesundes Mittelmaß. Zum einen will er seine Familie dominieren und stellt daher strenge Regeln mit scharfer Überwachung auf, zum

anderen möchte er sich aber auch immer ein Hintertürchen offen-
halten und von Fall zu Fall entscheiden können, weshalb der Inhalt
von Absprachen und Regeln oft unvollständig, umständlich oder
unrealistisch abgefasst wird. Auf diese Weise kann ein Verhalten,
dass sich durchaus im Rahmen der Regeln und gewünschten Strukturen befindet, dennoch als Grenzüberschreitung geahndet werden,
weil es der Narzisst so auslegt und weil er das Regelwerk kurzfristig
uminterpretiert oder Ergänzungen vornimmt. Nicht immer bedeutet dies aber, dass auch mit Bestrafungen zu rechnen ist: In manchen
Fällen begnügt sich der Narzisst damit, den Fehler oder die Unzu-
länglichkeit einfach nur anzuprangern oder sich herzhaft darüber
lustig zu machen. Manchmal spielt er sich sogar als rühmlichen
Barmherzigen auf, der es vorzieht, von seinem Recht auf Bestrafung
abzusehen und alle mit seinem Edelmut zu beeindrucken. Der Narzisst kann auf mehrere Arten sein Bedürfnis stillen: Indem er den
anderen erniedrigt oder bestraft, kann er sich über ihn erheben, und
indem er sich großzügig zeigt und von Bestrafungen absieht, kann
er sich als wohltätig erleben. Es hängt von seiner Tageslaune ab, für
welche Variante er sich entscheidet, und von seinem Bedürfnis, von
anderen bewundert zu werden. Erreicht er dieses Ziel sehr schnell
und umfassend, kann er plötzlich sogar von einer zuvor angedrohten
Bestrafung absehen. Das Aufstellen von Grenzen und Regeln dient
in diesem Fall nicht einem geordneten Zusammenleben innerhalb
der Familie, sondern dem Wunsch des Narzissten nach Bewunderung. Daher wird die Überschreitung oder Missachtung von Regeln
auch nicht einheitlich und gerecht gehandhabt, sondern je nachdem,
wie sehr dem narzisstischen Elternteil momentan an Bewunderung
gelegen ist.

Überschreitet hingegen der Narzisst eine Grenze, hat dies meist
überhaupt keine Konsequenz, weil sich keiner traut, ihn auf sein
Fehlverhalten anzusprechen. Während die anderen Familienmitglieder schon mit dem Einsatz schwerster Artillerie rechnen müssen,
wenn sie sich der Grenze des Unerlaubten nur nähern, kommt der
Narzisst ungeschoren davon. Das Kind lernt dann in erster Linie,
dass es zwar Regeln und Grenzen gibt, aber entweder gar nichts
passiert, wenn sie übertreten werden, oder schon harte Bestrafungen

erfolgen, wenn man sich eigentlich noch korrekt verhalten hat. Das Kind kann sich nicht auf die Regeln und Grenzen, die der Narzisst aufstellt, verlassen, weshalb es sich dann entweder selbst an nichts gebunden fühlt oder vor lauter Unsicherheit keinen Schritt ohne die Zustimmung der Eltern zu gehen wagt.

Kinder zu Kooperationen ermuntern und Kinder fördern

Der Narzisst ermuntert sein Kind nicht zu Kooperationen, sondern beansprucht es gegen seinen Willen für Aufgaben, die dem narzisstischen Elternteil momentan wichtig sind. Er verfügt ganz selbstverständlich über die Arbeitskraft seines Kindes und sieht es als unnötig an, sich bei seinem Kind für dessen Einsatz und Hilfe zu bedanken oder das Kind gar zu loben. Der Narzisst erwartet einfach, dass ihm sein Kind in seinen Angelegenheiten und Bedürfnissen behilflich ist. Dabei lässt der Narzisst oft jegliche Verhältnismäßigkeit vermissen: Entweder wird das Kind jederzeit für Tätigkeiten missbraucht, die dem Narzissten wichtig sind und die ihm nützen, oder es wird überhaupt nicht für Aufgaben herangezogen, weil der Narzisst dem Kind nichts zutraut und glaubt, alles besser zu können. Entweder wird das Kind also wie der persönliche Sekretär des narzisstischen Elternteils behandelt oder es wird gar nicht beachtet. Die Aufgaben, die das Kind dabei zugeteilt bekommt, können entweder viel zu anspruchsvoll ausfallen und das Kind überfordern oder viel zu einfach, weshalb es dann unterfordert ist. Entweder wird das Kind also ständig mit dem eigenen Scheitern oder mit der eigenen Nutzlosigkeit konfrontiert. In beiden Fällen erreicht der Narzisst, dass sich das Kind minderwertig fühlt. Es wird nicht seinem Alter entsprechend an Aufgaben herangeführt und in das familiäre Leben eingebunden, sondern es erlebt immer eine Situation, in der es sich nicht beweisen kann. Dies dient dem Narzissten auf vorzügliche Weise dazu, das Kind davon abzuhalten, sich selbst zu überschätzen und sich womöglich über den Narzissten zu stellen.

Auf die eigenen Bedürfnisse achten

Die gemeinsame Zeit mit dem narzisstischen Partner ist meist durch Streitereien, Anschuldigungen, Kritik und Demütigungen gekennzeichnet. Die Stunden mit einem Narzissten, die man wirklich genießen kann, sind schnell gezählt. Und oft genug kann der Narzisst seinen Trieb nicht unterdrücken, selbst in den schönsten Augenblicken die Harmonie durch unangebrachte Provokationen zu zerstören. Der Partner erlebt nur kurze Phasen der Eintracht mit dem Narzissten und mit der Zeit meidet er vorsorglich Begegnungen mit dem Narzissten aus Angst vor Kränkungen.

Der Partner muss sich in der gemeinsamen Zeit übermäßig den Bedürfnissen und Vorstellungen des Narzissten widmen und bekommt kaum ausreichend Zeit, den eigenen Bedürfnissen nachzugehen. Der Narzisst geht über den Willen seines Partners hinweg und erwartet von ihm, dass er sich rund um die Uhr voll und ganz auf ihn einstellt. So findet der Partner nie wirklich Raum und Zeit für die eigene Erbauung und seine selbstlosen Dienste werden noch nicht einmal von dem Narzissten gewürdigt. Er muss ständig mit kränkenden Bemerkungen des Narzissten rechnen sowie mit Enttäuschungen und Misshandlungen.

So sehr es dem narzisstischen Elternteil gelingt, sich in der freien Zeit zu erholen und sich verwöhnen zu lassen, so sehr bleibt dem Partner diese Wohltat vorenthalten. Dieser hat in der Beziehung eine doppelte Belastung zu ertragen: Zum einen muss er sich um die Erziehung des Kindes kümmern und zum anderen muss er sich um den launischen Narzissten kümmern. Die Zeit der Erholung, die so dringend notwendig wäre, um sich zu entspannen, wird durch Stress und nervenaufreibende Diskussionen mit dem Narzissten gestört. Nicht selten bekommen Partner, wenn sie mit dem Narzissten alleine sind, eine ganze Palette unfassbarer Anschuldigungen, Unterstellungen und Drohungen vorgesetzt, so als hätte der Narzisst nur darauf gewartet, die gemeinsame Zeit für eine interne und längst fällige Abrechnung zu nutzen. Dann kann unter Umständen für den Partner die Zeit mit dem Kind weniger stressig sein als die Zeit alleine mit dem Narzissten.

Unterm Strich ergibt sich für die Bewertung des Erziehungsstils des Narzissten folgendes Bild:

- Der Narzisst nimmt sich keine Zeit für das Kind oder geht nicht so auf das Kind ein, wie es für seine Entwicklung hilfreich und verträglich wäre.
- Der Narzisst achtet in erster Linie auf die Befriedigung seiner eigenen Bedürfnisse. Die Bedürfnisse des Kindes sind nicht wichtig oder werden gar nicht erst wahrgenommen.
- Da man sich auf einen Narzissten nie verlassen kann, kann man auch nicht wissen, wie er sich als Nächstes entscheiden wird. Da er sich an keine Absprachen hält und Regeln immer wieder neu auslegt, schafft er keine Verlässlichkeit und keine Orientierung für das Kind.
- Der Narzisst erwartet die volle Aufmerksamkeit und Beachtung seiner Mitmenschen, er will ernst genommen und respektiert werden. Dasselbe tut er aber nicht für seine Mitmenschen oder für sein Kind.
- Ein Narzisst stellt Regeln auf, die aber nur für die anderen gelten und an die er sich nicht oder nur im Bedarfsfall hält. Er glaubt, Sonderrechte zu genießen und sich Ausnahmen erlauben zu dürfen. Diese Selbstherrlichkeit suggeriert dem Kind, dass offenbar mit zweierlei Maß gerechnet wird und dass das Kind weniger wert ist als der narzisstische Elternteil. Das Gefühl der Minderwertigkeit wird auf diese Weise beim Kind gefördert.
- Das Kind wird mit der Übertragung von Aufgaben entweder überfordert oder unterfordert – es wird aber nicht altersgemäß gefördert.
- Der Partner wird für die Zwecke des Narzissten missbraucht und von ihm vereinnahmt und hat sich in erster Linie um die Wünsche des Narzissten zu kümmern. Der Partner hat keine Möglichkeit, sich von den Schikanen des Narzissten zu erholen, und wird weder für seine Bemühungen wertgeschätzt noch darin unterstützt. Das belastet auch das Verhältnis zwischen dem Partner und dem Kind, weil der Partner dem Kind nicht

seine volle Aufmerksamkeit und seine ganze Energie schenken kann.

Anna-Lena

»Als mein Sohn sein Abschlusszeugnis der 3. Klasse vorlegte, ist mein Mann komplett ausgeflippt. Außer dass er im Rechnen eine Vier hatte, waren in den anderen Fächer nur Zweien und Dreien zu sehen. Ich fand seine Leistung nicht so schlecht, außer dass er in Mathe noch ein bisschen üben musste. Mein Mann will aber, dass unser Sohn mal Architekt wird, und dazu benötigt man u. a. mathematisches Geschick. Fortan hat er sich dann selbst mit dem Jungen abends hingesetzt und Rechenaufgaben geübt und machte mir noch ganz wütend den Vorwurf: »Muss ich jetzt auch noch deine Aufgaben übernehmen?« Mir lief es dann immer kalt den Rücken herunter, wenn unser Sohn wieder einmal eine Aufgabe nicht konnte. Mein Mann beschimpfte ihn dann, dass er sich besser konzentrieren und sich nicht so ungeschickt anstellen sollte. Dabei verlangte er von unserem Sohn, Rechenaufgaben zu lösen, die noch gar nicht in seiner Jahrgangsstufe an der Reihe waren. Auf meinen Hinweis, dass er den Jungen überfordern würde, schrie er nur: »Was verstehst du denn davon? Wenn du mehr mit ihm geübt hättest, dann bräuchte ich jetzt nicht hier zu sitzen!« Als ich ihm dann später mitteilte, dass sich unser Sohn laut Aussage seines Lehrers in mehreren Fächern deutlich verschlechtert habe und dass er sich plötzlich sehr ruhig und zurückgezogen in der Klasse verhalte, sagte mein Mann: »Willst du damit andeuten, dass es meine Schuld ist, nur weil ich hier ein bisschen Mathe mit ihm lerne?« Ich versuchte ihm dann klarzumachen, dass ich es durchaus begrüßte, wenn er sich die Zeit nahm, aber dass er unseren Sohn überforderte und dieser mittlerweile regelrecht Angst vor ihm hatte. Das schien ihn aber wenig zu interessieren: »Wenn aus dem Jungen mal was werden soll, dann muss ich schon etwas strenger sein. Das hat noch keinem Kind geschadet!« Auf meine Frage, wie

er sich die Verschlechterung in den anderen Fächern und sein eigenartiges Verhalten erkläre, sagte er nur: »Das renkt sich schon wieder ein!« Es renkte sich aber nicht ein: Das folgende Zeugnis war deutlich schlechter als zuvor und in Mathe hatte er nun eine glatte Fünf. Da sagte mein Mann: »Dann müssen wir ihn eben auf die Sonderschule schicken!«

Es sollte nicht unerwähnt bleiben, dass ein Narzisst auch Eigenschaften besitzt, die ihn interessant machen. In Teilbereichen kann ein narzisstischer Elternteil seinen Erziehungspflichten durchaus gerecht werden und dem Kind sogar eine große Stütze sein. Mit seinem selbstbewussten Auftreten, seinem Charme, seiner kommunikativen und geselligen Art, seinem Wissen und seiner Sprachgewandtheit kann er andere Menschen beeindrucken. Er ist in der Lage, enorme Anstrengungen auf sich zu nehmen, um sein Ziel zu erreichen, und dabei sämtliche Hindernisse und Widerstände aus dem Weg zu räumen. Neben einer außerordentlichen Willenskraft besitzt er die Fähigkeit, andere von seinen Ideen zu überzeugen und zu begeistern. In der Regel hat er sich auf einem Gebiet ein spezielles Wissen und Können zugelegt und ist hierin in der Tat vielen anderen überlegen. Seine Person wirkt vertrauenswürdig und erfolgreich. Nach außen kann ein Narzisst makellos erscheinen und sich weltmännisch präsentieren. Mit seinem Auftreten kann er für viele und auch für sein Kind ein Vorbild sein.

Nur leider nutzt er diese durchaus positiven Eigenschaften ausschließlich dazu, um andere Menschen zu blenden, zu vereinnahmen und auszunutzen. Er ist nur an seinem persönlichen Vorteil interessiert und nutzt daher diese Fähigkeiten, um sich bei anderen beliebt zu machen. So erhalten diese an sich wünschenswerten Eigenschaften einen negativen Beigeschmack, weil er sich diese Fertigkeiten offenbar nur zugelegt hat und diese nur pflegt, um andere Menschen zu täuschen und auszubeuten, nicht aber, um anderen Menschen in ihren Bedürfnissen zu unterstützen und ihnen zur Seite zu stehen.

Dennoch kann das souveräne und dominante Verhalten des Narzissten auf ein Kind großen Eindruck machen, weil es Selbstsicherheit und Stärke ausstrahlt. Da ein kleines Kind unbewusst nach Schutz sucht, glaubt es, bei dem Narzissten in guten Händen zu sein, vor allem dann, wenn er sich vorübergehend von seiner charmanten Seite zeigt. Selbst wenn ein narzisstischer Elternteil das Kind rundum verwöhnt und scheinbar alles für das Kind tut, will er sich bei seinem Kind doch nur beliebt machen, um bewundert zu werden oder den anderen Elternteil auszustechen. Dem Kind kann es aber gleich sein, ob der narzisstische Elternteil ihm die Zuwendung aufgrund einer Profilierungsneurose oder aus echter Liebe schenkt: Solange es sich in Gegenwart des Narzissten sicher und geborgen fühlt – selbst wenn die treibende Kraft nicht Liebe, sondern Egoismus ist –, ist die Welt des Kindes geschützt.

Aber jedes Kind erkennt früher oder später die mangelnde Echtheit dieser Persönlichkeit und die Tatsache, dass der narzisstische Elternteil keine ehrlichen Absichten hegt, sondern alleine an seinem Vorteil interessiert ist. Das Wechselbad der Gefühle – von euphorischer Stimmung bis hin zu schlimmsten Aggressionen mit der Anwendung von Gewalt – und die widersprüchlichen Äußerungen und Handlungen müssen ein Kind langfristig an der Aufrichtigkeit einer solchen Person zweifeln lassen.

4. Wie erlebt das Kind den narzisstischen Elternteil?

Das Kind wird neben einem narzisstischen Elternteil immer belastende Gefühle wie Unsicherheit, Enttäuschung, Angst, Schuld und Ohnmacht spüren. Es steht unter einer permanenten Anspannung, weil es sich ständig vor einer möglichen Gefahr in Schutz bringen muss, und wächst mit Angst- und Schuldgefühlen sowie Selbstzweifeln auf. Die Gegenwart des Narzissten löst beachtlichen Druck und Stress aus. Da sich das Kind niemals sicher sein kann, wann der Narzisst mit ihm zufrieden sein und wann er wieder sein Missfallen zum Ausdruck bringen wird, lebt es ständig wie auf einem Minenfeld.

Das Kind kann sich nicht angemessen auf das sprunghafte Verhalten des Narzissten einstellen: Mal scheint der narzisstische Elternteil mit dem Kind zufrieden zu sein und mal beschimpft er es wegen des gleichen Verhaltens, das er zuvor noch als akzeptabel betrachtete. Mal stellt er eine Regel auf und dann gilt sie plötzlich nicht mehr. Er macht Versprechungen, hält sich aber nicht daran oder nicht so, wie er sie ursprünglich formuliert hatte. Er nimmt sich Rechte heraus, die für andere nicht gelten. Er geht über den Willen des Kindes hinweg und erwartet dessen uneingeschränkte Zustimmung. Er hält ausschweifende Monologe über vernünftiges Benehmen, ist sich aber nicht bewusst, wie wenig er selbst als gutes Beispiel vorangeht. Immer wird das Kind mit Äußerungen des narzisstischen Elternteils konfrontiert, die im nächsten Augenblick nicht mehr zählen oder mit dem Verhalten des Narzissten nicht übereinstimmen. Seine hochgepriesenen Maßstäbe und Prinzipien kann der Narzisst selbst kaum erreichen und umsetzen. Wie soll da ein Kind bei so viel Widersprüchlichkeit lernen, was richtig und falsch ist? Wie soll es eine vernünftige Orientierung für sein Leben finden?

Da sich das Kind auf nichts einstellen kann und immer mit einem schlagartigen Kurswechsel des narzisstischen Elternteils rechnen muss, ist es gezwungen, sich zu stark auf die Stimmung des Narzissten zu konzentrieren und das eigene Verhalten übermäßig zu kontrollieren, um nicht den Groll des Narzissten auf sich zu lenken. Durch diese einseitige Fixierung auf die Vorstellungen und Erwartungen des Narzissten entfernt sich das Kind von den eigenen Bedürfnissen und Interessen und kann nicht lernen, den inneren Impulsen zu vertrauen, ein gesundes Gefühl sich selbst gegenüber zu entwickeln und selbstbewusst den eigenen Bestrebungen zu folgen. Um dann überhaupt ein Gefühl der Sicherheit und eine Entlastung zu erfahren, beugt es sich dem Willen des narzisstischen Elternteils, passt sich an und gibt seine unerwünschten Persönlichkeitsanteile auf. Folgendes Verhalten ist dabei auffällig:

- Das Kind traut sich nicht, in Gegenwart des narzisstischen Elternteils seine eigene Meinung offen und ehrlich zu sagen. Es verhält sich zurückhaltend, schüchtern und verkrampft.
- Es fühlt sich mit seinen Bedürfnissen nicht beachtet. Es hat immer das Gefühl, für den Narzissten nicht wichtig zu sein – es sei denn, es verhält sich so, wie es sich der Narzisst vorstellt.
- Das willkürliche und rücksichtslose Verhalten des Narzissten führt bei dem Kind immer wieder zu schweren Enttäuschungen, über die es irgendwie hinwegkommen muss.
- Neben der übermächtigen Präsenz des Narzissten wird das Kind zu einem kleinen Licht und es fühlt sich minderwertig.
- Das Kind ist ständig darauf bedacht zu gefallen, möglichst keinen Fehler zu machen und nicht zu widersprechen.
- Das Kind ist in Gegenwart des Narzissten nervös, fühlt sich beobachtet und ist unsicher.
- Das Kind wird begleitet von einer ständigen inneren Anspannung und einem Gefühl der Angst und Schuld. Es kann nie wirklich innerlich abschalten, befreit durchatmen und sich entspannt seinen eigenen Interessen widmen.
- Selbst in Abwesenheit des Narzissten ist sich das Kind nie ganz sicher, ob es sich frei äußern und bewegen darf.
- Es spürt, dass von dem Narzissten immer irgendwie eine Gefahr ausgeht – wie von einem Vulkan, der urplötzlich und ohne jegliche Ankündigung anfängt, Lava zu spucken, selbst wenn im Vorfeld rein gar nichts auf eine Eruption hindeutete.

Es weiß nie, was als Nächstes passieren wird, und kann sich auf nichts einstellen.

- Es kann sich auch auffallend aggressiv dem narzisstischen Elternteil gegenüber verhalten und sich gegen emotionale Angriffe energisch wehren. Dann will es mit allen Mitteln beweisen, dass es besser ist als der Narzisst und erhofft sich durch sein aufsässiges Verhalten Selbstbestätigung..

Das Kind hat überhaupt keine andere Chance, als sich bedingungslos auf das Verhalten des narzisstischen Elternteils einzustellen und seine Erwartungen zur vollsten Zufriedenheit zu erfüllen. Aus Angst, die leibliche und emotionale Versorgung könnte beschnitten oder gar gänzlich versagt werden, muss sich das Kind anpassen, die eigenen Bedürfnisse und Gefühle verdrängen und sich an der Stimmung und Willkür des Narzissten orientieren. Das Kind glaubt, auf irgendeine Weise furchtbare Unannehmlichkeiten ertragen zu müssen, wenn es nicht das tut, was der Narzisst verlangt. Die Angst, die das Kind unentwegt spürt, entsteht durch die Gefahr, dem narzisstischen Elternteil nicht zu gefallen, in Ungnade zu fallen und Bestrafungen zu erfahren.

Selbstwertverletzungen

Das Kind muss jederzeit damit rechnen, dass der narzisstische Elternteil auf sein Selbstwertgefühl zielt, um es zu schwächen. Der Narzisst will über das Kind verfügen und nutzt daher Methoden, die das Selbstwertgefühl des Kindes destabilisieren. Die Unsicherheit, Schwäche und Hilflosigkeit, aber auch die Treue und Liebe des Kindes werden zum eigenen Vorteil schamlos ausgenutzt. Daher muss das Kind immer wieder grobe Beleidigungen und Demütigungen über sich ergehen lassen und wird starke Minderwertigkeitsgefühle entwickeln. Es traut sich dann gar nicht erst, dem Narzissten zu widersprechen oder sich gegen ihn aufzulehnen. Hat der den Willen des Kindes erst einmal gebrochen, kann der narzisstische Elternteil leicht über das Kind bestimmen, es locken und verführen.

Selbstunsicherheit

Der Narzisst hat keine Schwierigkeiten damit, ungeniert Tatsachen völlig anders darzustellen, als sie sind, offensichtliche Lügen und Gerüchte selbstbewusst als die einzige Wahrheit darzustellen, seine stark subjektive Meinung als unwiderruflichen Fakt zu postulieren, standfest und überzeugend aufzutreten und anderen ungehobelt über den Mund zu fahren. Der narzisstische Elternteil lässt keine Einwände gelten; jeder Widerspruch gleitet an ihm ab, selbst wenn dieser viel mehr der Wahrheit entspricht als seiner Darstellung. Das macht den Narzissten groß, unerreichbar und über alles erhaben, während die anderen neben ihm klein, bedeutungslos, unwissend und schwächlich erscheinen. Diese Unerschütterlichkeit und diese Unangreifbarkeit wirken auf das Kind beeindruckend und zwingen es dazu, an den eigenen Überzeugungen und am eigenen Urteil zu zweifeln. Es glaubt, seiner eigenen Wahrnehmung nicht trauen zu können und sich der Ansicht des Narzissten anschließen zu müssen, weil dieser so entschieden und souverän auftritt.

Selbstaufgabe

Das Kind wird unentwegt von sich selbst weggeführt, indem es sich an dem Narzissten orientiert. Es muss ihm zur Verfügung stehen, statt sich mit den eigenen Wünschen und Interessen beschäftigen zu können und darin Unterstützung vom narzisstischen Elternteil zu erfahren. Das Kind muss den Vorstellungen und dem Willen des Narzissten folgen und entfremdet sich auf diese Weise von sich selbst. Es darf nicht so sein, wie es ist, sondern nur so, wie es den Erwartungen des Narzissten entspricht. Noch bevor das Kind eine eigene Identität aufbauen kann, ist es schon von der Welt des Narzissten verschlungen worden und opfert seine Talente und Fähigkeiten, um dem Wunschbild eines anderen zu entsprechen.

Demütigungen

Das Kind muss einen Weg finden, die vielen seelischen Verletzungen zu verarbeiten. Als hilfloses Wesen bleibt ihm dabei nicht viel anderes übrig, als die zahlreichen negativen Erfahrungen mit dem Narzissten zu verdrängen und zu leugnen, damit es die schmerzhaften Gefühle nicht erleben muss und die Realität des Narzissten ertragen kann. Die Konsequenz ist aber, dass auf diese Weise das Vorgehen des Narzissten unbewusst legitimiert wird, was dem narzisstischen Elternteil auch in Zukunft gestatten wird, andere zu missbrauchen. Da das Kind beginnt, sich aus Eigenschutz mit der Realität des Narzissten zu identifizieren, nimmt es den dahinterliegenden Missbrauch kaum noch wahr und glaubt, dass alles, was es erlebt, zu seinem Besten ist. Das destruktive Verhalten des Narzissten wird somit in eine erträgliche Version umgewandelt und zukünftig erscheinen dann die seelischen Verletzungen als notwendig, um das Kind steuern und auf das Leben vorbereiten zu können.

Um den seelischen Schmerz ertragen zu können, kann die Selbstopferung so weit gehen, dass sich das Kind vollständig mit dem narzisstischen Elternteil identifiziert und dessen Denk- und Verhaltensmuster in die eigene Persönlichkeit integriert. Es solidarisiert sich mit dem Narzissten und übernimmt unkritisch dessen Werte und Überzeugungen. Von der bereitwilligen Konformität erhofft sich das Kind, so den Aggressionen des Narzissten entkommen zu können, weil es davon ausgeht, dass dieser niemals sein Ebenbild angreifen wird.

Das Kind kann aber auch seine Persönlichkeit spalten, indem es all seine schlechten Anteile verdammt und auf andere projiziert, während es seine guten Anteile idealisiert und besonders hervorhebt. Der Narzisst kann dem Kind in diesem Fall als treffliches Vorbild dienen, da er ohnehin seine ganze Welt in Gut und Böse aufteilt. Meist schließt sich das Kind dann dem Narzissten in seinem Urteil an und übernimmt ungeprüft dessen Meinung und Maßstäbe.

Unerwünschte Gefühle wie Hass oder Wut können auch durch entgegengesetzte Motive oder Handlungen vermieden werden, indem das Kind dem narzisstischen Elternteil besonders aufmerksam, freundlich und fürsorglich entgegentritt. Es glaubt, den unerträglichen Hass verdrängen zu können und nicht mehr zu spüren, wenn es den Narzissten mit übertriebener Aufmerksamkeit und Liebe überschüttet. Für Außenstehende mag dieses paradoxe Verhalten unverständlich erscheinen, es zeigt aber recht deutlich, wie sehr ein Kind bereit sein kann, sich zu verbiegen, um seinen Schmerz auszuschalten.

Auch kann das verletzte Kind völlig damit überfordert sein, seine Gefühle und unerwünschten Triebe zu verarbeiten, so dass es keine andere Lösung findet, als den Konflikt zwischen den eigenen Gefühlen und den Anforderungen des Narzissten zu kompensieren, indem es in frühere, unreife Entwicklungsstufen zurückfällt. Dann verhält es sich nicht seinem Alter entsprechend, sondern fällt durch unentwickelte und sonderbare Verhaltensmuster auf.

Schließlich kann es seine abgelehnten oder unangenehmen Energien oder Triebe auch indirekt durch eine schöpferische Tätigkeit verarbeiten, z. B. in der Kunst oder in der Musik. Oder es übt einen Sport aus, bei dem es seine unbewussten Aggressionen ausleben kann. Ein Kind braucht Kompensationsmethoden, um negative Erfahrungen zu bewältigen und die damit verbundene Energie zu beherrschen. Wird es an diesem Prozess gehindert, kann es wahnsinnig werden, weil die notwendige Konfliktbewältigung auf der unbewussten Ebene nicht gelingt.

Isolation

Das Kind steht mit seinem Schicksal und seinem Schmerz oft allein da. Zwar kann es durchaus beim anderen Elternteil Trost finden, selten aber Hilfe, weil dieser sich meist aus Selbstschutz dazu entschlossen hat, sich mit dem Narzissten zu solidarisieren und jede Form der Auflehnung zu vermeiden. Aus Angst vor den Aggressionen des Narzissten unternimmt der Partner nichts gegen dessen psychische Attacken und erträgt das eigene Schicksal, indem er sich anpasst und dem Willen des Narzissten folgt. Oft wird dann das niederträchtige Verhalten des Narzissten vor dem Kind beschönigt und bagatellisiert.

Sind Geschwister vorhanden, dann hat der Narzisst in der Regel dafür gesorgt, dass die Geschwister nicht zu vertrauensvoll miteinander kommunizieren und sich möglicherweise gegen ihn verbünden. Indem er einen Keil zwischen die Geschwister treibt und Intrigen schürt oder die Kinder in »gute«, talentierte Kinder und »schlechte«, unbegabte Kinder einteilt, entwickeln sich zwei verfeindete Lager, die ein erhöhtes Misstrauen oder Neid untereinander hegen und jede offene Aussprache vermeiden. Im Zweifel wenden sie sich lieber an den narzisstischen Elternteil, um dort über ihre Probleme zu reden. Auf diese Weise behält der Narzisst die Macht über die Kommunikationswege innerhalb der Familie.

Das Kind bleibt dann mit seinem Problem allein zurück, kann sich mit niemandem über seine Erfahrungen austauschen und muss lernen, das Verhalten des Narzissten irgendwie zu ertragen. Es wird in seinem Leid von niemandem wahrgenommen. Meist stellen sich auch Familienangehörige wie die Großeltern, Onkel oder Tanten auf die Seite des Narzissten, weil sie an seinem Auftreten nichts Ungewöhnliches feststellen können. Sie meinen dann, dass ein bisschen Strenge noch keinem Kind geschadet hat, und halten das Vorgehen des Narzissten für gerechtfertigt. Die Verwandten können nicht hinter die Fassade blicken und nehmen die destruktive Energie des Narzissten in ihrem ganzen zerstörerischen Ausmaß nicht wahr oder empfinden sie nicht als sonderlich auffällig, weil sie selbst in ihrer Kindheit nichts anderes erlebt haben. Somit bleibt das Kind schutzlos, kann sich nicht angemessen wehren, wird nicht vom anderen Elternteil verteidigt und kommt somit nicht mit der Wahrheit in Berührung, weil sie von allen erfolgreich verschleiert wird.

Instrumentalisierung

Der Narzisst versucht, das Kind auf seine Seite zu ziehen, und ködert es mit Geschenken und Versprechen oder er setzt es unter Druck. Das Kind soll sich mit ihm solidarisieren und sich gegen den anderen Elternteil stellen, damit der Narzisst das Gefühl hat, besser als der andere Elternteil zu sein, und diesen somit zu schwächen. Hierzu arbeitet der Narzisst unter anderem mit direkten oder indirekten Schuldzuweisungen: »*Du möchtest doch nicht, dass ich traurig bin, oder?*« – »*Du bist doch viel lieber mit mir zusammen, nicht wahr?*« Hat er das Kind einmal auf seine Seite gezogen, kommt es in einen schweren Loyalitätskonflikt, weil es ja beide Eltern liebt und lieben möchte, sich aber ständig für den einen und gegen den anderen entscheiden muss. Es wird dann unentwegt von einem schlechten Gewissen geplagt, wenn es dem Narzissten zur Verfügung stehen und den anderen Elternteil missachten oder weniger wertschätzen soll. Ein Kind möchte über beide Elternteile verfügen dürfen und erlebt diese Spaltung als einen großen inneren Konflikt, der das Kind seelisch stark belastet.

> **Das Kind stößt in seinen Bemühungen, die eigenen Triebe zu leben und die eigenen Veranlagungen und Talente zu entwickeln, auf eine unüberwindbare Barriere. Statt durch das »Licht« der Eltern in seinem natürlichen Wachstum gefördert zu werden, muss es das leidvolle Schicksal ertragen, im Schatten eines achtlosen Selbstdarstellers zu stehen.**

5. Wie erlebt das Kind den anderen Elternteil?

In der Regel ist es so, dass sich der Narzisst einen Lebenspartner sucht, der sich seinen Wünschen und Vorstellungen vollständig anpasst und sich bereitwillig unterordnet. Der Narzisst möchte in einer Beziehung die Kontrolle besitzen und über den Partner großzügig verfügen können. Dazu setzt er sehr geschickt manipulative Methoden ein, um den Partner in seiner freien Willensbildung einzuschränken. Gelingt es nicht auf kultivierte Weise, dem Partner vom eigenen Willen zu überzeugen, greift der Narzisst auf die ordinäre Methode zurück – auf die Entwertung. Er greift das Selbstwertgefühl des Partners an, um diesen zu destabilisieren. Ein Narzisst ist sich nie zu schade, im Bedarfsfall auch unter die Gürtellinie zu zielen und den Partner mit unerwarteten Aussagen, die an Unverschämtheit kaum zu überbieten sind, zu erschüttern.

Der Narzisst behält in der Beziehung so lange die Oberhand, wie er seinen Partner beeinflussen und verunsichern kann und dieser nichts von der heimlichen Fremdsteuerung bemerkt. Solange der Partner permanent an seiner Wahrnehmung zweifeln muss, weil er die skurrilen Auffassungen des Narzissten nicht mit dem eigenen Weltbild ein Einklang bringen kann und verzweifelt versucht, die eigenartige Sichtweise des Narzissten zu verstehen, bleibt er weitgehend handlungsunfähig. Die Schuldzuweisungen, Beschimpfungen und Drohungen des Narzissten bereiten dem Partner unentwegt Angst- und Schuldgefühle, was ihn in einem Zustand geistiger Betäubung verharren lässt. Je ausgeprägter das Gewissen des Partners, desto schneller ist er bereit, sich kritiklos der Meinung des Narzissten anzuschließen oder auf dessen Forderungen einzugehen.

Anfänglich bittet der Narzisst den Partner noch höflich um Gefälligkeiten und lobt dessen Bemühungen. Mit der Zeit werden aber die freundlichen Dienste des Partners mehr und mehr zur Gewohnheit und somit zu einer nicht mehr erwähnenswerten Selbstverständlichkeit. Der Narzisst bedankt sich dann auch nicht mehr für die vielen Gefälligkeiten des Partners, sondern stellt immer größere Forderungen. Er ist nie zufrieden, verlangt immer noch mehr und trotz größter Anstrengungen des Partners wird dieser nur noch kritisiert und sieht sich einer anhaltenden Unzufriedenheit des Narzissten ausgesetzt. Die Motivation des Partners, den Narzissten zu unterstützen und zu verwöhnen, wird dann vonseiten des Narzissten nicht mehr durch Liebe und Wertschätzung aufrechterhalten, sondern durch einen chronischen Ausdruck von Verdrossenheit, weil der Narzisst nur zu gut weiß, dass sein Partner gereizte Stimmung schlecht ertragen kann.

Der Partner ist dann nur noch mit der Erfüllung der unersättlichen Begierden des Narzissten beschäftigt und verliert sich dabei zunehmend aus den Augen. Hat er den Narzissten am Anfang noch gerne umsorgt, so muss er nun die bittere Erfahrung machen, dass seine selbstlosen Dienste ausgenutzt werden und sich alles nur noch um den Narzissten dreht. Dabei muss der Partner auch noch seelische Verletzungen und Bestrafungen über sich ergehen lassen und bekommt kaum die gebührende Anerkennung, die seine Gefälligkeiten verdienen. Er muss schließlich zu der Erkenntnis kommen, dass er unglaublich viel investieren muss, um den Narzissten zufrieden zu stellen, ohne selbst etwas annähernd Vergleichbares zurückzubekommen.

Leistet der Partner hingegen Widerstand und will er dem Narzissten nicht länger in der Weise zur Verfügung stehen, wie dieser das möchte, ist mit heftigen Auseinandersetzungen zu rechnen oder damit, dass der Narzisst sich beleidigt abwendet, tagelang schmollt und das unverstandene Opfer spielt, das sich ungerecht behandelt fühlt. Entweder bekommt der Partner von dem Narzissten den Vorwurf zu hören, selbst schuld an der eigenen Unzufriedenheit zu sein, oder der Narzisst verschwindet einfach, ohne ein Wort zu sagen oder eine Nachricht zu hinterlassen. In beiden Fällen bleibt der Partner mit einem schlechten Gefühl zurück.

Mit der Zeit lernt der Partner, dass es besser ist, sich nicht mit dem Narzissten anzulegen. In Streitgesprächen zieht er regelmäßig den Kürzeren, weil der Narzisst auf seine Version von der Wirklichkeit besteht und die Verantwortung für die Unzufriedenheit des Partners weit von sich weist. Tatsachen werden verdreht und Fakten werden ignoriert, Lügen ersetzen Gedächtnislücken, Beschuldigungen und Unterstellungen lenken von den eigenen Fehlern und Schwächen ab oder kaltblütige Erpressungen zwingen den Partner zur Unterwerfung. Der Partner gerät unter einen massiven Druck, so dass dieser kaum noch zu einer vernünftigen Gegenreaktion fähig ist. Er ist vollkommen entsetzt über die unfassbare Respektlosigkeit, Verlogenheit und Boshaftigkeit des Narzissten. Mit so viel Unverständnis und Selbstgerechtigkeit hat der Partner nicht gerechnet und zieht sich ratlos zurück.

Hat man erst einmal so ein groteskes Spektakel häufiger erlebt, legt man keinen Wert auf niederschmetternde Wiederholungen und vermeidet tunlichst kritische Situationen und Äußerungen, die den Narzissten nur unnötig reizen und zu weiteren kränkenden Angriffen anstiften könnten. Im Laufe der Beziehung reichen oft schon kleine ironische oder zynische Bemerkungen des Narzissten, ein beiläufiger, aber entscheidender Nebensatz, doppeldeutige Anspielungen, die Betonung eines bestimmten Wortes oder das Spiel mit der Mimik, damit sich der Partner zutiefst gekränkt fühlt und weiter in seinem ohnehin labilen Selbstwertgefühl geschwächt wird.

Der Partner ist dann hauptsächlich damit beschäftigt, in Deckung vor dem Narzissten zu gehen, um nicht in sein Fadenkreuz zu geraten. Die gemeinsame Zeit mit ihm wird möglichst kurz gehalten und seine Wünsche werden lückenlos erfüllt – allerdings ohne Hingabe –, nur damit der ewige Unruhestifter zufrieden ist und keine weiteren Attacken folgen. Während der Narzisst dann nach Belieben über den verängstigten Partner verfügen kann, geht dieser dem Narzissten vorrangig aus dem Weg und macht mehr oder weniger alles, was dieser verlangt, um sich selbst zu schützen und nicht in Kontakt mit dessen negativen Seiten zu geraten.

Kommt ein Kind zu dieser konfliktbeladenen Beziehung hinzu, ändern sich die Vorzeichen des gegenseitigen Miteinanders kaum: Der Narzisst erwartet weiterhin das volle Verwöhnprogramm und stellt sich selbst einen Freibrief aus, was seine Pflichten gegenüber dem Kind betrifft, während sich der Partner neben der bereits gewohnten Fürsorge gegenüber dem Narzissten nun auch noch dem Nachwuchs widmen muss. Der narzisstische Elternteil hält sich meist von den Erziehungsaufgaben fern und beauftragt den Partner mit dieser Aufgabe oder es wird entsprechendes Personal eingestellt, das die tägliche

Betreuung und Versorgung des Kindes sicherstellt. Ein Narzisst hat sehr große Probleme mit routinemäßigen und gewöhnlichen Aufgaben. Den ganzen Tag neben einem Kind zu sitzen, es zu füttern, zu wickeln und zu Bett zu bringen, ist nichts für einen Narzissten. Lästige Pflichten lösen bei ihm vorwiegend Unlust und Missmut aus, so dass er schnell einen Weg findet, diese Pflichten zu umgehen und andere damit zu beauftragen.

Weibliche Narzissten trauen jedoch in der Regel dem männlichen Partner nicht die Betreuung und Erziehung des Kindes zu, so dass entweder geeignetes Personal eingestellt wird oder die Narzisstin das Kind zwar selbst versorgt, allerdings ohne jegliche Wärme und Liebe. Sie führt diese Aufgaben eher mechanisch und ohne Leidenschaft aus. Vom Kind wird dann unausgesprochen erwartet, beim Anziehen, Essen und Schlafengehen »mitzuhelfen« und der Mutter das Leben nicht noch durch Widerwillen oder Ungeschicklichkeit unnötig schwerzumachen. Wird ein reibungsloser Ablauf durch Defizite des Kindes behindert, kann die Narzisstin äußerst gereizt reagieren. Sie kümmert sich ausschließlich darum, dass das Kind leiblich versorgt wird und ansonsten keinen Ärger bereitet, damit sie sich wieder ihren Interessen zuwenden kann. Emotionale Wärme und ehrliche, herzliche Zuwendung kann sie nicht geben.

Matthias:
»Meine Frau kümmert sich überhaupt nicht um unsere Tochter – sie überlässt alles mir. Weder beim Füttern noch beim Wickeln noch beim Zu-Bett-Bringen macht sie auch nur einen Finger krumm. Aber hinterher kontrolliert sie alles: ob ich das Essen auch nicht zu heiß gemacht habe, ob ich die Windel nicht zu eng umgelegt habe und ob ich auch eine Gute-Nacht-Geschichte vorgelesen habe. Und immer findet sie etwas, das sie mir vorhalten kann. Und das erzählt sie dann auch noch in unserem Freundeskreis und amüsiert sich prächtig darüber. Ich weiß auch nicht, warum ich mir das gefallen lasse, aber ich glaube, wenn ich mich nicht so um unsere Tochter kümmern würde, dann würde sich niemand kümmern.«

Ein Narzisst fühlt sich aber durchaus für die »wesentlichen« Angelegenheiten und Entscheidungen des Familienlebens verantwortlich, wie z. B. dafür, dem Kind das Laufen beizubringen, das Kind der Öffentlichkeit zu präsentieren, den Kindergarten und die passende Schule auszusuchen, über medizinische oder therapeutische Maßnahmen zu entscheiden, für das Kind den richtigen Beruf zu wählen und es in allen zentralen Lebensfragen zu beraten – wobei der weise Rat des Narzissten mehr als indiskutable Aufforderung zu verstehen ist. Der Narzisst hat ein sehr klares Bild davon, wie sein Kind werden soll, welche Eigenschaften es haben und welche Stärken es entwickeln muss.

Selbst wenn er sich kaum in die tägliche Erziehung des Kindes einmischt, erwartet er dennoch von seinem Partner, dass dieser die Erziehung ganz in seinem Sinne praktiziert. Er geht insgeheim davon aus, dass der Partner genaue Kenntnis darüber besitzt, wie er sich die Erziehung vorstellt und wie das Kind zu werden hat. Die komplexen Details der Erziehung überlässt er dem Partner in der Zuversicht, keine nennenswerten Schwierigkeiten zu erleben.

Somit bekommt der Partner zwar die Freiheit, über die allgemeinen Aufgaben der Erziehung und den Tagesablauf selbst entscheiden zu können, allerdings muss das Endergebnis den Erwartungen des Narzissten entsprechen. Verhält sich das Kind nicht so, wie es sich der Narzisst vorstellt, wird automatisch der Partner und damit seine mangelnde Erziehungskompetenz verantwortlich gemacht und gründlich kritisiert. So lernt der Partner mit der Zeit, dass er auch im Bereich der Erziehung dem Willen des Narzissten zu folgen hat und seine Vorschriften umsetzen muss, selbst wenn die eigenen Überzeugungen und Fertigkeiten deutlich vorteilhafter und förderlicher für das Kind wären.

Das Kind wird dann zwar von dem anderen Elternteil betreut und versorgt, es spürt aber dessen große Unsicherheit und sein gehemmtes Agieren. Dieser Elternteil wirkt nicht authentisch, und irgendwie liegt auf seinem Gesicht immer der Ausdruck besorgter Nachdenklichkeit und Traurigkeit. Das Kind merkt, dass etwas nicht stimmt und dass dieser Elternteil offenbar unter etwas leidet und bedürftig ist. Es liegt eine sonderbare Schwermut in der Luft. Vor irgendetwas scheint sich dieser Elternteil zu fürchten oder irgendetwas scheint ihn innerlich zu quälen. Aufgrund der unterschwelligen Präsenz dieser Betrübtheit kann das Kind keine echte Geborgenheit erfahren, weil es stark von der Gemütsverfassung des Elternteils eingenommen und verunsichert wird.

Das Kind erlebt dann eine eher stumpfe Zuwendung dieses Elternteils. Der Elternteil erledigt zwar oberflächlich alles für das Kind und scheint für das Kind da zu sein, es liegt aber eine rätselhafte Beklommenheit über allen Verrichtungen. Wenn dieser Elternteil das Kind wäscht, füttert oder zu Bett bringt, dann sieht man in seinen Augen und in seiner Mimik, dass nicht wirklich Freude über die gemeinsame Zeit mit dem Kind besteht. Der Elternteil scheint neben den routinemäßigen Handgriffen mit seinen Gedanken ganz tief in seinem Kummer versunken zu sein.

Thekla:
»Am schönsten ist es immer, wenn er nicht da ist. Dann kann ich mich ganz in Ruhe unserer Tochter Lara (5) widmen, mit ihr kuscheln und spielen. Es ist eine schöne Zeit. Sobald er abends von der Arbeit kommt, geht es gleich los: Erst muss ich ihm sein Abendbrot bringen, dann will er seine Tochter sehen. Ich muss Lara dann immer so vor ihn hinsetzen, dass er sich von seinem Fernsehsessel aus mit ihr unterhalten kann. Er stellt ihr dann immer seltsame Fragen mit so einem lehrerhaften Unterton und will wissen, was sie heute gemacht hat, was sie gelernt hat und ob die Mutti auch gut zu ihr war. Sie erzählt dann von ihren Stofftieren oder von der Geschichte, die ich ihr vorgelesen habe. Das scheint meinen Mann aber überhaupt nicht zu interessieren. Entweder schaut er einfach stumpfsinnig in den Fernseher und hört gar nicht zu oder er stellt eine neue Frage, die gar nichts mit dem zu tun hat, was Lara gerade erzählt hat. Hinterher beschwert er sich dann bei mir und sagt: ‚Was macht ihr eigentlich den ganzen Tag? Lara erzählt mir immer nur von ihren Stofftieren. Unternimmst du denn nichts mit ihr?‘ Wenn ich ihm dann erkläre, dass

> *für unsere Tochter die Stofftiere sehr wichtig sind und dass sie deshalb so gern davon erzählt, winkt er ab: ‚Ich glaube eher, du machst dir einen schönen Tag, während unsere Tochter allein in ihrem Zimmer sitzt. So hatte ich mir das nicht vorgestellt.' Mit der Zeit wurde mir klar, dass die abendlichen Gespräche mit Lara nicht dazu dienten, einfach mal Zeit mit ihr zu verbringen und für sie da zu sein, sondern um mich zu kontrollieren.«*

Auf der anderen Seite kann sich dieser Elternteil aber auch auf sehr intensive Weise dem Kind zuwenden. Um sich von dem Konflikt mit dem Narzissten abzulenken, entwickelt er besonders viel Aktivität, macht mit dem Kind viele Ausflüge, kaspert und tobt mit dem Kind herum, spielt mit ihm und verwöhnt es beinahe übermäßig. Er schenkt ihm seine volle Aufmerksamkeit und seine ganze Liebe. Dabei dient diese überhöhte Zuwendung meist der Ablenkung von den belastenden Gedanken und negativen Gefühlen gegenüber dem Narzissten. Der Elternteil möchte nicht an seinen narzisstischen Partner denken müssen und sucht bei dem Kind Zuflucht und Zerstreuung, aber auch Akzeptanz und Liebe. Das Kind wird sich ja nicht gegen die positive Zuwendung wehren, es wird den Elternteil auch nicht kritisieren und verletzen, sondern es wird die erhöhte Aufmerksamkeit genießen und sie freudestrahlend und dankbar erwidern. Für den Elternteil ist diese Zeit wie eine Erholung von den endlosen Strapazen mit dem Narzissten, die den Glauben an die eigenen Fähigkeiten und an den eigenen Wert als Person reaktivieren kann.

Gleichfalls kann auf diese Weise das schlechte Gewissen verarbeitet werden, das vielleicht entsteht, weil der Elternteil spürt, dass das Kind unter den vielen Streitereien und unter dem inadäquaten Verhalten des Narzissten ebenso leidet. Er bildet dann eine sinnvolle Zweckgemeinschaft mit dem Kind zur gegenseitigen Stabilisierung. Für beide – für das Elternteil wie auch für das Kind – ist dann die gemeinsame Zeit für die Stärkung des eigenen Selbstwertgefühls von immenser Bedeutung und das Kind fühlt sich in besonderer Weise mit diesem Elternteil verbunden.

Tritt dann aber der Narzisst in Erscheinung und stört er die Eintracht, wendet sich der Partner umgehend vom Kind ab und unterwirft sich wieder den Wünschen des Narzissten. Bevor dieser unzufrieden wird und mit seinen Launen die bis dahin gute Stimmung zerstört, werden lieber die Bedürfnisse des Kindes geopfert, das sich ohnehin nicht wehren kann, und in den Vordergrund rücken umgehend die akuten Anliegen des Narzissten.

Mit der Zeit entwickelt das Kind ein sehr feines Gespür dafür, wann die narzisstische Gefahr wieder naht und der andere Elternteil seine Fröhlichkeit verliert und förmlich versteift. Meist schon viele Augenblicke, bevor der Narzisst überhaupt körperlich in Erscheinung tritt, merkt das Kind bereits am zunehmend nervösen Verhalten des anderen Elternteils, dass es mit der schönen Harmonie bald wieder vorbei ist. Die Atmosphäre wird hektischer, Vorbereitungen für das Eintreffen des Narzissten werden getroffen und auf die Wünsche des Kindes wird nur noch beiläufig eingegangen. Durchschlagendes Unbehagen macht sich breit. Plötzlich muss das Kind feststellen, wie sich schlagartig die Prioritäten verschieben.

Das Kind ist dann nicht minder irritiert, wenn sich der Narzisst im Widerspruch zu allen Erwartungen auf einmal Zeit nimmt, sich liebevoll um das Kind kümmert, freundlich und angeregt mit ihm spricht, es auf den Arm nimmt und mit ihm spielt. Dann kann es nicht verstehen, warum sich der andere Elternteil anscheinend vor dem Narzissten fürchtet, wo es doch offenbar gar keinen Grund dafür gibt. Es kann die positive Zuwendung des Narzissten nicht mit der verängstigten Stimmung des anderen Elternteils in Einklang bringen. Welches Gefühl ist nun echt und welches stimmt nicht? Droht nun eine Gefahr oder nicht? Das Kind sieht einen zufriedenen und einen bekümmerten Elternteil und kann keine Erklärung für diese bedenkliche Gegensätzlichkeit finden.

Leidvoll muss das Kind aber irgendwann feststellen, dass es eben auch die andere Seite des narzisstischen Elternteils gibt, derentwegen es sich genauso vor dem Auftreten und den Reaktionen des Narzissten fürchten muss wie der andere Elternteil und es eine ebenso unwürdige und verletzende Behandlung erfährt. Im Laufe der Zeit nimmt das Kind ebenfalls die zwei Gesichter des Narzissten wahr:

einmal die zugewandte, freundliche und liebenswerte Seite, ein anderes Mal die schroffe, respektlose, abweisende und kalte Seite. Dieser Stimmungswechsel ist für ein Kind weder kalkulierbar noch erklärbar.

Besonders erschüttert muss ein Kind aber sein, wenn seine Seele von dem narzisstischen Elternteil zwar angegriffen wird, es aber keine Hilfe von dem anderen Elternteil erfährt. Während der Narzisst das Kind fordert, kritisiert, beleidigt, anschreit, kränkt oder schlägt, sieht der andere Elternteil nur hilflos zu. Das positive Bild, das das Kind von dem anderen Elternteil bislang hatte, weil es von ihm liebevoll versorgt wurde und Zuwendung erhielt, bekommt auf einmal hässliche Risse. Jetzt, wo das Kind besonders auf Hilfe und Schutz angewiesen wäre, erstarrt der andere Elternteil zur Salzsäule und sieht lediglich aus dem Hintergrund zu oder äußert bestenfalls besänftigende Worte, die an die Gnade des Narzissten appellieren.

Weil der andere Elternteil innerhalb der Beziehung eine defensive Rolle einnimmt und selbst nach Schutz sucht, wird er auch nicht viel Mut für die Verteidigung des Kindes aufbringen. Würde er sich auf die Seite des Kindes schlagen und gegen den narzisstischen Elternteil vorgehen, würde dieser den Widerstand als Hochverrat ansehen. Um nicht selbst zur Zielscheibe zu werden und die Aggressionen des Narzissten auf sich zu lenken, verhält sich der andere Elternteil zurückhaltend, unscheinbar und leise. Im schlimmsten Fall solidarisiert er sich sogar mit dem narzisstischen Tyrannen und beteiligt sich an den sadistischen Handlungen. Die Verbrüderung mit dem Aggressor ist zwar ein zweckmäßiger Selbstschutz, macht aber das Kind zum alleinigen Opfer, das die Qualen hilflos über sich ergehen lassen muss. Sein Vertrauen in seine Eltern, in seine Mitmenschen und die ganze Menschheit wird auf diese Weise unwiderruflich zerstört.

Das Kind verliert in solchen Augenblicken den Glauben an das Gute im Menschen. Wenn es von dem Narzissten misshandelt wird, hofft es, dass der andere Elternteil für ihn in die Bresche springt – so wie er es ja auch in der übrigen Zeit tut. Aber dieser steht nur da – bewegungslos und starr – und sieht zu, wie der Narzisst über das Kind herfällt. Unternimmt der andere Elternteil nicht einmal den Versuch zu helfen, sondern beobachtet er das grausame Schauspiel einfach nur aus der Ferne, wird das Kind sogar doppelt gedemütigt: Da er die Handlungen des Narzissten nicht verhindert, scheint der andere Elternteil mit dessen Vorgehen einverstanden zu sein. Das Kind wird das nicht verstehen können und muss daher nicht nur über den Narzissten verbittert sein, sondern auch über den anderen Elternteil. Das Kind muss sich verraten fühlen.

So kann es passieren, dass sich das Kind mit zunehmendem Alter von dem co-narzisstischen Elternteil distanziert, weil es enttäuscht ist und keine Hilfe erwarten darf. Dieser Elternteil scheint zu schwach zu sein, als dass es von ihm Schutz erwarten könnte. Daraus kann sich nicht nur eine ablehnende Haltung entwickeln, sondern auch ein starker Hass gegenüber diesem Elternteil. Das Kind kann den Schmerz nicht verarbeiten, es kommt über diese große Enttäuschung nicht hinweg und es kann nicht verzeihen.

Es muss also lernen, sich selbst zu verteidigen. Die Aussagen und Ratschläge des schwachen Elternteils werden ab irgendeinem Punkt nicht mehr ernst genommen. Das Kind verhält sich diesem Elternteil gegenüber arrogant, lässt sich von ihm nichts sagen, hält sich nicht an Absprachen und geht gegen die Vorstellungen des schwachen Elternteils an. Es nimmt dann schon aus Prinzip stets eine oppositionelle Haltung ein. Es hat das Vertrauen in die Hilfe und den Schutz dieses Elternteils verloren.

Das Kind wechselt dann die Strategie und versucht, sich allein gegen den Narzissten zur Wehr zu setzen oder sich mit ihm zu verbünden. Lehnt es den Narzissten ab, dann wird es gegen alles sein, was der Narzisst sagt und tut, und es wird offen oder versteckt den Willen des Narzissten bekämpfen oder umgehen. Unbewusst wird es versuchen, sich selbst und den anderen zu beweisen, dass es die Eltern nicht braucht, und grundsätzlich gegen deren Ansichten vorgehen. Dahinter steckt ein Prinzip, das auf Trotz beruht, ganz nach dem Motto: »*Wenn ihr mir nicht helfen wollt, wenn ihr nicht für mich da sein könnt und wenn ihr mich nicht liebt, so wie ich bin, dann werde ich euch eben beweisen, dass ich euch nicht brauche und dass ich es auch ohne euch schaffen werde. Ich brauche eure Liebe nicht, ich brauche euch nicht – ich brauche niemanden!*«

Dann wird der vehemente Widerstand gegen die Eltern zur Selbststärkung genutzt. Man muss verstehen, dass ein Kind durch die Ablehnung der Eltern immer starke Schuldgefühle entwickelt, weil es glaubt, selbst für die Misshandlungen oder Missachtung verantwortlich zu sein. Daraus kann sich ein Selbsthass entwickeln, und die daraus entstehende unbewusste Energie nutzt das Kind, um zu beweisen, dass es besser ist und dass es auch ohne die Eltern leben kann. Es entwickelt dann eine chronische Abwehrhaltung gegen alles, was von den Eltern kommt. Schuldgefühle wandeln sich auf diese Weise in Aggressionen in der Hoffnung, sich durch das Abreagieren seelisch entlasten und stabilisieren zu können.

Die Unfähigkeit des anderen Elternteils, das Kind vor dem Narzissten zu beschützen, kann aber auch dazu führen, dass sich das Kind auf die Seite des Narzissten schlägt und den Narzissten darin unterstützt, den anderen Elternteil zu demütigen. In dem Narzissten wird dann der Starke gesehen, der offenbar in der Lage ist, sich durchzusetzen und widrigen Umständen zu trotzen. Unbewusst verspricht sich das Kind von einer Solidarisierung mit dem Narzissten Schutz. Es kann sich auf diese Weise selbst stärken, indem es sich mit dem vermeintlichen Feind verbündet. Zwar wird es auch in der Obhut des Narzissten seelische Verletzungen erfahren – wenn auch dosierter, weil es sich ja seinem Willen anpasst –, doch entgeht es wenigstens der Enttäuschung, von dem anderen Elternteil nicht beschützt zu werden. Außerdem beteiligt es sich dann daran, gemeinsam mit dem Narzissten den anderen Elternteil zu mobben. Dann kann das Kind seiner Wut auf den anderen Elternteil ungehindert freien Lauf lassen und wird dazu auch noch von dem narzisstischen Elternteil ermutigt. Das Kind findet auf diese Weise einen Weg, seiner Wut und Enttäuschung Ausdruck zu verleihen, und da es nun unter dem Schutz des Narzissten steht, wird sein Handeln auch noch legitimiert und der andere Elternteil muss dann gegen zwei Widersacher kämpfen.

Der andere Elternteil tut sich also in den meisten Fällen keinen Gefallen damit, wenn er nicht zumindest versucht, in bedrohlichen Situationen das Kind zu beschützen und sich gegen den Narzissten zu stellen. Zu schweigen und nichts zu unternehmen, mag in dieser

Situation leichter für den Elternteil sein. Langfristig wird sich aber das Kind enttäuscht von ihm abwenden und der co-narzisstische Elternteil kann innerhalb der Familie in eine Isolation geraten, in der es von keinem mehr respektiert und nur noch als Sündenbock abgestempelt wird.

Um das Kind nicht gänzlich zu verlieren, neigt dann das andere Elternteil dazu, das Kind auf besondere Weise zu verwöhnen und es auf diese Weise an sich zu binden. Da der co-narzisstische Elternteil nicht wagt, einen effektiven Gegenschlag gegen den Narzissten vorzunehmen, greift er zu einer anderen Strategie und versucht, das Kind für sich zu gewinnen, indem er es mit Liebe überschüttet. Das Kind wächst dann in einer Art Schlaraffenland auf, in dem es zwar zeitweise zu tüchtigen Unruhen durch den narzisstischen Elternteil kommen kann, in der Regel aber auch schnell wieder Ruhe einkehrt, wenn kein Widerstand geleistet wird. Dann überwiegen die Vorteile des paradiesischen Zustands gegenüber dem Missmut des Narzissten und das Kind wird sich auf die Seite des schwächeren Elternteils schlagen.

Der Co-Narzisst erwartet dann von dem Kind lediglich treue Gefolgschaft. Das bedeutet: Das Kind hat den anderen Elternteil darin zu unterstützen, sich nicht gegen den Willen des Narzissten aufzulehnen, die Erwartungen des Narzissten stets zu erfüllen und sich ganz nach seinen Vorstellungen zu verhalten. Diesem Elternteil geht es dabei nicht vorrangig um eine förderliche Entwicklung des Kindes; im Vordergrund steht der Schutz vor dem Narzissten. Alles wird getan, um seelische Verletzungen zu vermeiden und sich aus diesem Grund dem Willen des Narzissten anzupassen. Davon, dass das Kind den Elternteil dabei unterstützt und brav die Rolle spielt, die der Narzisst und der andere Elternteil von ihm verlangen, erhofft sich der co-narzisstische Elternteil mehr Frieden im Familienleben. Das Kind wird in diesem Fall jedoch auch von dem Co-Narzissten missbraucht und in seiner Entwicklung behindert. Indem es sich so verhält, wie es der co-narzisstische Elternteil verlangt, bekommt es Zuwendung. Außerdem verhält sich der Narzisst weniger gereizt und sowohl das Kind als auch der andere Elternteil muss weniger mit aggressiven Handlungen rechnen.

Das Kind wird zum Komplizen des co-narzisstischen Elternteils und wird zukünftig den Narzissten nur noch mit den Augen des anderen Elternteils sehen. Es wird sich kein eigenes Urteil über den Narzissten bilden können und es wird keinen freien und unbelasteten Zugang zum Narzissten haben, weil es im Vorfeld immer schon durch die Meinung des anderen Elternteils konditioniert wird. Es bekommt von dem co-narzisstischen Elternteil eine ausführliche Anleitung zum Umgang mit dem Narzissten: Es werden Mahnungen und Warnungen ausgesprochen und sofort werden die Alarmglocken geläutet, wenn Umstände eintreten, die dem Narzissten missfallen könnten. Die Konsequenzen eines Fehlverhaltens gegenüber dem Narzissten und des Überschreitens von Grenzen werden so beängstigend dargestellt, dass das Kind nicht mehr in der Lage ist, unvoreingenommen auf den Narzissten zuzugehen. Es bekommt vom anderen Elternteil beigebracht, den narzisstischen Elternteil als eine Bedrohung zu erleben.

Das Kind wird vom anderen Elternteil in Bezug auf den Umgang mit schwierigen Menschen programmiert, so dass es sein zukünftiges Männer- oder Frauenbild aus dieser Sichtweise ableiten wird. Es lernt, sich vor dem anderen Geschlecht in Acht zu nehmen, sich anzupassen, unterzuordnen und zu gehorchen. Es wird von dem Elternteil nicht darin unterstützt und ermutigt, für seine eigenen Bedürfnisse einzustehen, sondern lernt als einziges Reaktionsmuster, übertriebenen Respekt und Gehorsam zu zeigen. Außerdem wird es sich schwertun, im späteren Leben fiktive Bedrohungen mit dem nötigen Abstand zu begegnen. Sein Unterbewusstsein wird aus jahrelanger Gewohnheit den Schutzmechanismus auch dann hochfahren, wenn die aktuelle Situation zwar der Vergangenheit ähnelt, objektiv aber gar keine reale Gefahr besteht. Übertriebene und unangebrachte Ängstlichkeit kann die Folge einer gutgemeinten, aber falschen Abwehrstrategie sein.

Der co-narzisstische Elternteil kann phasenweise gar nicht für die Betreuung des Kindes zur Verfügung stehen, weil er durch die vielen Auseinandersetzungen mit dem Narzissten geschwächt oder krank geworden ist. Dann muss er sich erst selbst wieder stärken und aufbauen und steht in dieser Zeit nur eingeschränkt dem Kind zur Verfügung. Aus Mitgefühl neigt dann das Kind dazu, diesem

Elternteil beizustehen, damit er wieder mit der gewohnten Versorgung fortfahren kann.

Besonders belastend ist es für ein Kind, wenn der co-narzisstische Elternteil, von dem es vorrangig versorgt wird, durch die Strapazen mit dem Narzissten in eine Alkoholabhängigkeit gerät und daher kaum ansprechbar ist – oder ständig in Gedanken versunken ist und die letzten Schikanen des Narzissten immer wieder durchlebt. Er bleibt dann in einem Grübelzwang stecken, kann sich nicht auf die ihm obliegenden Aufgaben konzentrieren, hat große Probleme, den Alltag zu bewerkstelligen, und kann dem Kind keine Geborgenheit bieten.

Die vielen seelischen Verletzungen in Verbindung mit starken Schuldgefühlen und Selbstzweifeln, dem endlosen Grübelzwang, einer Hoffnungslosigkeit und düsteren Zukunftsperspektiven können bei dem betroffenen Elternteil in eine schwere Depression münden, so dass sich dieser monatelang nicht um das Kind kümmern kann. Dann muss sich der Narzisst um das Wohl des Kindes sorgen – mit all den bereits genannten Nachteilen für das Kind. Die seelischen Verletzungen durch den narzisstischen Elternteil können aber auch dazu führen, dass sich im anderen Elternteil aufgrund eines chronischen Gefühls von Ohnmacht eine erhöhte Wut anstaut, die sich im Umgang mit dem Kind plötzlich entlädt. Das Kind wird dann situativ mit der Gereiztheit dieses Elternteils konfrontiert und fühlt sich durch diesen Zustand bedroht.

Unterwürfigkeit gegenüber dem Narzissten ist daher keine Strategie, um dem Kind eine gesunde seelische Entwicklung zu ermöglichen. Sie dient dem Elternteil nur dazu, sich selbst zu schützen, was manchmal gelingen mag, meistens aber nicht. Die mangelnde Bereitschaft oder Fähigkeit zum geordneten Widerstand führt den Co-Narzissten letztlich in einen Zustand der Verzweiflung sowie zu seelischen oder körperlichen Beschwerden. In diesem Zustand kann er dem Kind keine Hilfe mehr sein und das Kind erfährt nicht nur durch das selbstherrliche und respektlose Verhalten des narzisstischen Elternteils einen negativen und hinderlichen Einfluss auf seine Entwicklung, sondern auch durch die fehlende oder halbherzige Unterstützung des co-narzisstischen Elternteils.

Selbstaufgabe bedeutet einerseits, dass man den Respekt vor sich selbst verliert, und andererseits, dass man auch nicht mehr den nötigen Respekt von anderen erhält. Der co-narzisstische Elternteil bringt dem Kind, so sehr er sich auch darum bemüht, das Kind vor dem Narzissten zu schützen und ihm eine geborgene Kindheit zu ermöglichen, durch sein unbewusstes defensives Verhaltensmuster bei, seine Selbstachtung aus Rücksicht auf einen anderen Menschen aufzugeben, was dazu führt, dass es in seinem späteren Leben mit vielen Nachteilen und Entsagungen leben muss.

Der co-narzisstische Elternteil muss daher einsehen, dass er mit Nachgiebigkeit und Gehorsam kein geeignetes Gegengewicht zum Narzissten darstellen kann. Eine mutlose Defensive kann die grenzüberschreitende Offensive des Narzissten nicht einschränken. Mit der eigenen Zurückhaltung signalisiert der andere Elternteil dem Kind außerdem, dass er mit dem destruktiven Verhalten des Narzissten einverstanden ist. Da das Kind aufgrund der unausgesprochenen Zustimmung des anderen Elternteils keinen Gegenpol erlebt und somit keine Kritik und Zweifel am Stil des Narzissten zu erkennen sind, muss es annehmen, dass das Auftreten des narzisstischen Elternteils wohl angemessen ist. Ohne die Hilfe des anderen Elternteils, der sich dafür klar und deutlich von bestimmten Vorgehensweisen und Eigenschaften des Narzissten distanzieren muss, kann das Kind nicht die große Ungerechtigkeit und Unrechtmäßigkeit des Verhaltens des Narzissten erkennen. Je mehr sich betroffene Eltern hinter dem niederträchtigen Verhalten des Narzissten verstecken und diesen gewähren lassen, desto weniger kann das Kind den narzisstischen Missbrauch erkennen und desto größer ist die Gefahr, dass es selbst narzisstische Eigenarten entwickeln wird. Es scheint ja nichts dagegen zu sprechen – und nebenbei scheint dieses Verhalten auch noch so manche Vorteile zu bescheren!

Der Partner hat ein gesundes Selbstwertgefühl

Hat der Partner hingegen ein gesundes Selbstwertgefühl – d. h., ist er in der Lage, zu seinen Werten und Überzeugungen zu stehen, kann er sich gegenüber anderen verteidigen und durchsetzen, hat er den Mut, sich von anderen Personen klar abzugrenzen, ohne den Respekt vor anderen zu verlieren, und ist er in der Lage, mit Kritik umzugehen –, dann wird er auch an seinen Erziehungsprinzipien festhalten und versuchen, den Narzissten von dessen Richtigkeit zu überzeugen und diesen von unüberlegtem Vorgehen abzuhalten. Er macht sich nicht abhängig von der dominanten Meinung des Narzissten, sondern kommt zu einem eigenständigen Urteil, das er auch in Auseinandersetzungen beharrlich verteidigen kann.

Ein selbstbewusster Partner kann das Kind eher vor dem Narzissten schützen, weil er für sein Recht und für das Recht des Kindes einsteht und nicht so leicht nachgibt. Dennoch wird es zu Streitereien kommen und nicht immer wird sich ein selbstbewusster Partner durchsetzen können. Auch er wird mit Kränkungen leben müssen, weil ein Narzisst es nicht ertragen kann, von einem anderen belehrt zu werden und sich mit anderen Sichtweisen auseinandersetzen zu müssen. Ganz nach dem Motto »*Wer nicht für mich ist, der ist gegen mich!*« werden selbst fundierte Argumente zerstückelt. Je länger der Partner versucht, seinen Standpunkt zu verteidigen, desto heftiger wird der Narzisst mit unsachlichen und provokativen Bemerkungen dagegenhalten, bis der Partner irgendwann entnervt aufgibt und sich zurückzieht. Da ein Narzisst einen hohen Mangel an Empathie hat, fällt es ihm auch nicht schwer, bissig und verletzend zu agieren, um seine Meinung letztlich durchzudrücken. Hier erfährt auch ein Mensch mit einem gesunden Selbstwertgefühl seine Grenzen. Da er andere Menschen nicht vorsätzlich kränken möchte und sich den Gebrauch von unmoralischen Methoden verbietet, bekommt der Narzisst in Kontroversen durch seine Kaltschnäuzigkeit leicht Oberwasser.

Eine gefestigte Persönlichkeit kann sich aber ihre Selbstachtung bewahren. Indem sie ihre eigene Meinung vertritt – sachlich, ohne persönlich zu werden –, bleibt sie in Kontakt mit den eigenen Überzeugungen und den eigenen Bedürfnissen. Da sie aber auch zu Kompromissen bereit ist, wird sie versuchen, vernünftige Lösungen zu finden. Sie kann dafür den eigenen Standpunkt verlassen, wenn es allen nützt. Sie wehrt sich zwar lange gegen unsinnige Vorschläge und unberechtigte Forderungen oder abwegige Behauptungen des Narzissten, wird sich aber nicht immer mit ihrer Meinung durchsetzen können. Zumindest äußert sie sich aber zu einer Situation und bezieht auf diese Weise eine klare Stellung.

Ein Elternteil mit einem gesunden Selbstwertgefühl kann dem Kind in dem narzisstischen Umfeld ein starker Partner sein, weil er die Bedürfnisse des Kindes ernst nimmt und bereit ist, sich für das schutzlose Wesen einzusetzen. Er kann dem Kind mit seiner Entschlossenheit und Standfestigkeit ein Vorbild sein, auch wenn er sich nicht immer gegenüber dem Narzissten durchzusetzen vermag. Das Kind erlebt aber einen Elternteil, der sich für die eigenen Überzeugungen einsetzt und bereit ist, für andere Verantwortung zu übernehmen. Es lernt, sich zu verteidigen, in die Konfrontation zu gehen und für die eigenen Rechte einzustehen. Es lernt aber auch, dass es manchmal besser ist, tragbare Kompromisse einzugehen oder zeitweise auch nachzugeben, ohne sich dabei selbst untreu zu werden oder andere zu verraten.

Ein solcher Elternteil wird das Kind ermutigen, sich in Konfliktsituationen seiner selbst bewusst zu bleiben und für die eigenen Bedürfnisse und Überzeugungen einzustehen – sofern das Kind dem Alter entsprechend bereits dazu in der Lage ist. Es wird noch keine überzeugenden Argumente anbieten und rational den Argumenten des narzisstischen Elternteils begegnen können, aber so manch ohrenbetäubender Weinkrampf, tagelanges Schweigen und starrsinnige Verweigerung oder ein vorgetäuschtes Körperleiden wie z. B. heftige Kopf- oder Magenschmerzen hat einen Narzissten schon von seinem Vorhaben abgebracht.

Ein Kind hat ab einem bestimmten Alter durchaus seine eigenen Möglichkeiten, sich unangenehmer Fremdeinflüsse bis zu einer gewissen Grenze zu erwehren. Ein selbstbewusster Partner gibt seinem Kind die Gelegenheit, sich zunächst selbst zu verteidigen, ohne aufgrund eigener unkontrollierter Ängste zu früh einzugreifen. Wenn es durchaus im Vermögen des Kindes liegt, seine Angelegenheiten selbst zu regeln, hält sich ein selbstbewusster Partner zurück und beobachtet zunächst nur die Konfrontation. Betroffene Elternteile unterschätzen oftmals die Widerstandskraft ihres Kindes und hindern es mit leidenschaftlicher Selbstlosigkeit daran, selbstsicher und unabhängig zu werden. Ein verantwortungsvoller Elternteil jedoch wird sein Kind nicht fahrlässig aus den Augen verlieren, sondern im Bedarfsfall umgehend zur Verfügung stehen. Dieses mutige, aber gleichfalls bedachte Vorgehen fördert die Entwicklung der Autonomie des Kindes und wird von unschätzbarem Wert für sein späteres Leben sein.

Der Partner ist auch ein Narzisst

Haben beide Elternteile ausgeprägte narzisstische Züge, dann will sich jeder vor dem anderen beweisen und kämpft ständig um die Aufmerksamkeit und Bewunderung des anderen. Jeder möchte immer Recht haben und jeder möchte mehr Privilegien genießen als der andere. Keiner kann nachgeben und sich unterordnen und keiner kann sich auf den anderen zubewegen und trösten. Das Familienleben ist geprägt von einer furiosen Streitkultur, in der Neid, Eifersucht, Groll und Hass sowie üble Beschimpfungen und Missachtungen an der Tagesordnung sind – es sei denn, die beiden Narzissten gehen sich vorsorglich aus dem Weg.

In Gesellschaft von anderen aber können sie ein schillerndes Paar abgeben, das den anderen eine untrennbare und endlose Liebe vorspielt. Angestachelt durch die Berauschung an der eigenen Großartigkeit als Paar erleben beide dann romantische Stunden der Zweisamkeit, die stürmisch enden können. Am nächsten Tag geht es aber wieder mit den üblichen Sticheleien weiter und jeder muss den anderen an dessen Schwächen erinnern, damit er nicht abhebt.

Beide Elternteile sind sehr stark mit sich selbst beschäftigt und haben ständig Angst, die Vormachtstellung zu verlieren und vom anderen unterdrückt zu werden. Aus diesem Grund wird das Kind vernachlässigt oder instrumentalisiert. Es wird als Waffe gegen den anderen eingesetzt, um diesen zu schwächen, zu demütigen oder zu manipulieren. Hin und her gerissen zwischen dem einen und dem anderen Elternteil muss sich das Kind ständig für eine Seite entscheiden und wird daran gehindert, beide Eltern bedingungslos lieben zu dürfen.

In einer solchen Beziehung bleibt für ein Kind zu wenig Raum für die eigene Entfaltung. In einer Streitkultur kann sich kein beständiges Klima der Geborgenheit einstellen. Das Kind kann sich nicht dauerhaft wohlfühlen, weil es ständig damit rechnen muss, dass ihm die Eltern nicht zur Verfügung stehen, dass es mit seinen Bedürfnissen allein zurückbleibt, dass es zu wenig Aufmerksamkeit und Zuwendung erfährt und dass es sich permanent fürchten muss, wenn sich die Erwachsenen wieder streiten und sich nicht einig sind.

6. Wie erlebt das Kind den Konflikt zwischen den Eltern?

Das Kind kann die sachlichen Gründe für den Konflikt der Eltern nicht verstehen. Es spürt lediglich die angespannte Atmosphäre und ein diffuses Unbehagen, wenn sich die Eltern streiten. Sehr deutlich nimmt es hingegen wahr, dass Mama und Papa sich nicht liebhaben, und es entwickelt eine starke Angst davor, dass sich seine Eltern trennen oder sich gegenseitig etwas antun könnten. Dann würden ihm seine Eltern nicht mehr zur Verfügung stehen und es wäre der Welt völlig schutzlos ausgeliefert.

Diese schweren Existenzängste quälen und belasten das Kind sehr, weshalb es unter allen Umständen versuchen wird, einen wirksamen Beitrag dazu zu leisten, dass sich Mama und Papa schnell wieder liebhaben werden. Es verhält sich aufgrund von Schuldgefühlen ganz den Vorstellungen der beiden entsprechend und stiftet keinen weiteren Unfrieden oder gibt nicht auf irgendeine Weise Anlass zu Unzufriedenheit. Es hofft, damit zu erreichen, dass sich die beiden schnell wieder beruhigen. Das Kind kann aber auch zu aggressiven Handlungen neigen, indem es Gegenstände in der Wohnung zerstört, sich laut schreiend vor die Eltern stellt oder irgendwo im Haus demonstrativ Lärm verursacht. Oder es tut sich selbst etwas an, nur damit sich die Eltern ihm zuwenden und merken, was sie dem Kind mit ihrem Streiten antun.

Ebenso kann sich das Kind aus Angst vor den erbitterten Ausschreitungen fest an einen Elternteil klammern und um eine Beendigung des Zankens flehen. Oder es wendet sich nach einem Streit vermehrt einem Elternteil zu, um ihn zu trösten und wieder aufzubauen, was eigentlich nicht seine Aufgabe ist. Aber aus Angst vor der nächsten Kollision und davor, dass die Eltern sich endgültig trennen könnten, versucht es auf jegliche erdenkliche Art, den Eltern zur Seite zu stehen. Es spürt ganz genau, dass eine Trennung der Eltern die größte Katastrophe wäre.

Wenn Eltern sich streiten und der Disput den Rahmen eines vernünftigen und friedvollen Austausches verlässt, die Eltern dabei laut und aggressiv werden, ein Elternteil schreit, tobt und mit Gegenständen wirft und der andere Elternteil weint und zusammengekauert auf dem Sofa sitzt, müssen diese Bilder und Geräusche für ein Kind unerträglich sein. Es glaubt in diesem Moment, dass seine ganze Welt zusammenbricht, und es wird von der panischen Angst vereinnahmt, die beiden wichtigsten Menschen in seinem Leben zu verlieren.

Da das Kind die Ursache und das Thema des Streits nicht erfassen kann, glaubt es oft, an dem Konflikt selbst schuld zu sein. Es glaubt, die Eltern würden sich streiten, weil es etwas falsch gemacht hat und sich nicht so verhält, wie es die Eltern erwarten. Das schlechte Gewissen des Kindes kann dann noch verstärkt werden, wenn Aussagen fallen wie: »*Deinetwegen haben wir uns nun in den Haaren!*«

Das Kind liebt beide Elternteile und kann es nicht ertragen, wenn vor seinen Augen ein Elternteil beschimpft oder schlechtgemacht wird oder leidet. Schon gar nicht kann es damit umgehen, dass ein Elternteil durch den anderen vor seinen Augen entwertet wird: »*Sieh an, was deine dumme Mutter wieder angerichtet hat!*« Ein Kind fühlt sich nun einmal zu beiden Eltern hingezogen und wird daher durch die schroffe Entwertung eines Elternteils verunsichert. Auf der einen Seite will es dem einen Elternteil nicht widersprechen, auf der anderen Seite will es dem anderen Elternteil in seiner Not beistehen.

Dieser Zwiespalt ist für ein Kind nicht zu ertragen und dieser innere Konflikt ist auch für ein Kind nicht zu lösen. Da der narzisstische Elternteil meist als Sieger aus einem Streit hervorgeht – und das sogar noch gestärkt, weil er wieder einmal seinen Partner vortrefflich erniedrigen und zeigen konnte, wer der Herr im Haus ist, und der Partner seinerseits verärgert, gekränkt, enttäuscht, traurig oder weinend zurückbleibt –, spürt das Kind die Bedürftigkeit des einen Elternteils mehr als die des Narzissten und solidarisiert sich daher oft mit dem schwächeren Elternteil.

Das Kind wendet sich dann der Mutter oder dem Vater zu und versucht, Trost zu spenden. Es kann den Konflikt und das Verhältnis zwischen den beiden dadurch nicht verändern, aber es will einfach, dass alles wieder gut wird und dass der schwächere Partner nicht die Hoffnung verliert. In solchen Augenblicken wird das Kind oft als Partnerersatz missbraucht und der Partner des Narzissten teilt dann seine Sorgen mit dem Kind. Der geschwächte Elternteil widmet sich dabei intensiv dem Kind und verwöhnt es, um Trost und Halt in der Treue des Kindes zu finden. Dann dient das Kind in erster Linie zur Selbststärkung, indem sich der Elternteil durch die Anhänglichkeit und den Zuspruch des Kindes wieder aufbaut. Das Kind wird somit vom co-narzisstischen Elternteil in seiner Liebe und Loyalität genauso missbraucht.

In manchen Fällen solidarisiert sich das Kind auch mit dem narzisstischen Elternteil. Wenn es zuvor schon stark von dem Narzissten beeinflusst wurde, mit Versprechen gelockt und durch verheißungsvolle Suggestionen an ihn gebunden wurde oder wenn es mit Konsequenzen rechnen muss, wenn es sich nicht auf die Seite des Narzissten stellt, wird es sich gegen den Partner stellen und die Meinung des Narzissten unkritisch übernehmen. Der Narzisst strahlt auf das Kind eine imponierende Souveränität aus und scheint aufgrund seiner immensen Überzeugungskraft die besseren Argumente zu haben, so dass sich das Kind unbewusst zum scheinbar Stärkeren hingezogen fühlt. In Wahrheit steckt aber ein durchaus gesunder Abwehrmechanismus dahinter: Das Kind will sich einfach vor den Aggressionen des narzisstischen Elternteils schützen und verbrüdert sich daher mit ihm.

Ein Kind entwickelt beträchtliche Abwehrmechanismen, um den Konflikt zwischen den eigenen Bedürfnissen und der Ablehnung dieser durch den narzisstischen Elternteil zu verdrängen. Das Kind muss die eigenen Impulse unterdrücken, um eine emotionale Erleichterung zu erfahren und sich von Schuldgefühlen zu befreien. Der innere Konflikt scheint vorerst gelöst und das destruktive Verhalten des Narzissten wird nicht weiter hinterfragt.

Die Niederträchtigkeit des narzisstischen Elternteils wird somit gar nicht mehr wahrgenommen, weil es für das Kind viel zu schmerzhaft wäre, wenn es sich eingestehen müsste, von einem Menschen, von dem es abhängig ist und den es liebt, derart schlecht behandelt und missbraucht zu werden. Daher ist es nicht verwunderlich, wenn sich das Kind trotz des schäbigen Verhaltens des Narzissten zu ihm hingezogen fühlt. Es sieht in dem narzisstischen Elternteil trotz aller Schwächen und trotz aller Härte und Boshaftigkeit einen liebenswerten Menschen, nach dessen Anerkennung es sich sein ganzes Leben lang sehnen wird in der Hoffnung, eines Tages von dem Narzissten als wertvolle und liebenswerte Person akzeptiert zu werden. Mit anderen Worten wird das Kind von dem narzisstischen Elternteil abhängig und glaubt fortan, den Narzissten für die notwendige Bestätigung unbedingt zu benötigen.

Für den anderen Elternteil ist es daher manchmal unverständlich, wenn das Kind trotz der zahlreichen schmerzhaften Erlebnisse mit dem narzisstischen Elternteil diesem dennoch seine Liebe schenkt und sich zu ihm hingezogen fühlt. Obwohl das Kind bei dem co-narzisstischen Elternteil jede Form der Liebe und Fürsorge bekommt, liebt es dennoch auch den narzisstischen Elternteil, der im Grunde nichts als Demütigungen zu bieten hat.

Beim anderen Elternteil löst es daher oft Unverständnis aus, wenn sich das Kind von der Rücksichtslosigkeit und dem Egoismus des Narzissten scheinbar genauso angezogen fühlt wie von seinem Mitgefühl und Verständnis. Der co-narzisstische Elternteil gibt sich unendliche Mühe, alles richtig zu machen und dem Kind eine schöne Umgebung zu bieten, und der narzisstische Elternteil macht nicht einmal den kleinsten Finger krumm, um sich die Liebe des Kindes zu verdienen. Das muss zeitweise zu Enttäuschungen bei dem anderen Elternteil führen und es bedarf besonderer Größe, das auszuhalten und dem Kind diese Entscheidung zuzugestehen.

Kann und will sich das Kind allerdings nicht für eine Seite entscheiden, dann fungiert es oft als Vermittler, indem es seine Ressourcen gerecht aufteilt und mal dem einen, mal dem anderen Elternteil zur Verfügung steht. Es ist dann abwechselnd für beide Elternteile da, hilft ihnen bei ihren Tätigkeiten, hört ihnen zu, versucht, Trost und Mitgefühl zu spenden, und bestärkt sie in ihrer Meinung. Es will dem jeweiligen Elternteil mit seiner Zuwendung oder Unterordnung zeigen, dass es ihn nach wie vor liebhat und dass es zu ihm stehen wird – was auch immer passieren mag. Vor allem dann, wenn ein Disput in tagelanges Schweigen ausartet und die Eltern peinlich bemüht sind, sich unter keinen Umständen im Haus zu begegnen, muss das Kind eine unerträgliche Spannung aushalten. Umso mehr wird es als ausgleichende Instanz zur Verfügung stehen.

Das Kind erfährt dann keine konstante Atmosphäre von emotionaler Wärme, Verlässlichkeit und Sicherheit. Kaum ist ein Waffenstillstand geschlossen, beginnt auch schon die nächste Schlacht. Das Kind wächst in einem Bombenhagel auf, zwischen Leichen und Gefangenen, Siegern und Eroberern. Immer wieder wird seine Welt aufs Empfindlichste erschüttert, immer wieder muss es mit den eigenen Bedürfnissen zurückstehen und nie kann es sich der uneingeschränkten Aufmerksamkeit der Eltern wirklich sicher sein.

Es macht dabei auch keinen großen Unterschied, ob nun laut und energisch gestritten oder nur subtil und lautlos provoziert und verletzt wird. Der Narzisst hat eine besondere Vorliebe dafür, den Partner durch doppeldeutige Aussagen, durch Unausgesprochenes, durch eine vielsagende Körpersprache und Mimik sowie durch die bewusste Betonung von Wörtern zu verunsichern, zu kritisieren oder zu kränken. Auch wenn die feindseligen Andeutungen nicht so offensichtlich sind wie bei einem lärmenden Streit, sondern es sich oberflächlich nur um harmlose Gespräche, Diskussionen oder Bemerkungen handelt, spürt das Kind doch sehr genau die beabsichtigten Sticheleien. Ein Kind hat ein sehr sensibles Gespür dafür, ob sich die Eltern wohlgesonnen gegenüberstehen und echte Liebe füreinander empfinden oder ob alles nur vorgetäuscht wird.

Auf Fragen des Kindes, warum sich die Eltern streiten, bekommt es nur ungenügende Erklärungen. Oft wird das Kind einfach nur beiseitegeschafft, indem es ins eigene Zimmer oder zum Spielen nach draußen geschickt wird. Oder der Streit wird bagatellisiert, indem behauptet wird, dass alles nicht so schlimm sei und die Auseinandersetzung nichts zu bedeuten habe.

Selbst wenn sich der eine Elternteil bemüht, sich dem Kind zuzuwenden und auf das Kind einzugehen, um es zu beruhigen, so tut sich der Narzisst doch keinen Zwang an, mit dem Streit und den provozierenden Bemerkungen auch in Gegenwart des Kindes fortzufahren. Wenn ein Narzisst erst einmal von Wut ergriffen ist, dann kann er sich auch nicht mehr beherrschen. Das Beste wird dann sein, wenn der Partner mit dem Kind gemeinsam den Raum verlässt und die Fortsetzung der hitzigen Diskussion auf einen späteren Zeitpunkt verlegt – was schwer genug sein dürfte, da der Narzisst ein solches Vorgehen bereits als eine unverschämte Missachtung seiner Person empfinden wird, die er sich nicht bieten lassen kann. Weil die Angst des Kindes kein ausreichender Grund für ihn ist, den Streit vorzeitig zu beenden, ohne dass er seinen Partner von seinen Ansichten überzeugen konnte, wird er wahrscheinlich dem Partner samt Kind hinterherlaufen.

Das Kind wird durch die heftigen und unentwegten Auseinandersetzungen verängstigt und eingeschüchtert. Da sich die Eltern nicht hinreichend dem seelischen Befinden des Kindes zuwenden – der Narzisst spürt nicht die Bedürftigkeit des Kindes und der Co-Narzisst muss seine eigenen seelischen Wunden versorgen –, muss es sinnvolle Kompensationsmethoden finden, um diese grauenvollen Erfahrungen zu verdrängen. Dies dürfte sich dann in einem anormalen und auffälligen Verhalten äußern, wie z. B. in erhöhter Anhänglichkeit, Angst vorm Alleinsein, Angst vor Fremdem, Schlafstörungen, Konzentrationsschwierigkeiten, Problemen in der Schule und bei der Integration in das soziale Umfeld.

Der Narzisst bemüht sich nicht, auf das Kind zuzugehen und mit ihm über dessen Sorgen zu reden, ihm zuzuhören, es in den Arm zu nehmen und zu trösten. Wenn er auf das Kind zugeht, dann tut er entweder so, als wäre nichts geschehen, und beschäftigt sich mit dem Kind, ohne dessen Verunsicherung zu spüren, oder er rechtfertigt sich vor dem Kind für seine barsche Art, macht aber gleichzeitig den anderen Elternteil dafür verantwortlich.

Eine besonders perfide Methode des Narzissten kann ausgiebiges Schweigen sein: Er gibt seinem Partner einfach keine Antwort mehr auf seine Fragen, zieht sich zurück und schmollt. Dann wird tagelang nicht geredet und im Haus herrscht eine kalte Atmosphäre, während sich die Eltern alle Mühe geben, sich möglichst nicht zu begegnen. Der Partner weiß nicht, was er verkehrt gemacht hat, und ist in ständigen Grübeleien versunken, während der Narzisst darauf wartet, dass sich der Partner bei ihm entschuldigt und sich wieder um ihn kümmert.

Ohnehin fällt es dem Partner schwer, nach einem kräftezehrenden

Streit mit dem Narzissten unbekümmert und entspannt wieder zur Tagesordnung überzugehen. Zu stark schwingen die verletzenden Aussagen, die unverschämten Unterstellungen, der barsche Ton und die ungerechten Äußerungen des Narzissten nach. Da in der Regel die Kollision mit einem Narzissten nicht versöhnlich endet, ist der andere Elternteil oft tagelang damit beschäftigt, sich von einem Streit zu erholen, und steht dann dem Kind nur eingeschränkt zur Verfügung.

Allein um die eigenen Kräfte zu sparen und das Kind vor weiteren unschönen Situationen zu verschonen, lässt sich der Partner im Laufe der Beziehung mit dem Narzissten immer weniger auf heikle Diskussionen ein, weil er fürchtet, dass eine Aussprache wieder niederschmetternd für ihn enden wird, wenn er Widerstand leistet oder einfach nur seine eigene Meinung vertreten möchte. Ein Narzisst kann aus vollen Kanonen feuern, wenn er sein Recht durchdrücken will oder wenn er das Gefühl hat, von dem anderen kritisiert, belehrt oder nicht ernst genommen zu werden. Dabei ist sein aggressives Verhalten völlig überzogen und wird dem ursprünglichen Problem oder Thema nicht annäherungsweise gerecht, wirkt aber überaus einschüchternd.

Durch das unmittelbare Auffahren von schweren Geschützen wird der co-narzisstische Partner zwangsläufig in die Defensive gedrängt und ist nur noch damit beschäftigt, den Kopf einzuziehen und sich vor den psychischen Bombardierungen zu schützen. Mit dem Kind im Arm ist er kaum zu einer wirksamen Verteidigungsstrategie fähig und reibt sich zwischen der Sorge um das Kind und das eigene Wohlergehen vollständig auf.

7. Wie geht der Narzisst bei Problemen mit dem Kind um?

Ein Narzisst beschäftigt sich ausschließlich mit den eigenen Interessen und Sorgen, die Probleme anderer lassen ihn weitestgehend unberührt. Wenn er sich einem anderen zuwendet, bedeutet dies noch lange nicht, dass er es auch seinetwegen tut. Vielmehr ist davon auszugehen, dass er den anderen für irgendetwas benutzen möchte und aus diesem Grund seinen Problemen höflich Aufmerksamkeit schenkt. Die vorgetäuschte Gutherzigkeit lässt sich meist an einer überschwänglichen Vereinnahmung erkennen. Das Problem des anderen wird zum eigenen erklärt und als willkommene Herausforderung gesehen, sich wieder einmal beweisen zu können.

Der Narzisst nutzt die günstige Gelegenheit dazu, sein vorzügliches Wissen und seine außerordentlichen Fähigkeiten einzusetzen. Ob seine Empfehlungen oder seine Lösungsvorschläge auch wirklich sinnvoll und hilfreich für den Betroffenen sind, ist für ihn nicht entscheidend. Für ihn zählt nur die Bewunderung der anderen, die er als Lohn für seinen ritterlichen Einsatz erhält. Die bestechende Wirkung seiner Äußerungen und Hilfsangebote auf andere ist ihm wichtiger als die Qualität seines Beistands – wobei im Einzelfall seine Unterstützung durchaus mit einer zweckmäßigen Problemlösung einhergehen kann.

Daher reagiert der Narzisst meist desinteressiert, abweisend oder gereizt, wenn er mit einem Thema oder einem Problem konfrontiert wird, das für ihn nicht wichtig ist und das ihm nichts einbringt, wenn er sich damit beschäftigt. Wenn das Kind mit einem Anliegen kommt, das dem narzisstischen Elternteil lästig ist, dann muss es damit rechnen, dass der Narzisst entweder nur kurz und sehr reserviert darauf eingeht, die Angelegenheit vertagt oder gar nicht reagiert. Ein Narzisst empfindet alles, was nicht unmittelbar seinen Interessen entspricht, seine Bedürfnisse befriedigt oder einen einträglichen Nutzen für ihn hat, als Belästigung.

Und schon gar nicht fühlt er sich dazu berufen, sich mit niederen Tätigkeiten abzugeben, die seiner Person nicht würdig sind. Wenn das Kind beispielsweise zur Schule gebracht werden muss oder wenn es ein Butterbrot geschmiert bekommen möchte, dann werden diese Aufgaben sofort an den Partner weitergegeben. Ein Narzisst fühlt sich für derart gewöhnliche Angelegenheiten nicht zuständig. Er widmet sich bestenfalls den seiner Ansicht nach wirklich wichtigen Themen, die von grundsätzlicher Bedeutung sind und in ihrer Tragweite und Komplexität einen entsprechenden Sachverstand und Weitblick benötigen, die nur er zu besitzen glaubt. In solchen Fällen sind sein exzellentes Wissen und Können unverzichtbar, hier kann er seine Einzigartigkeit unter Beweis stellen und sich gegenüber anderen hervortun.

Gibt es im Hinblick auf das Kind ernsthafte Probleme, die gelöst werden müssen, wie z. B. schlechte Schulnoten, unsoziales Verhalten den Mitmenschen gegenüber, anderes auffälliges Verhalten oder ernsthafte Entwicklungsstörungen, dann macht der Narzisst den anderen Elternteil für diese Schwierigkeiten verantwortlich. Statt das Problem gemeinsam mit allen Beteiligten zu besprechen und für alle Seiten befriedigend zu lösen, beginnt der Narzisst zuerst einmal mit Schuldzuweisungen und wirft dem anderen Elternteil grobe Fehler und leichtfertige Versäumnisse in der Erziehung vor.

Er selbst betont dabei gerne, er habe das Problem schon lange kommen sehen und rechtzeitig darauf hingewiesen. Der Partner habe aber seine Warnungen nicht ernst genommen und nun sei das Problem eingetreten. Der narzisstische Elternteil nörgelt am Erziehungsstil des Partners herum, zählt sämtliche Fehler auf, brüstet sich mit scheinbar sachkundigen Erklärungen und behauptet, alles besser zu wissen. Die bisherigen Bemühungen des Partners werden auf diese Weise überhaupt nicht wahrgenommen – alles, was er in der Vergangenheit für die Familie und das Kind getan hat, wird geschmacklos abgewertet. Oft gerät auch noch das Kind selbst ins Visier des richtenden Oberhauptes und wird für seine Mängel selbst verantwortlich gemacht.

Das Kind fühlt sich schuldig, weil es den Narzissten offenbar durch sein Verhalten und seine Probleme verärgert und einen Streit zwischen den Eltern provoziert. Die großspurigen Belehrungen des narzisstischen Elternteils helfen ihm in seiner momentanen Situation überhaupt nicht weiter – sie machen dem Kind eher Angst. Da sich der Narzisst nicht die Zeit nimmt, alle Seiten und Einzelheiten einer Sachlage gründlich zu prüfen, bevor er eine vorschnelle Bewertung äußert, und keine ausgewogene und gewissenhaft ausgearbeitete Lösung mit praktischen Vorschlägen zur Umsetzung anbietet, begrenzt sich seine Hilfestellung auf banale Weisheiten wie *»Reiß dich zusammen!«*, *»Streng dich mehr an!«* oder *»Guck doch mal, wie gut das dein Bruder macht!«*.

Das Kind bleibt somit unverstanden und mit seinen Sorgen allein. Die Erfahrung, Sachkompetenz und Meinung des Partners werden nicht berücksichtigt und auf weiterführende Hilfen wird verzichtet – es sei denn, sie können die Sichtweise des Narzissten bestätigen. Der Partner erhält nur das diffuse Gefühl, alles falsch gemacht zu haben und mit der Situation scheinbar überfordert zu sein.

Der Narzisst ärgert sich aber nicht nur, wenn man ihm mit unnötigen Problemen die Zeit stiehlt, er ist auch frustriert, wenn seine Familie nicht nach seinen Vorstellungen funktioniert. Er schämt sich für sein Kind – ganz besonders in der Öffentlichkeit –, wenn es sich nicht so verhält, wie es dem Idealbild des Narzissten entspricht. *»Musst du uns so blamieren?«* oder *»Was sollen die Leute jetzt von uns denken!«* sind Aussagen, die die vermeintliche Schuld auf den Schultern des Kindes abladen. Der Narzisst selbst übernimmt keine Verantwortung, sondern glaubt, allein mit seiner kritischen Stellungnahme bereits ausreichend zu einer Verbesserung der Situation beigetragen zu haben. Wenn die anderen seine klugen Anweisungen nicht umsetzen, entsteht ein Problem nicht durch sein Verschulden, sondern ausschließlich durch die Unfähigkeit der anderen, die seinen Rat nicht befolgen.

Probleme und Anliegen des Kindes haben keine Priorität; sie werden nicht ernst genommen, sondern kurzerhand bagatellisiert, beiseitegeschoben und unter den Teppich gekehrt. Schwierigkeiten dürfen nicht vorhanden sein, weil sie den Narzissten stören. Sie passen nicht in das Bild einer hochgestellten und ehrenhaften Persönlichkeit. Probleme müssen negiert werden, weil sie das Image des Narzissten und seiner Familie beschmutzen. Können Schwierigkeiten und Konflikte aufgrund ihrer Brisanz nicht ignoriert werden, dann werden sie zumindest kleingeredet und nach außen wird Souveränität vorgetäuscht. Man zeigt sich als unerschütterlicher Herr der Lage.

Auf der anderen Seite sind Probleme des Kindes auch immer eine Gelegenheit, dem Sprössling mal zu zeigen, wie es richtig geht, ihn zu belehren oder zu kränken, um sich auf diese Weise anhand der Fehler des Kindes selbst aufzubauen. Der narzisstische Elternteil kann einmal mehr zur Schau stellen, wie brillant er ist. Dann ist das Anliegen des Kindes keine lästige Angelegenheit, sondern ein willkommener Anlass, die eigenen Aggressionen abzureagieren und das Gefühl von Größe und Macht zu erfahren. Auf diese Weise bekommen die Probleme eines anderen doch noch einen Sinn und Nutzen für den Narzissten.

Der Narzisst kann auch den übereifrigen und selbstlosen Retter spielen, der bei jeder Gelegenheit sofort zur Stelle ist und dem Kind unmittelbar unter die Arme greift. Das Problem oder Anliegen seines Kindes wird dann zur eigenen Sache gemacht. Er packt das Problem engagiert an, sucht nach sinnvollen Lösungen und handelt dabei meist vorschnell. Das Kind wird nicht hinreichend nach seiner Meinung gefragt und in den Entscheidungsprozess eingebunden. Ein narzisstischer Elternteil geht wie selbstverständlich davon aus, dass seine Ideen und Lösungen erstklassig sind und daher auf volle Zustimmung treffen.

Der Narzisst erkennt nicht die Grenzen des anderen. Er spürt nicht, wie weit seine fürsorgliche Hilfe gehen und ab wann er sich wieder zurückziehen sollte, um dem Kind die Angelegenheit zu überlassen und sich im Hintergrund bereitzuhalten, um ihm im Bedarfsfall erneut beizustehen. Bei der Kenntnis eines Problems oder eines Wunsches des Kindes übernimmt der Narzisst unverzüglich die Führung und bringt die Sache zu einem (für ihn) glücklichen Ende – ob es dem Kind nun hilft oder gefällt, spielt dabei für ihn keine primäre Rolle. Für den Narzissten steht allein im Vordergrund, für seine Unterstützung und seinen anscheinend selbstlosen Einsatz Bewunderung zu bekommen oder sich selbst einreden zu können, für einen anderen etwas Besonderes getan zu haben.

Beschwert sich dann das Kind, weil es diese Art von Hilfe und

Einsatz gar nicht wollte, kann der Narzisst beleidigt sein und sich verärgert zurückziehen, ohne an der Sache noch weiter mitzuwirken und sie zu Ende zu bringen. Das Kind wird dann einfach auf halber Strecke stehen gelassen, weil es sich erlaubt hat, die Bemühungen des Narzissten zu kritisieren und auch einen Beitrag zur Lösung des eigenen Problems zu leisten. Eigenständige Bestrebungen des Kindes findet der Narzisst aber gar nicht witzig. Wenn man ihn ruft und um Hilfe bittet, dann erwartet er auch, dass man seine Unterstützung so annimmt, wie er es für richtig hält.

In all den genannten Fällen erhält das Kind nie die Hilfe und Aufmerksamkeit, die es sich wünscht und die es benötigt. Entweder wird es ignoriert, vertröstet, abgewiesen, beschimpft und beschuldigt oder der Narzisst nimmt sich der Sache an und löst das Problem auf seine Weise ohne eine angemessene Abstimmung mit dem Kind und ohne auf dessen Befindlichkeiten hinreichend einzugehen. Der Narzisst ist nicht in der Lage, die Grenze zwischen seinem Willen und dem Willen des Kindes zu akzeptieren und ein gesundes Mittelmaß zwischen Zuwendung und Distanz zu finden. Er kennt nicht den Unterschied zwischen Beistand und Einmischung. Er kann sich nicht in die Lage seines Kindes einfühlen und praktische Lösungsoptionen anbieten, die partnerschaftlich mit dem Kind besprochen werden und die vor allem dem Kind nützen.

Der Narzisst schwankt also zwischen totaler Vereinnahmung und völliger Ignoranz hin und her. Eine aufrichtige Zuwendung dem Kind gegenüber kann ein Narzisst nicht anbieten, weil dies für ihn unweigerlich bedeuten würde, sich mit dem Kind auf eine Stufe stellen und dem Kind mit seinen Bedürfnissen und Ansichten folgen zu müssen. Der Narzisst hat aber zu große Angst davor, seine Macht zu verlieren und einen irreversiblen Schaden für sein Ansehen und seine Autorität zu erleiden, wenn er sich hinter das Kind stellt, statt vor dem Kind zu stehen.

8. Welche psychischen Störungen können sich bei dem Kind entwickeln?

Das Kind ist dem dauerhaften destruktiven Einfluss des narzisstischen Elternteils hilflos ausgesetzt und kann durch die permanente nervliche Überreizung erhebliche psychische Störungen entwickeln, die mit psychosomatischen Beschwerden einhergehen können. Folgende Symptome können in Erscheinung treten:

- aggressives, oppositionelles und dissoziales Verhalten
- Angststörungen (z. B. Angst vor der Dunkelheit oder eine generelle Ängstlichkeit)
- Aufmerksamkeitsdefizit-Hyperaktivitätsstörung (ADHS), auch als Zappelphilipp-Syndrom bekannt, geprägt durch Aufmerksamkeits- und Konzentrationsschwächen, impulsives Verhalten und ausgeprägte Unruhe
- Essstörungen (Esssucht, Ess-Brecht-Sucht, Magersucht)
- Schlafstörungen (Einschlafstörung, Durchschlafstörung, Schlafwandeln)
- Schulangst, Schulphobie, Schulschwänzen
- Beeinträchtigungen im Sozialverhalten (Distanzlosigkeit, Kontaktschwierigkeiten, Kommunikationsprobleme, Isolation)
- Sprachstörungen wie z. B. Stottern
- verzögerte Entwicklung der schulischen Fertigkeiten
- unkontrollierter Harn- und Stuhlverlust
- Appetitmangel und Gewichtsverlust
- Zwangsstörungen (z. B. Ordnungszwang, Grübelzwang)
- Alkoholmissbrauch oder Drogenkonsum bei Jugendlichen
- Suizidabsichten oder -versuche

Diese Symptome werden natürlich nicht zwangsläufig allein aufgrund des Verhaltens des Narzissten ausgelöst, es können auch andere Ursachen dafür in Frage kommen. Die Gefahr ist aber vorhanden, dass durch den negativen Dauereinfluss des Narzissten und damit durch die permanente Anspannung das Nerven- und Hormonsystem des Kindes überreizt und überlastet wird und sich somit Störungen und Beschwerden einstellen.

Oft verschwinden die Symptome auch nach einer gewissen Zeit wieder vollständig, weshalb der Ursache dann nicht weiter nachgegangen wird, oder sie treten nur phasenweise auf. Dann wird meist versucht, die Symptome mit Medikamenten zu unterdrücken. Sie können sich aber auch nur in bestimmten Situationen zeigen, weshalb man die Beschwerden dann dadurch lindert oder gänzlich verhindert, indem die auslösenden Situationen vermieden werden.

Der narzisstische Elternteil weist den Verdacht entschieden von sich, die Auffälligkeiten und Verhaltensstörungen könnten mit seinem Erziehungsstil zusammenhängen. Meist gibt er dem Kind selbst die Schuld an seinem Verhalten und erledigt die Angelegenheit, indem er einfach Besserung befiehlt und erwartet. Manchmal werden die Auffälligkeiten auch auf defekte Gene des Kindes zurückgeführt, die es natürlich vom Partner geerbt hat.

Auf keinen Fall übernimmt der narzisstische Elternteil die Verantwortung für die Störung des Kindes, sondern schiebt die Schuld auf andere oder auf ungünstige Umstände. Er kann keinen Zusammenhang zwischen seinem selbstgefälligen Verhalten und den schmerzhaften Auswirkungen auf das Kind erkennen. Zum einen ist er von der eigenen Makellosigkeit vollständig überzeugt, zum anderen traut sich niemand, ihn zu kritisieren und ihn auf sein unpassendes Benehmen dem Kind gegenüber anzusprechen. So bleibt der unbelehrbare Narzisst in seiner begrenzten Wahrnehmung gefangen und kommt zu falschen Einschätzungen.

Der Partner mag sicherlich eine Ahnung haben, warum sich beim Kind sonderbare Verhaltensauffälligkeiten, Entwicklungsstörungen oder psychosomatische Beschwerden zeigen. Er hält sich aber mit seinen Vermutungen zurück und vermeidet direkte Anschuldigungen. Bestenfalls spricht er den Missstand in der Wir-Form an: »*Ich glaube, wir machen einen Fehler in der Erziehung!*« Woraufhin der Narzisst diese Ansicht umgehend bestätigt und sie zudem noch etwas differenziert: »*Ich habe dir ja immer gesagt, dass du das Kind nicht richtig erziehst.*« Somit bekommt der Partner den Ball gleich wieder zurückgespielt und ist einmal mehr der Dumme, ohne dass dem Kind mit dieser Feststellung geholfen wäre.

Dann wird versucht, das Problem mit dem Kind durch Medikamente, durch die Vermeidung bestimmter Auslöser oder durch eine therapeutische Maßnahme zu beheben. Der Narzisst setzt auch gerne profane Methoden ein, indem er einfach eine klare Ansage macht: *»Nun reiß dich mal zusammen!«* Die unausgegorenen Hilfsprogramme mögen in manchen Fällen kurzweilig eine Besserung oder teilweise sogar ein Verschwinden der Symptome bewirken. Meist bilden sich aber später neue Auffälligkeiten, die dann aufgrund früherer Erfolge nach demselben Schema behandelt werden. Da die eigentliche Ursache – der Missbrauch des Narzissten – nicht benannt und beseitigt wird, entwickeln sich mindestens neurotische Störungen unterschiedlichen Ausmaßes, unter denen das Kind auch im Erwachsenenalter noch leiden wird.

9. Wie kann der andere Elternteil dem narzisstischen Erziehungsstil entgegenwirken?

Wenn man gemeinsame Kinder mit einem Narzissten hat, benötigt man wirksame Techniken, um das destruktive und unberechenbare Verhalten des narzisstischen Elternteils sowie die angespannte Atmosphäre, die unentwegt wie ein unsichtbarer Schleier über der Beziehung liegt, für das Kind erträglich zu machen und beides im Rahmen der eigenen Möglichkeiten einzudämmen und auszugleichen. Der Narzisst wird sich weder aus Rücksicht auf das Kind verändern noch wird er sich den Erziehungsprinzipien seines Partners unterordnen. Eine ausgleichende Regulierung kann daher nur von dem anderen Elternteil ausgehen.

Hat man zuvor noch von einem gemeinsamen Kind geschwärmt und sich in bunten Farben ein schönes und harmonisches Familienleben ausgemalt, so werden Partner von Narzissten schnell von der Realität eingeholt, wenn das Baby das Licht der Welt erblickt. Dann müssen sie feststellen, dass der Narzisst alles dafür tut, die Familienidylle durch unsinnige Vorschläge und unnötige Quertreibereien zu stören. Der narzisstische Elternteil beteiligt sich keinesfalls am Aufbau eines harmonischen und förderlichen Rahmens für das Kind und der Partner muss entsetzt feststellen, dass sein Traum von einem beschaulichen Familienleben geplatzt ist und er mit der Aufgabe allein gelassen wird, dem unschuldigen Nachkömmling eine schöne Kindheit zu bescheren.

Partner können von dem narzisstischen Elternteil nicht viel erwarten, wobei die meisten Partner nach einiger Zeit schon froh wären, wenn sich der Narzisst einfach nur ruhig verhalten und gar nichts machen würde. Stattdessen müssen sie sich immer wieder über verbale Übergriffe und unangebrachte Aktionen des Narzissten ärgern, die die Geborgenheit des Kindes stören. Der co-narzisstische Elternteil und das Kind werden unentwegt mit Unruhe, Angst und seelischen Verletzungen konfrontiert und müssen einen Weg finden, mit diesen Spannungen umzugehen. Betroffene Elternteile müssen zudem die Hoffnung aufgeben, dass der Narzisst bei der Erziehung eine Hilfe sein könnte. Das mag in vereinzelten Situationen oder in Teilbereichen zutreffen. In den meisten Fällen aber durchkreuzt der narzisstische Elternteil die Bemühungen des anderen Elternteils und fällt eher durch unüberlegte und störende Aktionen auf. Betroffene Elternteile reiben sich dann zwischen den hohen und abwegigen Erwartungen sowie den paradoxen Handlungen des Narzissten einerseits und den Anforderungen an eine vorteilhafte Erziehung für das Kind andererseits regelrecht auf.

Allerdings muss man berücksichtigen, dass auch betroffene Elternteile ihre Eigenarten und Schwächen mitbringen, die genauso hinderlich auf die Erziehung wirken können; die Ursachen für Probleme dürfen nicht nur beim Narzissten gesucht werden. Nur: Wenn einer der beiden Elternteile eine narzisstische Störung hat, dann erfährt das Kind schon allein durch diese Tatsache eine ungünstige Erziehung – es sei denn, der Narzisst hält sich wirklich vollkommen heraus. Dies wiederum könnte das Kind jedoch als eine Missachtung empfinden, weil es sich nach der Liebe beider Elternteile sehnt und sich dann nicht gesehen und akzeptiert fühlt. Bringt der andere Elternteil dann noch Angewohnheiten und Eigenarten mit, die sich nicht gerade förderlich auf die Erziehung auswirken, dann wird es noch schwieriger für das Kind.

In den meisten Fällen entwickeln Partner von Narzissten aufgrund dessen dominanten und negativen Einflusses ein Verhaltensmuster, das nicht ihrer eigentlichen Persönlichkeitsstruktur entspricht, sondern die Folge eines schädlichen Anpassungsprozesses ist. Im Laufe der Beziehung verändert sich der Partner und er verhält sich nicht mehr so frei, unbefangen und hoffnungsfroh wie am Anfang der Beziehung. Partner gehen dann sehr viel zögerlicher an Aufgaben heran, weil sie Angst vor der barschen Kritik des Narzissten haben. Sie agieren nicht mehr aus einem freien Willen heraus, sondern richten sich mehr oder weniger an den Worten und Erwartungen des Narzissten aus. Sie wenden sich dann nicht mehr in der Art und Weise dem Kind zu, in der sie es tun würden, wenn sie ihre Persönlichkeit frei entfalten könnten und nicht unter dem Druck des Narzissten stehen würden. Sie fühlen sich fremdgesteuert wie eine leblose Marionette und verharren zeitweise wie in einem hypnotischen Zustand.

Was können Sie als betroffener Elternteil tun, um Ihrem Kind trotz aller Widrigkeiten ein guter Elternteil zu sein und dem Kind stabile und förderliche Rahmenbedingungen zu ermöglichen?

Die eigene Persönlichkeit stärken

Mit diesem Punkt sollten Sie sinnvollerweise bereits begonnen haben – falls Sie nicht ohnehin eine gefestigte Persönlichkeit haben –, noch bevor das Kind auf der Welt ist. Hinterher werden Sie dafür möglicherweise nicht mehr sehr viel Zeit finden und müssen sich zu sehr dem Kind und dem Narzissten zuwenden, als dass Sie Ihre eigene Persönlichkeit noch nebenbei ausreichend stärken könnten. Der durch den Narzissten und die Betreuung des Kindes entstehende Stress wird es Ihnen sehr schwermachen, hinreichend auf die eigenen Bedürfnisse zu achten.

Zur eigenen Stärkung bedarf es im Wesentlichen drei Faktoren, die ich zur besseren Einprägsamkeit die »drei großen A« nenne:

ABSTAND: Bauen Sie eine emotionale Distanz zu dem Narzissten auf, indem Sie Ihr Bedürfnis nach Nähe und das Verlangen nach Gemeinsamkeiten reduzieren, mehr Zeit für sich und Freunde einplanen sowie mehr auf die eigenen Interessen und das eigene Wohl achten. Zudem sollten Sie das Bedürfnis, alles mit dem Narzissten besprechen zu wollen, sowie Ihre Erwartungen an den Narzissten begrenzen. Wenn Sie einen gesunden Abstand einhalten – ohne dem Narzissten das Gefühl zu geben, ihn nicht mehr ernst zu nehmen und sich nicht mehr um ihn kümmern zu wollen –, entgehen Sie der Gefahr, zu leicht von der dominanten Präsenz des Narzissten vereinnahmt, manipuliert oder überwältigt zu werden. Gewöhnen Sie sich gegenüber dem Narzissten ein wohlwollendes Misstrauen an und prüfen Sie zunächst seine Willensäußerungen, bevor Sie sich von ihm überfahren lassen. Aus der Distanz können Sie in Ruhe das eigene Verhalten, aber auch das Verhalten des Narzissten reflektieren und bleiben so mit Ihren eigenen Überzeugungen in Kontakt. Dann sind Sie nicht der permanenten Beeinflussung des Narzissten ausgesetzt, geraten nicht unter Druck und können überlegt handeln. Distanz ermöglicht Ihnen, zu einem objektiven Urteil zu gelangen. Sie nehmen Ihre Gedanken und Gefühle intensiver wahr und können diese besser reflektieren oder mit Menschen, denen Sie vertrauen und die Ihnen nahestehen, darüber reden. Der Narzisst wird Ihre Ansichten nicht respektieren, wenn sie mit seinen nicht übereinstimmen, weshalb in den meisten Fällen keine befriedigende Klärung möglich ist und Sie bei anhaltender Diskussion nur noch mehr in Ihrer Wahrnehmung und in Ihrem Urteil verunsichert werden. Lernen Sie also zu differenzieren, in welchen Situationen und in welchen Angelegenheiten der Narzisst eine Hilfe und Bereicherung sein kann und in welchen Sie lieber für sich alleine bleiben oder sich anderen Menschen anvertrauen.

ABGRENZUNG: Ohne eine gewisse emotionale Distanz ist eine Abgrenzung gegenüber dem Narzissten nicht möglich. Wenn Sie ständig seiner Beeinflussung ausgesetzt sind, fällt es schwer, die eigene Meinung und das eigene Urteil aufrechtzuerhalten. Außerdem benötigen Sie Festigkeit und Entschlossenheit, um im Ernstfall auch den Mut aufzubringen, zu den eigenen Überzeugungen zu stehen und nicht bei jeder Kleinigkeit sofort wieder einzuknicken und nachzugeben. Sie sollten für Ihre Werte kämpfen, auch wenn Sie sich nicht jedes Mal durchsetzen werden. Sie bleiben aber so in Kontakt mit sich selbst, ziehen eine klare Linie zwischen sich und dem Narzissten und vermeiden auf diese Weise eine vollständige emotionale Vereinnahmung und Selbstaufgabe. Haben Sie erst einmal den Kontakt zu sich selbst verloren, trauen Sie Ihrer eigenen Wahrnehmung nicht mehr, können Sie Ihre Stärken und Schwächen nicht mehr realistisch einschätzen und spüren Sie die eigenen Bedürfnisse kaum noch, dann hat Sie der Narzisst vollständig in der Hand und kann nach Belieben über Sie verfügen.

Sie sollten sich nicht mehr so leicht von Ihren Angst-, Schuld- oder Pflichtgefühlen überrollen lassen. Wenn der Narzisst Ihre Schwachstellen trifft und durch seine Argumente oder sein Verhalten bei Ihnen ein schlechtes Gewissen auslöst, dann verlieren Sie den Kontakt zu sich selbst und verrennen sich in der fremden Welt des Narzissten, weil Sie zu sehr damit beschäftigt sind, das schlechte Gewissen wieder loszuwerden, statt an einer sachlichen Lösung zu arbeiten, die Ihren Vorstellungen entspricht. Dazu muss man in der Lage sein, die Provokationen des Narzissten aushalten zu können und in permanentem Kontakt mit den eigenen Gefühlen zu bleiben, indem man sie zwar wahrnimmt, sich aber nicht von ihnen irritieren und beherrschen lässt. Die negativen Gefühle muss man ertragen können. Machen Sie sich daher bewusst, dass dies eben nur Gefühle sind, die nicht schlimm sind und die an sich keinen Schaden anrichten. Es sind die innere Erregung durch die Gefühle und die mangelnde Selbstbeherrschung, die den Schaden anrichten. Aber vor Ihren Gefühlen brauchen Sie sich nicht zu fürchten.

Sie sollten lernen, sich in schwierigen Situationen mit dem Narzissten der eigenen Verhaltensmuster bewusst zu bleiben. Beobachten Sie, wie sich der Narzisst in einer bestimmten Situation verhält und wie Sie selbst darauf reagieren. Erkennen Sie die typischen Verhaltensmuster des Narzissten und die eigenen Reaktionsmuster und verstehen Sie die dahinterliegenden Bedürfnisse des Narzissten, aber auch die eigenen. Auf diese Weise werden Sie schneller den ewig gleichen Kreislauf verlassen und geeignetere Lösungen finden können, weil Sie die perfide Strategie des Narzissten und die dahinterliegenden Motive verstehen.

Außerdem wäre eine gewisse Schlagfertigkeit hilfreich, um sich den Narzissten auf Distanz zu halten und sich abzugrenzen. Schlagfertigkeit kann man trainieren; man muss nur im entsprechenden Moment auch den Mut aufbringen, dem Narzissten selbstbewusst entgegenzutreten. Es ist daher ratsam, sich im Umgang mit einem Narzissten eine geschickte, aber diplomatische Rhetorik anzueignen.

AKZEPTANZ: So schwer es in manchen Situationen auch sein mag: Sie sollten im Umgang mit dem Narzissten immer die Wertschätzung ihm gegenüber aufrechterhalten. Wenn sich ein Narzisst nicht ernst genommen fühlt, wenn er glaubt, man höre ihm nicht zu, ignoriere ihn oder mache sich womöglich lustig über sein Verhalten und seine Ansichten, dann werden Sie nichts bei ihm erreichen. Arrogantes oder ablehnendes Verhalten wird ihn geradezu provozieren und er wird Sie noch mehr kränken als zuvor. Nehmen Sie ihn so, wie er ist, und seien Sie sich seiner unangenehmen Seiten, aber auch seiner Bedürfnisse und Ängste bewusst. Behandeln Sie ihn mit Respekt und nehmen Sie seine Meinung ernst – auch wenn sie manchmal mehr als bizarr und grotesk anmutet. Da Sie aber selbst das Bedürfnis haben, beachtet und akzeptiert zu werden, sollten Sie auch Ihrem narzisstischen Partner diesen Wunsch erfüllen. Es ist letztlich die Grundlage für ein vernünftiges Miteinander; ohne ein gewisses Mindestmaß an Wertschätzung kann eine Beziehung nicht funktionieren. Nur weil der Narzisst sich nicht an diese Grundregeln halten wird, müssen Sie sich nicht auch dazu hinreißen lassen, Ihre guten Manieren zu vergessen. Sie können sich über sein Verhalten ärgern, sich von seiner Meinung distanzieren und Ihren eigenen Überzeugungen treu bleiben – dennoch können Sie ihn achten und schätzen.

Da ein Narzisst immer dazu tendiert, Grenzen zu missachten und seinen Partner bis aufs Äußerste zu reizen, müssen Sie für sich selbst entscheiden, wann Sie mit Ihrer Wertschätzung gegenüber dem Narzissten an Ihre persönliche Grenze stoßen und der Respekt verloren geht. Der Narzisst darf sich nicht alles erlauben, und nur weil Sie sachlich und freundlich bleiben, heißt das noch lange nicht, dass er auf Sie eindreschen darf. Wertschätzung bedeutet, dass Sie für die Befindlichkeiten und für die Eigenarten des Narzissten Verständnis haben. Sie sollten aber deshalb kein andauerndes destruktives Verhalten aushalten oder herunterspielen. Das Leid, das der Narzisst verursacht, soll nicht Ihr ganzes Leben bestimmen. Dann geht nämlich zwangsläufig die Wertschätzung für den Narzissten verloren und eine Trennung ist unausweichlich.

Weitere hilfreiche Tipps zum Umgang mit einem Narzissten können Sie in meinem Buch »Wie lebe ich mit einem Narzissten?« finden. In diesem Buch gehe ich sehr viel ausführlicher auf sinnvolle Strategien ein, die Sie im Umgang mit einem Narzissten einsetzen können.

Im Umgang mit dem Kind

Um dem Kind eine möglichst angenehme und sorgenfreie Zeit zu ermöglichen, sollten Sie versuchen, die Punkte, die in Kapitel 2 »*Ideale Voraussetzungen für das Kind*« beschrieben wurden, so gut wie möglich umzusetzen. Selbst wenn der Narzisst anderer Ansicht ist und sich dem Kind gegenüber vorrangig gegenteilig verhält, sollten Sie in jedem Fall an diesen Kriterien festhalten und zu Ihren eigenen Überzeugungen stehen, sofern sie mit einer förderlichen Erziehung vereinbar sind.

Lernen Sie, mit diesem Dissens zu leben. Natürlich möchte man gerne, dass das Kind einen weitgehend abgestimmten und einheitlichen Erziehungsstil erfährt und dass man mit seinem Partner kooperieren kann. Sicher ist es ratsam, sich mit dem Narzissten bezüglich der Erziehungsmethoden abzusprechen. Leider wird er aber die Vorschläge des Partners nicht ernst nehmen, und schon gar nicht wird er sie umsetzen – weil sie nicht von ihm kommen. Würde er dem Vorschlag des Partners folgen, hätte er sogleich das Gefühl, sich unterordnen zu müssen und ein minderwertiger Mensch zu sein, der von der Meinung anderer abhängig ist.

Dennoch ist ein Mindestmaß an Abstimmung zum Wohle des Kindes erforderlich. Zwar sollten Sie durchaus aktiv daran arbeiten, gemeinsam verbindliche Regeln aufzustellen und Absprachen mit dem Narzissten zu treffen. Gleichzeitig sollten Sie sich aber nicht wundern oder enttäuscht sein, wenn sich der narzisstische Elternteil nicht an die Vereinbarungen hält. Wollen Sie eine Regel eigenmächtig bestimmen, werden Sie vermutlich keine Einigung mit dem Narzissten erzielen. Allein die Tatsache, dass der Vorschlag von Ihnen kommt, macht es einem Narzissten nahezu unmöglich, sich Ihren Anregungen anzuschließen, selbst wenn Ihre Idee vernünftig erscheint. Der Narzisst wiederum wird von Ihnen verlangen, sich seinen Regeln und Vorstellungen unkritisch zu unterwerfen, selbst wenn sie völlig unsinnig sind und in keiner Weise zum Wohlergehen des Kindes beitragen. Sie stehen also vor der großen Herausforderung, Unsinnigkeit in Zweckmäßigkeit verwandeln zu müssen.

Beispiel:
Der Narzisst will, dass das Kind bereits um 6 Uhr abends ins Bett geht. Dabei geht es ihm weniger um das Wohl des Kindes als vielmehr darum, nach Feierabend nicht von lästigem Kindergeschrei gestört zu werden. Er will abends seine Ruhe haben. Ihnen gegenüber argumentiert er aber, dass kleine Kinder noch viel Schlaf benötigen. Da Ihr Kind aber erst gegen 16 Uhr aus dem Nachmittagsschlaf erwacht, ergibt dieser Vorschlag überhaupt keinen Sinn. Das Kind ist um 18 Uhr noch gar nicht wieder müde und außerdem wäre es ratsam, dass sich auch der Narzisst etwas mehr Zeit für das Kind nimmt, um eine Beziehung zu ihm aufzubauen. Der Narzisst lässt sich jedoch nicht auf diesen Vorschlag ein und besteht darauf, dass das Kind abends schon im Bett liegt, wenn er nach Hause kommt. Stimmt der andere Elternteil nun zu, dann wäre dies zum Schaden des Kindes, weil es noch gar nicht müde ist und sich ausgeschlossen fühlen würde. Kämpft der andere Elternteil hingegen für die Durchsetzung einer anderen Lösung, ist der narzisstische Elternteil unzufrieden oder reagiert gar wütend. Egal, wie sich der Elternteil entscheidet: Ärger entsteht immer. In diesem Fall sollten die Bedürfnisse des Kindes Vorrang haben und müssen die Bettzeiten mit dem narzisstischen Elternteil eingehender besprochen werden.

Vertreten Sie daher Ihre eigenen Vorstellungen, nehmen Sie die Bedürfnisse des Kindes ernst und wehren Sie sich gegen absurde Vorschläge des Narzissten. Sehen Sie eine Regel oder Absprache nur dann als vereinbart und gültig an, wenn beide Seiten überzeugt zugestimmt haben. Kann einer dem Vorschlag nicht zustimmen, muss weiter an einem Kompromiss gearbeitet werden. Machen Sie daher dem Narzissten unmissverständlich klar, dass Sie sich nur an Vereinbarungen gebunden fühlen, die auf beiderseitigem Einverständnis beruhen.

Sehr wahrscheinlich wird aber eine Übereinkunft scheitern, weil der Narzisst nicht bereit ist, von seiner Idee abzurücken. Belassen

Sie es dann dabei und finden Sie selbstständig eine vorübergehende Lösung *(in dem oben genannten Beispiel könnte der Elternteil die Zeit mit dem Kind bis zum Schlafengehen in einem anderen Raum verbringen)*. Erinnern Sie den Narzissten aber immer wieder daran, dass eine Entscheidung zeitnah getroffen werden muss. Kritisiert er Sie, weil Sie zwischenzeitlich notgedrungen in einer Weise vorgehen, die dem narzisstischen Elternteil missfällt, dann zeigen Sie Ihre Bereitschaft, eine Übereinkunft herbeizuführen, wenn er bereit ist, auch Ihre Meinung in die Entscheidung einzubeziehen.

Gleichfalls sollten Sie aber auch dem Narzissten nicht verbieten, so vorzugehen, wie er es sich vorstellt, wenn bislang keine anderweitige Vereinbarung getroffen wurde. Vermeiden Sie es, ihn zu belehren, denn ein Narzisst kann keine Kritik vertragen. Jede Kritik des Partners bedeutet für ihn die schmerzhafte Erfahrung einer Ablehnung und einen Angriff auf sein Ego – selbst wenn die Kritik noch so angebracht ist und sachlich korrekt vorgetragen wird. Vermeiden Sie negative Bewertungen, konfrontieren Sie den Narzissten nicht mit seinem Fehlverhalten oder stellen Sie ihn nicht bloß. Erinnern Sie ihn lediglich daran, dass noch eine Absprache notwendig ist, zum Wohle des Kindes. Nutzen Sie hierfür Ich-Botschaften. Erklären Sie ihm, welche Vorgehensweise Sie für richtig halten und wie Sie die Situation empfinden, und machen Sie sinnvolle Vorschläge. Machen Sie ihm keine Vorwürfe und halten Sie ihm sein unpassendes Verhalten nicht vor, weil dies nur zu Streitereien führen würde und Sie so keinen Schritt in der Sache weiterkommen würden.

Wundern Sie sich aber nicht, wenn selbst mühselig herbeigeführte Regeln und Absprachen von dem Narzissten früher oder später wieder umgangen werden. Ein Narzisst entscheidet immer von Fall zu Fall, ob er sich an gemeinsame Absprachen halten will oder nicht. Von einem Augenblick zum anderen schlägt er alles in den Wind, weil er glaubt, die Situation bedürfe eines anderen Vorgehens oder Verhaltens – selbst wenn objektiv gar kein Grund dafür besteht. Oder er kann sich ganz plötzlich an Vereinbarungen nicht mehr erinnern, wenn ihn diese in seiner Handlungsweise einschränken.

Machen Sie ihn dann darauf aufmerksam, dass es bestehende Absprachen gibt und dass er sich genauso daran zu halten hat wie alle anderen. Hält er eine Vereinbarung für sinnlos oder muss sie korrigiert werden, dann sollte er in Abstimmung mit Ihnen eine neue Übereinkunft treffen. Solange dies nicht geschehen ist, gilt die alte Vereinbarung – ob es dem Narzissten nun passt oder nicht. Hält er sich auch nach mehrfacher Ermahnung nicht an getroffene Absprachen, dann ist die ursprüngliche Vereinbarung hinfällig und Sie brauchen sich nicht länger an das Abkommen gebunden fühlen. Versuchen Sie dann, eine neue Übereinkunft herbeizuführen – selbst wenn daraufhin nur derselbe Kreislauf ausgelöst wird. Für Ihr Kind ist es wichtig, dass es verlässliche Strukturen vorfindet. Scheitert eine Übereinkunft immer wieder an der Unzuverlässigkeit und Sprunghaftigkeit des Narzissten, dann ist es für das Kind wichtig zu erkennen, von wem der Verstoß ausgeht und wer ein vernünftiges Miteinander anstrebt.

Sie benötigen allerdings nicht für alles eine Vereinbarung mit dem Narzissten in Bezug auf Ihr Kind. Sie müssen nicht akribisch auf eine Gleichschaltung hinarbeiten und darauf, dass sich die Eltern gegenüber dem Kind völlig homogen verhalten. Kinder können durchaus mit unterschiedlichen Erziehungsstilen umgehen: Sie sind in der Lage, sich auf verschiedene Menschen einzustellen und sich entsprechend den Gepflogenheiten anzupassen. Die wichtigsten Kriterien wie Sicherheit, Verlässlichkeit, Vertrauen und Geborgenheit sollten allerdings grundsätzlich vorhanden sein. Das Wohl des Kindes sollte immer im Vordergrund jeder Handlungsweise stehen. Wenn Sie merken, dass der Narzisst diese Grundwerte verletzt, dann sollten Sie ihn darauf hinweisen. Selbst wenn Sie ihn nicht überzeugen oder von etwas abhalten können, wenn er sein Verhalten nicht verändert oder womöglich auf die Barrikaden steigt: Es ist wichtig, die eigene Meinung gesagt und Ihren Vorstellungen und Werten einen Raum gegeben zu haben. Sie haben für das Kind nicht nur eine Schutzfunktion, sondern auch eine Vorbildfunktion. Wie soll das Kind jemals lernen, seine eigene Meinung zu äußern und zu behaupten, wenn Sie es ihm nicht vormachen?

Auf die Reaktion des Narzissten haben Sie keinen Einfluss und Sie tragen auch keine Verantwortung für sein Handeln. Wenn er sich anders entscheidet, dann ist das sein gutes Recht – so wie es auch Ihr

Recht ist, zu Ihren Überzeugungen zu stehen, ob sie nun falsch oder richtig sind. Wenn der Narzisst allerdings zu weit geht, nachhaltig das Wohl des Kindes aus dem Auge verliert und das Kind eindeutig Schaden erleidet, sollten Sie eingreifen und sich notfalls Hilfe besorgen (siehe hierzu auch den Punkt »*Die Erziehungsmethoden des narzisstischen Elternteils*« in diesem Abschnitt des Buchs).

Wie sollten Sie sich verhalten?

Nach Möglichkeit sollten Sie sich in einem ausgeglichenen und ruhigen Zustand befinden, wenn Sie mit Ihrem Kind zusammen sind. Haben Sie selbst Angst, fühlen Sie sich angespannt oder sind Sie wütend und verbittert, dann wird das Kind Ihre Verstimmung spüren und genauso beunruhigt sein wie Sie. Da in den meisten Fällen der Narzisst der Auslöser für Ihre innere Aufregung sein dürfte, sollten Sie lernen, sich so gut wie möglich emotional von dem Narzissten abzugrenzen und sein negatives Verhalten sowie seine unsachlichen Bemerkungen gar nicht erst an sich heranzulassen. Das gelingt Ihnen, wenn Sie seine Ängste und Bedürfnisse hinreichend verstanden haben und sich Ihrer eigenen Stärken und Werte bewusst sind.

Zum anderen sollten Sie sich von den einseitigen Erziehungsgrundsätzen des Narzissten abgrenzen. Seine Ansichten dürfen nicht der alleinige Maßstab sein, denn ein Narzisst findet selten ein gesundes Mittelmaß: Oft neigt er zu extremen Aktionen, bei denen das Kind entweder zu sehr verwöhnt oder zu sehr vernachlässigt wird, zu großzügig oder zu kleinlich behandelt wird, überhaupt keine Konsequenzen zu spüren bekommt – selbst wenn diese angekündigt wurden und angebracht wären – oder zu hart bestraft wird ohne jede Verhältnismäßigkeit. Er wird seinen eigenen Prinzipien nicht gerecht und wird seine eigenen Regeln ständig brechen. Wenn es angebracht wäre, sich dem Kind gegenüber tolerant zu verhalten, kann er engstirnig und erbarmungslos sein. Und wenn es angebracht wäre, dem Kind Wertschätzung entgegenzubringen, verstummt er oder äußert eine Kritik.

Ein narzisstischer Elternteil stellt seine pädagogischen Kenntnisse immer über diejenigen und über die Fähigkeiten des anderen Elternteils. Zwar ist er davon überzeugt, die moralisch überlegene Instanz zu sein, dennoch macht er unentwegt sehenden Auges und bei klarem Bewusstsein vermeidbare Fehler, nur um Recht zu bekommen oder aus Blindheit anderen Realitäten gegenüber. Sein Glaube an die eigene Unfehlbarkeit macht jede noch so vernünftige Modifikation seiner Prinzipien beinahe unmöglich.

Sie können sein Verhalten nicht verändern, weil sich dieser blasierte Dilettant nichts von Ihnen sagen lassen wird und weil er von seinem uneingeschränkten Vorbildcharakter überzeugt ist. Die Folge wird sein, dass Sie neben der Erziehung des Kindes – mit der Sie wahrlich mehr als genug zu tun haben dürften – ständig auch noch die Scherben aufsammeln dürfen, die der Narzisst durch seine Unachtsamkeit und Willkür produziert. Auch wenn Sie diese selbstgefällige Gedankenlosigkeit noch so sehr nerven wird: In den meisten Fällen wird Ihnen wohl gar nichts anderes übrigbleiben.

Ist das Kind unglücklich, weint es, zieht es sich zurück oder brodelt es vor Wut aufgrund des Verhaltens oder einer Provokation des Narzissten, dann sollten Sie für das Kind da sein, damit es Trost erfährt und mit Ihnen über seine Gefühle reden kann. Dabei sollten Sie sich jedoch mit Ihrem eigenen Urteil über den narzisstischen Elternteil zurückhalten und sich nicht illoyal verhalten. Sie sollten einfach nur zuhören, dem Kind das Gefühl geben, dass Sie es verstehen und dass es sich mitteilen darf. Es ist wichtig, dass das Kind in einem Moment, in dem es seelischen Schmerz erfährt, mit seinen Gefühlen nicht allein bleibt, sondern lernt, sie mit Ihrer Hilfe zu verarbeiten.

Dabei muss je nach Alter des Kindes unterschiedlich vorgegangen werden. Handelt es sich noch um ein Baby oder Kleinkind, dann sind vor allem Körpernähe und inniger Körperkontakt wichtig. Es will in den Arm genommen und getröstet werden und braucht in einem solchen Moment eine Bezugsperson, an der es sich anlehnen kann. Die liebevolle Zuwendung zeigt ihm dann, dass es trotz einer Missstimmung oder eines Konfliktes von den Eltern geliebt wird.

Ein Kleinkind kann das destruktive Verhalten des narzisstischen Elternteils nicht richtig zuordnen und mit rationalen Erklärungen nicht viel anfangen. Das Kind bezieht das abschätzige Auftreten des Narzissten zunächst auf sich selbst: Es glaubt, selbst schuld an dem Verhalten des Narzissten zu sein und sich mehr anstrengen zu müssen, um sich dessen Liebe zu verdienen. Es kann noch nicht erkennen, dass das eigentümliche Benehmen des Narzissten nichts mit ihm zu tun hat, sondern in der gestörten Disposition des Narzissten verwurzelt ist.

Diese falsche emotionale Sichtweise des Kindes muss eine Umkehrung erfahren, damit es die Selbstzweifel, Selbstvorwürfe und Selbstverachtung beenden kann. Das Kind muss davon freigesprochen werden, schuld an den Aggressionen und Übergriffen des Narzissten zu sein, und lernen, dass seine verletzenden Reaktionen nichts mit dessen Verhalten zu tun haben.

Es wäre angemessen, mit dem Kind in einfachen Bildern zu sprechen, um ihm das destruktive Verhalten des narzisstischen Elternteils nahezubringen. Mit kleinen Kindern kann man z. B. über die Mannigfaltigkeit menschlicher Eigenschaften und Kennzeichen sprechen und sein Auge dafür schärfen. Bringen Sie dem Kind so früh wie möglich bei, andere Menschen differenziert zu betrachten, und fangen Sie dafür ganz einfach mit äußeren Merkmalen an: Es gibt kleine und große Menschen, es gibt dicke und dünne Menschen, es gibt schnelle und langsame Menschen. Es gibt Menschen mit einer großen Nase und Menschen mit einer kleinen Nase. Machen Sie dann allmählich mit den Charaktereigenschaften weiter: Es gibt Menschen, die schnell gereizt sind, und es gibt Menschen, die gelassen bleiben. Es gibt Menschen, die sich über alles beschweren, und es gibt Menschen, die mit sich selbst zufrieden sind. Es gibt Menschen, die denken nur an sich, und es gibt Menschen, die freizügig mit anderen teilen. Über diese Beschreibungen können Sie dem Kind allmählich beibringen, dass sich die Menschen voneinander unterscheiden und dass bestimmte Wesensmerkmale in einer Person liegen und nicht durch eine äußere Provokation entstehen. Seine Natur und die individuellen Lebenserfahrungen eines Menschen formen seine Persönlichkeit, die dann in einer typischen Weise auf äußere Reize reagiert. Auf diese Art können Sie sich Stück für Stück der Beschreibung einer narzisstischen Persönlichkeit nähern und so dem Kind vermitteln, dass es nicht an ihm liegt, wenn es von solchen Personen unfair behandelt wird.

Damit das Kind die Theorie noch besser verinnerlichen kann, können Sie auch mit ihm in Rollenspiele schlüpfen, indem Sie einmal einen Narzissten spielen und das Kind entsprechend auf das Verhalten reagiert. Danach wechseln Sie die Rollen und das Kind spielt den Narzissten. So kann man in einem geschützten Raum dem Kind die Möglichkeit geben, sich selbst im Umgang mit narzisstischem Verhalten zu begegnen und geeignete Methoden zu finden, sich gegenüber unangenehmen Fremdeinflüssen emotional abzugrenzen.

In der Pubertät können Jugendliche rationale Erklärungen verstehen. Meist haben Sie auch schon aus eigener Beobachtung das Verhaltensmuster des Narzissten erkannt und können erstaunlich treffsicher die Eigenarten des narzisstischen Elternteils benennen. Als Elternteil können Sie in Konfliktsituationen Ihre Gesprächsbereitschaft anbieten, Sie müssen aber auch damit rechnen, dass Ihr Kind nach einer Auseinandersetzung mit dem narzisstischen Elternteil zunächst alleine sein und sich zurückziehen möchte. Gerade Söhne entwickeln ein großes Schamgefühl und wollen nicht darüber reden, wenn sie emotional getroffen wurden. Sie wollen sich keine Schwäche vor anderen eingestehen und glauben, allein mit ihren Problemen fertigwerden zu müssen. Sie wollen cool sein, und schon gar nicht wollen sie mit ihren Eltern über ihre Gefühle reden. Daher sollten Sie einen Rückzug zunächst akzeptieren und zu einem späteren Zeitpunkt für das Kind da sein, wenn es Bedarf hat und bereit ist, sich zu öffnen.

Möglicherweise sucht der Jugendliche zunächst Zuflucht bei seinen Freunden. Wenn Sie merken, dass er sich nicht öffnen will oder kann, aber ganz offensichtlich noch unter der Verletzung leidet, dann sprechen Sie ihn vorsichtig an. Stellen Sie interessiert Fragen, ohne ihn ausspionieren zu wollen. Testen Sie, ob er bereit ist, mit Ihnen über seine Gefühle zu sprechen, bedrängen Sie ihn aber nicht. Lassen Sie sich notfalls von anderen helfen (Geschwistern, Verwandten, Freunden).

Lässt sich Ihr Kind auf ein Gespräch mit Ihnen ein, dann hören

Sie einfach zu und versuchen Sie, die Position eines neutralen Beobachters einzunehmen. Machen Sie Ihrem Kind keine Vorwürfe, bewerten Sie den Vorfall nicht zu leichtfertig, geben Sie keine vorschnellen Ratschläge und unterbinden Sie nicht seine Gefühlsausbrüche. Seien Sie in erster Linie einfach nur für das Kind da. Es soll durch diese Zurückhaltung die Möglichkeit bekommen, seine Version unkommentiert zu äußern, und von Ihnen in seiner Not gesehen und mit seinen Empfindungen ernst genommen zu werden. Stellen Sie unterstützend offene Fragen, damit es lernt, sich mit seinen Erfahrungen kritisch auseinanderzusetzen, alle Aspekte seiner Wahrnehmung zu durchleuchten und die Problematik aus unterschiedlichen Blickwinkeln zu betrachten. Reden Sie ihm seine Gefühle und Wahrnehmungen nicht aus – selbst wenn es für Sie schmerzlich sein sollte –, sondern geben Sie seiner Realität einen Raum.

Versuchen Sie dann, den Verarbeitungsprozess Ihres Kindes durch gezielte Fragen zu unterstützen. Nehmen Sie Ihr Kind an die Hand und zeigen Sie ihm, wie es alternative Sichtweisen und Bewältigungsstrategien für seinen Konflikt finden kann. Lassen Sie es die Vor- und Nachteile gegeneinander abwägen und fördern Sie auf diese Weise einen reifen Lösungs- und Entscheidungsprozess. Greifen Sie aber der Entscheidung Ihres Kindes nicht vor, sondern geben Sie dem Kind das Gefühl, selbst die Wahl zwischen unterschiedlichen Möglichkeiten zu haben. Auf diese Weise bekommt es eine Einsicht in die eigene Handlungsfähigkeit und kann aus dem deprimierenden Zustand der Ohnmacht herausgelangen. Indem es selbst Perspektiven findet, wächst das Vertrauen in die eigene Stärke und es keimt wieder Hoffnung auf.

Ermuntern Sie das Kind, seine Ängste, Ideen, Bedürfnisse und Vorstellungen dem Narzissten offen, direkt und ohne Scheu mitzuteilen. Indem Sie Autonomie vorleben, können Sie Ihr Kind dazu anhalten und es entsprechend stärken. Es sollte – genau wie Sie – seine Meinung vertreten, ohne dabei respektlos und aggressiv zu werden, und in vernünftiger, sachlicher Art und Weise seine Ansichten und Wünsche äußern, selbst wenn es sie beim narzisstischen Elternteil nicht durchsetzen kann. Erfährt es aber statt Verständnis nur weitere Kränkungen, sollte es sich zurückziehen und beispielsweise mit Ihnen oder anderen Angehörigen über seine Erlebnisse sprechen.

Das Kind soll lernen, für seine Bedürfnisse einzustehen. Dahinter steckt ein notwendiger Lernprozess, der für ihr Kind bei erfolgreicher Meisterung auch im späteren Leben hilfreich sein wird. Daher ist es wichtig, dass das Kind frühzeitig lernt, den eigenen Willen zu artikulieren, um sich gegenüber einem anderen abzugrenzen und sich als eigenständige Persönlichkeit zu erleben, aber auch Kompromisse oder Ablehnungen ertragen zu können. Wenn es nicht lernt, seinen Willen zu äußern, und von vornherein zu schnell aufgibt, kann es auch keine gefestigte Persönlichkeit entwickeln und verliert den Kontakt zu seinen eigenen Bedürfnissen. Es kann nicht zu eigenen Überzeugungen gelangen.

Daher sollten Sie Ihr Kind ermutigen, das, was es Ihnen mitteilt, was es fühlt und was es für richtig hält, auch gegenüber dem Narzissten auszudrücken. Das Kind soll lernen, Grenzen zu ziehen und zu entscheiden, wann es sich dem Willen des narzisstischen Elternteils beugt, weil es vielleicht in dieser Situation zu seinem Vorteil ist, und wann es in eine Auseinandersetzung geht und um sein Recht kämpft. Bei diesem Prozess wird es Niederlagen und seelische Schmerzen erleben – das bleibt nicht aus und ist bis zu einer gewissen Grenze auch von einem Kind zu verkraften, vor allem, wenn Sie Ihrem Kind beistehen. Es lernt aber dafür mit Ihrer Unterstützung, die eigenen Bedürfnisse und Vorstellungen zu äußern und die unangebrachten und unwürdigen Gegenreaktionen des Narzissten als dessen Angelegenheit zu betrachten, für die es keine Verantwortung übernehmen muss und die sein Recht auf Selbstbestimmung nicht einschränken darf.

Beispiel:
Der narzisstische Elternteil ist mit der Schulnote seines Sohnes unzufrieden. Zwar hat er die Mathearbeit mit einer ordentlichen Drei abgeschlossen, doch der Narzisst wollte mindestens eine Zwei sehen. Der Sohn hat dafür auch sehr viel gelernt und sich im Vergleich zur vorangegangenen Arbeit, für die er eine Fünf erhielt, deutlich verbessert. Der

Narzisst misst die schulische Leistung aber nur an seiner Zielvorgabe und gibt dem Sohn zu verstehen, dass er nach wie vor unzufrieden ist und mehr Leistung erwartet. Aus diesem Grund ordnet der Narzisst Stubenarrest und intensives Pauken für die Schule an.

Für einen Narzissten ist es typisch, sich auf die negativen Dinge zu konzentrieren, statt die positiven Dinge hervorzuheben. Eine Kritik geht ihm schneller über die Lippen als ein Lob. Bei einer Kritik kann er sich wieder über einen anderen erheben und bekommt gleichfalls das Gefühl, besser als der andere zu sein – selbst wenn es sich dabei um ein Kind handelt. Wenn er hingegen lobt, bekommt er das Gefühl, selbst schlechter zu sein, weil er den anderen in dem Moment des Lobens auf einen Sockel stellt und somit über sich platziert. Ein Narzisst will nicht hinaufschauen – er will herabblicken.

Hinzu kommt, dass ein Narzisst in seinen Konsequenzen oft jegliche Verhältnismäßigkeit vermissen lässt. Die Strafe, die sein Sohn erfährt, steht nicht im Verhältnis zur erbrachten Leistung, die durchaus lobend erwähnt werden könnte – bestenfalls mit dem Hinweis versehen, dass noch weitere Steigerungen möglich sind. Auch akzeptable Zwischenergebnisse können positive Anerkennung erfahren.

Der Sohn ist verständlicherweise aufgrund der Bewertung des Narzissten am Boden zerstört. Er hat viel gelernt, seine Freizeit geopfert und auf Treffen mit den Freunden verzichtet, und selbst der Lehrer hat seine Arbeit lobend erwähnt – dennoch bleibt die Anerkennung des Vaters aus. Der Sohn ist wütend auf den Vater und kehrt enttäuscht und traurig in sein Zimmer zurück.

Sie können nun Ihrem Sohn folgen und ihn fragen, was geschehen ist. Meist erzählt er dann von alleine, was vorgefallen ist und wie er sich dabei gefühlt hat.

Kind: »Papa hat gesagt, ich muss mich mehr anstrengen! Dabei habe ich mich doch schon verbessert. Und nun muss ich noch mehr lernen.«

Sie: »Was hat er denn gesagt?«

Kind: »Er will, dass ich die nächsten zwei Wochen nur zu Hause bin und dass ich nichts anderes mache als zu lernen.«

Sie: »Wie findest du das?«

Kind: »Ich finde das so gemein! Ich habe doch gezeigt, dass ich mich verbessern kann.«

Sie: »Ja, das verstehe ich! Wie fühlst du dich jetzt?«

Kind: »Ich bin stinksauer!«

Sie: »Wie empfindest du das Verhalten deines Vaters?«

Kind: »Es ist so ungerecht. Ich hatte so gehofft, dass er meine Leistung anerkennt und sieht, wie gut ich geworden bin. Stattdessen bestraft er mich noch!«

Sie: »Was würdest du jetzt am liebsten tun?«

Kind: »Ich würde ihm am liebsten auf den Kopf hauen!«

Sie: »Hier ist ein Kissen! Schlag darauf und lass deine Wut heraus!«

Kind schlägt auf das Kissen: »Ich hasse ihn – es ist so ungerecht!«

Sie: »Wie könntest du das nächste Mal reagieren, wenn du dich wieder unfair von ihm behandelt fühlst?«

Kind: »Ich weiß nicht. Ich komme ja kaum zu Wort, wenn er erst mal loslegt!«

Sie: »Was würdest du sagen, wenn er es zuließe?«

Kind: »Dass ich sehr wohl finde, dass ich mich verbessert habe, und dass die Arbeit gut war!«

Sie: »Was glaubst du, was dein Vater daraufhin sagen wird?«

Kind: »Ach, das wird er nicht hören wollen und mich wieder beschimpfen und mir einreden, dass meine Leistung völliger Mist ist. Ich kenn ihn ja! Am besten ist, ich sage gar nichts.«

Sie: »Kannst du etwas ändern, wenn du nichts sagst?«

Kind: »Nein!«

Sie: »Möchtest du, dass sich etwas ändert?«

Kind: »Ja, ich will nicht mehr so von ihm behandelt werden!«

Sie: »Was hindert dich heute daran, ihm das so zu sagen?«

Kind: »Ich habe Angst vor ihm!«

Sie: »Und wenn du keine Angst hättest, was wäre dann?«

Kind: »Dann würde ich ihm sagen, dass der Lehrer meine Arbeit gut fand und dass ich auch stolz auf mich bin! Ich würde ihn fragen, warum er immer alles schlechtmachen muss.«

Sie: »Wie würdest du dich dann fühlen, wenn du ihm das so sagen würdest?«

Kind: »Besser!«

Sie: »Könntest du dich denn noch weiter verbessern?«

Kind: »Ja, natürlich! Mein Lehrer meinte auch: Wenn ich so weitermache, dann wird aus mir noch ein kleiner Albert Einstein!«

Sie: »Magst du das nächste Mal deinem Vater auch deine Meinung und Gefühle mitteilen?«

Kind: »Glaubst du wirklich, es wäre eine gute Idee?«

Sie: »Du musst Ungerechtigkeiten nicht einfach akzeptieren. Dein Vater sollte wissen, was in dir vorgeht. Wie sollte er dich ansonsten jemals richtig sehen können? Und selbst wenn ihn deine Meinung nicht interessieren sollte: Dann tue es für dich, damit du nicht mit deiner Wut zurückbleibst!«

Durch diese Form der Kommunikation bleiben Sie neutral. Sie stellen in erster Linie begleitende Fragen, um das Kind zu einer Einsicht zu führen. Sie sorgen dafür, dass es sich mit seinen Gedanken kritisch auseinandersetzt und mit seinen Gefühlen in Kontakt kommt. Sie unterstützen durch diese Form des Gesprächs den aktiven Prozess der Selbstwahrnehmung. Am Ende bestärken Sie Ihr Kind, sich gegenüber dem destruktiven Verhalten des narzisstischen Elternteils abzugrenzen. Sie fordern es nicht auf, nachzugeben, aufzugeben und sich dem Willen zu beugen oder dem Narzissten zukünftig aus dem Weg zu gehen und ihn zu verfluchen, sondern sie unterstützen den gesunden Prozess einer kritischen Auseinandersetzung mit den eigenen Erfahrungen und die Aufrechterhaltung der Wertschätzung dem Narzissten gegenüber. Das Verhalten des narzisstischen Elternteils mag Ihrem Kind in dieser Situation ungerecht vorkommen. Es sollte aber lernen, nach einer unerfreulichen Situation nicht gleich den Kopf in den Sand zu stecken oder einen Elternteil einseitig abzuwerten.

Es kann natürlich auch sein, dass es gar nicht erst zu einem Gespräch mit Ihrem Kind kommt und Ihr Kind sich nach der unschönen Begegnung mit dem narzisstischen Elternteil zurückzieht und schweigt, weil es Angst hat, sonst noch mehr Ärger mit dem Narzissten zu bekommen. Der Narzisst könnte ihm die Zuflucht zum anderen Elternteil als Petzen auslegen oder ihn als Heulsuse bezeichnen, die bei jeder Kleinigkeit zu wimmern beginnt und sich beschweren muss. Das Kind befürchtet, sich auf irgendeine Weise Kritik oder Spott vom Narzissten zuzuziehen, wenn es sich einem anderen öffnet und über sein Leid klagt. Auf diese Weise isoliert es sich und der Vorfall bleibt ein Geheimnis »unter Männern«. Das Kind lernt dann aber nicht, mit seinen Gefühlen und seinen Überzeugungen richtig umzugehen. Es lernt, die eigenen Gefühle unterdrücken und stark sein zu müssen. Diese Lektion wird das Kind dazu führen, zu wenig Empathie sich selbst und den Mitmenschen gegenüber zu entwickeln. Daher ist es wichtig, in jedem Fall das Kind aus der emotionalen Isolation zu befreien.

Traut sich das Kind nicht, die eigenen Bedürfnisse und die eigene Meinung gegenüber den Narzissten zu äußern, dann sollten Sie für das Kind in die Bresche springen – sofern Sie die Ansicht Ihres Kindes unterstützen und sie als angemessen empfinden. Gehen Sie als Vorbild voran und zeigen Sie Ihrem Kind, wie wichtig es ist, den eigenen Standpunkt zu verteidigen und sich gegenüber anderen Meinungen abzugrenzen, auch wenn man am Ende den Narzissten nicht umstimmen und kein zufriedenstellendes Ergebnis erzielen kann.

Aus Sicht des Narzissten ergreifen Sie Partei

Vermutlich wird der Narzisst nicht mit Ihrer bedachten und vermittelnden Vorgehensweise einverstanden sein. Sie gehen zwar nicht offen gegen ihn vor, machen ihn nicht schlecht vor dem Kind und verhalten sich ausgesprochen neutral. Ein Narzisst aber erwartet stets uneingeschränkte Gefolgschaft. Er erwartet, dass Sie seine Entscheidungen mittragen und sich seiner Bewertung anschließen. Indem Sie sich aber Ihrem Sohn zuwenden, glaubt er, Sie würden eine Front zwischen ihnen bilden. Er wird Ihnen Illoyalität unterstellen und behaupten, dass Milde und Nachsicht niemals einen richtigen Mann aus dem Kind machen werden. Er wird erbost sein und anfangen, Sie zu kränken. Wahrscheinlich entwickelt er sogar die Wahnvorstellung, alle hätten sich gegen ihn verschworen und er sei nun wohl das schwarze Schaf der Familie. So wechselt er geschmeidig vom Täter- in den Opfermodus und hofft, damit in Ihnen anhaltende Schuldgefühle auszulösen.

Verhalten Sie sich dann genau so, wie Sie es Ihrem Sohn geraten haben. Bleiben Sie bei Ihrer Meinung und bei Ihrer Entscheidung, Ihrem Sohn beistehen zu wollen. Wie heftig der Narzisst auch argumentiert und streiten will: Wiederholen Sie notfalls immer nur den gleichen Satz, der Ihre Einstellung zu diesem Thema spiegelt, und distanzieren Sie sich von den zahlreichen unsachlichen Äußerungen, die in der Sache ohnehin keinen Mehrwert liefern. Seien Sie sich bewusst, dass Sie genau in dieser Situation nicht nur sich selbst treu bleiben sollen, sondern auch Ihrem Kind als Vorbild dienen müssen. Wenn Sie vor dem Narzissten einknicken, dann verlangen Sie von Ihrem Kind etwas, zu dem Sie selbst nicht im Stande sind, und wirken dann wenig überzeugend.

Es geht auch nicht darum, den Narzissten von seiner Meinung abzubringen und ihn von Ihrem Standpunkt zu überzeugen. Es geht darum, sich abzugrenzen und zu den eigenen Überzeugungen zu stehen – unabhängig davon, ob der Narzisst nun damit einverstanden ist oder nicht. Seine Meinungsbildung liegt nicht in Ihrer Macht und Überzeugungsarbeit sollte bei Ihren Erklärungen auch nicht die vorrangige Absicht sein. Allerdings neigen betroffene Elternteile übereilt dazu, aufgrund orkanartiger Tobsuchtsanfälle des narzisstischen Elternteils möglichst schnell wieder den Hausfrieden herzustellen und damit wieder nachzugeben und sich der Meinung des Narzissten anzuschließen. Sie begehen aber in einem solchen Fall durch Ihre würdelose Unterwerfung Verrat am eigenen Kind und dürfen sich daher über die unweigerliche Abwendung des Kindes nicht wundern. Sie gewinnen vielleicht das Wohlwollen des Narzissten zurück, riskieren aber dafür das Vertrauen des Kindes.

Wollen Sie sich in einer Auseinandersetzung gegenüber dem Narzissten behaupten, dann müssen Sie in der Lage sein, einen gewissen Grad an Spannung auszuhalten, ohne sich davon beunruhigen zu lassen. Allerdings bekommt natürlich auch das Kind die Diskussion und die Feindseligkeit des Narzissten mit und wird sich entsprechend unwohl fühlen. Allein diese Tatsache ist dann für betroffene Elternteile oft Grund genug, sich einer ungemütlichen Diskussion durch Nachgiebigkeit zu entziehen, statt den Narzissten vorerst elegant abzuwimmeln und dann das verängstigte Kind aus dem Fegefeuer herauszuholen.

Ein Streit sollte sich niemals vor den Augen des Kindes abspielen; bringen Sie das Kind vorher unverzüglich aus der Gefahrenzone. Haben Sie das Kind versorgt, sollten Sie allerdings wieder auf den Narzissten zugehen und Gesprächsbereitschaft signalisieren. Laufen Sie nicht vor ihm weg, sondern stellen Sie sich einem Konflikt und spalten Sie die verletzenden Äußerungen des Narzissten von der eigentlichen Sache ab. Ist selbst beim besten Willen kein vernünftiger Kompromiss zu finden, der auch Ihre Vorstellungen berücksichtigt, dann können Sie dem Narzissten vorschlagen – da die leidvolle Diskussion ja irgendwann mal ein Ende haben muss – , dass Sie sich zunächst mit seinem Vorschlag einverstanden geben und seiner Entscheidung folgen werden. Dennoch sollten Sie deutlich unterstreichen, dass Sie sich einen anderen Weg vorgestellt hatten, sich aber aus Rücksicht auf die Familie in diesem Fall einer anderen Meinung anschließen. So bleiben Sie mit Ihren eigenen Überzeugungen in Kontakt und geben sie nicht aus unbegründeter Ehrfurcht auf, sondern zeigen eine reife Lösungsorientierung, um das Gemeinsame zu fördern, ohne die eigenen Werte zu verraten. Auch hierin können Sie dem Kind ein Vorbild sein, weil Sie in der Lage sind, eine für alle Seiten zufriedenstellende Lösung zu finden und dafür auch bereit sind, auf die eigenen Bedürfnisse ganz oder teilweise zu verzichten. Nur so ist letztendlich ein gutes zwischenmenschliches Miteinander möglich.

Eifersucht

Kommt das gemeinsame Kind auf die Welt, fällt es einem Narzissten sehr schwer zu akzeptieren, dass sein Partner fortan von dem Baby vereinnahmt wird und dieser sich mehr dem Kind widmet, als sich – in gewohnter Weise – um die Bedürfnisse des Narzissten zu kümmern. Der Narzisst kann sehr neidisch werden, wenn das Kind liebevoll verwöhnt wird, während er in der Versorgungskette nicht mehr das erste Glied darstellt. Er wird in diesem Moment möglicherweise an traumatische Erfahrungen in seiner Kindheit erinnert, in der er zu wenig Zuwendung von den eigenen Eltern erfahren hat. Der Anblick der leidenschaftlichen Hingabe des Partners dem Baby gegenüber löst dann bei ihm eine Welle der Frustration aus. Sofort muss er das mütterliche Verhalten seines Partners kritisieren, indem er ihm unterstellt, das Kind durch zu viel Liebe zu verziehen. Der narzisstische Elternteil will seinem Partner einreden, dass dem Kind zu viel Zuwendung und Verwöhnung nicht guttun. Er befürchte, das Kind könne durch zu viel Liebe verweichlichen und nicht adäquat aufs Leben vorbereitet werden.

Das ist aber nur ein Vorwand. Kleine Kinder können gar kein Zuviel an Geborgenheit erfahren. Eher ist davon auszugehen, dass der Narzisst seinerseits in der Kindheit nicht so viel Fürsorge erfahren hat, wie er es sich gewünscht hätte, und daher nun auch anderen keine Zuwendung gönnt. Für ihn stellt es ausgleichende Gerechtigkeit und späte Genugtuung dar, wenn es anderen auch nicht besser geht als ihm. Daher tritt er mit dem Kind in Konkurrenz und beansprucht seinen Partner für sich allein. Er ist nicht bereit, die Liebe des Partners mit seinem Kind zu teilen – mindestens will er aber den größeren und schöneren Teil haben.

Der Partner kann diese sonderbare Haltung des Narzissten nicht verstehen und steht nun vor der Quadratur des Kreises: Zum einen braucht das Kind das Gefühl der Zuwendung und Geborgenheit als elementares Grundbedürfnis, gleichzeitig soll der Partner aber vorrangig für den Narzissten da sein. Die Liebe und Aufmerksamkeit dem Kind gegenüber müssen also sorgsam dosiert werden und dürfen nicht mit dem Anspruch des Narzissten kollidieren. Dem

Kind wird bestenfalls eine Liebe zweiter Klasse gewährt, nur damit der narzisstische Elternteil nach wie vor das Gefühl hat, unangefochtener Herrscher im Königreich zu sein.

Widmet sich der Partner zu ausgiebig dem Kind, folgt sofort energischer Einspruch von Seiten des Narzissten, der sich zurückgesetzt fühlt und Angst bekommt, vom Partner nicht mehr beachtet und geliebt zu werden. Dem Partner werden dann hässliche Unterstellungen gemacht wie z. B., dass er zu ängstlich mit dem Kind umgehe und sich bei jeder Kleinigkeit gleich dem Kind zuwende oder dass er den Narzissten nicht mehr liebe. Sogar der unerhörte Verdacht einer Untreue kann in diesem Zusammenhang geäußert werden. Der Narzisst beabsichtigt allerdings nichts weiter, als dem Partner ein schlechtes Gewissen einzureden, damit sich dieser ihm wieder zuwendet. Er merkt aber nicht, dass er auf diese Weise dem Kind die Zuwendung und Geborgenheit entzieht, die es für eine gesunde Entwicklung benötigt.

Spiegeln Sie den Narzissten in einem solchen Fall und machen Sie ihn auf seine verborgenen Ängste aufmerksam: »*Was beängstigt dich, wenn ich mich unserem Kind zuwende? Warum glaubst du, dass ich mich nicht mehr um dich kümmern werde?*« Geben Sie ihm seine Eifersucht zurück, indem Sie den Vorwurf einer falschen Erziehungsmethode nicht gelten lassen und ihm freundlich zu verstehen geben, dass er in seiner subjektiven Sichtweise nicht alle Aspekte berücksichtigt hat und seine Befürchtungen unberechtigt sind. Selbst wenn er hartnäckig bei seiner Kritik und seinen Unterstellungen bleibt, sollten Sie sich entschieden abgrenzen, indem Sie bei Ihrer Meinung bleiben und davon überzeugt sind, sich dem Kind zuwenden zu müssen. Geben Sie ihm zu verstehen, dass Ihre momentane Abwendung von ihm nichts mit ihm persönlich zu tun hat und dass er sich keine Sorgen bezüglich Ihrer Liebe zu machen braucht. Reicht ihm das nicht, dann widerstehen Sie weiteren Erklärungs- und Beschwichtigungsversuchen. Was immer er jetzt noch äußert, dient nur dazu, Recht behalten zu wollen. Entziehen Sie sich einer weiteren Diskussion, indem Sie einfach nichts mehr sagen. Sie haben einmal deutlich Stellung bezogen, und das reicht. Wiederholen Sie notfalls einfach nur, was Sie bereits gesagt haben, gehen Sie aber nicht mehr auf seine Argumente ein und geben Sie ihm dadurch nicht unnötig Futter für weitere Beleidigungen.

Sie werden überstimmt

Sie tragen als Erwachsener die Verantwortung für Ihr Kind und müssen daher auch Regeln aufstellen und Entscheidungen für das Kind treffen. Je nach Alter des Kindes kann es zwar befragt werden und eigene Ideen beisteuern, letztlich haben aber immer Sie das letzte Wort und das Kind muss lernen, diese Tatsache zu akzeptieren. Im Alltag werden Sie häufiger erleben, dass sich der narzisstische Elternteil in Gegenwart des Kindes nicht auf Ihre Seite schlägt, Ihre Entscheidungen nicht übernimmt und die Absprachen, die Sie zuvor gemeinsam mit dem Narzissten getroffen haben, nicht einhält oder sich plötzlich gar nicht mehr daran erinnern kann. Für ein Kind ist es dann unmöglich, sich auf irgendetwas einzustellen, weil es zwar von Regeln in Kenntnis gesetzt wurde, situativ aber plötzlich durch die Initiative des Narzissten abweichend gehandelt wird.

Das Kind erkennt gleichzeitig aber auch, dass die Hierarchie zwischen den Eltern nicht klar geregelt ist. Wird eine Regel von einem Elternteil oder von beiden festgelegt und hält sich einer nicht daran oder übergeht er den anderen, ist die Uneinigkeit der Eltern ein gefundenes Fressen für das Kind. Es wird beginnen, die Eltern zu seinem eigenen Vorteil untereinander auszuspielen, indem es die Aufforderung des einen Elternteils nicht befolgt und vom anderen Elternteil Rückendeckung erwartet.

Sie müssen jederzeit damit rechnen, dass Sie der Narzisst überstimmen wird und er sich in bestimmten Situationen abweichend von Vereinbarungen verhält. Der Narzisst hat seine eigenen Gründe, warum er sich für oder gegen eine Regel entscheidet, und meistens ist kein logisches Muster hinter seiner spontanen Entscheidungsfindung zu entdecken. Für Sie ist es regelmäßig eine äußerst blamable Situation, wenn Sie gemeinsam getroffene Absprachen oder eigene Entscheidungen gegenüber dem Kind durchzusetzen versuchen und der Narzisst arrogant darüber hinweggeht und Ihnen in den Rücken fällt. Äußern Sie sich dazu, machen Sie ihn auf den Verstoß aufmerksam und vertreten Sie Ihren Standpunkt. Machen Sie es aber nicht vor dem Kind, sondern besprechen Sie das unsolidarische Verhalten des Narzissten unter vier Augen.

Beispiel:
Ihre Tochter möchte draußen mit ihrer Freundin spielen, Sie haben sie aber aufgefordert, zuerst ihre Schularbeiten zu machen. Es kommt zu einem Streitgespräch zwischen Ihnen und Ihrer Tochter. Der Narzisst kommt hinzu, greift in die Diskussion ein und erlaubt Ihrer Tochter, nach draußen zu ihrer Freundin zu gehen. Der Narzisst stiftet auf diese Weise große Verwirrung: Zum einen sind Sie irritiert, weil Ihnen der Narzisst in den Rücken fällt und Ihre Entscheidung offenbar nicht ernst nimmt. Zum anderen wird auch Ihre Tochter irritiert sein, weil Sie nun nicht weiß, wessen Anweisung sie folgen soll. Auf der einen Seite fühlt sie sich durch den narzisstischen Elternteil gestärkt, auf der anderen Seite möchte sie nicht Ihren Groll auf sich lenken. Mit einem Narzissten können Sie nicht darüber diskutieren: Hat er erst einmal eine Entscheidung getroffen, dann nimmt er sie auch nicht mehr zurück, weil er sich ja ansonsten einen Fehler eingestehen müsste, wozu er nicht in der Lage ist. Im Gegenteil: Er wird seinen spontanen Eingriff damit rechtfertigen, dass er Ihre Anweisung als lächerlich und unnötig bezeichnet. Für ihn ist unzweifelhaft, dass seine Erlaubnis richtig war und Sie falschliegen. Daher sollte zunächst im Vordergrund stehen, für die Tochter eine schnelle Lösung zu finden, damit sie aus dieser Konfliktsituation herauskommt. Ist der Narzisst nicht durch gute Argumente zu überzeugen, scheint die Diskussion länger anzudauern und sich zu einem fruchtlosen Streit zu steigern, dann brechen Sie sie ab und gewähren Sie Ihrer Tochter die Zeit mit der Freundin. Geben Sie ihr aber gleichfalls zu verstehen, dass sie danach ihre Schularbeiten zu machen hat.

Sprechen Sie dann noch einmal mit dem Narzissten, wenn Ihre Tochter nicht mehr im Haus ist, und stellen Sie Ihren Standpunkt klar. Verlangen Sie von ihm, dass er sich Ihnen gegenüber in solchen konkreten Situationen loyal verhält. Erklären Sie ihm, dass hinterher darüber geredet werden kann, wenn er grundsätzlich anderer Meinung ist, und signalisieren Sie ihm, dass Sie stets an einem gemeinsamen Vorgehen interessiert sind und daher Absprachen treffen möchten, die für beide Seiten gelten. Solange aber keine Absprache getroffen wurde und Sie die Entscheidung allein vorgeben müssen, erwarten Sie, dass der narzisstische Elternteil sich entweder heraushält oder Ihre Ansichten zumindest vor dem Kind teilt.

Natürlich müssen Sie auch in einem solchen Fall – wie fast immer – damit rechnen, dass der Narzisst Ihren Vorschlägen nicht folgen wird. Noch einmal: Tun Sie es nicht in der Absicht, den Narzissten ändern oder an die Leine binden zu wollen. Mit dieser Erwartungshaltung werden Sie regelmäßig enttäuscht. Tun Sie es, um sich gegenüber der Meinung des Narzissten abzugrenzen und Stellung zu beziehen – unabhängig von seiner Reaktion. So können Sie Ihre Autonomie bewahren und bleiben in Kontakt mit Ihren eigenen Überzeugungen und Werten. Es hat eine nicht zu unterschätzende Wirkung, sich nicht von der irrealen Welt des Narzissten vernebeln zu lassen. Außerdem wird es Ihnen deutlich mehr Respekt einbringen und der Narzisst wird es sich beim nächsten Mal zumindest überlegen, ob er wieder dazwischenfunkt oder sich lieber anschließende Diskussionen erspart.

Die Loyalität der Eltern untereinander und das gemeinsame Agieren gegenüber dem Kind müssen vor der eigenen Meinung stehen. Diese Gleichschaltung ist notwendig, um für ein Kind verlässliche Strukturen aufzubauen. Hinterher bleibt immer noch die Möglichkeit, nach einem Vorfall die Regeln und Absprachen zu überdenken und anzupassen.

Doch in aller Regel ist von einem narzisstischen Elternteil weder ein derart strukturiertes Vorgehen noch die erforderliche Fairness zu erwarten. Auch wenn er von allen anderen ein Höchstmaß an Loyalität erwartet, glaubt er, selbst nicht als gutes Beispiel vorangehen zu müssen. Die Vertretung des eigenen Standpunktes steht für ihn immer im Vordergrund, auf Zuverlässigkeit gegenüber dem Kind kann hingegen verzichtet werden.

Auch wenn Sie diese schlechte Angewohnheit des Narzissten kaum durch Ihre Ermahnungen verändern werden, so haben Sie letztlich doch keine andere Wahl, als sich deutlich von seiner Meinung und seinem Verhalten abzugrenzen. Würden Sie es sich gefallen lassen, so würden Sie dem Narzissten gleichfalls erlauben, auch in Zukunft so vorzugehen, und dafür sorgen, dass er endgültig den Respekt vor Ihnen verliert.

Wenn der narzisstische Elternteil mit Ihnen vor dem Kind diskutieren will:

- Tragen Sie einen Konflikt niemals vor dem Kind aus. Gehen Sie mit dem Narzissten in einen anderen Raum, um nicht vor dem Kind zu diskutieren oder zu streiten. Ist das nicht möglich, dann schlagen Sie dem Narzissten vor, das Gespräch zu einem späteren Zeitpunkt fortzuführen.
- Wenn der Narzisst dennoch vor dem Kind mit Ihnen diskutieren möchte, hartnäckig auf Sie einredet und Sie unablässig erniedrigt, dann reagieren Sie einfach nicht darauf, sondern setzen Sie möglichst unbekümmert Ihre Arbeit fort oder verlassen Sie mit dem Kind den Raum.
- Wenn Sie der Narzisst kritisiert oder sich lustig macht über eine Tätigkeit, die Sie in Gegenwart des Kindes ausführen, dann reagieren Sie nicht darauf und machen Sie einfach ungestört weiter. Beteiligen Sie sich nicht an einem unwürdigen Gespräch und lassen Sie sich nicht provozieren. Indem Sie nicht reagieren, erfährt der Narzisst keine Resonanz mehr und bleibt mit seinen Aggressionen allein. So wird auch für das Kind deutlich, von wem die Aggressionen ausgehen, und es kann damit zu einer objektiven Einschätzung bezüglich des Verhaltens des narzisstischen Elternteils gelangen. Streiten Sie

mit und werden Sie selbst zornig und aggressiv, sind auch Sie an den Spannungen beteiligt und das Kind erlebt hitzköpfige Eltern, die sich gegenseitig bekriegen und scheinbar nicht mit Vernunft gesegnet sind.

- Wenn der Narzisst Ihnen bei einer Arbeit etwas aus der Hand reißt, weil er glaubt, alles besser machen zu können als Sie, dann rechtfertigen Sie sich nicht, sondern erwidern Sie einfach nur: *»Ich hätte es schon erledigt. Aber du kannst es natürlich auch machen. So habe ich dann mehr Zeit für andere Sachen!«* Stehen Sie darüber und erkennen Sie sein kindisches Verhalten.

Differenzieren Sie bei Entschuldigungen

Wenn Sie objektiv einen Fehler gemacht haben, dann sollten Sie auch die Größe haben, sich bei Ihrem Kind ohne Umschweife zu entschuldigen. Zeigen Sie Ihrem Kind, dass auch Sie Fehler machen und dass es zum Leben dazugehört, dass man mal danebenliegt. Zeigen Sie, dass Sie sich einen Fehler eingestehen können und dass Sie in der Lage sind, aus einem Irrtum zu lernen. Das macht Sie nur noch menschlicher und bringt Ihnen am Ende mehr Respekt bei dem Kind ein.

Entschuldigen Sie aber nicht das Verhalten des Narzissten vor dem Kind. Indem Sie das negative Verhalten des Narzissten beschönigen, stellen Sie sich auf die Seite des Narzissten und bilden somit eine gemeinsame Front gegen das Kind. Das Kind wird auf diese Weise mit seiner Enttäuschung alleingelassen; es erfährt keinen emotionalen Austausch und kann keine adäquate Einstellung gegenüber dem Geschehen und seinen Gefühlen finden. Indem Sie sich mit dem Narzissten solidarisieren, wird das Verhalten des Narzissten legitimiert und das Kind muss zu dem Urteil gelangen, dass es eine solche Behandlung wohl verdient hat und es nicht die Eltern sind, die unpassend und verletzend reagieren, sondern dass es selbst offenbar nicht so ist, wie es sein sollte. Indem Sie das Verhalten des Narzissten entschuldigen, zeigen Sie, dass Sie sich mit ihm identifizieren, und das Kind muss die Schuld bei sich selbst suchen.

Oft entschuldigen betroffene Elternteile das Verhalten des Narzissten, weil sie glauben, so die Brisanz des lautstarken Auftritts des Narzissten reduzieren zu können. Meist können sie gleichzeitig über diesen Weg vor sich selbst rechtfertigen, warum sie überhaupt noch mit dem Narzissten zusammen sind: Sie bagatellisieren das inakzeptable Vorgehen und die negativen Eigenschaften des Narzissten, um sich nicht die bittere Wahrheit über die eigene Hilflosigkeit und Ohnmacht eingestehen zu müssen. Außerdem glauben sie, dem Kind so etwas Trost spenden zu können.

Die Erziehungsmethoden des narzisstischen Elternteils

Der Narzisst hat seine eigenen unverrückbaren Thesen in puncto Erziehung und wird versuchen, seine Ratschläge als besonders wirksame Methoden zu verkaufen. Sein unpassendes und völlig inkompetentes Verhalten versucht er mit flotten Sprüchen zu rechtfertigen, wie z. B.: »*Das hat noch nie jemandem geschadet!*« – »*Man muss streng sein, sonst tanzen einem die Kinder auf der Nase herum!*« – »*Das Kind muss machen, was ich ihm sage!*« Er ist davon überzeugt, das Kind mit Strenge und Autorität führen zu müssen, weil aus ihm sonst nichts werden könne. Durch strikte Regeln, hohe Erwartungen sowie ein hartes und ungerechtes Belohnungs- und Bestrafungssystem soll das Kind entsprechend der Vorstellung des narzisstischen Elternteils geformt werden. Einseitig und diktatorisch werden die Aktivitäten des Kindes vorgeschrieben und autonome Bestrebungen des Kindes unterbunden. Aus purer Angst vor einem Machtverlust zwingt der Narzisst sein Kind in die Knie und behauptet hinterher, dies sei zum Besten für das Kind.

Da ein Narzisst keinen Zweifel an der Richtigkeit seiner Theorien hat und vollständig von seinen Prinzipien überzeugt ist, wird er sich mit seinem Wissen besonders hervortun wollen und zugleich Ihre Vorgehensweise abwerten. Ihre pädagogischen Ansätze werden belächelt, Ihre Fürsorge wird als mangelhaft beurteilt und Ihre erzieherischen Versuche werden bestenfalls als nette Idee gewertet.

Er bringt Sie ständig dazu, Ihr Vorgehen zu erklären und zu rechtfertigen, nur um Sie hinterher wie ein kleines dummes Schulkind behandeln zu können.

Sie werden ihm seine Marotten nicht nehmen können. Je geschwollener und lauter er seine fragwürdigen Ansichten vorträgt und je mehr er seine pädagogischen Maßnahmen als Wohltat anpreist, desto wahrscheinlicher ist es, dass er falschliegt und dem Kind seelischen Schaden zufügt. Sie werden aber nicht immer dazwischengehen können – zum einen, weil das Kind anwesend ist und Sie keine Diskussion vor dem Kind beginnen sollten, zum anderen, weil auch ein Narzisst seine Erfahrungen machen muss und vielleicht sogar situativ in der Lage ist, aus seinen Fehlern zu lernen und seine als erwiesen geglaubten Theorien zu korrigieren. Dabei darf man allerdings nicht zu viel erwarten, weil ein Narzisst ja mit der zweifelhaften Einsicht gesegnet ist, ohnehin alles richtig zu machen. Sie sollten trotzdem respektieren, dass das Kind zu dem anderen Elternteil eine eigene Beziehung aufbauen sollte und Sie daher die beiden auch einmal allein lassen müssen. Hier braucht es eben Vertrauen.

Auch sollten Sie in Gegenwart des Kindes den Erziehungsstil des Narzissten nicht generell verurteilen. Nicht immer ist falsch, was der Narzisst macht, nur weil Sie anderer Meinung sind. Es mag Situationen geben, in denen Ihnen nicht gefällt, wie sich der Narzisst benimmt. Solange aber dadurch kein nachhaltiger Schaden für das Kind ausgelöst wird, sollten Sie sich in Toleranz üben. Wenn der Narzisst zum Beispiel das Kind in sportlichen, schulischen oder spielerischen Aktivitäten mehr fordert, als Ihnen recht ist, dann sollten Sie bedenken, dass dies – bei altersgerechter Dosierung – den Willen und den Ehrgeiz des Kindes anregen kann, ohne dass es daran zerbricht. Darüber hinaus kann die Anrede des Kindes manchmal etwas derb und salopp ausfallen, so wie es unter Freunden oft üblich ist. Das muss aber der Entwicklung des Kindes nicht schaden, wenn es ansonsten einen respektierenden Umgang erfährt.

Auf der anderen Seite sollten Sie in den Fällen, in denen dem Kind wirklich Schaden zugefügt wird, unverzüglich einschreiten und kein Pardon zeigen. Hier gibt es sicherlich eine Grauzone und nicht immer ist sofort klar, wann das Wohl des Kindes gefährdet ist und eine Grenze überschritten wird. Nicht alles, was Sie persönlich als schädlich für das Kind erachten, ist auch immer schlecht für das Kind. Wenn Sie es beispielsweise für richtig halten, dass das Kind nur eine Stunde am Tag fernsieht, dann ist das nur Ihr Maßstab. Wenn der Narzisst dem Kind am Tag drei Stunden Fernsehen gönnt, so werden Sie dies wohl akzeptieren müssen. Schöner wäre es sicherlich, wenn er sich anderweitig mit dem Kind beschäftigen würde, doch kann man ihm nicht unterstellen, dass er gegen das Wohl des Kindes vorgeht. Das ist ein Thema, über das Sie wahrlich stundenlang diskutieren und streiten könnten, um am Ende doch keinen Millimeter weitergekommen zu sein. Wägen Sie ab, wann sich eine Auseinandersetzung wirklich lohnt, wann der narzisstische Elternteil wirklich eine Grenze überschreitet und wann er nur Ihre persönlichen Ansichten unterläuft. Sie müssen lernen, dass das Kind mit den Nachteilen des Narzissten genauso leben muss wie Sie in dieser Beziehung und dass nicht alles optimal laufen kann. Sie können dem Kind lediglich dabei helfen, besser damit umzugehen und sich darauf einzustellen.

In folgenden Fällen sollten Sie jedoch unbedingt einschreiten und das Wohl des Kindes schützen:

- schwerwiegende Erziehungsfehler (z. B. staatsfeindliche Erziehung, Anstiftung zu kriminellen Handlungen)
- Kindervermögensgefährdung (z. B. Veruntreuung von Spareinlagen des Kindes)
- körperliche Misshandlungen inkl. sexuelle Belästigung
- Missbrauch des Sorgerechts (z. B. Behinderung von Schulbesuch oder Aussetzen der leiblichen Versorgung)
- Gesundheitsgefährdungen
- Vernachlässigung durch mangelnde Aufsicht
- Suchtverhalten des betroffenen Elternteils
- ständiges Ausleben von Aggressionen inkl. unentwegter heftiger Streitereien mit dem Partner und anderen Familienangehörigen oder Freunden
- Das Kind wird in ein gefährliches Umfeld hineingezogen.

- Das Kind wird vorsätzlich gefährlichen Situationen ausgesetzt (z. B. Schwimmen im offenen Meer ohne Begleitung).
- Das Kind erhält häufig unverhältnismäßige Bestrafungen (tagelang kein Essen, Schlafen im kalten, dunklen Keller etc.).
- Das Kind wird fortlaufend erniedrigt und gedemütigt sowie sadistischen Handlungen unterzogen.

Reagiert der Narzisst nicht auf Ihre Aufforderungen, sein schädliches Verhalten gegenüber dem Kind zu unterlassen, so sollten Sie sich bei wiederholten Auffälligkeiten und Unregelmäßigkeiten unverzüglich mit dem Jugendamt in Verbindung setzen und sich beraten lassen.

Viele Elternteile scheuen aber genau diesen Schritt, weil sie glauben, den Narzissten dadurch nur noch mehr zu verärgern und mit weiteren sadistischen Bestrafungen rechnen zu müssen. Der narzisstische Elternteil könnte sich aufgrund der Inanspruchnahme externer Hilfe verraten fühlen und den Partner für seine Illoyalität zur Verantwortung ziehen. Betroffene Elternteile glauben, sich in ernsthafte Gefahr zu begeben, wenn sie sich gegen den Willen des Narzissten stellen, und lassen daher selbst absolut inakzeptable Aktionen durchgehen.

Schweigen und Wegsehen ist aber keine Lösung – Sie müssen Ihr Kind schützen! Machen Sie dem Narzissten unmissverständlich klar, dass Sie es unter gar keinen Umständen zulassen werden, dass das Kind unter seinem Verhalten leidet. Gehen Sie wie folgt vor:

- Greifen Sie sich Ihr Kind bei einem eindeutigen Fehlverhalten des narzisstischen Elternteils mit schadhaften Folgen für das Kind, verlassen Sie fluchtartig das Haus oder die Wohnung und übernachten Sie so lange woanders, bis der Narzisst seine Verfehlung erkennt, akzeptiert und Maßnahmen zur Veränderung vorschlägt oder professionelle Hilfe annimmt.
- Können Sie nicht gehen, weil Sie keine Möglichkeit haben, irgendwo anders unterzukommen, dann schließen Sie den Narzissten aus, sobald er sich außerhalb der Wohnung befindet. Lassen Sie den Schlüssel von innen stecken, wechseln Sie das Türschloss aus oder besorgen Sie sich ein Vorhängeschloss.

Lassen Sie ihn vor der Tür toben – egal, was die Nachbarn sagen.

Der Narzisst muss merken, dass Sie sein Verhalten nicht länger akzeptieren und dass er einen unverzeihlichen Fehler gemacht hat. Deshalb müssen Sie so entschieden vorgehen. Mit netten Worten ist ein Narzisst nicht zu überzeugen. Wenn Sie nett bleiben, wird er sich seines ungeheuerlichen und abgründigen Verhaltens nicht bewusst, weil er ja zutiefst davon überzeugt ist – egal, was er tut und wie bestialisch er dabei vorgeht –, nie einen Fehler zu machen. Er spürt einfach nicht, was er Ihnen und seinem Kind antut. Daher müssen Sie so rabiat und entschlossen vorgehen, damit er begreift, dass es Ihnen ernst ist und dass er der alleinige Auslöser für das Leid Ihres Kindes ist. Was Sie tun können:

- den Narzissten zu einer Eheberatung oder Familientherapie auffordern
- den Narzissten auffordern, sich in eine Therapie zu begeben
- einen Kinderpsychologen oder – im Fall von körperlicher Gewalt – einen Arzt konsultieren, damit der körperliche Schaden begutachtet und festgehalten wird
- Beratung und Hilfe durch das Jugendamt in Anspruch nehmen
- sozialpädagogische Familienhilfe beantragen
- vorübergehend Ihr Kind in einer Wohngruppe unterbringen, um es aus der Gefahrenzone zu bringen
- sich von einem Anwalt hinsichtlich Ihrer rechtlichen Möglichkeiten und ggf. der Vorbereitung einer Trennung beraten lassen
- in einem Frauenschutzhaus unterkommen, um der häuslichen Gewalt des Narzissten zu entgehen
- eine Anzeige bei der Polizei machen

Warten Sie nicht zu lange damit, konsequent durchzugreifen – es geht um die Seele Ihres Kindes. Da ist jeder weitere Tag, der mit Hoffen vergeudet wird, ein verlorener Tag. Es bedarf Entschlossenheit, Mut und Ausdauer, um für das Kind in den Ring zu steigen und den Narzissten herauszufordern – mit heftigen Gegenreaktionen des narzisstischen Tyrannen ist allemal zu rechnen. Umso wichtiger ist es, dass Sie von vornherein schweres Geschütz auffahren, damit der Narzisst merkt, dass mit Ihnen nicht zu spaßen ist. So mancher Narzisst, der sich in Sicherheit wiegte, war nach der jahrelangen Gehorsamkeit seines Partners von dessen stürmischem Gegenwind mehr als überrascht und förmlich sprachlos.

Der Narzisst zieht das Kind auf seine Seite

Um Sie zu demütigen oder um Sie in die Defensive zu drängen und Sie zu isolieren, nutzt der Narzisst das Kind, indem er es auf seine Seite zieht. Durch großzügige Versprechen und Schmeicheleien macht er sich bei dem Kind beliebt und gewinnt auf diese Weise dessen Zuneigung. Möglicherweise entfremdet er auch das Kind durch geschickte Suggestionen, manipulative Äußerungen, die Verleumdung des anderen Elternteils oder durch zweideutige Bemerkungen. Vorzugsweise nimmt er dabei die Rolle des Opfers ein, zeigt sich besonders hilfsbedürftig und appelliert an das Mitgefühl des Kindes: *»Du willst doch nicht, dass ich leide?«* ist dann eine der Aussagen, die in dem Kind starke Schuldgefühle erzeugen.

Das Kind wird auf diese Weise instrumentalisiert und gegen den anderen Elternteil als Waffe eingesetzt, damit dieser dem Willen des Narzissten folgt und dieser seine Macht bewahren kann. Die Vertrauensseligkeit des Kindes wird zum eigenen Vorteil genutzt, um den Herrschaftsanspruch verteidigen oder ausbauen zu können und dem anderen Elternteil zu zeigen, dass man der Überlegene ist.

Beispiel:
Die Mutter möchte gerne mit der Tochter schwimmen gehen und freut sich schon die ganze Woche auf diesen kleinen Ausflug. Da der narzisstische Elternteil an diesem Wochenende beruflich unterwegs ist, können sich die beiden eine schöne Zeit zu zweit machen. Unerwartet bleibt der Narzisst nun aber doch zu Hause und bietet der Toch-

ter an, mit ihr in die Stadt zu gehen und ihr neue Kleider zu kaufen. Die Mutter ist darüber nicht erfreut und findet es unfair, dass sich der Vater einmischt. Die Tochter will zunächst bei der Mutter bleiben, doch mit der Aussage *»Papi ist ja dann ganz alleine, wenn du mit der Mutti fortgehst«* flößt er dem Kind ein schlechtes Gewissen ein. Es weiß nun nicht mehr, was es machen soll. Als verstärkendes Argument fügt er noch hinzu: *»Schwimmen könnt ihr doch auch ein anderes Mal gehen!«*

Durch dieses unfaire Vordrängeln wird zum einen die Mutter verärgert und zum anderen kommt die Tochter in einen Loyalitätskonflikt. Da ein Narzisst nur an sein eigenes momentanes Bedürfnis denkt, überblickt er nicht die Folgen seines Handelns, die enttäuschte Reaktion der Mutter und die Verwirrung der Tochter bleiben ihm fremd. In einem solchen Fall sollte die Mutter ihre Tochter zur Seite ziehen, um mit dem Vater allein die Angelegenheit zu besprechen und ihn von seinem Vorhaben abzubringen oder ihm einen Kompromiss vorzuschlagen. Geht der Narzisst nicht darauf ein und hält er an seiner Idee fest, dann sollte die Mutter der Tochter die Wahl überlassen und im Fall, dass sich die Tochter für den Vorschlag des Vaters entscheidet, einem neuen Termin mit ihr vereinbaren. Das Kind sollte aber weder in einen Streit hineingezogen werden noch sollte es sich gegen den einen Elternteil und für den anderen Elternteil entscheiden müssen. Die Mutter sollte dann der Tochter das Gefühl geben, dass es ihre Wahl ist und dass sie die Wahl der Tochter akzeptiert, ohne ihr einen Vorwurf zu machen.

Regen Sie sich über die Psychospielchen, Intrigen und Machtspiele des Narzissten nicht auf und versuchen Sie nicht fieberhaft, alles geraderücken zu wollen. Bleiben Sie Ihrem Stil treu und bleiben Sie vor allem fair Ihrem Kind gegenüber. Bewahren Sie die Beherrschung, durchschauen Sie die perfiden Angriffe des Narzissten und lösen Sie sich aus den unwürdigen Spielchen, indem Sie zu einem eigenständigen Urteil und einer vernünftigen Entscheidung kommen. Vertrauen Sie darauf, dass auch das Kind eines Tages erfahren wird, dass es nur benutzt wird, und sich von einem solchen Verhalten aus Enttäuschung distanzieren wird. Dann wird es sich daran erinnern, dass Sie stets die Contenance bewahrt haben.

Streiten Sie nicht mit dem Narzissten vor dem Kind

Wenn Sie mit einem Narzissten streiten und ihn ebenfalls angreifen und abwerten, verhalten Sie sich im Grunde auch nicht besser als der Narzisst. Indem Sie noch Öl ins Feuer gießen, entwickelt sich der Streit zu einem lodernden Inferno. Beteiligen Sie sich nicht an geschmacklosen Ausschreitungen, sondern bleiben Sie stattdessen ruhig und vertreten Sie sachlich Ihren Standpunkt. Versuchen Sie nicht, den Narzissten zu belehren, zu kritisieren oder abzuwerten. Sprechen Sie in Ich-Botschaften und machen Sie klar, was Sie machen würden, ohne die Sichtweise des Narzissten zu bewerten. Vermitteln Sie aber Ihren Standpunkt immer unter zwei Augen und nicht vor dem Kind.

Es kann sein, dass der Narzisst dabei nicht mitspielt und vor dem Kind dennoch weiterdiskutieren will. Verweigern Sie dann jegliche Aussage und machen Sie ihn darauf aufmerksam, dass Sie das Thema später wieder aufgreifen werden, sobald das Kind versorgt ist. Geht er auf Ihren Vorschlag nicht ein und wird stattdessen immer lauter und aggressiver, dann reagieren Sie nicht mehr, solange das Kind anwesend ist, sondern bringen Sie das Kind erst aus dem Raum, begleiten Sie es in sein Zimmer, verbringen Sie noch kurz Zeit mit dem Kind und gehen Sie dann wieder zu dem Narzissten zurück.

Sollte Ihnen der Narzisst ins Kinderzimmer folgen, dann bleiben Sie bei Ihrer Strategie und hüllen Sie sich in Schweigen. Nur so kann er vielleicht begreifen, dass die Weiterführung der Diskussion im Augenblick sinnlos ist. Reagieren Sie auf seine Worte, wird er weiter mit Ihnen vor den Augen und Ohren des Kindes streiten und jeder Satz Ihrerseits wird ihm nur noch mehr Anlass zu Empörung bieten.

Und selbst die Bitte, so lange zu warten und ruhig zu bleiben, bis das Kind versorgt ist, empfindet er möglicherweise als Ablehnung und wird noch aggressiver. Er glaubt dann, seine Ansichten seien nicht so wichtig wie die Bedürfnisse des Kindes. Das kann bei ihm eine starke Wut auslösen.

Indem Sie sich aber einfach nicht mehr an der Diskussion beteiligen, so lange das Kind anwesend ist, grenzen Sie sich gleichzeitig geschickt ab: Dann ist es nur der Narzisst, der für Unfrieden sorgt. Es wird das Kind sicherlich beunruhigen, dass sich ein Elternteil derart aufregt, aber wenn Sie gleichzeitig ruhig und unbeeindruckt bleiben und sich souverän auf das Kind konzentrieren, wird das Kind dies als Beruhigung empfinden. In Ihrer gefestigten Ausstrahlung findet das Kind emotionalen Schutz. Gehen Sie in diesem Moment aber auf den Streit ein und werden Sie ebenfalls aggressiv und laut, dann muss das Kind Angst bekommen.

Grundsätzlich sollte ein Kind sowohl die Mutter als auch den Vater lieben und achten können. Das setzt aber voraus, dass sich auch die Eltern gegenseitig als Mutter und Vater achten können, unabhängig davon, was der Einzelne für das Kind tut. Die Eltern akzeptieren ihre Unterschiede und können mit anderen Sichtweisen umgehen, ohne die eigenen Werte verletzt zu sehen. Das Kind muss ebenfalls lernen, mit unterschiedlichen Persönlichkeiten umzugehen und sich auf unterschiedliche Verhaltensmuster einzustellen. Das ist für ein Kind eine wichtige Erfahrung, um sich im späteren Leben in die Gesellschaft integrieren zu können.

Daher sollten Sie den Narzissten respektieren und sein Verhalten bis zu einer gewissen Grenze tolerieren, auch wenn Sie dasselbe nicht von dem Narzissten erwarten dürfen. Wenn Sie aber beginnen, ihn anzugreifen, und an dem Streit teilnehmen, beteiligen Sie sich an diesem respektlosen Akt und bringen dem Kind nur bei, andere Menschen nicht zu schätzen.

Der Narzisst beschwert sich bei Ihnen

Ein Narzisst kann es nicht ertragen, wenn der Partner seinen eigenen Stil umsetzen möchte und sich nicht an das hält, was er vorgibt. Dann kommt es regelmäßig zu unerfreulichen Kollisionen. Dem Narzissten geht es um seinen Machterhalt, während Sie dem Kind lediglich eine gute Erziehung bieten und eine schöne Kindheit ermöglichen wollen. Dem Narzissten geht es vorrangig um seine eigenen Befindlichkeiten, während Sie nach guten Lösungen für das Kind suchen. Aufgrund dieser unterschiedlichen Motive diskutieren Sie stets aneinander vorbei und es kann kaum zu befriedigenden Lösungen kommen.

In solchen Situationen ist es immer wichtig, dass Sie sich emotional abgrenzen. Lassen Sie ihm seine Meinung und bleiben Sie bei Ihren Überzeugungen. Vertreten Sie Ihren Standpunkt und wiederholen Sie notfalls störrisch Ihre Meinung –meinetwegen auch immer den gleichen Satz –, wenn der Narzisst nicht lockerlassen will. Versuchen Sie nicht, die bizarre Realität des Narzissten zu verstehen, indem Sie sich zu lange mit seinen irrsinnigen Argumenten auseinandersetzen und an der eigenen Sichtweise zu zweifeln beginnen. In den meisten Fällen will der Narzisst seinen Partner ohnehin nur durch eine unorthodoxe Gesprächsführung und verdrehte Argumentationsweise aus dem Konzept bringen. Die Qualität seiner Begründungen und die Sinnhaftigkeit seiner Vorschläge sind für ihn nicht von vorrangigem Interesse. Bleiben Sie daher bei Ihren eigenen Ansichten und gehen Sie nur dann einen Kompromiss ein, wenn er in der Sache begründet ist, und nicht, weil sie einfach nur Ruhe vor dem Narzissten haben wollen oder Angst vor ihm haben.

Hören Sie über Beleidigungen und jede Form unsachlicher Bemerkung hinweg. Dies ist sicherlich ein sehr schweres Unterfangen, denn ein Narzisst kann sehr tief unter die Gürtellinie schlagen und wird früher oder später den Schwachpunkt des Partners treffen. Vergegenwärtigen Sie sich in solchen Momenten, dass es dem Narzissten nur darum geht, Recht zu bekommen, um nicht als Verlierer dazustehen. Seine gesamte Argumentation und sein ganzes aufgeblasenes Getue mitsamt den unwürdigen Äußerungen zeigen nur sein unreifes Verhalten und sein äußerst großes Defizit im Selbstwertgefühl. Helfen Sie ihm aber nicht dabei, sein Selbstwertgefühl zu stärken oder zu stabilisieren – das ist allein sein Problem. Helfen Sie Ihrem Kind, indem Sie sich daran beteiligen, vernünftige und tragfähige Lösungen in einem sachlichen und fairen Dialog zu finden.

Wenn Sie dennoch nachgeben müssen, weil Ihnen die Argumente ausgehen, weil Sie mit den Kräften am Ende sind, weil Sie zu stark von dem Narzissten verletzt worden sind oder weil einfach keine Einigung zu erzielen ist, dann betonen Sie, dass Sie zwar in diesem Augenblick bereit sind zuzustimmen, damit es weitergehen kann, die Lösung aber im Grunde nicht Ihrer Überzeugung entspricht. Machen Sie den Narzissten darauf aufmerksam, dass Sie sich Änderungen vorbehalten, wenn die getroffene Vereinbarung nicht zum Ziel führt. So geben Sie zwar situativ nach, geben aber nicht Ihre Überzeugungen auf.

Sie können natürlich dem Narzissten auch zustimmen, wenn er Sie mit Fakten und Argumenten objektiv überzeugen konnte. Sie müssen ja nicht stur bleiben, nur um sich nicht der Meinung des Narzissten anzuschließen. Eine Partnerschaft besteht darin, Kompromisse zu finden und auch mal zurückstehen zu können. In der Beziehung mit einem Narzissten ist dies nur leider immer eine sehr einseitige Angelegenheit. Wenn Sie bereit sind, die Hand zu reichen, versucht der Narzisst gleich, Ihnen den ganzen Arm abzureißen. Wägen Sie daher stets sorgsam ab und bewahren Sie sich ein wohlwollendes Misstrauen gegenüber den Anliegen des Narzissten. Versuchen Sie, die wahren Motive und Absichten hinter seinen scheinheiligen Argumenten zu erkennen, und entscheiden Sie je nach Fall, ob Sie bei Ihrem Standpunkt bleiben oder entgegenkommend sein wollen. Wichtig ist nur, dass Sie Ihre Entscheidung aufgrund sachlicher Fakten treffen und nicht, weil Sie sich von dem Narzissten über den Mund fahren oder von Ihren Gefühlen überrollen lassen. Bleiben Sie sich Ihres eigenen Tuns bewusst!

Denken Sie auch an den Narzissten

Es soll mit den Ratschlägen nicht der Eindruck erweckt werden, dass Sie zukünftig ausschließlich ein unterkühltes Verhalten gegenüber dem Narzissten zeigen sollen und die Beziehung statt durch Herzlichkeit nur noch durch Sachlichkeit und Distanz Ihrerseits gekennzeichnet ist. Dieses taktische Verhalten sollen Sie zeigen, wenn es einen Dissens zu lösen gibt, wenn Sie von dem Narzissten emotional angegriffen werden und dieser versucht, Sie zu übergehen oder in die Defensive zu drängen. Sie sollen lernen, in den beschriebenen kritischen Situationen Haltung und Disziplin zu bewahren, um sich gegenüber dem Narzissten in einem konkreten Fall abzugrenzen und sich und das Kind vor seelischen Verletzungen zu schützen. Das Verhältnis zu dem Narzissten darf aber nicht zu einer bierernsten Angelegenheit verkommen, indem Sie die ganze Zeit auf der Hut sind und in einer starren Abwehrhaltung verharren.

Denken Sie daran, den Narzissten zu wertschätzen. Der narzisstische Elternteil braucht Ihre Zuwendung. Sein seelisches Gleichgewicht ist davon abhängig, in welcher Weise Sie sich ihm widmen. Daher ist es wichtig, dass Sie ihm auch Zeit schenken, dass Sie ihm locker und freudig gegenübertreten, sich um ihn kümmern, auf seine Bedürfnisse eingehen und ihn von Zeit zu Zeit verwöhnen. Müssen Sie ihn vertrösten, weil gerade die Bedürfnisse des Kindes im Vordergrund stehen, dann stellen Sie ihm in Aussicht, dass Sie sich sehr bald wieder um ihn kümmern werden. Bei aller Fürsorge für das Kind darf der Narzisst nicht das Gefühl haben, zu kurz zu kommen.

Vor allem in Zeiten, in denen es keine Differenzen gibt, sollten Sie ihm signalisieren, dass er für Sie wichtig ist, dass Sie zu ihm stehen und dass Sie gerne für ihn da sind, selbst wenn Sie in manchen Punkten anderer Meinung sind. Unterstreichen Sie, dass eine Meinungsverschiedenheit kein Grund zur Beunruhigung ist. Gehen Sie auf seine Angst ein, von Ihnen abgelehnt und nicht mehr geliebt zu werden, nur weil Sie sich dann und wann ein eigenes Urteil erlauben. Beweisen Sie ihm, dass er sich keine Sorgen hinsichtlich Ihrer Treue und Loyalität zu machen braucht.

Auch wenn Sie höchstwahrscheinlich nicht dieselbe Zuwendung und dasselbe Eingeständnis von dem Narzissten erhalten werden, so ist es dennoch wichtig, ihm beides zu geben, weil Sie ansonsten den Narzissten niemals erreichen werden. Wollen Sie ihn zu etwas bewegen, dann müssen Sie auch bereit sein, ihm Ihre Wertschätzung zu geben. Spürt er hingegen ein reserviertes Verhalten Ihrerseits, dann wird er schon aus dieser Tatsache heraus ständig einen Streit anzetteln und zu keinem Kompromiss bereit sein.

Wertschätzen Sie den Narzissten allerdings auch nicht inflationär, sonst wirkt es albern und gekünstelt. Das könnte den Narzissten ebenfalls provozieren, weil er sich dann verschaukelt fühlt. Äußern Sie im richtigen Augenblick ein ehrliches Lob, so dass sich der Narzisst von Ihnen beachtet und respektiert fühlt. Auf diese Weise gewinnen Sie gleichsam den Respekt des Narzissten, weil Sie bereit sind, seine Bemühungen und Leistungen anzuerkennen.

Verzichten Sie allerdings darauf, gleich nach einer Auseinandersetzung wieder mit der positiven Zuwendung zu beginnen. Wenn Sie ein Gespräch mit dem Narzissten geführt haben, in dem Sie Ihren Standpunkt hart verteidigen mussten, dann fallen Sie ihm hinterher nicht gleich wieder vor Freude und Erleichterung in die Arme – unabhängig davon, wie das Ergebnis der Unterredung ausgefallen ist. Hat er Sie in dem Gespräch niedergewalzt und wieder einmal gekränkt, wird Ihnen ohnehin nicht danach zumute sein, ihm unverzüglich wieder herzlich zu begegnen. Haben Sie sich durchsetzen oder einen Kompromiss erwirken können, dann bleiben Sie auch noch kurz nach dem Gespräch höflich, sachlich und diskret, ohne jedoch den Kontakt abzubrechen. Der Narzisst soll merken, dass es Ihnen mit Ihren Absichten ernst ist – und Ihre hart erkämpften Kompromisse dürfen nicht wieder durch eine zu schnelle Rückkehr zur Warmherzigkeit verwässert werden. Unterstreichen Sie Ihren Willen, indem Sie noch eine Zeitlang im reservierten Modus bleiben.

Gehen Sie erst wieder nach ein paar Stunden oder am nächsten Tag zur »normalen« Stimmung über. Zeigen Sie ihm dann, dass Sie nach wie vor für ihn da sind, dass er sich nicht fürchten muss, wenn Sie einen anderen Standpunkt beziehen, dass Unterschiede in der Bewertung von Sachlagen keine Bedrohung für eine stabile Beziehung darstellen und dass Sie ihn trotz alledem schätzen. Sie sollen sich allerdings nicht anbiedern; vielmehr geht es darum, dem Narzissten das Gefühl von Sicherheit zu geben. Ein Narzisst wird umso schneller zum nächsten Angriff ausholen, wenn Sie nicht bereit sind, auf seine Wünsche und Bedürfnisse sowie auf seine verborgenen Ängste und Sehnsüchte einzugehen. Wenn Sie das nicht freiwillig und von Herzen machen können, dann sollten Sie zumindest die präventive Zweckmäßigkeit dieser Maßnahme nicht unterschätzen.

Eine Paartherapie als Lösung?

Manche Partner von Narzissten finden einfach keinen Ausweg aus der Hölle, in der sie leben. So sehr sie sich auch bemühen, alles richtig zu machen, und so sehr sie auch versuchen, sich vernünftig mit dem Narzissten auseinanderzusetzen und das Kind vor narzisstischen Übergriffen zu schützen: Es mag sich einfach kein dauerhafter Frieden einstellen. Immer wieder stoßen sie unweigerlich auf die Unzufriedenheit, Launen, Provokationen und Aggressionen des Narzissten. Kaum hat man die eine Situation geklärt und geregelt, kommt es zum nächsten unerfreulichen Eklat. Die Willkür und Aggressionen eines Narzissten können einfach nicht gezähmt werden. Betroffene Elternteile denken dann oft stundenlang über Lösungen nach und darüber, wie sich ein harmonisches Familienleben einstellen könnte.

Eine Paartherapie ist dann meist der letzte Strohhalm, an den sich co-narzisstische Eltern klammern. Sie suchen nach professioneller Hilfe, um auf diese Weise vorrangig das egoistische und rücksichtslose Verhalten des Narzissten einzudämmen und diesem dabei zu helfen, ein besserer Mensch zu werden. Der Therapeut soll die Schwachstellen des Narzissten entlarven, die Auswirkung seines Verhaltens schonungslos ansprechen und therapeutische Maßnahmen zur Verbesserung einleiten. Betroffene Elternteile glauben, bei der Paartherapie nur als assistierender Begleiter mitzukommen und bestenfalls Verhaltenstipps für einen besseren Umgang mit dem Narzissten zu erhalten.

Doch so einfach ist es nicht! Ein Narzisst fühlt sich nicht verantwortlich für die Probleme in der Beziehung oder bei der Erziehung. Er gibt ausschließlich dem Partner die Schuld an allen Schwierigkeiten – wenn er denn überhaupt den Konflikt in derselben Weise wahrnimmt wie der Partner. Meist spielt er die Probleme herunter und unterstellt dem anderen reine Hysterie. Er weiß also gar nicht, warum er in eine Therapie gehen soll: Er sieht keine ernsthaften Probleme, er hat keine Schuld daran und ist daher auch nicht bereit, etwas zu ändern, und schon gar nicht möchte er von einem neunmalklugen Therapeuten belehrt werden. Der Narzisst wird kaum freiwillig zu einer Therapie zu bewegen zu sein, es sei denn, man setzt ihm die Pistole auf die Brust und zwingt ihn, indem man beispielsweise mit Trennung droht.

Der grundsätzliche Mangel an Bereitschaft und die fehlende Einsicht in die Notwendigkeit einer professionellen Unterstützung dürften jeden gutgemeinten Vorschlag zur Teilnahme an einer Therapie von vornherein scheitern lassen. Außerdem muss man sich vergegenwärtigen, dass auch in einem narzisstischen Menschen ungeahnte Ängste schlummern, die er nur allzu gründlich zu verbergen versucht: nämlich die Angst, auf seine Schwächen aufmerksam gemacht zu werden und seine Fassade bröckeln zu sehen. Eine größere Demütigung kann es für einen Narzissten kaum geben, weshalb er alles daransetzen wird, eine Therapie entweder zu verhindern oder in der Sitzung erfolgreich von sich abzulenken und die Aufmerksamkeit auf andere Themen zu lenken.

Sie werden vermutlich besser beurteilen können, ob eine Paartherapie in Ihrer derzeitigen Situation das Mittel der Wahl ist. Die Voraussetzungen sind aber denkbar ungünstig: Wenn der co-narzisstische Elternteil nur mitkommt, damit sich der Narzisst bessert, und der narzisstische Elternteil nur mitkommt, damit der Co-Narzisst zufrieden ist, dann kann keine Veränderung eintreten. Der eine lauert nur darauf, dass der andere endlich merkt, was er falsch macht, und dieser wiederum wartet nur darauf, dass die witzlose Therapiestunde endlich vorbei ist. Wenn nicht beide die Notwendigkeit erkennen, in einer Therapie ihre Persönlichkeitsanteile zu reflektieren, den eigenen Schwächen und seelischen Wunden zu begegnen, daraus zu lernen und sich weiterzuentwickeln, um hinterher eine bessere Qualität auf der Paar- und Elternebene zu erreichen, dann sollte man sich das Geld und die Zeit lieber sparen. Betroffene Elternteile gehen aber oft diesen Schritt, nur um ihr Gewissen zu beruhigen: Sie können dann hinterher sagen, dass sie wenigstens alles versucht haben, wenn sie später doch noch eine Trennung in Erwägung ziehen.

Es wäre schön, wenn es anders laufen könnte

Natürlich ist es angenehmer, wenn man sich mit seinem Partner in Erziehungsfragen abstimmen kann und in wesentlichen Fragen derselben Ansicht ist. Leider ist dies mit einem Narzissten nicht möglich und muss ein Wunsch bleiben. Der Narzisst will bestimmen, wie die Erziehung zu erfolgen hat, und lässt seinem Partner keinen Raum für eigene Ideen. Wenn der Narzisst einen guten und förderlichen Erziehungsstil anwenden würde, könnte man sich noch damit arrangieren – es wäre ja zum Vorteil des Kindes. Leider fällt es aber einem Narzissten sehr schwer, in der Erziehung ein gesundes Mittelmaß zu finden: entweder geht er zu lasch oder zu hart vor, entweder vereinnahmt er das Kind in übertriebener Zuwendung oder er missachtet es vollständig, entweder muss er sich überall einmischen und alles für das Kind regeln oder er lässt das Kind mit seinen Sorgen gänzlich allein. Vielleicht versucht er auch, sich unentwegt beim Kind beliebt zu machen, und spielt den Supervater oder die Supermutter, nur um im nächsten Augenblick das Kind wegen Kleinigkeiten zu beschimpfen und zu erniedrigen.

Dieses mangelnde Augenmaß in der Erziehung ist einem narzisstischen Elternteil aber nicht bewusst. Er glaubt, stets alles richtig zu machen, und lässt auch nicht mit sich reden. Er findet für jede Situation, in der er unangemessen reagiert, eine triftige Begründung und kann immer seine Handlungsweise rechtfertigen – und wenn es sich noch so skurril anhört. Insofern bleibt dem Partner nur die

Alternative übrig, den Narzissten gewähren zu lassen und sich gegenüber fragwürdigen Prinzipien des Narzissten abzugrenzen.

Streiten führt zu nichts! Der Narzisst will immer Recht haben und wird aus diesem Grund nicht aufhören zu streiten, bis er den Partner eines Besseren belehrt hat und sich über ihn erheben konnte. Dass das hilflose Kind deswegen in einer zermürbenden Streitkultur aufwachsen muss, nimmt ein narzisstischer Elternteil billigend in Kauf. Daher sollte sich der andere Elternteil nicht ebenfalls aggressiv am Streit beteiligen, damit das Kind nicht noch zusätzlich beunruhigt wird. Er soll aber auch nicht nachgeben, weil er so dem Kind keinen emotionalen Schutz gewähren kann. Er sollte die Interessen des Kindes in der Sache selbstbewusst vertreten und gleichfalls durch seine ruhige und sachliche Gesprächsführung dem Kind ein Vorbild sein:

- Geben Sie sich nicht zu schnell auf!
- Äußern Sie klar und deutlich Ihre eigene Meinung, ohne den Respekt gegenüber dem narzisstischen Elternteil zu verlieren – selbst wenn dieser sich nicht beherrschen kann und aus der Rolle fällt oder gar versucht, Ihnen zu drohen oder Sie zu erpressen. Bleiben Sie unbeeindruckt von seinen Manipulations- und Kränkungsversuchen.
- Halten Sie sich in Gegenwart des Kindes mit schwierigen Themen zurück und vermeiden Sie vor den Augen des Kindes eine Eskalation mit dem Narzissten.
- Ist es nicht zu vermeiden, dass das Kind während eines unschönen Gesprächs anwesend ist, dann machen Sie den Vorschlag, die Unterredung zu vertagen, und schweigen Sie anschließend, wenn der Narzisst dennoch fortfährt.
- Wenn es aber unausweichlich ist, in Gegenwart des Kindes den eigenen Standpunkt entschlossen vertreten zu müssen, dann behalten Sie unbedingt einen sachlichen und respektvollen Ton bei. Werden Sie nicht Ihrerseits unfreundlich, beleidigend oder aggressiv. Grenzen Sie sich nicht nur mit Ihrer Meinung ab, sondern auch mit Ihrem Verhalten.

Ihnen muss allerdings klar sein, dass es Ihnen auf diese Weise selten genug gelingen wird, den Narzissten von Ihrer Meinung zu überzeugen und ihn zu einem anderen Verhalten zu bewegen. Merken Sie sich: Es geht nicht darum, den Narzissten zu verändern – das wird Ihnen nicht gelingen –, sondern es geht darum, sich selbst abzugrenzen, in Kontakt mit den eigenen Bedürfnissen und Überzeugungen zu bleiben und dem Kind ein Vorbild zu sein, damit es lernen kann, sich ebenfalls gegenüber anderen Menschen – und auch dem narzisstischen Elternteil – abzugrenzen. Zeigen Sie dem Kind nur Nachgiebigkeit, dann kann es auch nur lernen, sich in Gegenwart anderer Menschen unterzuordnen. Sagen Sie nichts, wenn Sie anderer Meinung sind, dann lernt das Kind, dass es besser ist, zu schweigen, wenn Autoritätspersonen das Wort erheben.

Weiterhin zeigen Sie dem Kind, wie es geht, den Respekt für einen anderen Menschen aufrechtzuerhalten, selbst wenn dieser eine andere Ansicht hat, unbelehrbar ist und sich unkorrekt und scheußlich verhält. Indem Sie sich abgrenzen und sich nicht von dem narzisstischen Verhalten provozieren lassen, machen Sie deutlich, dass es offenbar der Narzisst ist, der keine Manieren hat, und nicht Sie. Dem Kind helfen Sie dann auf zweierlei Weise: Zum einen können Sie dem Kind als Vorbild dienen, zum anderen erkennt das Kind deutlicher, von wem die Aggressionen und das destruktive Verhalten ausgehen, wenn Sie sich nicht an Ausschreitungen beteiligen.

Sie können mit einem bewussten und beherrschten Verhalten für das Kind ein großes Vorbild und eine große Stütze sein. Sicherlich wird es auch Momente geben, in denen Sie der Narzisst so stark verletzt und alles daransetzt, Sie mit Ihren Gefühlen in Kontakt zu bringen, dass Sie irgendwann die Beherrschung verlieren. Gut wäre es, wenn dies nicht vor dem Kind passiert.

Um einen emotionalen Abstand zum Narzissten bewahren zu können, sollten Sie sich in Situationen, in denen der Narzisst wieder mit seinem unangemessenen Verhalten aus der Rolle fällt, vergegenwärtigen, dass Sie es mit einem Menschen zu tun haben, der unter einer narzisstischen Persönlichkeitsstörung leidet. Diese Person sucht händeringend nach Akzeptanz und Anerkennung, nach anderen Menschen, die ihn aufbauen und die ihm Liebe geben können, sowie nach Schutz für sein labiles und verletzliches Selbstwertgefühl. Er hat eine Höllenangst vor Enttäuschungen, Ablehnung, Kritik, Einsamkeit, aber gleichzeitig auch vor Nähe, Abhängigkeit und Bindung. Er fürchtet sich davor, dass seine Schwächen, Unzulänglichkeiten und seine innere Unsicherheit auffliegen und andere sich dann von ihm abwenden könnten. Daher baut er einen riesigen Schutzwall um sich auf, damit ihm niemand zu nahe kommen und seine Fassade zum Einstürzen bringen kann. Hinter seinen Handlungen versteckt sich die große Angst, seelische Schmerzen zu erleiden. Stellen Sie sich daher in Situationen, in denen Sie sich abgrenzen und die Beherrschung bewahren müssen, ein kleines, weinendes Kind vor, dass sich einfach nicht anders zu helfen weiß, als wild um sich zu schlagen und sich auf den Boden zu werfen, weil es zu große Furcht davor hat, dass Sie ihm wehtun könnten.

Teil 2

Gemeinsame Kinder
mit einem Narzissten nach einer Trennung

Welche Schwierigkeiten ergeben sich bei der Erziehung des gemeinsamen Kindes nach einer Trennung? Wo liegen die Risiken, was sollten Sie auf jeden Fall vermeiden und worauf sollten Sie besonders achten?

10. Trennung: ja oder nein?

Sieht man die vielen Probleme in einer Beziehung mit einem Narzissten, unter denen betroffene Partner leiden, müssen diese sich eigentlich fragen, warum sie sich dieses Drama überhaupt noch antun
und warum sie nicht die Flucht ergreifen. Viele betroffene Elternteile, die sich in einer unglücklichen Beziehung mit einem Narzis-
ten befinden, versuchen oft nur noch deshalb durchzuhalten und die
Fassade aufrechtzuerhalten, weil sie glauben, dass die gemeinsamen
Kinder erhebliche Nachteile durch eine Trennung erfahren könnten. Die Kinder könnten psychische Störungen entwickeln und ein
Leben lang unter den Auswirkungen leiden. Außerdem wollen sie
die Kinder nicht alleine beim Narzissten zurücklassen, weil sie sie
dann nicht mehr vor emotionalen Übergriffen oder Gewaltaktionen
beschützen könnten. Diese Verantwortung wollen viele Elternteile
nicht übernehmen und glauben, sich durch eine Trennung mit einer
hohen Schuld zu belasten, die Ihnen größer erscheint als die Qualen
in der Beziehung mit dem Narzissten.

Somit stellen betroffene Eltern den Schutz des Kindes vor das eigene Glück und das eigene emotionale Wohlbefinden und verharren in einer unglücklichen Beziehung. Dabei übersehen die
meisten, dass sie auch während der Beziehung kaum in der Lage
sind, dem Kind hinreichend emotionalen Schutz zu gewähren.
Die guten Absichten und aufopferungsvollen Bemühungen des
einen Elternteils werden von dem narzisstischen Elternteil immer
wieder eigenwillig durchkreuzt. Weder der betroffene Elternteil
noch das Kind kann sich frei entfalten, sich geborgen und sicher
fühlen und auf geeignete Unterstützung von Seiten des Narzissten
hoffen. In der Beziehung müssen betroffene Elternteile gegen die
Willkür des Narzissten kämpfen und sich dabei nicht nur selbst
vor seelischen Verletzungen in Acht nehmen, sondern auch noch
das Kind vor emotionalen Übergriffen und einer dilettantischen
Erziehung schützen. Im Grunde müssen sie einen erheblichen Teil
ihrer Zeit damit verbringen, die Scherben aufzusammeln, die der

Narzisst produziert hat, und können es doch nicht gänzlich verhindern, dass seelisches Leid entsteht.

Die unerträglichen Querelen bringen betroffene Elternteile irgendwann zwangsläufig dazu, sich zu fragen, ob es nicht auch ohne die Anwesenheit des Narzissten geht und ob das Kind nicht auch glücklich aufwachsen kann, wenn der narzisstische Elternteil nicht mehr mit dem Partner und dem Kind zusammenlebt oder wenn der Partner den Narzissten und das Kind verlässt. Irgendwann fangen Elternteile an, sorgfältig abzuwägen, ob der Schaden, der dem Kind durch eine Trennung möglicherweise zugefügt wird, geringer ist als der Schaden, den das Kind haben könnte, wenn man in einer traurigen Beziehung ausharrt. Beide Varianten haben sicherlich Nachteile – doch in welcher Variante würden beide, der betroffene Elternteil und das Kind, weniger leiden?

Wenn die Bedürfnisse des Kindes auch weiterhin ausreichend berücksichtigt und abgedeckt werden, es den Eltern nach der Trennung emotional gut geht und wenn jeder Elternteil nach der Trennung für das Kind verfügbar bleibt, dann wird das Kind keine Nachteile durch die Trennung erleben. Unter diesen Umständen kann sich ein Kind normal entwickeln. Es geht bei der Frage einer Trennung weniger um das Modell der Familie als vielmehr darum, wie hinterher mit dem Kind umgegangen wird. Die Bedürfnisse des Kindes müssen weiterhin wahrgenommen und erfüllt werden – egal für welche Lebensart sich die Eltern entscheiden.

Doch genau hier lauern große Schwierigkeiten, wenn ein Elternteil starke narzisstische Züge hat: Die Bedürfnisse des Kindes finden in der Obhut eines narzisstischen Elternteils keine ausreichende Berücksichtigung, das Kind wird in seiner Würde verletzt und in seiner Wahrnehmung verunsichert. Das Kind bekommt nicht die Aufmerksamkeit und Unterstützung vom Narzissten, die es braucht, um sich entsprechend seiner Veranlagung entfalten zu können. Außerdem wird auch der andere Elternteil emotional nicht ausgeglichen sein und sich nicht im Vollbesitz seiner physischen Kräfte befinden, weil er zum einen in der Beziehung mit dem Narzissten viel Energie verloren hat und zum anderen nach der Trennung weiterhin unter den Schikanen des Narzissten leiden wird, da sich dieser nach wie vor ungehemmt in das Leben des Ex-Partners einmischt. Der andere Elternteil sieht sich nach der Trennung einem regelrechten Psychoterror ausgeliefert, der alles zu übertreffen scheint, was er zuvor mit dem Narzissten erlebt hat. Da der narzisstische Elternteil die Trennung des Ex-Partners als äußerst schmerzhaft empfindet, will er ihn entweder zurückhaben oder, wenn dies nicht gelingt, wenigstens weiterhin über ihn verfügen.

Gute Voraussetzungen für das Kind nach einer Trennung

Das Lebensglück des Kindes wird nicht durch die Tatsache einer Trennung an sich behindert, sondern durch das Verhalten der Eltern nach der Trennung. Eine Trennung muss keine bleibenden Schäden bei dem Kind hinterlassen, wenn es gelingt, den Konflikt auf der Paarebene zu belassen und ihn nicht auf der Elternebene auszutragen. Doch es müssen dafür bestimmte Voraussetzungen von den Eltern geschaffen werden:

Verlässlichkeit: Beide Elternteile sollten möglichst rasch eine neue, stabile und verlässliche Alltagsstruktur aufbauen, in der sich das Kind geborgen fühlen kann. Es muss sich der körperlichen und seelischen Versorgung seiner Eltern immer sicher sein können. Dazu benötigt es einen zuverlässigen Rhythmus und einen stabilen Rahmen, damit es das Gefühl von Sicherheit erfährt.

Keine Abwertungen: Es dürfen keine offenen Auseinandersetzungen, lauten Streitgespräche, Beschimpfungen und Kränkungen vor dem Kind stattfinden. Solche Gespräche bringen ein Kind aus seinem seelischen Gleichgewicht. Es braucht Wärme und Liebe. Erfährt es hingegen Zorn, Ärger und Hass, dann wird es verunsichert und bekommt Angst. Das muss nicht bedeuten, dass die Eltern dem Kind eine übertriebene Harmonie vorspielen müssen – Konflikte gehören nun einmal zum Leben dazu und Eltern können durchaus unterschiedlicher Meinung sein. Die Auseinandersetzung sollte aber in einem respektvollen Ton und einer wertschätzenden Haltung passieren.

Keine übertriebene Verwöhnung: Die Eltern sollten nicht aufgrund von Schuldgefühlen das Kind zu sehr verwöhnen und ihm zu viel Zuwendung und Aufmerksamkeit zukommen zu lassen, weil sie von ihrer Angst, das Kind könnte leiden, zu stark vereinnahmt werden. Auch sollte kein Wettbewerb unter den Eltern stattfinden, wer denn nun der Bessere von beiden ist und wen das Kind lieber hat. Das Kind würde nur in einen schweren Loyalitätskonflikt geraten.

Kinder sind kein Partnerersatz: Häufig wird das Kind als Partnerersatz benutzt. Kinder können durchaus eine Quelle des Glücks sein, an der sich ein Elternteil wärmen möchte, weil er sich einsam, traurig und ungeliebt fühlt. In den freudestrahlenden Augen eines kleinen Kindes erkennt der Elternteil, dass er gebraucht und geliebt wird. Das kleine Kind gibt ihm das Gefühl, erwünscht zu sein, was das eigene Selbstwertgefühl angenehm stärken kann. Das Kind übernimmt so die Rolle des stillen Seelsorgers, indem es dem betroffenen Elternteil zur Verfügung steht. Dann findet ein unbewusster Rollentausch statt, was zu Störungen in der Entwicklung des Kindes führen kann.

Eine hoffnungsfrohe Perspektive aufbauen: Das Kind sollte eine optimistische Grundeinstellung bei den Eltern vorfinden. Wenn Eltern sich nur mit der Vergangenheit beschäftigen, nur über den Ex-Partner fluchen, mit ihrer Gefühlswelt nicht ins Reine kommen oder sich ständig Sorgen über ihre Zukunft machen, wird das Kind verunsichert. Das Kind soll aber spüren, dass es trotz Widrigkeiten wieder vorwärtsgeht, dass alles gut wird und dass es sich vor nichts fürchten muss.

Kooperieren: Die Eltern sollten im Sinne des Kindes auch nach der Trennung miteinander kooperieren, Termine abstimmen, gemein-

same Regeln für den Umgang finden (z. B. Schlafzeiten, Fernseh-
zeiten, Mahlzeiten) und gemeinsam über alle Fragen der Erziehung
und der Entwicklung des Kindes regelmäßig reden. Es geht darum,
Lösungen für das Kind nicht durch Rechthaberei, Unterdrückung
und Kränkungen zu finden, sondern durch ein gemeinsames Bemühen und Verständigen.

Leider sind im Fall einer Trennung von einem narzisstischen Lebenspartner keine der genannten Grundbedingungen vorzufinden:
Weder findet der andere Elternteil die ersehnte Ruhe vor dem Narzissten noch erfährt das Kind die Aufmerksamkeit und Zuwendung
von seinen Eltern, die es für eine gesunde Entwicklung benötigt.
Allerdings ist zu erwähnen, dass das Kind diese ungünstigen Umstände nicht nur nach einer Trennung vorfindet, sondern bereits in
der gemeinsamen Beziehung unter dem Konflikt der Erwachsenen
zu leiden hatte. In dieser Hinsicht ändert sich für das Kind zunächst einmal nicht viel, außer dass sich die Situation unmittelbar
nach der Trennung aufgrund der Kränkungswut des Narzissten
verschlimmern könnte. Wenn sich jedoch betroffene Elternteile auf
diesen elementaren Einschnitt in ihrem Leben gut vorbereiten und
die Trennung gründlich planen, um schnell wieder zu einem geregelten Leben zurückzufinden, und wenn es gelingt, ausreichend
Distanz zu dem Narzissten aufzubauen – sowohl physisch wie auch
psychisch –, dann könnte hinterher die Situation durchaus besser
werden.

*Weitere hilfreiche Tipps für eine Trennung von einem Nar-
zissten können Sie in meinem Buch* **»Wie trenne ich mich
von einem Narzissten?«** *finden. In diesem Buch gehe ich
sehr ausführlich darauf ein, wie man sich optimal auf eine
bevorstehende Trennung vorbereiten kann. Es werden mögliche Fragen und Probleme, die in der Phase einer Trennung
von einem Narzissten auftreten können, intensiv beschrieben
und Lösungswege vorgeschlagen.*

Oft wird der Gedanke an eine Trennung aber zu leichtfertig ver-
worfen, weil der narzisstische Elternteil dem anderen Elternteil mit

schweren Konsequenzen im Fall einer Trennung droht. Er kündigt an, seinen Partner vernichten zu wollen: Er werde ihm die Kinder nehmen, nichts vom gemeinsam erwirtschafteten Vermögen abgeben und dessen Ruf zerstören. Nichts soll der Partner mehr haben. Weil der Narzisst diese tollkühnen Bekundungen mit so viel aggressiver Vehemenz äußert, zweifelt der Partner kaum an der erbarmungslosen Durchführung, wenn der Ernstfall eintreten sollte. Letztlich handelt es sich aber nur einmal mehr um eine gelungene Einschüchterungstaktik des Narzissten, um den Partner an sich zu binden und sich seiner Verfügbarkeit auch weiterhin sicher sein zu können. Betroffene Partner schließen dann den möglicherweise desaströsen Schritt einer Trennung vorsorglich aus.

Der narzisstische Elternteil droht vielleicht aber auch mit einem Selbstmordversuch oder damit, dass er dem Kind im Fall einer Trennung etwas antun werde, was den anderen ebenfalls daran hindern soll, sich zu trennen. Dem Partner wird dann die Entscheidung mehr und minder aus der Hand genommen, weil er nicht die Verantwortung dafür übernehmen will, dass sich die Mutter oder der Vater seines Kindes umbringt, wenn er sich trennt. Der Kummer, den man heute in der Beziehung erfährt, wird dem Unglück vorgezogen, das man hinterher erfahren könnte – ohne wirklich objektiv zu prüfen, inwieweit die Androhungen des Narzissten Bestand haben und welche Möglichkeiten bestehen, sich seinen Vergeltungsschlägen zu entziehen.

Joachim

»Meine Frau ist Narzisst und hat sich teilweise nicht unter Kontrolle. Sie verwickelt mich in sinnlose Streitereien, die auch teilweise bis hin zur Gewalt gegen mich ausarten. Jetzt kommt es häufiger vor, dass sie mich vor unseren Kindern beleidigt und beschimpft. Mir bleibt dann immer nur der Ausweg, mich zurückzuziehen, damit die Kinder nicht noch mehr darunter leiden. Leider richtet sich ihr Verhalten auch immer mehr in Richtung unserer 8-jährigen Tochter. Ich stelle mich dann jedes Mal vor meine Tochter und entschuldige mich

---

für das Verhalten ihrer Mutter. Aber so kann es nicht weiter-
gehen! Es sind zwei wundervolle und liebevolle Kinder und
ich habe Angst, dass diese durch das Verhalten meiner Frau
Schaden nehmen. Es bricht mir das Herz zu sehen, wie meine
Tochter alles versucht, um ihre Mutter zu beeindrucken, aber
jedes Mal nur oberflächlich gelobt wird und im Anschluss doch
wieder Kritik erfährt. Ich würde mich gerne von meiner Frau
trennen. Die Schulden, die ich dann übernehmen würde, und
alles andere wären mir egal. Ich habe nur Angst, dass meine
Frau das Sorgerecht bekommt und ich meine Kinder nicht
mehr beschützen kann. Ich bin verzweifelt und sehe keine
Lösung. Egal was ich mache: Sie erpresst und demütigt mich,
wo immer sie kann. Bei meinem letzten Versuch, mich zu
trennen, endete es in einem meiner Meinung nach fingierten
Selbstmordversuch meiner Frau, was mich dann schlussend-
lich von meinem Entschluss abgehalten hat. Ich weiß einfach
nicht mehr weiter. Ich habe keine Ruhe mehr, keinen Ort, an
dem ich mich sicher fühle. Dadurch, dass meine ganze Energie
für sinnlose Streitereien draufgeht, hat mein Betrieb (ich bin
selbstständig) bereits sehr gelitten.«

Wenn Sie eine Trennung oder Scheidung anstreben, dann muss
Ihnen bewusst sein, dass Sie auch danach die Querelen und Anfeindungen des Narzissten aushalten und sich davor schützen müssen.
Das war zwar zuvor auch kaum anders, doch gewinnt der schwe-
lende Konflikt nach der Trennung deutlich an Brisanz. Gab es Probleme in der Beziehung, dann waren stets Sie dafür verantwortlich,
während sich der Narzisst geschickt herausredete und Sie mit seiner
Besserwisserei hochnäsig belehrte. Dabei war Ihnen zwar bewusst,
dass Sie nicht an allem schuld waren, sondern dass dem Narzis-
ten mindestens genauso viele Fehler unterliefen. Nur wagten Sie es
nicht, ihn dafür zu kritisieren oder sich gegen diese Ungerechtigkeit
zu wehren, um ihn nicht noch weiter zu beunruhigen und zu reizen.
So ergab sich die ungünstige Situation, dass der Narzisst ausschließlich der Gute und der Schlaue war, während Sie immer der Schlechte
und der Dumme waren. Diese verteufelte Konstellation wird der

narzisstische Elternteil auch nach der Trennung aufrechtzuerhalten versuchen, weil sie für ihn bedeutet, weiterhin Macht über Sie zu haben. Indem er Sie zum Bösen erklärt und sich selbst zum Guten erhebt, macht er Sie zum Täter und sich selbst zum Opfer, das nun unter den Folgen der Trennung erheblich zu leiden hat.

Es ist naiv anzunehmen, man könnte sich dem narzisstischen Störenfried durch eine Trennung kurzerhand entziehen. Da sich ein Narzisst nicht so einfach vor die Tür setzen lässt und es als eine große Demütigung erlebt, dass er entweder von seiner Familie verlassen wird oder dass sein Partner geht und ihn nun mit der Bürde der Erziehung alleinlässt, wird er seine Wut an dem Ex-Partner ausleben. Der Ex-Partner wird zum lebenslangen Sündenbock erkoren und zur Zielscheibe seiner grenzenlosen Verbitterung gemacht. Daher müssen sich Ex-Partner bewusst sein, dass sie diesen unliebsamen Quälgeist niemals ganz werden ausschalten können. Sie können nur lernen, sich konsequent abzugrenzen und aus einer emotionalen Distanz heraus anders und besser mit dieser Situation umzugehen, als sie es zuvor in der Beziehung getan haben.

Welche Nachteile erlebt das Kind während der Beziehung oder nach einer Trennung?

In der Beziehung:

- Auf Bedürfnisse des Kindes kann nicht richtig eingegangen werden: Dem narzisstischen Elternteil fehlt die notwendige Eignung, um sich adäquat dem Kind gegenüber zu verhalten, und der andere Elternteil kann sich dem Kind gegenüber nicht so zeigen, wie er es gerne möchte, weil er ständig der Beeinflussung und Vereinnahmung des Narzissten ausgesetzt ist und selbst ständig Schutz vor den emotionalen Angriffen des Narzissten sucht.
- Aufgrund des ungelösten Beziehungskonfliktes streiten sich die Eltern entweder übermäßig oft oder es herrscht eine allgegenwärtige Anspannung, weil es nicht zu einer befriedigenden

Klärung kommt. Das Kind entwickelt daher ständig Schuld- und Angstgefühle und kann kein dauerhaftes Gefühl von Sicherheit erfahren.

- Die Eltern sind für das Kind nicht verfügbar: Der Narzisst widmet sich eher seinen eigenen Interessen und nimmt sich nicht ausreichend Zeit für das Kind oder er geht zwar auf das Kind ein, behandelt es aber nicht so, wie es für das Kind gut wäre. Der andere Elternteil ist in Gedanken oft noch bei den letzten Vorwürfen und Unverschämtheiten des Narzissten oder belastet sich selbst unentwegt mit Selbstzweifeln, Schuld- und Angstgefühlen. Er steht unter einer permanenten Daueranspannung, weil er nie weiß, wann der nächste Angriff des Narzissten folgt. Aus der Not heraus versucht er, dem Narzissten möglichst alles recht zu machen, um ihn nicht zu provozieren und nicht mit dessen negativen Anteilen in Berührung zu kommen. Er fixiert sich also mehr auf die Bedürfnisse des Narzissten als auf die Bedürfnisse des Kindes und ist zu sehr mit seiner eigenen Gedankenwelt beschäftigt, als sich auf das Kind zu konzentrieren.
- Das Kind wird dann bestenfalls leiblich durch die Eltern versorgt. Es findet vorrangig eine routinemäßige Versorgung statt ohne herzliche und allgegenwärtige Wärme: Der narzisstische Elternteil will sich nur um seine eigenen Bedürfnisse kümmern und sieht daher in der Versorgung des Kindes lediglich eine lästige Pflicht. Der andere Elternteil würde sich vielleicht gerne liebevoll und mit seiner ganzen Aufmerksamkeit dem Kind widmen, ist aber zu sehr damit beschäftigt, nicht in die Schusslinie des Narzissten zu geraten, weshalb das Kind nur die Not dieses Elternteils empfängt statt Ausgeglichenheit, innerer Stärke und echter Liebe. Zwar mag, oberflächlich betrachtet, der Tagesablauf für das Kind geregelt sein, die Atmosphäre wird aber durch die leichte Reizbarkeit des Narzissten auf der einen Seite sowie die hohe Ängstlichkeit des co-narzisstischen Elternteils auf der anderen Seite bestimmt.
- Im Vordergrund des Familienlebens stehen die unterschiedlichen und zum Teil stark gegensätzlichen Bedürfnisse, Ängste,

Sorgen und Sehnsüchte der Eltern, die so groß sind, dass es immer wieder zu Konflikten kommt und das Kind in seiner Bedürftigkeit kaum oder nur ungenügend gesehen wird.

Nach der Trennung:

- Das Kind ist dem narzisstischen Elternteil während der gemeinsamen Zeit schutzlos ausgeliefert und wird dem Narzissten mehr zur Verfügung stehen müssen, als dieser sich dem Kind widmet.
- Der Narzisst wird sich gegenüber dem Kind rücksichtslos, nachlässig, ungerecht und egoistisch verhalten.
- Das Kind wird von dem narzisstischen Elternteil stark instrumentalisiert, um dem anderen Elternteil zu schaden.
- Der andere Elternteil wird vom Narzissten massiv am Aufbau eines eigenen Lebens behindert und durch ständige Unruhe an einer hinreichenden Versorgung und Betreuung des Kindes gehindert.
- Der Lebensalltag muss neu geregelt werden.
- Finanzielle Probleme können das neue Leben erschweren.
- Lange juristische Verfahren zur Unterhaltszahlung, zum Umgangsverfahren und zu Sorgerechtsfragen können den Ex-Partner in den Wahnsinn treiben.
- Verwandte und andere Nahestehende könnten sich gegen den Ex-Partner stellen und sich auf die Seite des Narzissten schlagen.

Allerdings:

- Wenn der andere Elternteil die Beziehung verarbeitet hat und sich emotional von dem Narzissten lösen konnte, kann er sich in der gemeinsamen Zeit dem Kind voll und ganz widmen und lebt wieder in der Gegenwart.
- Der andere Elternteil hat nach einer Trennung bessere Möglichkeiten, sich der ständigen Aura des Narzissten zu entziehen, sich abzugrenzen sowie eine emotionale Distanz aufzubauen.

Er findet zu einem eigenbestimmten Leben zurück, in dem es möglich ist, dem Kind die Aufmerksamkeit und Zuwendung zu geben, die es benötigt.

- Aufgrund der Distanz kann der andere Elternteil dem Kind beim Umgang mit dem narzisstischen Elternteil besser helfen.
- Probleme, die das Kind hat, können in Ruhe besprochen und mit Bedacht angegangen werden, ohne sich jedes Mal mit der Meinung des Narzissten auseinandersetzen zu müssen.
- Der andere Elternteil kann dem Kind zumindest in der Zeit, die er mit dem Kind hat, Sicherheit und Geborgenheit, Verlässlichkeit, Wertschätzung und Vertrauen bieten, was es auf der narzisstischen Gegenseite nicht oder nur begrenzt erhält. Auf diese Weise kann für das Kind eine Oase entstehen, in der es sich gesund entfalten und entwickeln kann.

Durch eine Trennung wird nicht automatisch alles besser. Wie sich das Leben nach der Trennung gestaltet, hängt sehr stark davon ab, wie gut sich der Ex-Partner gegenüber dem Narzissten abgrenzen, wie schnell er sich emotional befreien und eine Distanz zu dem Narzissten aufbauen kann, um so der permanenten Beeinflussung und Vereinnahmung zu entkommen. Das erwünschte Eintreten einer Verbesserung ist entscheidend davon abhängig, wie entschlossen der Ex-Partner für seine Werte und Vorstellungen einsteht und dass er sich nicht länger von dem Narzissten herumkommandieren, belästigen und einschüchtern lässt. Der Ex-Partner muss in einen Kampf einsteigen, den er unerschrocken führen muss, um nicht in einer Abhängigkeit zum Narzissten steckenzubleiben.

Das Erlangen von Autonomie kann sich auf die Erziehung des Kindes günstig auswirken, wenn sich betroffene Elternteile mit zurückgewonnener Lebensenergie und nach der emotionalen Abnabelung vom Narzissten den Bedürfnissen des Kindes voll widmen können. So hat das Kind zumindest in der Zeit, in der es sich bei dem co-narzisstischen Elternteil befindet, bessere Rahmenbedingungen – und das wäre mehr, als es erfahren würde, wenn beide Elternteile zusammenblieben.

11. Wie verhalten sich die Eltern nach der Trennung?

Hat der co-narzisstische Elternteil die Trennung ausgelöst, entwickelt dieser in der Regel starke Schuldgefühle. Er sieht sich als Täter, der die Familie zerstört und das Kind in eine Krise gestürzt hat. Der Narzisst hingegen vermeidet das Entstehen von Schuldgefühlen, indem er einfach dem anderen Elternteil die Schuld an der Trennung gibt und sich selbst als armes Opfer darstellt – auch wenn die Trennung von ihm ausging. Der co-narzisstische Elternteil übernimmt dann die Rolle des Bösewichts und befindet sich fortan in einer unterwürfigen Haltung – und damit in der Defensive – und wagt es nicht, seine Ansprüche standfest zu vertreten. Er ist dann schnell zu Zugeständnissen dem Narzissten und dem Kind gegenüber bereit, weil er das Gefühl hat, wieder etwas gutmachen zu müssen.

Das Kind spürt die Schuldgefühle des Elternteils und die daraus resultierende Unsicherheit. Der co-narzisstische Elternteil überschüttet das Kind regelrecht mit Zuwendung, macht üppige Geschenke, ist auf übertriebene Weise um sein Wohlergehen bemüht und verhält sich auffallend großzügig und kameradschaftlich dem Kind gegenüber. Wünsche und Forderungen des Kindes werden unverzüglich erfüllt, um das eigene schlechte Gewissen zu erleichtern. Die eigenen Bedürfnisse werden zurückgestellt und der co-narzisstische Elternteil macht sich zum Sklaven des Kindes.

Dieses überzogene und ängstliche Verhalten bleibt dem Kind nicht verborgen. Es kennt ja schließlich seinen Vater oder seine Mutter und bemerkt sehr genau, ob sich der Elternteil normal und authentisch verhält oder ob er durch sein Verhalten das Kind manipulieren will. Weil sich der co-narzisstische Elternteil abhängig macht von der Zufriedenheit des Kindes, kann seine Bereitschaft zur Unterwürfigkeit vom Kind gezielt ausgenutzt werden. Die Hierarchie der Eltern-Kind-Beziehung wird somit aus den Angeln gehoben.

Aber nur weil der co-narzisstische Elternteil letztlich die Trennung ausgelöst hat, bedeutet das nicht, dass er auch verantwortlich für das Scheitern der Beziehung ist. Er hat zwar unvermeidlich die Lawine ins Rollen gebracht und das Kind leidet, weil ein Elternteil nun nicht mehr permanent anwesend ist, weil finanzielle Einschränkungen entstehen oder weil ein Umzug bevorsteht und die Geborgenheit einer vertrauten Umgebung verlorengeht. Das heißt aber noch lange nicht, dass dieser Elternteil deswegen ein schlechter Mensch ist und sich ein Leben lang schuldig fühlen muss.

Wenn dann zu allem auch noch erdrückende Vorwürfe von Dritten kommen, die die Trennung überhaupt nicht nachvollziehen können, und so den co-narzisstischen Elternteil zusätzlich mit Schuldgefühlen belasten, dann muss auch das nicht bedeuten, dass die Entscheidung nicht doch richtig war. Nur weil Veränderungen entstehen, die sicherlich weitreichende Folgen für alle Beteiligten haben, bedeutet das nicht, dass sich dieser Elternteil schämen muss. Man weiß ja gar nicht, wohin der Weg führen wird! Vielleicht wird sich eines Tages herausstellen, dass diese Entscheidung für alle Beteiligten die richtige Wahl gewesen ist.

Die seelischen Wunden können nicht so schnell heilen, wie es notwendig wäre

Nach der Trennung werden die Eltern nicht besonders gut aufeinander zu sprechen sein: Der eine fühlt sich verletzt, weil er verlassen wurde und auf diese Weise das Gefühl von Ablehnung und Geringschätzung erfahren hat, und der andere will sich von dem Partner lösen, weil er die emotionalen Belastungen in der Beziehung nicht mehr ertragen hat. Der eine will sich aus einer unglücklichen Lage befreien und der andere kommt durch den Schritt der Trennung in eine unglückliche Lage. In einer narzisstischen Liebe kommt es selten zu einer einvernehmlichen Trennung. Insofern bestehen nach der Trennung noch intensive Gefühle dem Ex-Partner gegenüber, die nicht einfach per Knopfdruck ausgeschaltet werden können.

In dieser Phase beginnt die Suche nach dem Schuldigen. Der narzisstische Elternteil wird alle Vorwürfe von sich weisen und dem anderen Elternteil allein die Schuld am Misslingen der Beziehung geben, und zwar in beiden Fällen: wenn er verlassen wird und wenn er selbst geht. Wenn er verlassen wird, dann wird er die aus seiner Sicht fadenscheinige Begründung, er habe angeblich durch sein destruktives Verhalten die Liebe zerstört, nicht gelten lassen. Er wird immer wieder betonen, wie sehr der Ex-Partner selbst dazu beigetragen habe, unglücklich zu werden. Der Narzisst ist unfähig, sich eine Schuld einzugestehen, und noch weniger kann er verstehen, warum sein Partner ihn verlässt, wo er doch davon überzeugt ist, stets alles für ein harmonisches Miteinander getan zu haben. Sein Unvermögen, die Auswirkungen seines egoistischen und rücksichtslosen Verhaltens reflektieren zu können, sowie sein Mangel an Einfühlungsvermögen verhindern, dass er ein mögliches Fehlverhalten auch bei sich selbst entdeckt. Stattdessen macht er sich zum armen Opfer, das von dem bösen Partner verlassen wurde und nun mit seinen Schwierigkeiten alleingelassen wird. Er entwickelt eine starke Kränkungswut, die sich in allen zukünftigen Situationen mit dem Ex-Partner voll entfalten wird.

Frauke

»Er weint hemmungslos vor unseren Kindern. Er sagt ihnen, wie traurig er ohne sie ist und dass sie nicht bei ihm leben. Und er erzählt ihnen, dass das alles meine Schuld sei, weil das alles nicht passiert wäre, wenn ich ihn nicht verlassen hätte. Er hätte die Trennung nie gewollt und würde sie auch immer noch nicht wollen. Aber ich würde ihn ja nicht mehr wollen, ich hätte ihm das Herz gebrochen und er hat so eine Angst, dass er die Kinder auch noch verliert. Dabei weint er so herzzerreißend und lässt sich derart gehen, dass die Kinder deswegen völlig fertig sind.«

Doch auch wenn er selbst geht, bekommt der Partner die Schuld am Scheitern der Beziehung zugeschrieben. Der Narzisst behauptet dann, sich in der Beziehung nicht mehr glücklich gefühlt zu haben, weil sich der Partner zunehmend von ihm abgewendet habe oder nicht mehr in der Art und Weise auf seine Wünsche eingegangen sei, wie er es sich vorgestellt habe. Hätte sich der Partner besser auf den Narzissten eingestellt, wäre er mehr auf seine Wünsche und Forderungen eingegangen, hätte er nicht so oft Widerstand geleistet und kein lebhaftes Eigenleben entwickelt, dann wäre der Narzisst ja geblieben. Seine Unfähigkeit, sich auf einen anderen Menschen einzustellen, dessen Selbständigkeit und Andersartigkeit zu akzeptieren und zu lernen, damit umzugehen sowie einem anderen zu vertrauen, macht er einfach dem Partner zum Vorwurf. Auf diese Weise kommt der Narzisst weder in Kontakt mit seinen eigenen Defiziten noch kommt er mit der Wahrheit in Berührung. Durch das Verdrehen von Tatsachen kann sich der Narzisst unbekümmert in Unschuld hüllen und unbesorgt völlig unrealistische und überzogene Forderungen an den Ex-Partner stellen, weil er glaubt, dass dieser ihm nun etwas schuldig ist.

Partner von Narzissten trennen sich meistens, weil sie das rücksichtslose und destruktive Verhalten des Narzissten einfach nicht mehr ertragen können, weil sie zu viel geopfert haben, ohne etwas Vergleichbares zurückzubekommen, weil ihre körperliche und psychische Verfassung sich verschlimmert und weil sie feststellen, dass sie ausgenutzt und missbraucht wurden. Trotz bestechender Gründe wird die Trennung begleitet von starken Selbstzweifeln, ob es wirklich richtig war, den Narzissten zu verlassen, oder ob es nicht doch besser gewesen wäre, es noch einmal zu versuchen. Auch kommen starke Selbstvorwürfe hinzu, dass man sich das Verhalten des Narzissten so lange hat gefallen lassen und dass man nicht viel eher die Konsequenzen gezogen hat. Zudem sinnen Betroffene aufgrund der vielen Entbehrungen und der großen Enttäuschungen während der Beziehung nach Rache und wollen den Narzissten nach der Trennung wenigstens ein Mal in die Knie zwingen, um auf diese Weise das befriedigende Gefühl der Genugtuung zu spüren. Gleichzeitig können aber auch starke Gefühle der Sehnsucht vorhanden sein, weil sich der Ex-Partner an die schönen Zeiten erinnert, die es mit dem Narzissten zweifelsohne gab, und die Hoffnung daher nicht gänzlich begraben kann, dass es vielleicht doch noch ein Happy End gibt.

Der Ex-Partner wird also innerlich von seiner ambivalenten Gefühlswelt zerrissen. Die Emotionen bewegen sich mal in die eine und dann in die andere Richtung: Mal will er den Narzissten zurück und es noch einmal versuchen und ein anderes Mal will er ihm die Augen auskratzen und ihn nie wiedersehen. In dieser labilen Verfassung ist der Ex-Partner leicht anfällig für erneute Schmeicheleien des Narzissten, wenn dieser plötzlich wieder vor ihm steht und betörende Versuche startet, ihn zurückzuerobern. Dann kann aus der Trennung plötzlich eine große und herzzerreißende Versöhnung werden.

Ist der Partner seinerseits von dem Narzissten verlassen worden, dann fühlt er sich nicht minder gekränkt und missbraucht. Weil ein Narzisst sehr plötzlich und ohne jegliche Vorankündigung geht und zudem kaum nachvollziehbare und befriedigende Gründe für die Trennung anbietet, bleibt ein fassungsloser und verwirrter Partner zurück. Er fühlt sich weggeworfen und ausgenutzt. Nachdem er alles in der Beziehung gegeben hat und bereit gewesen ist, auf vieles zu verzichten, zudem zahlreiche ungeheuerliche und eigentlich nicht tolerierbare Kränkungen hingenommen hat, nur um den Narzissten nicht zu verlieren, darf er nun erfahren, wie es ist, ohne jegliches Bedauern einfach aufs Abstellgleis geschoben zu werden. Unter solchen Voraussetzungen ist es unvorstellbar, dass nach der Trennung ein friedfertiger Umgang herrscht – dies bedarf dann schon eines übermenschlichen Maßes an Selbstbeherrschung und Güte.

Letztlich ist es aber egal, von wem die Trennung ausgegangen ist. In jedem Fall werden immer die Gefühle des anderen über das normale Maß hinaus berührt, so dass es kaum möglich sein wird, nach der Trennung vernünftige Gespräche zum Wohle des Kindes zu führen und vernünftige Lösungen zu finden. Es bedarf nämlich folgender Voraussetzung: Der Narzisst muss in der Lage sein, seine Schuld am Misslingen der Beziehung einzugestehen, und dazu bedarf es der

Fähigkeit zur Selbstreflexion, die aber bei einem Narzissten nicht vorhanden ist. Der Partner wiederum muss erkennen, dass er es mit einem Menschen zu tun hat, der eine narzisstische Persönlichkeitsstörung hat und daher so handelt und reagiert, wie er es vorgelebt bekommen hat. Dazu bedarf es einschlägiger Kenntnisse über den krankhaften Narzissmus. Der Partner muss um die Möglichkeiten und Grenzen eines Narzissten wissen, um einschätzen zu können, was er von einer solchen Persönlichkeit erwarten darf. Er muss verstehen, dass ihn keine Schuld am Misslingen der Beziehung trifft, dass niemals Hoffnung auf eine Besserung bestehen kann, dass seine Bemühungen vergebens waren, dass sich der Narzisst niemals ändern wird und dass er unmöglich eine Entschuldigung oder ein Zugeständnis von einer solchen Person erwarten kann.

Da beide unwissend sind in Bezug auf den Tatbestand der narzisstischen Persönlichkeitsstörung – der Narzisst empfindet sich nicht als gestört und der Partner durchschaut nicht die immer wiederkehrenden Verhaltensmuster und die dahinterliegenden Motive – diskutieren und streiten sie aneinander vorbei, werden immer lauter, aggressiver und gemeiner oder immer enttäuschter, ohnmächtiger und depressiver, weil sie sich weder der eigenen Verhaltens- und Reaktionsmuster noch derjenigen des anderen bewusst sind. Unter diesen Voraussetzungen wird es nicht möglich sein, sich gemeinsam und in Ruhe an einen Tisch zu setzen, um den Umgang mit dem Kind zu regeln und dabei vor allem das Wohl des Kindes im Auge zu haben, die eigenen Bedürfnisse zurückzustellen sowie die eigenen Gefühle zu kontrollieren. Zu tief sitzen die emotionalen Verletzungen und zu sehr bemüht sich der Narzisst auch nach der Trennung darum, dass der Schmerzpegel aufrechterhalten bleibt.

Doch um dem Kind die notwendige Geborgenheit geben zu können, wäre es gerade nach einer Trennung zwingend notwendig, dass beide Elternteile kooperieren und vernünftige Absprachen treffen. Wenn ein Elternteil den anderen Elternteil ständig schlechtmacht und diesem unentwegt die Schuld in die Schuhe schieben will, wenn Uneinigkeit zwischen den Eltern besteht und wenn einer immer versucht, den anderen auszustechen und zu kränken, dann wird das Kind massiv unter diesem törichten Gebaren leiden. Ein Kind kann sich noch nicht gegenüber den Eltern abgrenzen: Alles, was es erlebt, ist Teil seiner kleinen Welt und muss daher etwas mit ihm zu tun haben. Und das Kind liebt immer beide Elternteile – es ist ja ein Teil von beiden –, weshalb es die Herabsetzung eines Elternteils durch den anderen immer als eine Kränkung erfährt.

Das Kind erlebt die offenen Anfeindungen der Eltern und wird auf diese Weise extrem verunsichert: Die Eltern grüßen sich nicht mehr, am Telefon wird einfach aufgelegt, wenn der andere Elternteil anruft, man spricht sich mit Schimpfwörtern an und jeder provozierenden Aussage des einen folgt eine weitere bissige Bemerkung oder abwertende Geste des anderen. Das Verhalten des anderen wird unentwegt schlechtgemacht, über seine Gewohnheiten, seinen Lebensstil, seinen Beruf oder seinen Freundeskreis wird gelästert und jeder Fehler des anderen dient als Beweis dafür, dass es sich um einen durch und durch schlechten Menschen handelt, zu dem man unbedingt Abstand halten muss.

Dabei kommt es nach der Trennung für beide Elternteile ohnehin zu einer Reihe von Mehrbelastungen, die sich auf die Qualität der Kindererziehung negativ auswirken können:

- Suchen und Einrichten einer neuen Wohnung
- Suche nach einer neuen Schule oder einen neuen Kindergarten für das Kind
- finanzielle Mehrbelastungen
- Suche nach einer neuen Arbeitsstelle, um die finanzielle Mehrbelastung auszugleichen
- Der andere Elternteil steht bei den Erziehungsaufgaben nicht mehr jeden Tag zur Verfügung, somit wachsen die Anforderungen für jeden Einzelnen.
- Der Alltag muss neu strukturiert und geplant werden.
- Organisation der Betreuung des Kindes
- Aufbau eines neuen sozialen Netzes
- Linderung von körperlichen Beschwerden

- unausgeglichene und angespannte Gemütsverfassung, leichte Reizbarkeit
- weniger Zeit für sich

Hilfreich wäre es dann, wenn sich die Eltern vor allem in der Anfangszeit gegenseitig unterstützen würden, um wieder einen geregelten Alltag aufzubauen. In der Regel wirft der Narzisst seinem Ex-Partner aber noch zusätzlich jede Menge Steine in den Weg, damit es ihm bloß nicht gelingt, wieder ein geregeltes und normales Leben zu führen. Der Narzisst erhofft sich, dass der Ex-Partner auf diese Weise von ihm abhängig bleibt und er somit weiterhin über ihn verfügen kann. Zu den ohnehin schon vorhandenen organisatorischen Schwierigkeiten nach einer Trennung sowie der unausgeglichenen und angespannten Gefühlslage kommen dann auch noch weitere Schikanen des Narzissten, der seinen Ex-Partner als Prellbock für seine Wut missbraucht. Der Narzisst denkt dabei nicht an den Nachteil, den das Kind möglicherweise durch sein unangebrachtes Verhalten haben könnte. Der Narzisst nimmt einen Schaden für das Kind in Kauf, weil er seine Emotionen nicht kontrollieren kann und davon überzeugt ist, den Ex-Partner bestrafen zu müssen.

Wird der Narzisst aus der Familie getrieben, dann hat er vor allem mit dem Alleinsein zu kämpfen. Er braucht ständig jemanden um sich, der sich um ihn kümmert und der ihm seine narzisstische Zufuhr sichert. Auf sich allein gestellt bekommt er oftmals erstaunlich wenig geregelt und gelangt zunehmend in einen depressiven Zustand. Außerdem muss er es verkraften, dass er nun nicht mehr das Familienoberhaupt ist und sich nicht mehr alles um ihn dreht. Er fühlt sich ausgegrenzt und versucht dann unentwegt, sich irgendwie wieder in das Leben der verlorengegangenen Familie einzuschleichen.

Die Eltern stehen sich gegenseitig im Weg

Die Eltern sollten das Kind ermutigen, einen intensiven und frei-
zügigen Kontakt zum jeweils anderen Elternteil zu pflegen. Die
dementsprechende Initiative fällt aber bei beiden Elternteilen oft
nur sehr begrenzt aus. Der Narzisst will, dass das Kind nicht zum
anderen Elternteil geht, um diesen zu verletzen und das Kind für
sich zu vereinnahmen. Er will für das Kind unbedingt die Num-
mer eins sein. Und der co-narzisstische Elternteil will nicht, dass
das Kind zum narzisstischen Elternteil geht, weil er das Kind vor
dem destruktiven Einfluss des Narzissten schützen will. Außerdem
möchte er nicht noch länger mit den aufreibenden Seiten des Narzissten in Berührung kommen und ihn daher am liebsten gänzlich
aus seinem Leben verbannen. Auf diese Weise behindern beide den
uneingeschränkten und unbeschwerten Zugang des Kindes zum
jeweils anderen Elternteil.

Auch sollten die Eltern nach der Trennung vernünftig miteinander
kommunizieren. Sie sollten weiterhin gemeinsam überlegen, was
für die Entwicklung des Kindes sinnvoll ist, und sich dafür untereinander absprechen. Bei Erziehungsproblemen, Verhaltensauffälligkeiten, Verzögerungen in der Schulentwicklung, körperlichen
oder psychischen Beschwerden oder sonstigen Dingen, die das Kind
betreffen und Abhilfe bedürfen, sollten sich die Eltern gegenseitig
informieren und zielführende Lösungen finden.

Die Kommunikation eines Narzissten zeichnet sich aber sehr
häufig durch einen rechthaberischen Befehlston aus. Es findet
kein echter Austausch statt, bei dem auch die Argumente der Gegenseite ausreichend abgewogen und wertgeschätzt werden sowie
in den Entscheidungsprozess mit einfließen. Der Narzisst glaubt,
alles besser zu wissen und alleine darüber bestimmen zu können,
was für das Kind gut ist und was nicht. Er erwartet von dem
anderen Elternteil, dass dieser seinen Ansichten folgt und bei der
Umsetzung behilflich ist.

Doch selbst wenn der Ex-Partner vollständig den Vorstellungen
des Narzissten folgt: Sobald das Resultat nicht wie gewünscht ausfällt oder etwas schiefgeht, liegt es aus Sicht des Narzissten einzig

daran, dass der Ex-Partner seine Idee falsch umgesetzt hat – aber niemals daran, dass seine Idee vielleicht irgendwelche Mängel gehabt haben könnte. Außerdem hält sich ein Narzisst nicht an vereinbarte Regeln, sondern agiert zuweilen völlig willkürlich und gegensätzlich. Das führt früher oder später dazu, dass die Kommunikation zwischen den Eltern zwangsläufig abbricht, weil sich der andere Elternteil von dem Narzissten nicht immer wie ein totaler Trottel behandeln lassen will. Ein Mindestmaß an Ehrlichkeit, Respekt, Verlässlichkeit und Vertrauen sollte schon bestehen, sonst kann eine Kooperation nicht gelingen.

Viele Ex-Partner von Narzissten sind aber dennoch bereit, ihre eigenen Gefühle zurückzuhalten, eigene Interessen hintanzustellen und bis zur äußersten Selbstaufopferungsgrenze zu gehen, nur um sinnvolle Lösungen für das Kind zu finden. Hierfür ertragen sie das schmerzvolle und unkooperative Verhalten des narzisstischen Elternteils, meist verbunden mit weiteren seelischen Verletzungen. Doch selbst wenn sie sich auf unwürdige Diskussionen einlassen, Kränkungen über sich ergehen lassen und am Ende aus einem Mangel an Stehvermögen doch wieder nachgeben und dem Willen des narzisstischen Elternteils folgen: Dem Narzissten wird das nicht genügen. Einem Narzissten genügt es nicht, wenn er sich mit seinen Forderungen durchsetzen kann, der andere Elternteil nachgibt und seinen Wünschen folgt. Weder wird er die Nachgiebigkeit des anderen zu schätzen wissen noch wird er sich jemals dafür bedanken. Im Gegenteil: Die Forderungen des Narzissten werden sogar noch frecher und unverschämter. Er nimmt den Ex-Partner überhaupt nicht ernst und geht selbst dann nicht auf dessen Vorschläge ein, wenn diese objektiv betrachtet wirklich zum Vorteil für das Kind wären. Je mehr der Narzisst seinen Ex-Partner dominieren will und dieser bereit ist, nachzugeben, desto mehr wird der Narzisst von ihm verlangen. Ein Narzisst kennt kein Maß, er kennt keine Grenzen. Er wird den Ex-Partner mit seinen Forderungen so weit treiben, dass diesem der Geduldsfaden reißt. Der Ex-Partner verliert dann die Nerven, ist nicht mehr bereit, den Vorstellungen des Narzissten zu folgen, wehrt sich gegen dessen Ansprüche und will sich nun endlich behaupten und durchsetzen – muss aber leidvoll feststellen, dass er mit seinen klugen Argumenten und seinem vernünftigen Verhalten überhaupt nichts erreicht.

Schließlich verliert der Ex-Partner die Beherrschung, geht zu einem unsachlichen Ton über, wird laut und hysterisch und kränkt seinerseits den Narzissten. Es ist in den meisten Fällen nur eine Frage der Zeit, bis betroffene Elternteile derart aus der Haut fahren und sich derart über die subtilen Provokationen des Narzissten aufregen, dass eigentlich nur noch der Sozialpsychiatrische Notdienst einen Amoklauf verhindern kann. Der Narzisst fühlt sich dann durch den dramatischen Ausraster seines Ex-Partners in seiner Meinung bestärkt, dass dieser nicht zurechnungsfähig ist und allein aus dieser besorgniserregenden Tatsache heraus das Sorgerecht entzogen bekommen sollte – zumindest aber sollte dieser sich endlich seinen klugen Vorstellungen anschließen, weil der Narzisst im Gegensatz zum Ex-Partner immer einen klaren Kopf behält und die Lage richtig einschätzen kann.

Dabei geht der männliche Narzisst sehr direkt und aggressiv vor. Auch wenn er einen ruhigen und scheinbar freundlichen Ton beibehält, so sind seine Aussagen doch gespickt mit Unwahrheiten, Unterstellungen, Provokationen, Ironie und Sarkasmus. Außenstehenden fällt es oft schwer, vorsätzliche Kränkungen hinter den Äußerungen zu sehen, oder sind von der ausgefallenen Wortwahl und dem Sprachwitz des Narzissten beeindruckt. Nur der betroffene Elternteil selbst erkennt die Doppeldeutigkeit der gut gewählten Worte und empfindet die Bemerkungen als zutiefst verletzend.

Der weibliche Narzisst hingegen setzt eher seinen Charme und sein gutes Benehmen ein, wenn er seinen Willen durchsetzen möchte. Die Narzisstin nutzt zumeist verschlungene Wege, die weniger durchsichtig und verdächtig sind, um ihre eigennützigen Absichten durchzusetzen, ohne dabei in Verruf zu geraten. Sie zeigt sich dazu von ihrer toleranten und verständnisvollen Seite. Der andere Elternteil glaubt dann, dass die Narzisstin aus Rücksicht auf das Kind an guten, partnerschaftlichen Lösungen interessiert ist und allein das Wohl des Kindes im Auge hat. Tatsächlich will sie aber den Ex-Partner von ihrem Vorhaben überzeugen, indem sie Selbstlosigkeit, Hilfsbereitschaft oder Kompromissbereitschaft vorspielt. Geht dieser jedoch nicht auf ihren Vorschlag ein, kann die Stimmung sofort umschlagen und sie wird wieder grob und verletzend. Die Narzisstin nutzt vorgetäuschte Wohlanständigkeit, um den anderen zu manipulieren.

12. Wie erlebt der co-narzisstische Elternteil die Trennung?

Betroffene Elternteile, die sich zu einer Trennung von ihrem narzisstischen Partner entschlossen haben, sind durch die endlosen Strapazen mit dem Narzissten meist psychisch und körperlich geschwächt und fühlen sich ausgelaugt, zerrissen, schockiert und ohnmächtig. Sie wissen eigentlich gar nicht, was mit Ihnen geschehen ist, und können nicht verstehen, warum sie sich das alles so lange haben gefallen lassen. Nach einer kräftezehrenden Zeit bleibt ein Scherbenhaufen zurück und die Lebensfreude sowie die optimistische Einstellung sind verlorengegangen. Die Demütigungen des Narzissten haben tiefe Spuren hinterlassen und der narzisstische Missbrauch fühlt sich an wie eine Vergewaltigung der Seele.

Elternteile, die eine harte und tief verletzende Episode mit einem narzisstischen Partner erlebt haben, müssen nach einer Trennung damit fertigwerden, dass sie benutzt und missbraucht wurden und für den Narzissten nur den Zweck eines willenlosen Objektes erfüllt haben. Sie haben ihre Selbstbestimmung, ihr Selbstwertgefühl, ihre Selbstachtung und ihr Vertrauen verloren. Sie zweifeln an ihren Fähigkeiten, an ihren Überzeugungen und an einer hoffnungsfrohen Zukunft.

Die Trennung von einem Narzissten hat nichts mit normalem Liebeskummer zu tun. Die Beziehung kann nicht einfach abgehakt und auf das Konto »Lebenserfahrung« gebucht werden. Zu sehr ist die eigene Gefühlswelt durch die vielen Verletzungen des Narzissten aufgewühlt worden, als dass sich das seelische Gleichgewicht durch etwas Abstand, tröstende Gespräche mit Freunden oder einen längeren Urlaub wiederherstellen ließe. Um die Erlebnisse und die schweren Kränkungen während der Beziehung mit dem Narzissten zu verarbeiten, braucht es in der Regel einen langen und sehr anstrengenden Aufarbeitungsprozess.

Dieser Prozess des Wiederaufbaus und der Erholung wird durch gemeinsame Kinder stark beeinträchtigt. Zwar braucht der Betroffene nun dringend den Abstand zu dem unberechenbaren Narzissten, um sich wieder mehr auf sich selbst zu konzentrieren, um wieder zur Ruhe zu kommen, sich selbst zu begegnen und die alte seelische Stabilität zurückzugewinnen, doch kommt er durch das gemeinsame Kind immer wieder in Kontakt mit dem anmaßenden Verhalten des Narzissten, wodurch die schmerzhaften Wunden kaum heilen können.

Der Narzisst wird sich nicht davon abbringen lassen, mit seinen perfiden Strategien weiterzumachen: Er wird den Ex-Partner weiterhin vereinnahmen und kontrollieren, ihn für seine Zwecke einspannen und missbrauchen, ihn kränken und schikanieren. Da nun zu seinen ohnehin unangenehmen Eigenschaften auch noch gekränkte Eitelkeit hinzukommt, darf der betroffene Elternteil davon ausgehen, dass er nicht die Ruhe und Entspannung findet, die er so bitter benötigt, sondern nun erst recht in den Tornado des Seelenmörders gerät.

Der Narzisst wird sich nicht so einfach mit der Trennung zufriedengeben, die Entscheidung des Partners akzeptieren, diesen in die Freiheit entlassen und sich seinem eigenen Leben widmen. Er braucht den Ex-Partner, um seine verletzte Seele an ihm zu heilen. Aus diesem Grund muss er die Macht über seinen Ex-Partner behalten, um sein Selbstwertgefühl zu stabilisieren. Er tut dann alles dafür, um nach wie vor eine wichtige Rolle im Leben seines Ex-Partners zu spielen. Daher kann es sich für betroffene Elternteile so anfühlen, als sei der Narzisst präsenter als je zuvor und als würden sie nun erst recht den ganzen Tag penibel überwacht.

Auf die Erziehung des gemeinsamen Kindes hat diese Ausgangslage natürlich erhebliche Auswirkungen:

- Der betroffene Elternteil ist durch die Beziehung mit dem Narzissten körperlich und psychisch geschwächt. Er hat zurzeit einfach nicht die Kraft, sich um alles zu kümmern, und reagiert auch zunehmend gereizt, weil er sich mit der derzeitigen Situation überfordert fühlt. Die Konzentrationsfähigkeit, die Flexibilität, das Interesse an der Umgebung und an sozialen Kontakten, die Spontanität, Initiative und die Lebensfreude sind herabgesetzt.

- Oft wird schon die Erledigung der grundlegendsten Alltagsaufgaben zur Qual. Der Aufbau eines systematischen Tagesablaufs kann nicht gelingen, einfachste Dinge werden vergessen oder übersehen und Termine werden nicht mehr eingehalten.
- Die Vergangenheit taucht immer wieder vor dem geistigen Auge des betroffenen Elternteils auf, Schuldgefühle und Selbstzweifel können nicht beherrscht werden. Teilweise verharren Betroffene auch noch in großen Angstzuständen und fürchten sich vor der nächsten Begegnung mit dem Narzissten. So werden sie unentwegt von ihren Gefühlen in Schach gehalten und sind unfähig, sich auf naheliegende und notwendige Aufgaben zu konzentrieren.
- In besonders schlimmen Fällen geraten betroffene Elternteile in schwere depressive Zustände, verlieren an allen Dingen das Interesse und die Freude, kommen kaum noch aus dem Bett und müssen Medikamente einnehmen, um sich gesundheitlich zu stabilisieren.
- Dennoch muss sich der betroffene Elternteil weiterhin mit den Forderungen, Gemeinheiten und Verletzungen des Narzissten auseinandersetzen. Der Narzisst nimmt keinerlei Rücksicht auf den labilen und geschwächten Zustand des Ex-Partners. Im Gegenteil: Er nimmt die Erschöpfung des anderen Elternteils gerne zum Anlass, an dessen Erziehungseignung zu zweifeln und das Kind dann entweder zu sich zu holen oder den Umgang des Ex-Partners mit dem Kind stark zu limitieren oder mit Auflagen zu versehen.
- Oft hat der narzisstische Elternteil sehr schnell wieder einen neuen Lebenspartner, was zu starker Eifersucht beim anderen Elternteil führen kann – besonders dann, wenn sich der Narzisst dem neuen Partner ganz anders präsentiert, als er es dem Ex-Partner gegenüber getan hat. Sofort kommen Schuld- und Minderwertigkeitsgefühle auf, weil der Ex-Partner glaubt, sich in der Beziehung falsch verhalten und sich nicht richtig auf den Narzissten eingestellt zu haben, oder sich einredet, der neue Partner sei besser als er.
- Hinzu kommen oft noch berufliche und finanzielle Sorgen,

Schwierigkeiten bei der ganztägigen Betreuung des Kindes, Verhaltensauffälligkeiten bei dem Kind sowie eine erhöhte Sorge, wenn das Kind bei dem narzisstischen Elternteil ist.

- Außerdem erfahren Betroffene oft kaum emotionale Unterstützung aus dem sozialen Umfeld, weil niemand von den Nahestehenden den eigentlichen seelischen Missbrauch erkennen kann. Jeder glaubt, dass so ein Liebeskummer auch mal vorübergehen muss. Einige können auch die Gründe für die Trennung gar nicht nachvollziehen und stellen sich auf die Seite des Narzissten. Betroffene Elternteile fühlen sich dann isoliert und bekommen das Gefühl, gegen die ganze Welt kämpfen zu müssen.
- Zudem kommt der Narzisst nach der Trennung in keiner Weise seinen Pflichten nach, achtet allerdings sehr genau darauf, dass der andere Elternteil seine Pflichten gewissenhaft erfüllt. Der Narzisst beschäftigt sich damit, sein Recht zu bekommen und den anderen an seine Pflichten zu erinnern. Umgekehrt lässt er sich niemals Pflichten aufbürden und nimmt jegliches Recht für sich in Anspruch.

Alle diese Faktoren führen dazu, dass der co-narzisstische Elternteil sich nicht in dem Umfang um das Kind kümmern kann, wie es für das Wohlbefinden und die Geborgenheit des Kindes erforderlich wäre. Da der betroffene Elternteil zu sehr mit sich selbst beschäftigt ist und damit, seine eigenen Wunden zu versorgen und gleichzeitig weitere Attacken des Narzissten abzuwehren, kommt er kaum mit der Erledigung einfachster Aufgaben nach und muss dabei auch noch für das Kind da sein. Da die Bedürfnisse des Kindes unter diesen Umständen gar nicht vollumfänglich befriedigt werden können, muss das Kind seine Wünsche zurückstellen, um den leidenden Elternteil nicht noch zusätzlich zu belasten.

Dem narzisstischen Elternteil ist es allemal zuzutrauen, dass er diese Situation für sich nutzt und dem anderen Elternteil das Sorgerecht zu entziehen versucht, weil dieser sich nicht hinreichend um das Kind kümmern könne. Der Narzisst bietet dann freundlich seine partnerschaftliche Unterstützung an und allzu leicht neigen betroffene Elternteile in solch einer Situation dazu, das vermeintlich gutgemeinte Hilfsangebot des Narzissten anzunehmen, um sich einmal zu erholen, und das Kind in seine Hände zu geben. Das wird der Narzisst aber später, wenn der andere Elternteil wieder einen geregelten Kontakt zu dem Kind aufnehmen oder das Kind zu sich zurückholen will, als Schuldeingeständnis ansehen und an der Eignung des Ex-Partners hinsichtlich der Erziehung des Kindes zweifeln. Dabei unterstellt er dem Ex-Partner, labil und schwächlich zu sein und daher seinen Betreuungsaufgaben nicht vollständig und zum Wohle des Kindes nachkommen zu können. Es kann dann in Einzelfällen sehr schwer werden, das Rad wieder zurückzudrehen. Daher sollten betroffene Elternteile von einem narzisstischen Elternteil in einer solchen Situation keine Hilfe einfordern und auch nicht seine scheinbar gutgemeinten Angebote ungeprüft annehmen. Der Narzisst bietet die Hilfe nicht ihretwegen an, sondern ausschließlich seinetwegen.

Vieles wäre sehr viel einfacher, wenn der Narzisst einfach nicht mehr da wäre und sich quasi in Luft auflösen würde. Doch diesen Gefallen wird er dem anderen Elternteil nicht tun – es sei denn, er findet ein anderes Betätigungsfeld, auf dem er sich austoben kann, oder ein anderes Opfer, das er bearbeiten kann. In solchen Fällen lässt er dann aber auch meistens sehr schnell und kaltherzig das eigene Kind fallen.

Was sollte der andere Elternteil tun, wenn er sich momentan mit der Betreuung des Kindes überfordert fühlt?

- Unterstützung von Verwandten oder Freunden annehmen, damit das Kind eine feste Bezugsperson hat und einen geregelten Alltag erleben kann
- konsequente Minimierung des Kontakts zum Narzissten
- schneller Aufbau eines neuen geregelten Alltags (neue Wohnung, Umzug, neue Möbel, Behördengänge, neue Schule oder neuer Kindergarten, Beruf und Finanzen) und dazu ebenfalls Hilfe in Anspruch nehmen
- eventuell Hilfe erhalten durch rechtliche Beratungsstellen und psychologische Betreuung

- Anwendung von Entspannungstechniken
- gesundheitliche Vorsorge
- ausgiebiger Umgang mit lieben und vertrauenswürdigen Freunden oder Bekannten

---

Hannah

»Emotional versucht er nun, unseren Sohn zu instrumentalisieren. Vollkommener Kontaktabbruch ist das eine – aber wie erkläre ich es unserem Sohn, dass er nicht mehr zum Vater soll? Auf der einen Seite will man den Erzeuger nicht schlechtmachen und auf der anderen Seite das Kind schützen – zumal es in den letzten Jahren ohnehin schon zu viel erlebt hat. Und leider war ich diejenige, die laut und unbeherrscht war, durch die jahrelangen Demütigungen. Ich konnte einfach nicht mehr, es platzte immer aus mir heraus. Langsam erkennt mein Sohn aber, wie es mir ohne den eigentlichen Täter geht. Tatsächlich gut! Und er sieht, dass man mit mir auch entspannt und fröhlich leben kann. Ich versuche ihm viel zu erklären und auch die psychische Krankheit des Vaters als Grund zu benennen. Was soll ich sonst auch tun? Er muss seine Erfahrung selbst machen. Meine größte Sorge ist allerdings, dass er einige Verhaltensweisen seines Vaters schon übernommen hat. Das wird mir leider auch bewusst und da werde ich bei ihm nun verstärkt aufpassen und ihn damit konfrontieren.«

Oft widmen sich getrennte Eltern auch zu einseitig ihrem Erziehungsauftrag, übernehmen die Rolle des hingebungsvollen und unternehmungslustigen Elternteils, ohne sich ihre eigene Bedürftigkeit eingestehen zu wollen oder sich hinreichend mit dem eigenen seelischen Leid zu beschäftigen. Um das Gefühl der Einsamkeit, der Angst und Schuld zu überwinden, wird das Kind zum stabilisierenden Mittelpunkt des eigenen Lebens gemacht. Auch Erwachsene brauchen Geborgenheit und Bestätigung, und Kinder können ihren Eltern sehr wohl das Gefühl geben, liebenswert zu sein.

Eltern sollten aber selbst emotional so stabil sein, dass sie nicht auf die Zuwendung des Kindes angewiesen sind und das Kind als Quelle der Bestätigung missbrauchen. Eltern sollen ihrem Kind emotionale Sicherheit geben und Trost spenden können, ohne dasselbe vom Kind zu erwarten. Ein Kind kann weder den Partner, den Freund noch den Therapeuten ersetzen.

13. Wie erlebt das Kind die Trennung?

Kinder reagieren völlig unterschiedlich – entsprechend ihrem Alter und ihrer inneren Veranlagung – auf die Trennung der Eltern. Grundsätzlich bricht aber für jedes Kind mit der Trennung eine Welt zusammen und es spürt, dass große Veränderungen bevorstehen. Es verliert durch die Trennung einen Elternteil, der plötzlich woanders lebt und nur noch tageweise oder am Wochenende verfügbar ist. Das Kind gerät in einen Zustand der Angst und Hilflosigkeit. Es kann noch keine Vorstellung von dem haben, was nun kommen mag. Es merkt aber, dass seine bisherige Welt aufgehört hat zu existieren. Dieser Umbruch löst in einem Kind großen emotionalen Stress aus, weshalb es sich nichts sehnlicher wünscht, als dass die Eltern wieder zusammenfinden und das alte, vertraute Leben zurückkehrt.

Wenn beide Eltern gemeinsam den Lebensmittelpunkt des Kindes dargestellt haben und die wichtigsten Bezugspersonen in seinem Leben waren, dann sollten sie es auch nach der Trennung bleiben. Kümmert sich plötzlich ein Elternteil nicht mehr in dem Umfang um das Kind, wie er es noch in der Beziehung getan hat, dann wird das Kind leiden. In vielen Fällen fühlt sich das Kind schuldig, wenn sich ein Elternteil abwendet, weil es glaubt, diesen Elternteil enttäuscht oder verärgert zu haben.

Besonders dann, wenn vertraute Bezugspersonen nicht nur wegfallen, sondern sich die Bezugspersonen auch noch ändern, empfindet dies ein Kind als große Belastung. Wenn sich die Lebensumstände der Eltern verändern, beide nun arbeiten gehen müssen und sich plötzlich eine Tagesmutter um das Kind kümmert oder der neue Partner eines Elternteils, löst das bei dem Kind zunächst Verwirrung aus. Sollte das Kind ein auffälliges und untypisches Verhalten zeigen, dann ist nicht automatisch die Trennung schuld an dem Leid des Kindes, sondern die Tatsache, dass sich die Bezugspersonen auf einmal ändern und die vertrauten Personen weniger anwesend sind und nicht mehr im gewohnten Umfang auf seine Bedürfnisse eingehen.

Wenn eine Trennung erfolgt, dann war die Beziehung meist schon im Vorfeld angespannt. Kinder spüren immer, wenn etwas nicht in Ordnung ist, und leiden darunter, wenn sich die Eltern gegenseitig ablehnen. Die meisten Kinder sind bereits vor der endgültigen Trennung verunsichert und tragen große Angst mit sich herum, dass sich die Eltern eines Tages trennen könnten. Wird dann aus der Befürchtung eine Gewissheit, kann dies bei einem Kind einen Schock auslösen. Möglicherweise ist es plötzlich aber ruhiger und gelöster, weil nun endlich das Unausweichliche eingetreten ist und sich das Kind keine Hoffnungen mehr machen braucht, was allerdings nicht bedeuten muss, dass das Kind deswegen weniger traurig ist.

Insofern wird das Kind nicht erst durch die Tatsache verunsichert, dass sich die Eltern trennen, sondern seine Welt wankte bereits vor der Trennung. In manchen Fällen kann eine Trennung für ein Kind auch eine Erlösung sein, weil es aus dem ewigen Spannungsfeld der Erwachsenen herauskommt. Je später es den Eltern gelingt, ihre Konflikte zu lösen, oder je später sich die Eltern trennen und je länger sie in einer unglücklichen Situation verharren – angeblich aus Rücksicht auf das Kind –, desto mehr Verhaltensauffälligkeiten und Entwicklungsstörungen kann das Kind entwickeln. Das zwanghafte Zusammenbleiben der Eltern in einer unglücklichen Beziehung kann dem Kind mehr schaden als die Entscheidung der Eltern, einen endgültigen und vernünftigen Schlussstrich zu ziehen.

Hingegen kann es auch sein, dass sich das Kind nach der Trennung noch weniger geborgen fühlt, weil sich der Streit der Eltern nicht nur fortsetzt, sondern oft auch noch an Dramatik gewinnt. Die Eltern sind dann zu sehr mit sich selbst beschäftigt: auf der einen Seite der Narzisst, der den Ex-Partner zum Feind erklärt und sich um jeden Preis rächen muss, und auf der anderen Seite der Ex-Partner, der sich vor den emotionalen Angriffen des Narzissten schützen will oder seinerseits dem Narzissten einen Denkzettel für die vielen erlittenen Kränkungen während der Beziehung verpassen möchte.

Wünschenswert wäre es daher, wenn es gelingen könnte, den Konflikt konstruktiv zu lösen und die unterschiedlichen Positionen ohne unterschwellige Gefühle von Wut, Hass oder Rache auszutragen. Konstruktives Streiten versetzt das Kind nicht in Angst und Schrecken und es kommt dadurch auch nicht in einen Loyalitätskonflikt. Eine solche Konversation setzt aber voraus, dass sich die Eltern grundsätzlich zugetan sind und sich mit Respekt und Anstand begegnen – was nach den Erlebnissen mit dem Narzissten während der Beziehung und nach der Trennung kaum möglich sein wird. Es muss ein Wunsch bleiben, sich mit einem Narzissten aus Rücksicht auf das Kind schnell und gütlich in allen wesentlichen Sachfragen, die das Wohl des Kindes betreffen, verständigen zu können.

Kinder wollen immer, dass es ihren Eltern gut geht, weil sie unbewusst wissen, dass sie von deren Wohlbefinden abhängig sind. Wenn die Eltern liebevoll miteinander umgehen, dann spürt auch das Kind, dass es von seinen Eltern geliebt wird, dass alles in Ordnung ist und dass es sich keine Sorgen machen muss. Bricht jedoch ein Streit aus, wird das Kind verunsichert, weil die gegenseitige Liebe der Eltern in Gefahr zu sein scheint. Wird der Streit von heftigen Gefühlen begleitet, dann bezieht es diese Gefühle auf sich. Es glaubt, von den Eltern abgelehnt zu werden und Schuld an dem Konflikt zu haben.

Das Kind kann sich von derart starken Gefühlen noch nicht abgrenzen. Vor allem ein kleines Kind kann nicht verstehen, dass es an der Trauer oder an der Wut eines Elternteils keine Schuld trägt. Es kann nicht verstehen, dass es mit diesen Gefühlen nichts zu tun hat – selbst wenn man versucht, es ihm schonend und in einer einfachen Sprache zu erklären. Jedes kleine Kind hat eine ausgeprägte Egozentrik, es erlebt sich selbst immer als Mittelpunkt des Lebens. Alles dreht sich wie selbstverständlich um ihn und alles hat für ihn da zu sein. Daher kann es nicht verstehen, dass fremde Gefühle nichts mit ihm zu tun haben sollen.

Das Kind wird durch den Konflikt der Eltern emotional dazu gezwungen, sich für einen Elternteil und gegen den anderen Elternteil zu entscheiden. Da sich die Elternteile verfeindet haben, ist es unsicher, auf wessen Seite es sich nun schlagen soll oder darf. Daher entwickelt das Kind nach einer Trennung entweder eine starke Wut dem Elternteil gegenüber, der die Familie verlässt, oder umgekehrt dem Elternteil gegenüber, der den anderen Elternteil vertrieben hat.

Um mit der Situation irgendwie klarzukommen, versucht dann das Kind, Schuld und Recht zwischen den Eltern aufzuteilen. Es findet somit eine Trennung zwischen den Eltern statt: Der eine Elternteil hat Unrecht und den anderen Elternteil trifft keine Schuld. So bilden sich in den Augen des Kindes ein »guter« und ein »schlechter« Elternteil. Das Kind kann seinen Eltern nicht mehr dieselbe freigiebige Liebe entgegenbringen und ist unbewusst gezwungen, sich für einen Elternteil zu entscheiden. Wird dieser Vorgang von den Eltern nicht aufgefangen, sondern durch gegenseitige Anfeindungen auch noch gefördert, erlebt das Kind eine schädliche Beeinflussung und eine Entfremdung.

Martin

»Nie durfte mein Vater mir zum Geburtstag gratulieren, nie durfte er mir Schwimmen beibringen, nie war er bei einer meiner Schulaufführungen. Nie habe ich das Haus meiner Großeltern gesehen. Nie konnte ich mit meinem Vater reden und gemeinsam Pläne schmieden. Meine Mutter hat ihn von der Haustür – nachdem er die lange Fahrt auf sich genommen hatte – einfach wieder weggeschickt und behauptet, dass wir nicht da seien. Einmal habe ich vom Fenster aus gesehen, wie er im Auto weinte und die lange Fahrt wieder zurückfahren musste, ohne mich. Da weinte ich auch. Aber ich habe mich nicht getraut, meinen Vater anzurufen, weil meine Mutter die Telefonkontakte kontrollierte. Sie hat alles kontrolliert: Nichts entging ihr, nichts konnte ich machen, ohne dass sie nicht sofort zur Stelle war. Hat ihr etwas nicht gepasst, dann hat sie drei Tage lang gemeckert oder, was noch schlimmer war, sie hat eisern geschwiegen. Das konnte ich nicht aushalten. Und meine Schwester bekam dann immer Durchfall und Bauchweh. Daran war dann natürlich auch unser Vater schuld. Wir konnten ihr aber nicht sagen, dass es ihretwegen war.«

Als besonders belastend erleben es Kinder, wenn sie nicht in Gegenwart des einen Elternteils über den anderen Elternteil reden dürfen, so als würde es den anderen nicht mehr geben. Positive Erlebnisse mit dem einen Elternteil lösen sofort Neid- und Eifersuchtsgefühle beim anderen Elternteil aus. Dieser Elternteil will gar nicht, dass sich das Kind beim anderen Elternteil wohlfühlt, und jede Andeutung und jeder Hinweis darauf, dass das Kind die Zeit bei dem anderen Elternteil genießt, wird als Enttäuschung erlebt.

Kinder äußern dann aus Rücksicht auf diesen Elternteil möglicherweise nicht den Wunsch, mehr Zeit mit dem anderen Elternteil verbringen zu wollen, weil sie spüren, dass die Mutter oder der Vater unter der Trennung leidet und extreme negative Gefühle gegenüber dem anderen Elternteil hat. Oder Kinder fühlen sich dazu aufgefordert, mehr von den Dingen zu erzählen, die ihnen im Umgang mit dem anderen Elternteil nicht gefallen haben, und ihre Erlebnisse regelrecht übertrieben abwertend darzustellen, weil sie hoffen, dass sich dadurch der bedrückte Elternteil besser fühlt. Kinder können sich in solchen Situationen nicht mehr objektiv und entsprechend ihrer Gemütsverfassung äußern, sondern richten sich an der Stimmung und dem Verhalten der Erwachsenen aus. Der Elternteil selbst kann dann kaum noch beurteilen, wann sich das Kind so verhält, wie es wirklich ist, und wann es sich aus Rücksicht auf den Elternteil verstellt und ein unechtes Verhalten zeigt.

Durch die Uneinigkeit der Eltern auf der einen Seite und die damit verbundene innere Zerrissenheit des Kindes auf der anderen Seite kann das Kind erhebliche Störungen entwickeln:

Häufige Verhaltensauffälligkeiten bei Kindern, die unter einer Trennung leiden:
- Anhänglichkeit und Bedürfnis nach Nähe zum Elternteil bis hin zum Klammern
- Distanziertheit und Ablehnung eines Elternteils bis hin zu körperlichen Attacken
- Hyperaktivität (Unruhe, Aufgedrehtheit, scheinbarer Energieüberschuss)
- aggressives soziales Verhalten
- Leistungseinbruch in der Schule

- zurückgezogenes Verhalten bis hin zur Isolation (Das Kind zieht sich in seine eigene Welt zurück und neigt zum Einzelgängertum.)
- Essstörungen
- Angstträume
- Zwangsstörungen
- Schlafstörungen (schlechtes Einschlafen/Durchschlafen/Schlafwandeln)
- langes »Ankommen«, wenn es vom anderen Elternteil zurückkommt, Routineabläufe klappen nicht mehr so gut
- sehr umfassendes Erzählen von und Beschäftigen mit Dingen, die beim anderen Elternteil erlebt wurden

Symptome, die Kinder im Erwachsenenalter entwickeln können:
- Bindungsstörungen
- Identifikationsstörungen
- Ängste, unter denen die Kinder nach der Trennung gelitten haben, werden in zukünftige Beziehungen getragen.
- psychische Störungen (z. B. Depressionen, Angst- oder Zwangsstörungen, Persönlichkeits- und Verhaltensstörungen)
- Suchterkrankungen und Abhängigkeiten

Jutta

»Die Kinder werden im März 4 Jahre und 7 Jahre alt. Mit der Großen war ich in psychologischer Behandlung. Bei der Behandlung habe ich vor der Tür gewartet. Der Psychotherapeut meinte, dass mit dem Kind alles in Ordnung sei, der Vater sich aber therapieren lassen sollte. Damals war mir aber noch nicht klar, mit was ich es eigentlich zu tun hatte. Die Große ist in erster Linie in Behandlung, da ihr Vater ständig wechselnde Frauenbekanntschaften hat, die er den Kindern auch immer gleich vorstellt. Die Kinder wurden von seiner damaligen Freundin zum Abschied ständig auf den Mund geküsst, womit sich bei der Großen die ersten psychischen An-

zeichen bemerkbar machten: Putzzwang (wie bei mir damals in der Ehe) und ständige Nervenzusammenbrüche, Albträume und Augenzwinkern. Es dauerte ca. 6 Monate, bis wir die Sache einigermaßen im Griff hatten.«

Karina
»Mein Sohn hat innerhalb des vergangenen halben Jahres ca. 8 kg zugenommen. Seit dieser Zeit praktiziert er ein aufwändiges Abendritual: Er stopft sein Bett mit Kleidung, Spielsachen und allerlei Krimskrams voll. Er legt sich nicht eher zur Ruhe, als bis nicht das letzte Teil und jeder Bettdeckenzipfel an einer ganz speziellen Stelle positioniert ist. Von meiner Tochter weiß ich, dass er beim Vater sogar seinen kompletten Schulranzen und die Sporttasche mit ins Bett nimmt. Meine Tochter hat verstärkt und häufiger Kopfschmerzen, ihre Regel setzt über Monate aus. Sie ist jedes Mal unendlich betrübt, wenn sich ihr Vater nicht für ihre schulischen Leistungen interessiert. Wenn ich meine Kinder frag, wie sie den Alltag auf beiden Seiten einschätzen, dann sagen sie mir, dass sie sich bei mir wohlfühlen. Sie hinterlassen mir am Wechseltag Briefe, in denen sie sich noch einmal für die schöne Woche bedanken. Aus der Woche beim Vater bleibt das Unverständnis, dass es so oft Streit gibt, sich der Vater den Kindern gegenüber zwar über das Verhalten seiner Frau auslässt, die Situation allerdings nicht geändert wird.«

Die Eltern sind für das Kind und seine Entwicklung sehr wichtig, sie sind aber nicht allein für das Glück des Kindes verantwortlich und bestimmen auch nicht sein Schicksal. Das Kind kann bis zu einem gewissen Grad negative Erfahrungen verkraften und im späteren Leben wieder ausgleichen. Auch können Großeltern, Geschwister oder andere Verwandte viel dazu beitragen, dass sich ein Kind trotz der Unstimmigkeiten zwischen den Eltern wohlfühlen kann.

Wenn der Konflikt und die Spannungen zwischen den Eltern nicht so schnell beigelegt werden können, wäre es ratsam, andere geeignete Bezugspersonen zu finden, die sich ausreichend um die Bedürfnisse des Kindes kümmern können. Sinnvollerweise sollte es sich dabei um Personen handeln, mit denen das Kind bereits vertraut ist, wie z. B. die Großeltern.

Bezugspersonen sollten aber nicht nur physisch anwesend sein und lediglich auf das Kind aufpassen. Sie sollten sich mit ganzer Konzentration und mit Feingefühl dem Kind zuwenden. Sie sollten in der Lage sein, die Eigenheiten und Bedürfnisse des Kindes richtig deuten und auf das Kind entsprechend eingehen zu können. Das setzt Vertrauen, Geduld und Empathie voraus. Auch sollte das Kind einen ständigen und unbeschwerten Zugang zu dieser Vertrauensperson haben, damit eine Bindung entstehen kann und ein schnell verfügbarer Ausgleich zum Spannungsfeld der Eltern vorhanden ist.

Umgekehrt ist aber auch die Gefahr vorhanden, dass wichtige Bezugspersonen für das Kind nach der Trennung wegfallen. Wenn z. B. die geliebte Großmutter nicht mehr verfügbar ist, weil das Kind mit einem Elternteil in eine andere Stadt zieht oder der Elternteil den Kontakt verbietet, dann wird das Kind sehr unter diesem Verlust leiden. Ein Kind leidet, wenn seine Bedürfnisse, die bislang von einer bestimmten Bezugsperson erfüllt wurden, zu der es eine starke Bindung aufgebaut hat, nicht mehr oder nur noch teilweise erfüllt werden und wenn es auf Erfahrungen verzichten muss, die es mit einer Bezugsperson gemacht hat.

14. Wie verhält sich eine geeignete Bezugsperson?

Wenn die emotionale Versorgung des Kindes durch die Eltern aufgrund eigener Probleme nicht vollumfänglich gewährleistet werden kann, dann sollte nach anderen geeigneten Bezugspersonen Ausschau gehalten werden. Zunächst sollten enge Vertraute geprüft werden, die dem Kind bekannt sind und mit denen es bereits viel Zeit verbracht hat, wie z. B. die Großeltern, der beste Freund oder die beste Freundin. Je mehr die Bezugsperson mit dem Kind vertraut ist, desto sicherer fühlt sich ein Kind. Erst wenn hier keine Alternativen zu finden sind, können auch andere Personen gesucht werden, die zwar neu in das Leben des Kindes treten, sich aber empathisch annähern und schnell Vertrauen zum Kind aufbauen können. Diese Vertrauenspersonen sollten jedoch nicht ständig wechseln. Regelmäßigkeit und Stabilität ist für ein Kind wichtig.

Folgende Eigenschaften sollten bei einer Bezugsperson im Vordergrund stehen:

- Das Kind kennt die Bezugsperson und ist mit dieser Person vertraut.
- Das Kind konnte mit der Bezugsperson in der gemeinsamen Zeit bereits positive Erfahrungen machen.
- Die Bezugsperson ist für das Kind verfügbar.
- Die Bezugsperson ist verlässlich, Absprachen und Regeln werden eingehalten.
- Die Bezugsperson hat ein angemessenes Verhalten und geht auf die Eigenheiten des Kindes sowie auf seine Wünsche und Bedürfnisse ein.

Diese Voraussetzungen sind für die gesunde Entwicklung eines Kindes von großer Bedeutung. Das emotionale Grundbedürfnis eines Kindes ist, sich geborgen zu fühlen, Zuwendung und soziale Akzeptanz zu erfahren und sich entsprechend den inneren Veranlagungen entwickeln zu können. Je kleiner das Kind ist, desto wichtiger ist der Faktor der Geborgenheit und desto mehr muss eine Bezugsperson diesem Bedürfnis nachkommen.

In Anbetracht der genannten Kriterien kann man in Bezug auf die Eignung eines narzisstischen Elternteils als Bezugsperson sicher starke Zweifel äußern, weil eben die elementaren Voraussetzungen, die eine Bezugsperson mitbringen sollte, gar nicht erfüllt werden. Oft genug ist der narzisstische Elternteil dem Kind überhaupt nicht vertraut, weil sich der Narzisst in der Vergangenheit lieber auf seine Karriere oder andere Tätigkeiten fokussiert hat und die Erziehung des Kindes dem anderen Elternteil oder Personal überlassen hat. Es bestehen kaum Gemeinsamkeiten und kein aufrichtiges Interesse des narzisstischen Elternteils am Kind, weshalb der Narzisst nach der Trennung nicht selten mit der Betreuung des Kindes völlig überfordert ist und aus Unwissenheit und Unerfahrenheit zu unangemessenen Maßnahmen neigt.

Narzisstische Eltern glauben, alles für ihr Kind zu tun, wenn sie ihm das Leben so angenehm und schön wie möglich organisieren. Es wird Betreuungspersonal für das Kind besorgt, jede Menge Freizeitaktivitäten und Vergnügungsangebote werden vorbereitet, dem Kind werden teure Urlaube und Hobbys ermöglicht und es wird alles nur Erdenkliche getan, damit es dem Kind an nichts mangelt. Vorrangig dienen diese Bemühungen allerdings weniger dem Wohl des Kindes als vielmehr dem Wunsch der Eltern, in der Öffentlichkeit als vorbildliche Eltern gesehen zu werden. Das gewissenhafte Organisieren des Lebensalltags des Kindes mag in den Augen der Gesellschaft als lobenswerte Tat gelten. Allein auf der Basis eines solchen elterlichen Engagements lässt sich aber keine tragfähige Beziehung zu dem Kind aufbauen.

Es genügt eben nicht, das Kind einfach zu beschäftigen und ihm möglichst viel Abwechslung zu bieten, verbunden mit dem fragwürdigen Hinweis der Eltern: »*Ich wäre als Kind froh gewesen, wenn mir meine Eltern das alles ermöglicht hätten!*« Kinder wollen nicht unterhalten werden, sie wollen liebende Bezugspersonen haben – unabhängig vom äußeren Rahmen. Oft reicht hierfür schon, dass man einfach gemeinsam Zeit miteinander verbringt, wenn man z. B.

aus einem Buch vorliest, gemeinsam eine Wanderung unternimmt oder mit den Spielsachen des Kindes gemeinsam den Nachmittag verbringt.

Genauso wichtig sind gemeinsame Essenszeiten, in denen man sich auf die Einnahme der Mahlzeit konzentriert, lockere Gespräche führt und das gemütliche Beisammensein genießt. Narzisstische Eltern führen zwar durchaus gemeinsame Mahlzeiten ein, sie erwarten aber oft auch die Einhaltung strenger Regeln: pünktliches Erscheinen zur Essenszeit, klar geregelte Sitzordnung, Einnahme des Essens erst, wenn alle am Tisch sitzen, keine Albernheiten etc. Das gemeinsame Essen gleicht dann eher einer disziplinarischen Zeremonie in einem Jugendinternat. Mahlzeiten werden dazu genutzt, dem Kind gesellschaftliches Benehmen beizubringen, und sind daher mehr eine anstrengende Pflichtveranstaltung als eine Freude. Ein Gefühl von Genuss mag sich bei dem Kind während des Essens nicht einstellen, wenn es dabei noch zusätzlich akribisch und herablassend über den vergangenen Schultag ausgefragt wird.

Ein narzisstischer Elternteil geht nicht auf die individuellen Eigenarten des Kindes ein. Er empfindet autonome Bestrebungen des Kindes als störend, daher werden sie von dem Narzissten unterdrückt oder gar bestraft. Das Kind kann so zu dem narzisstischen Elternteil gar keine echte und natürliche Bindung aufbauen, die auf Liebe beruht. Zu sehr muss es sich unentwegt vor Kritik und Bestrafungen in Acht nehmen. Es wird sich zwischen den beiden bestenfalls eine künstliche Bindung entwickeln, die sich durch Zwang, Pflicht, Druck und Angst aufrechterhalten wird.

Nach der Trennung von einem Narzissten muss der andere Elternteil im wahrsten Sinne des Wortes auf ein Wunder hoffen, nämlich darauf, dass sich die unangemessenen Eigenarten des Narzissten nicht so gravierend auf das Kind auswirken oder dass das Kind vielleicht das große Glück hat, dass in der gemeinsamen Zeit mit dem Narzissten eine andere, geeignetere Bezugsperson zur Verfügung steht, die auf das Kind liebevoll eingeht und einen Schutz vor dem Narzissten errichten kann.

15. Wie sagt man es dem Kind?

Ein kleines Kind kann sich unter Beziehung, Ehe und Scheidung noch gar nichts vorstellen. Es wird die Gründe, die zum Scheitern der Beziehung geführt haben, nicht nachvollziehen können und sie sind für ein kleines Kind auch ohne jegliche Bedeutung. Das Kind interessiert sich nur dafür, was sich in seinem Leben ändert. Daher sollten im Vordergrund des Gesprächs die Bedürfnisse des Kindes stehen, die Veränderungen in seinem Tagesablauf und die weitere Verfügbarkeit seiner Eltern oder anderer Bezugspersonen.

Außerdem sollte die Botschaft so einfach und unkompliziert wie möglich vermittelt werden, damit sie ein Kind verstehen kann. Ein kleines Kind, das noch nicht in die Schule geht, kann weder begreifen noch fühlen, was es bedeutet, nur noch bei einem Elternteil zu leben und den anderen Elternteil nur noch alle 14 Tage zu sehen. Es kann die Tragweite der Trennung für sein Leben noch nicht erfassen. Ein kleines Kind lebt ausschließlich in der Gegenwart – es kann bestenfalls ermessen, was die Trennung jetzt in diesem Augenblick bedeutet und was sich jetzt ändert.

Ein kleines Kind entwickelt erst langsam seine kognitiven Fähigkeiten. Der Umgang mit komplexen Situationen muss erst erlernt werden, ein geographisches und zeitliches Verständnis bilden sich erst nach und nach. Daher kann sich ein Kleinkind nichts darunter vorstellen, wenn es gesagt bekommt, dass ein Elternteil an einen anderen Ort ziehen und dass es diesen Elternteil nur noch alle zwei Wochen sehen wird. Es kann sich noch gar nicht vorstellen, wie weit der Ort entfernt ist, und noch weniger kann es wissen, wie lange es dauert, bis zwei Wochen vergangen sind. Ein kleines Kind erlebt immer alles im Hier und Jetzt, andere Dimensionen kann es noch gar nicht erfassen. Man muss sich also als Elternteil in den jeweiligen Entwicklungsstand des Kindes einfühlen können und die Worte und Bilder benutzen, die das Kind auch verstehen kann.

Auf der anderen Seite sollten Eltern jedoch auch den Mut aufbringen, alles auszusprechen, was auf das Kind zukommt. Oft wird nicht die ganze Wahrheit gesagt und es wird umständlich herumlaviert, weil man dem Kind nicht wehtun möchte. Das Kind spürt aber sehr genau, ob es die ganze Wahrheit erfährt oder ob die Eltern etwas verschweigen. Besonders wenn die Erwachsenen ihre eigenen Gefühle nicht hinreichend beherrschen und ihnen allein beim Wort »Trennung« ein Kloß im Hals steckt, dann merkt das Kind sehr genau, dass der angekündigte Schritt und die damit verbundenen Veränderungen sehr schmerzhaft sein werden. Die Kunst liegt in der Wahl der richtigen Worte, die für ein Kind verständlich sind, sowie in der Übermittlung des vollständigen Inhalts, der für das Kind von Bedeutung ist. Außerdem sollte das Gespräch in einer weitgehend entspannten Stimmung stattfinden.

Folgende Themen sollten im Mittelpunkt stehen:

- Wo wird das Kind zukünftig leben?
- Wer sorgt täglich für das Kind?
- Wo wird der andere Elternteil leben, der die Familie verlässt?
- Wer sind zukünftig die täglichen Bezugspersonen?
- Wie gestaltet sich die Beziehung zu dem Elternteil, der geht? Wo und wann wird man sich treffen?
- Wird das Kind den Kindergarten oder die Schule wechseln müssen?
- Bleibt der Kontakt zu den Freunden und anderen bisherigen Bezugspersonen (wie z. B. Großeltern, anderen Verwandten) erhalten und wie wird er zukünftig geregelt?
- Behält das Kind sein Zimmer und seine Spielsachen?
- Wird es finanzielle Einbußen geben, unter denen auch das Kind leiden wird?

Die Realität eines Kleinkindes weicht erheblich von der Realität von Erwachsenen ab. So sehr sich Eltern auch bemühen mögen, die Ursache für die Trennung dem Kind umfassend zu erklären: Sie werden scheitern und möglicherweise alles nur noch schlimmer machen. Ein kleines Kind kann nicht verstehen, warum sich die Eltern nicht mehr lieben. Das Kind selbst kennt nur die bedingungslose Liebe zu den Eltern. Da es vollständig von den Eltern abhängig ist, muss es seine Eltern lieben und diesen uneingeschränkt vertrauen, um nicht schutzlos zu sein. Es muss davon ausgehen, dass seine Eltern alles tun werden, um das Kind in seinen Bedürfnissen zu unterstützen und für das Kind da zu sein. Daher kann und will es sich gar nicht vorstellen, dass eine Liebe enden kann. Es braucht zum Überleben die beständige Zuwendung und Fürsorge der Eltern.

Dabei spielt die Qualität der elterlichen Betreuung keine Rolle. Die Bindung zu den Eltern ist so stark, dass das Kind die Eltern noch gar nicht objektiv wahrnehmen und dessen Verhalten bewerten kann. Die Eltern werden idealisiert – was immer sie auch tun. Für ein Kind stellt sich nicht die Frage, ob es sich von den Eltern trennen möchte oder nicht: Es ist mit den Eltern verschmolzen und ihnen somit auf Gedeih und Verderb ausgeliefert. Es hat noch nicht gelernt, dass eine Liebe auch Grenzen haben kann und dass man sich aus negativen oder gar zerstörerischen Beziehungen lösen muss.

Auf der rationalen Ebene kann ein Kleinkind daher nicht verstehen, was die Eltern ausdrücken wollen, wenn sie von Trennung sprechen. Allerdings kann ein Kleinkind sehr wohl auf der emotionalen Ebene spüren, dass sich die Eltern nicht mehr lieben. Es spürt die Kälte, die Gereiztheit, die Verbitterung und das Leid der Eltern. Das Kind kann den Konflikt lediglich gefühlsmäßig erfassen; es saugt die Missstimmung auf wie ein Schwamm und spürt, dass ein folgenreicher Umsturz bevorsteht.

Daher können allein rationale Erklärungen ein Kind auf Dauer nicht beruhigen. Viel entscheidender ist die gefühlsmäßige Verfassung der Eltern im Augenblick des Gesprächs und die Art und Weise, wie sie auf die Bedürfnisse des Kindes eingehen. Im Vordergrund sollten nicht die rationalen Gründe für die Trennung stehen, sondern das Verbindende und die Gemeinsamkeiten, die auch nach der Trennung weiterbestehen werden. Wenn die Eltern dabei Ruhe, Ausgeglichenheit und Zuversicht ausstrahlen, dann wird sich das Kind keine Sorgen machen müssen. Es ändern sich Dinge, aber die Bezugspersonen bleiben Teil seines Lebens und sie sorgen weiterhin für das Kind. Diese Botschaft muss es vor allem spüren und weniger erklärt bekommen.

Erst ab der Pubertät ist ein echtes Verstehen überhaupt möglich, weil sich auch die Beziehung zu den Eltern verändert. Die emotionale Abhängigkeit von den Eltern löst sich allmählich auf. Das Kind entwickelt vermehrt autonome Bestrebungen, will sich zunehmend vom Elternhaus lösen und zu eigenen Werten und Vorstellungen kommen. Daher wird auch die Bedeutung des Umfelds wichtiger als der Kontakt zu den Eltern. Die Kameraden, die Schule, Freizeitmöglichkeiten, aber auch die Wohnung und das eigene Zimmer sind wichtiger als die Bindung zu den Eltern. Daher kann ein Umzug für einen Jugendlichen ein traumatischer Einschnitt sein, weil ihm sein vertrautes Umfeld und sein »Rückzugsort« entzogen werden.

Durch die emotionale Distanzierung von den Eltern fällt es dem Jugendlichen leichter, das eigene Leben von dem der Eltern zu unterscheiden. Er erlebt das Schicksal seiner Eltern nicht mehr unmittelbar als das eigene Schicksal und fühlt sich daher weniger schuldig, wenn sich die Eltern trennen. Die Eltern verlieren somit ihren Sonderstatus, den sie noch für das kleine Kind hatten, und werden zu ganz gewöhnlichen Menschen, die auch ihre Fehler haben.

Der Jugendliche liebt seine Eltern nicht mehr bedingungslos, wie er es als kleines Kind getan hat. Er vertraut ihnen nicht mehr alles an, er bewertet die Eltern neu, er verliert den Glauben daran, dass Eltern perfekt sind, und er sucht sich nun woanders Zuwendung und Hilfe. Die Eltern sind nicht mehr der uneingeschränkte Mittelpunkt seines Lebens. Eine Trennung der Eltern kann dazu führen, dass sich der Jugendliche noch stärker von seinen Eltern absetzt und dass sich das Verhältnis zu den Eltern verschärft, weil der Jugendliche erkennt, dass er sich jahrelang in den Eltern getäuscht hat. Dann ist nicht unbedingt die Trennung die Ursache für ein verändertes Verhalten des Jugendlichen, sondern die Tatsache, dass er seine Eltern nicht mehr idealisiert und dass sich bei ihm ein neues Elternbild prägt. Das wäre ohne die Trennung vermutlich auch entstanden, nur verzögerter.

Der Jugendliche entzieht sich mehr und mehr dem Einfluss seiner Eltern und entgleitet deren Kontrolle. Er braucht für seinen emotionalen Halt nun vor allem seine Freunde: Hier erfährt er Zuwendung, Akzeptanz und Geborgenheit. Der Jugendliche wird somit von Gleichaltrigen abhängig und muss lernen, neue Formen einer Beziehung mit Beständigkeit und Treue aufzubauen.

Wenn Beziehungsschwierigkeiten mit dem Jugendlichen auftreten, dann sollte nicht allein die Trennung dafür verantwortlich gemacht werden. Jugendliche befinden sich in einer schwierigen Lebensphase, in der sie Unterstützung benötigen, z. B. für den Umgang mit den eigenen Gedanken und Gefühlen, auf der Suche nach Identität, bei der Wahl von Vorbildern und im Umgang mit der eigenen Sexualität. Die Eltern sollten dem Jugendlichen erlauben, seine eigenen Erfahrungen zu machen. Sie sollten loslassen können und das Kind nicht anketten, aber auch nicht wegschicken. Die Tür sollte jederzeit offenstehen, wenn es Hilfe benötigt. Die Eltern sollten ihre eigene Meinung vertreten, ohne jedoch zu erwarten, dass der Jugendliche ihre Meinung unmittelbar übernimmt und sich nach den Eltern richtet.

So kann es zu den unterschiedlichsten Reaktionen bei Jugendlichen kommen: vom Rückzug in die eigene Welt über die Flucht zu Freunden bis hin zu Aggressionen den Eltern gegenüber. Wichtig ist es vor allem, den Jugendlichen in seiner Art und mit seinen Gefühlen zu respektieren und ihm zu erlauben, so sein zu dürfen. Auch er muss die Trennung verarbeiten und wählt hierfür seine eigenen Wege. Ein toleranter Umgang wird am ehesten dazu führen, dass sich Kind und Eltern mit der Zeit wieder annähern.

Welche Hürden stellen sich, wenn man das Gespräch mit dem narzisstischen Elternteil gemeinsam führen möchte?

Im Idealfall sollten beim Gespräch mit dem Kind beide Eltern anwesend sein. Es wirkt auf das Kind authentisch, wenn die Eltern ihren Willen bekräftigen, auch in Zukunft für das Kind kooperieren zu wollen und gemeinsam für das Kind zu sorgen. Aus diesem Grund sollten sich die Eltern vor dem Gespräch über den Inhalt einigen und genau festlegen, was gesagt wird und wie es gesagt wird sowie wer von beiden was sagt.

Eltern sollten bei diesem wichtigen Gespräch dem Kind möglichst emotional ausgeglichen gegenübertreten und Ruhe und Beherrschung ausstrahlen. Auf keinen Fall sollten überflüssige Bemerkungen eines Elternteils wieder dazu führen, dass sich der andere Elternteil verletzt fühlt und sich somit wieder Spannungen aufbauen. Fühlt sich ein Elternteil nicht gut oder befindet er sich in einem depressiven oder frustrierten Zustand, dann sollte mit dem Gespräch noch gewartet werden, sofern davon ausgegangen werden darf, dass sich der Gemütszustand in den nächsten Tagen bessern wird.

Meist wird es aber mit einem narzisstischen Elternteil kaum möglich sein, sich im Vorfeld sorgfältig abzustimmen, weil dieser ohnehin davon überzeugt ist, besser zu wissen, wie das Gespräch zu führen ist. Geht die Trennung zudem nicht von ihm aus, wird er sich voraussichtlich zugeknöpft verhalten und jeglichen gutgemeinten Koordinationsversuch blockieren. Bestenfalls nutzt der Narzisst ein vorbereitendes Gespräch dazu, dem anderen Elternteil zu verkünden, was er sagen wird und wie sich der andere während des Gesprächs zu verhalten hat.

Dabei kann der Narzisst eine ziemlich absurde Vorstellung davon entwickeln, wie das Gespräch geführt werden sollte – eine Erfahrung, die man einem Kind wirklich nicht zumuten möchte. Zum Beispiel kann er beabsichtigen, die einschneidenden Veränderungen wenig einfühlsam vorzutragen und die Fakten straff aufzuzählen, als würde er eine dringliche Strategiesitzung mit seinem Mitarbeiter abhalten. Oder er will dem Kind Details zu den Trennungsgründen anvertrauen, weil er klarstellen möchte, dass er keine Schuld trägt. Möglicherweise plant er auch, vor den Augen des anderen Elternteils dem Kind die Frage zu stellen, bei welchem Elternteil es zukünftig leben möchte, in der Hoffnung, das Kind werde sich für ihn entscheiden und der Partner erlebe auf diese Weise eine weitere Demütigung.

Allen guten pädagogischen Erklärungen zum Trotz kann der Narzisst die dickköpfige Meinung vertreten, dass das Kind einen Anspruch auf die ganze Wahrheit hat und mitbekommen muss, was für ein schlechter Mensch der andere Elternteil ist. Dann dient das Gespräch mit dem Kind nicht einer behutsamen Aufklärung und einer sorgsamen Vorbereitung auf das Bevorstehende, um das

Kind emotional so gut wie möglich zu stabilisieren, sondern als gnadenlose Abrechnung mit dem Ex-Partner.

Bei so wenig erzieherischem Fingerspitzengefühl können dem Partner schon mal die Nackenhaare hochstehen. In den meisten Fällen jedoch werden seine berechtigten Einwände vom narzisstischen Elternteil entweder gar nicht gehört oder nicht ernst genommen. Im schlimmsten Fall muss der Partner damit rechnen, dass er erneut beleidigt und gekränkt wird, nur weil er seine Ansichten zu diesem Gespräch beisteuern möchte und einige diplomatische Feinheiten zu bedenken gibt.

Außerdem sorgt der Narzisst allein schon durch seine gereizte und unterkühlte Ausstrahlung für eine angespannte Atmosphäre. In diesem elektrisierten Milieu wird dem Kind recht schnell der Ernst der Lage bewusst. Der Partner wird sich zudem nicht in einer besonders gelassenen Verfassung befinden, wenn er zusammen mit dem Narzissten das Gespräch führt, weil er ständig Angst hat, etwas Falsches zu sagen oder zu machen. Er ist auch nach der Trennung noch zu stark darauf bedacht, dem Narzissten gefallen zu wollen und ihn nicht durch unpassende Aussagen zu provozieren und dadurch einen Streit vor dem Kind auszulösen.

Auf der anderen Seite ist es auch durchaus möglich, dass sich der Narzisst besonders einfühlsam auf das Kind einstellt, das Kind während des Gesprächs in den Arm nimmt, unentwegt und tröstend auf das Kind einredet und dem Kind eine positive Zukunft verspricht, in der alles gut wird. Der Narzisst spielt dann den besorgten Elternteil, der sich in Zukunft ganz dem Kind widmen wird und auf den sich das Kind voll und ganz verlassen kann. Diese sentimentale Aufführung dient aber weniger dazu, dem Kind die Angst vor der Zukunft zu nehmen, als vielmehr dazu, den anderen Elternteil zu diskreditieren und sich selbst als den besseren Elternteil zu präsentieren. Je nach Alter und Reife wird das Kind entweder auf dieses theatralische Schauspiel hereinfallen oder die mangelnde Echtheit dieser Inszenierung durchschauen – vor allem, wenn der narzisstische Elternteil bislang eher durch Abwesenheit und Unzuverlässigkeit glänzte.

Es kann aber auch sein, dass der Narzisst bei diesem Gespräch gar nicht dabei sein will. Er glaubt dann, dass es nicht seine Angelegenheit ist, weil er entweder die Trennung nicht herbeigeführt hat oder weil er sich nicht mit schlechten Botschaften beim Kind unbeliebt machen will. Der Partner soll dann die Last auf sich nehmen und dem Kind die unerfreuliche Mitteilung allein überbringen, gemäß dem Motto: »Der Überbringer schlechter Nachrichten wird geköpft.« Der Narzisst hofft, dass so seine weiße Weste vor dem Kind auch weiterhin sauber bleibt und dass sich der Partner auf diese Art selbst zum Sündenbock erklärt.

Ist der Narzisst keineswegs mit der Trennung einverstanden, kann er dem Gespräch aus Trotz fernbleiben, um hervorzuheben, dass er die entsetzliche Katastrophe, die nun über die Familie hereinbricht, nicht ausgelöst hat. Das Kind soll durch seine Abwesenheit erkennen, dass ihn keine Schuld an der Trennung trifft und dass der Narzisst das arme Opfer ist. Geht die Trennung hingegen von dem narzisstischen Elternteil aus, ist es durchaus nicht unüblich, dass er seine Familie von jetzt auf gleich ohne jegliche Begründung verlässt – weder gegenüber dem Partner noch gegenüber dem Kind. Zurück bleibt dann sowohl ein entsetzter Partner als auch ein verschrecktes Kind, die beginnen werden, die Schuld bei sich selbst zu suchen.

Möglicherweise ist der narzisstische Elternteil auch einfach zu feige, das Gespräch zu führen – was man sich bei einem Narzissten eigentlich gar nicht vorstellen kann, weil er ja stets so unglaublich stark und überlegen auftritt und vorgibt, alles besser zu können als andere. Doch hat er dann tatsächlich Angst, in dem Gespräch schlecht auszusehen und einen Fehler zu machen oder Kritik über sich ergehen lassen zu müssen. Dann meidet er lieber solche delikaten Situationen, indem er einen oder mehrere Gründe vorschiebt.

Hat der Partner das Gespräch dann allein geführt, weil der Narzisst sich nicht daran beteiligen wollte, und ist das Kind hinterher trotz einfühlsamer Worte verstört und verängstigt, dann spart der Narzisst natürlich nicht mit Kritik: »*Was hast du denn mit dem Kind gemacht?*«, ist dann eine der Aussagen, die seine Empörung zum Ausdruck bringen, verbunden mit dem untrüglichen Unterton eines Vorwurfs. Selbst entzieht er sich der Verantwortung, indem er erst gar nicht zum Gesprächstermin erscheint, reißt aber hinterher das Maul auf, wenn andere einen Fehler machen.

Aus den genannten Gründen kann es daher schwierig sein, sich überhaupt mit einem narzisstischen Elternteil über das Gespräch inhaltlich abzustimmen, die eigenen Vorstellungen mit einzubringen und zudem noch eine entspannte und ausgeglichene Atmosphäre aufzubauen. Da unter diesen Umständen das Gespräch für das Kind ohnehin nicht optimal verlaufen wird, sollten Sie darüber nachdenken, das Gespräch von vornherein allein zu führen und das eigenwillige Angebot des Narzissten, nicht an der Bekanntgabe teilzunehmen, dankend anzunehmen. Im Zweifel ist der Aufbau einer vertrauensvollen Atmosphäre der Notwendigkeit, dass beide Eltern anwesend sind, vorzuziehen, wenn befürchtet werden muss, dass das Kind durch das gemeinsame Gespräch ohnehin nur verunsichert wird. Der narzisstische Elternteil wird auch nach der offiziellen Verkündung zahlreiche Gelegenheiten finden, mit dem Kind zu sprechen und seine Version zu schildern. So könnten Sie es aber Ihrem Kind zumindest in der ersten Phase leichter machen.

Was der narzisstische Elternteil dem Kind später unter vier Augen sagen wird, entzieht sich Ihrem Einfluss. Weder wird es Ihre Zustimmung finden noch wird es viel mit der Wahrheit zu tun haben. Dennoch sollte es Sie weder berühren noch sollten Sie sich lange damit aufhalten, etwas richtigstellen zu wollen. Ein Kind wird seine Eltern nicht daran messen, was sie ihm erzählen, sondern daran, was sie für das Kind tun. Insofern ist es alleine die Angelegenheit des Narzissten, wenn er meint, sein Kind durch falsche Botschaften verunsichern und womöglich das Kind dem anderen Elternteil entfremden zu müssen. Beteiligen Sie sich nicht an derart unwürdigen Methoden!

Sie können in dem Gespräch mit dem Kind durchaus betonen, welche Chancen in einer Trennung liegen und dass sich Dinge bessern können: kein ewiger Streit mehr im Haus, keine angespannte Atmosphäre, keiner hat mehr schlechte Laune, mehr Zeit für das Kind etc. Vermeiden Sie allerdings, den anderen Elternteil vor dem Kind schlechtzumachen. Stellen Sie, falls erforderlich, für das Kind klar, dass die Schwierigkeiten allein auf der Elternebene liegen, dass beide ihren Anteil daran haben – auch wenn Sie innerlich wissen, dass es nicht so ist – und dass das Kind keine Schuld an dem Zerwürfnis der Eltern hat.

Gestehen Sie dem Kind zu, dass es in dieser Situation traurig oder wütend ist. Je mehr Emotionen es zeigt, desto besser. So muss es seine Gefühle nicht verdrängen, sondern kann lernen, sich konstruktiv damit zu beschäftigen. Aber auch wenn es keine Regung zeigt, in diesem Moment nichts sagen kann und schweigt: Gewähren Sie dem Kind diesen Raum. Möglicherweise ist es sich der Tragweite nicht bewusst oder mit dieser Situation überfordert. Bleiben Sie dann in der Nähe des Kindes und beobachten Sie es sorgsam in den nächsten Tagen. Lassen Sie sich aber durch das Schweigen Ihres Kindes nicht verunsichern und bedrängen Sie es nicht mit Wortgewalt und stichhaltigen Argumenten, um eine Reaktion aus dem Kind herauszulocken. Akzeptieren Sie die Gefühle und das Verhalten Ihres Kindes.

Manchmal kommt es auch vor, dass der narzisstische Elternteil bereits mit dem Kind gesprochen und es über die Trennung informiert hat, ohne sich mit Ihnen in Bezug auf den Termin oder den Inhalt zuvor abgestimmt zu haben. In seiner Überheblichkeit oder in seiner Kränkungswut ist er einfach zur Tat geschritten, noch bevor Sie dem Kind Ihre Version erzählen konnten. Auch in diesem Fall geht es dem Narzissten nicht um das Kind, sondern darum, dass das Kind keine Informationen zu hören bekommt, die den narzisstischen Elternteil in einem schlechten Licht erscheinen lassen könnten.

Was sollten Sie vermeiden?

Das Kind darf in dem Gespräch nicht unabsichtlich beschuldigt werden. Es muss ihm unmissverständlich vermittelt werden, dass es keine Schuld an der Trennung der Eltern hat. Daher ist die Wortwahl sehr wichtig und sollte vorher hinreichend überlegt werden. Sätze wie *»Ich kann einfach nicht mehr – mir ist das alles zu viel!«* oder *»Der Papa / Die Mama möchte lieber alleine leben«* signalisieren dem Kind, dass es offenbar eine Belastung für die Eltern ist. Einem Elternteil ist das Familienleben zu viel geworden, also glaubt das Kind, dem Elternteil zu viele Umstände gemacht zu haben. Oder es glaubt, sich nicht richtig verhalten zu haben, weil der Papa oder die Mama lieber alleine leben will. Wählen Sie daher Ihre Formulierungen sehr sorgfältig, um dem Kind in dieser schweren Stunde nicht noch zusätzlich Schuldgefühle aufzuladen.

Auch sollte in Gegenwart des Kindes nicht die Schuldfrage unter den Eltern diskutiert werden. Wie bereits beschrieben wird das Kind die Gründe ohnehin nicht verstehen. Sein Glauben daran, dass die Eltern zukünftig wirklich alles für das Kind unternehmen werden, um es glücklich zu machen, wird durch einen weiteren Streit beeinträchtigt. Dem Narzissten wird es jedoch sehr schwerfallen, seine abwertende Haltung gegenüber dem anderen Elternteil zu unterdrücken. Zumindest neigt er dazu, seinen Unmut über die Trennung durch nonverbale Botschaften auszudrücken und seinen Widerwillen durch entsprechende Blicke anzudeuten.

Wenn so etwas passiert, können Sie es nicht ändern. Vermeiden Sie es, vor dem Kind zu streiten und die Frage der Schuld erörtern zu wollen. Es nützt auch überhaupt nichts, hinterher mit dem Narzissten noch einmal reden zu wollen, um ihn für sein Verhalten zu kritisieren. Geben Sie Ihrem Kind das Gefühl – egal welche Anschuldigungen im Raum stehen –, dass Sie für das Kind da sein werden und dass Sie sich genauso um das Kind kümmern werden wie zuvor. Lassen Sie sich von dem Verhalten des Narzissten nicht aus dem Konzept bringen – er kann eben nicht anders und ist sich seiner Wirkung auch nicht bewusst. Möglicherweise ist das Kind vorübergehend irritiert; das müssen Sie dann hinnehmen. Ein Streit würde es nur noch weiter verunsichern. Diese unnötige Verunsicherung geht ja schließlich nicht von Ihnen aus. Dadurch, dass Sie nicht auf das unpassende Verhalten des Narzissten reagieren, grenzen Sie sich ab und lassen den narzisstischen Elternteil mit seinem Benehmen allein. Das Kind erkennt auf diese Weise selbst – und sehr viel deutlicher –, von welchem Elternteil feindselige Handlungen ausgehen und wer von den beiden gemäßigt ist.

16. Welcher Rhythmus im Umgang ist günstig?

Eine weitere Herausforderung stellt der zukünftige Umgang mit dem gemeinsamen Kind nach einer Trennung dar. Die Regelung und Gestaltung der Umgangszeiten beinhalten in der Regel ein großes Konfliktpotenzial: Zum einen soll das Kind einen möglichst unbeschwerten Zugang zu jedem Elternteil haben, zum anderen brauchen betroffene Elternteile, die sich von einem Narzissten getrennt haben, einen möglichst großen Abstand zu dem nötigenden Unruhepol, um sich nach der Beziehung wieder zu erholen und zu sich selbst zurückzufinden sowie erneuten Schikanen zu entgehen.

Leider verhält sich der Narzisst aber gerade bei diesem Thema wenig zurückhaltend und kompromissbereit, sondern fällt eher durch egoistische Ansprüche und unorthodoxe Vorschläge auf. Keineswegs wird er sich am Kindeswohl orientieren, sondern auf eine Lösung bestehen, die ihm den maximalen Vorteil beschert – sei es in finanzieller oder persönlicher Hinsicht. Aus diesem Grund können Angebote auf den Tisch kommen, die eigentlich keiner weiteren Diskussion bedürfen. Doch ein Narzisst weiß in der Regel seine egoistischen Ziele durch eine gewandte Argumentation zu verschleiern.

Hierbei ist es wichtig zu verstehen, dass es ein narzisstischer Elternteil als eine große Enttäuschung und Demütigung erfährt, wenn er aus der Familie geworfen wird und das Kind nur noch nach Termin sehen darf, dafür aber regelmäßig zu zahlen hat. War er zuvor noch das Familienoberhaupt, so fühlt er sich nun herabgestuft und seiner Macht beraubt, was seine narzisstische Wut anheizt. Bei der Regelung der Umgangszeiten versucht er dann, einen besonderen Vorteil für sich zu erlangen und den anderen Elternteil möglichst zu demütigen, um so das wohltuende Gefühl ausgleichender Gerechtigkeit zu erfahren.

Der Narzisst kann seine niederen Rachegelüste auch in der Form ausdrücken, dass er sich einfach nicht mehr blicken lässt und den anderen Elternteil mit der Fürsorge alleinlässt – ganz nach dem

Motto: »*Dann sieh doch zu, wie du allein zurechtkommst!*« Dies mag in manchen Fällen gar nicht so schlimm sein, wenn sich der Narzisst auch in der Beziehung kaum um das Kind gekümmert und somit gar keine Bedeutung für das Kind hat. Hat der Narzisst hingegen sehr viel mit dem Kind unternommen und zeigt er sich nach der Trennung überhaupt nicht mehr, dann wird das Kind leiden.

Bleibt das Kind wiederum bei dem narzisstischen Elternteil und der andere muss gehen, dann glaubt der Narzisst, sich am anderen Elternteil rächen zu müssen, indem er ihm den Kontakt und Umgang mit dem gemeinsamen Kind gänzlich verbietet oder zumindest deutlich erschwert. Meist werden dann zunächst logische und nachvollziehbare Gründe vorgeschoben, die aber nur das Ziel haben, das Kind dem anderen Elternteil zu entfremden. Oder es werden Umgangszeiten vorgeschlagen, die nicht annäherungsweise dem Bedürfnis des Kindes oder dem Bedürfnis und den Möglichkeiten des anderen Elternteils entsprechen.

Auch bei der Regelung der Umgangszeiten mit dem Kind gilt, dass betroffene Elternteile niemals das Optimum für das Kind und sich selbst im Umgang mit einem Narzissten erzielen werden können. Man wird auch hier Abstriche machen müssen – sie sollten aber für alle Beteiligten erträglich sein!

Umzug

Das oberste Ziel sollte sein, dass sich das Kind sicher und geborgen fühlt und somit nicht aus seiner vertrauten Umgebung grundlos herausgerissen wird. Bei einer Trennung ist dies natürlich nicht immer möglich. Muss ein Umzug an einen anderen Ort und in eine andere Wohnung erfolgen, dann sollte er so behutsam wie möglich durchgeführt werden und das Kind in Entscheidungen, Abläufe und Termine so weit wie möglich eingebunden werden. In der Phase, in der sich das Kind durch einen Umzug an ein neues Umfeld gewöhnen muss und regelmäßig zwischen den Elternteilen hin- und herpendelt, sollten sich beide Elternteile besonders viel Zeit für das Kind nehmen und realisieren, dass ihre Anwesenheit und Zuwendung gerade in dieser Anfangszeit durch nichts anderes zu ersetzen ist.

Hat sich das Kind an das neue Umfeld und an den neuen Alltag gewöhnt, können die Eltern wieder etwas loslassen. Das Kind muss zunächst die Verlässlichkeit im Alltag, die vorher bestand, zurückgewinnen und dabei müssen ihm die Eltern helfen. Das Kind wird wahrscheinlich nach der Eingewöhnung seine Anhänglichkeit wieder aufgeben. Wird das Kind aber in dieser Zeit aufgrund gewisser Umstände (weiterhin Streitigkeiten mit dem Narzissten, neue Arbeitsstelle, finanzielle Probleme, körperliche Erschöpfung etc.) vernachlässigt, wird es entsprechend länger benötigen, um sein seelisches Gleichgewicht zurückzuerlangen, oder psychische Störungen entwickeln.

Auch Verwandte und Bekannte sollten die Elternteile in dieser Zeit unterstützen, um die Bedürfnisse des Kindes nicht zu vernachlässigen. Auch wenn man sich nur zu gerne von den Schwiegereltern oder anderen Verwandten und Freunden distanzieren möchte, so sollte man doch an die empfindliche Seele des Kindes denken und sich in Bezug auf die Herausforderung, ein neues Leben ohne Partner zu starten, nicht selbst überschätzen.

Von Vorteil ist es in jedem Fall, wenn das Kind mit einem Elternteil in dem gewohnten Umfeld weiterlebt, während der andere Elternteil auszieht und sich eine neue Wohnung sucht. Auf diese Weise muss sich das Kind nur daran gewöhnen, dass es den anderen Elternteil von nun an besuchen muss, wenn es ihn sehen will. Alles andere bleibt aber wie gewohnt. Auch dies ist natürlich nicht immer möglich, z. B. wenn der Narzisst nicht ausziehen möchte, das Eigenheim aufgrund der Scheidung verkauft werden muss oder mit der bisherigen Wohnung und dem Ort zu viele negative Erinnerungen verbunden sind. Hier muss man das Wohl des Kindes gegen die finanziellen oder emotionalen Probleme der Eltern abwägen, denn wenn die Eltern dauerhaft unter bestimmten Situationen leiden, werden sie auch dem Kind nicht die notwendige Aufmerksamkeit und Geborgenheit schenken können.

Die Elternteile sollten idealerweise nicht zu weit voneinander entfernt leben, damit das Kind ggf. auch außerhalb des geregelten Umgangs jederzeit Zugang zum anderen Elternteil hat. Zwar wünschen sich viele Elternteile, die mit einem Narzissten zusammen waren, dass der Abstand zum Narzissten so groß wie möglich wird, so dass man sich nicht ständig begegnen muss. Doch leider stimmt diese Entscheidung nicht immer mit dem Kindeswohl überein. Ex-Partner wünschen sich einen Kontakt zu dem Narzissten, der nicht über das geregelte Maß hinausgeht, damit sie nicht länger von seinen Querelen belästigt werden und auch das Kind nicht unnötig unter dem Verhalten des Narzissten leiden muss.

Wenn ein Elternteil sich entscheidet, an einen ganz anderen Ort zu ziehen, und nur zu den Besuchszeiten zum Wohnort des Kindes kommt, kann sich natürlich kein richtiges Verhältnis zum Kind aufbauen. Wie ein Nomade zieht dann der Elternteil durch die Stadt und muss sich ein entsprechendes Unterhaltungsprogramm ausdenken, um das Kind zu beschäftigen und die Zeit sinnvoll auszufüllen. Eine Konstanz kann so nicht entstehen und das Kind erlebt den Elternteil dann auch nicht in dessen häuslicher Umgebung und in seinem Alltag. Durch das ewige Herumziehen können keine Geborgenheit und Verlässlichkeit entstehen.

Ganz generell muss man aber davon ausgehen, dass der Narzisst keine Rücksicht auf das Kind nehmen und sich auch nicht auf die Wünsche des Ex-Partners einstellen wird. Entweder verlässt er gar nicht erst die Familie, weil er die Wohnung oder das Haus behalten möchte, und belastet dann durch seine Anwesenheit die ohnehin strapazierten Nerven des Ex-Partners, oder er geht, nimmt aber nicht alles mit, so dass er ständig wiederkommen muss und weiterhin im Alltag des Ex-Partners und des Kindes erscheint – regelmäßig, aber unangemeldet. Der Narzisst ist dann gar nicht daran interessiert, eine klare Trennung zu vollziehen, sondern er will den Kontakt halten, um auch zukünftig am Familienleben teilhaben zu können. Der Ex-Partner wird in diesem Fall in gewohnter Weise in alle Alltagsaufgaben eingebunden, die eigentlich ausschließlich den Narzissten betreffen und mit denen er eigentlich überhaupt nichts mehr zu tun hat: »*Kannst du mal eben meine Hose aus der Reinigung mitbringen? Du gehst doch gleich in die Stadt …*« Oder er setzt sich wie selbstverständlich mit an den gedeckten Abendbrottisch und speist mit der Familie wie eh und je. Oft erfüllen Ex-Partner dem Narzissten diese Wünsche oder lassen ihn gewähren und merken dabei kaum, wie sehr dieser es genießt, dass er weiterhin über sie verfügen kann. So bleibt dann mehr oder weniger alles beim Alten, nur dass der narzisstische Elternteil woanders schläft, während er nach wie vor den Komfort eines geregelten Familienlebens genießt.

Zieht der narzisstische Elternteil in ein neues Domizil, ist häufig zu beobachten, dass die neuen Räumlichkeiten wenig auf die Bedürfnisse eines Kindes zugeschnitten sind, z. B. ein Penthouse im obersten Stock eines Hochhauses mitten in einer großen Stadt. Oder der Narzisst stattet die Wohnung mit Designermöbeln aus, die das Kind nicht benutzen soll. Möglicherweise bekommt das Kind auch nur ein ganz kleines, spärlich eingerichtetes Zimmer, weil es ja ohnehin die meiste Zeit nicht da ist. Oder die Wohnung ist noch gar nicht vollständig eingerichtet: Es hängen noch keine Lampen an den Decken und in einigen Zimmern fehlt sogar noch die Tapete. In diesem Fall möchte der Narzisst dem Kind zeigen, unter welch entsetzlichen und unwürdigen Umständen er jetzt leben muss, weil ihn der andere Elternteil vor die Tür gesetzt hat.

Der Narzisst richtet die Gestaltung seines neuen Heims in erster Linie an den eigenen Bedürfnissen aus und geht davon aus, damit gleichfalls das Kind begeistern zu können. Unannehmlichkeiten, die das Kind dadurch haben könnte, werden kurzerhand heruntergespielt oder das Kind muss selbst sehen, wie es damit klarkommt. Nicht selten ist dies allein schon ein Grund dafür, warum das Kind irgendwann den narzisstischen Elternteil nicht mehr besuchen möchte: Es fühlt sich in solch einer häuslichen Umgebung einfach nicht wohl.

Ein Narzisst kann seine Wohnung oder sein Haus aber auch besonders kinderfreundlich einrichten: ein großes Kinderzimmer mit extrem vielen Spielsachen, ein Garten mit großer Spielecke und Spielgeräten und vieles mehr. Die Wohnstätte wird dann zu einem Adventure-Park umgestaltet, damit sich das Kind nicht nur wohlfühlt, sondern regelrecht fasziniert ist. Diese Form der Verwöhnung soll in erster Linie dazu dienen, dass sich das Kind lieber bei dem narzisstischen Elternteil aufhält, der damit dem anderen Elternteil beweisen möchte, dass er der Bessere ist.

Die Wohnung eines narzisstischen Elternteils kann auch sehr schön und luxuriös eingerichtet und mit einem modernen Kinderzimmer ausgestattet sein, doch strahlt sie Kälte und Leblosigkeit aus. Sie verströmt keine Wärme und besitzt keine Seele, so dass sich ein Kind eher wie in einem Museum für prähistorische Skulpturen fühlen muss. Der Luxus einer Wohnung ist nicht entscheidend: Die Wohnung kann durchaus spartanisch sein und dennoch kann sich ein Kind wohlfühlen, wenn das Defizit an Komfort durch Aufmerksamkeit und Wärme ausgeglichen wird und sich das Kind willkommen und angenommen fühlt. Die Qualität des Heims lässt sich am besten daran ablesen, ob das Kind zufrieden und ausgeglichen ist und sich in seiner Persönlichkeit entwickeln kann.

Besuchsregelung

Es gibt unterschiedliche Modelle, um den Umgang mit dem gemeinsamen Kind zu regeln. Im Folgenden sollen die häufigsten Lösungen kurz dargestellt werden. Alle Lösungen haben Vorteile, aber auch Nachteile. Im Umgang mit einem Narzissten schließen sich allerdings von vornherein einige Lösungen aus, weil sie einen erhöhten Abstimmungsbedarf erfordern, was nur zu unnötigen Streitereien führen dürfte. Grundsätzlich sollte man auf eine klare und verlässliche Besuchsregelung achten. Auch Sondertermine wie Geburtstage, Feiertage und Ferien sollten im Vorfeld festgelegt und nicht kurz vorher besprochen werden. Wenn es nötig ist, sollten auch Zeiten für Anrufe vereinbart werden. Es dürfen keine spontanen Besuche erfolgen und die Übergabe des Kindes sollte einem festen Ritual folgen. Je mehr im Vorfeld mit dem narzisstischen Elternteil geregelt wird, desto eher können Missverständnisse und Unvorhersehbares vermieden werden.

Doch so sehr betroffene Elternteile auch auf fixe Termine und klare Regeln drängen: Sie sehen sich aller guten Absicht zum Trotz mit einer gegenläufigen Energie konfrontiert. Grundsätzlich hegt ein Narzisst nämlich eine große Abneigung gegenüber engen Grenzen und festgesteckten Regeln, die auch für ihn gelten sollen. Feste Umgangszeiten fesseln ihn viel zu sehr an unbequeme Verpflichtungen, als dass er bereit wäre, sich pflichtbewusst darauf einzulassen. Er fühlt sich durch klare Absprachen in seinem Recht auf Selbstbestimmung beschnitten und bekommt Angst, seine Bedürfnisse nicht mehr ausleben zu können, weil sie von lästigen Notwendigkeiten behindert werden. Daher wird ein narzisstischer Elternteil viele kuriose Gründe finden, um Vereinbarungen zu umgehen und von der berühmten Ausnahmeregelung Gebrauch zu machen. Mit anderen Worten ist ein narzisstischer Elternteil selbst durch eine höchstrichterliche Anordnung kaum festzunageln und es stört ihn auch nicht, dass es für den anderen Elternteil jedes Mal ein kräftezehrender und aufreibender Prozess ist, den narzisstischen Elternteil wieder einmal an seine Pflichten erinnern und seine Zuverlässigkeit einfordern zu müssen.

Wechselmodell

Das Wechselmodell in wöchentlichem Rhythmus (eine Woche beim Vater, die nächste Woche bei der Mutter oder von Montag bis Donnerstag und von Donnerstag bis Sonntag jeweils bei einem Elternteil) stiftet neben vielen organisatorischen Schwierigkeiten auch bei dem Kind eher Verwirrung. In diesem Fall übernehmen die Elternteile jeweils die Hälfte der Erziehungsarbeit. Das Kind hat dann mehr als nur ein Zuhause und lebt einmal in der Mama-Welt und dann wieder in der Papa-Welt. Es führt ein Doppelleben und hat eigentlich keinen fixen Punkt, von dem aus es sein Leben führt und gestaltet. Es führt in jungen Jahren ein Nomadenleben, wechselt ständig zwischen den Welten und weiß eigentlich nie wirklich, wo es hingehört.

Dieses Modell setzt sehr viel Flexibilität und eine große Anpassungsfähigkeit des Kindes voraus und kann seine Kapazitäten übersteigen. Außerdem benötigt dieses Modell, damit es erfolgreich ist, eine intensive und funktionierende Kommunikation der Eltern, was im Fall eines Narzissten große Probleme bereiten dürfte. Nicht nur, dass in den meisten Fällen keine gemeinsamen Lösungen gefunden werden dürften und der Ex-Partner nach wie vor ständig nachgeben muss. Das häufige Wiedersehen führt außerdem automatisch dazu, dass alte, noch nicht verheilte Wunden erneut aufgerissen werden und dass der Narzisst ständig versuchen wird, den Ex-Partner für Dienste einzuspannen.

Die Kinder sollten einen festen Lebensmittelpunkt haben, einen Hafen, in dem sie zu Hause sind und von wo aus sie in die Ferne starten können, um die Welt zu erkunden. Durch einen festen Wohnsitz fällt es einem Kind leichter, die Geborgenheit und Sicherheit zu finden, die es vor allem nach der Trennung braucht.

Wenn ein Narzisst die Familie verlässt, ist es in vielen Fällen so, dass er auf dieses Wechselmodell besteht, weil er es als große Demütigung erlebt, wenn er hinter dem anderen Elternteil in Bezug auf den Umgang mit dem Kind zurückstehen soll. Er fühlt sich zurückgestuft, wenn er sein Kind nur noch am Wochenende sehen kann. Entweder soll das Kind bei ihm leben oder aber mindestens genauso oft wie bei dem anderen Elternteil.

Vorrangig geht es ihm dann darum, nicht zurückzustehen und das deprimierende Gefühl zu bekommen, die Schlacht um das Kind verloren zu haben. Er will das Kind entweder ganz für sich alleine haben oder er will es in zwei Hälften aufteilen – auf keinen Fall aber will er den kleineren Teil haben. Dem Narzissten geht es nicht um das Kind, sondern in erster Linie darum, für sich selbst eine niederschmetternde Schmach abzuwenden und keine Frustration zu erleben.

Ein Narzisst würde aber seine wahren Motive niemals offen zugeben. Er verhandelt mit dem Argument, dass das Kind beide Eltern brauche, dass er den Ex-Partner entlasten oder dem Kind das Leben nach der Trennung so leicht wie möglich machen wolle. Der Narzisst wird Gründe vorschieben und sich als fürsorglicher Elternteil, selbstloser Helfer und tröstender Freund zeigen, um seinen Vorschlag durchzusetzen. Seine wahren Absichten bleiben aber im Dunklen.

Nestmodell

Bei dem Nestmodell behält das Kind seinen festen Lebensort, den es vor der Trennung hatte. Die frühere gemeinsame Wohnung wird dann im Wechsel von beiden Eltern genutzt und beide leben dort abwechselnd mit dem Kind zusammen. Das bedeutet, dass nicht das Kind regelmäßig auszieht und den Elternteil wechselt, sondern der jeweilige Elternteil kommt zum Kind und zieht für eine bestimmte Zeit in die Wohnung ein, bis der andere Elternteil übernimmt.

Das hat für das Kind natürlich den großen Vorteil, dass es sich nicht an eine neue Umgebung gewöhnen muss und sein Leben in alter Vertrautheit weiterführen kann. Für die Eltern hat es den Nachteil, dass sie dann nicht nur zwei Wohnungen finanzieren müssen, wie bei einer üblichen Trennung, sondern nunmehr drei Wohnungen samt Nebenkosten zu bezahlen sind. Für viele Eltern schließt sich dieses Modell aus finanziellen Gründen bereits von vornherein aus.

Außerdem bedarf es auch hier wieder einer aufwändigeren Abstimmung mit dem narzisstischen Elternteil (z. B. über die Nutzung der Wohnung und einzelner Räume, die Aufteilung der Kosten, Ordnung und Sauberkeit etc.). Zudem dürfte die bisherige gemeinsame

Wohnung in verlässlicher Regelmäßigkeit alte Erinnerungen an unangenehme Erlebnisse mit dem Narzissten aufkommen lassen, die den Ex-Partner weiter belasten und daher eine entspannte Betreuung des Kindes kaum durchgängig ermöglichen werden.

Das »Von Mal zu Mal«-Modell

Manche Trennungseltern versuchen es mit einer rein mündlichen Absprache und machen den nächsten Besuch vom eigenen Terminkalender sowie von den Wünschen und dem Befinden des Kindes abhängig. Im Umgang mit einem Narzissten besteht hier aber ein enormes Konfliktpotenzial. Da er sich nicht festlegen möchte und dazu neigt, seine Zeit spontan zu planen, Absprachen einfach über den Haufen zu werfen oder plötzlich vor der Tür zu stehen, um das Kind zu sehen, wird die Verhandlung von Terminen und Zeiten zu einem immer wiederkehrenden Stressfaktor.

Außerdem wird dem narzisstischen Elternteil durch dieses Modell ein nicht zu unterschätzendes Machtinstrument in die Hand gegeben. Lebt das Kind bei ihm, dann muss der andere Elternteil ständig um Termine betteln. Der Narzisst wird sich mit seiner Entscheidung viel Zeit lassen, den anderen Elternteil zappeln lassen und in letzter Minute ein obskures Angebot verkünden, das der andere Elternteil aufgrund der Kurzfristigkeit oder anderer Umstände nicht annehmen kann. Der Narzisst hat dann die alleinige Gewalt darüber, die Umgangszeiten zu bestimmen. Der andere Elternteil ist der narzisstischen Willkür hoffnungslos ausgeliefert.

Lebt das Kind nicht bei dem Narzissten, dann wird dieser den anderen Elternteil immer wieder mit seiner Sprunghaftigkeit und Unzuverlässigkeit erfreuen und sich an keine Vereinbarung halten. Der co-narzisstische Elternteil weiß in diesem Fall nie, wann der Narzisst wieder vor der Tür steht, wann er sich auf gemeinsame Stunden mit dem Kind einstellen kann und wann er Zeit für sich hat. Meist muss der Ex-Partner den Narzissten regelmäßig an den nächsten Termin erinnern und sich mehrmals versichern lassen, dass der Narzisst die Absprache auch einhalten wird. Bei diesem Modell wird nicht auf Augenhöhe verhandelt, weil der co-narzisstische Elternteil in die Rolle des Bittstellers gedrängt wird und sich von der Willkür des Narzissten abhängig macht.

Residenzmodell

Bei diesem Modell wohnt das Kind nur bei einem Elternteil – meist bei der Mutter. Das Kind hat seinen Lebensmittelpunkt und seinen gewöhnlichen Aufenthalt bei einem Elternteil, von dem es unter der Woche allein betreut und versorgt wird. Der andere Elternteil erhält ein Umgangsrecht. In der Regel wird ein Besuchsrecht alle 14 Tage an den Wochenenden vereinbart.

Diese Regelung ermöglicht es, dass das Kind einen festen Lebensmittelpunkt hat und regelmäßig zu festen Zeiten Kontakt mit dem anderen Elternteil bekommt. Der Bedarf an Absprachen hält sich gering, wenn ein Wochenrhythmus mit den entsprechenden Abhol- und Rückgabezeiten festgelegt wurde. Jeder Elternteil kann die gemeinsame Zeit mit dem Kind eigenständig planen und es bedarf keiner weiteren Abstimmung mit dem anderen Elternteil.

Im Umgang mit einem Narzissten sollte daher dieses Modell allen anderen Modellen vorgezogen werden, weil es die meiste Sicherheit hinsichtlich der Terminregelung für den Umgang verspricht, dem Ex-Partner genügend Raum für die eigene Entfaltung gewährt und das Kind regelmäßig Zugang zu beiden Elternteilen hat. Zudem wäre der Umgang des Narzissten mit dem Kind limitiert, sofern das Kind beim co-narzisstischen Elternteil lebt.

Verhandeln Sie feste Zeiten

Ein Narzisst lässt sich nicht in ein Korsett schnüren. Er trifft gerne spontane Entscheidungen, die allerdings nicht immer dem Bedürfnis des Kindes entsprechen. Außerdem kann der Narzisst durch dieses Verhalten den Ex-Partner in den Wahnsinn treiben, weil er sich trotz teilweise mühselig herbeigeführter Absprachen an nichts hält. Je mehr daher geregelt und festgeschrieben ist, desto weniger muss hinterher verhandelt und gestritten werden. Es ist für das Kind und für den Ex-Partner sehr entlastend, wenn beim Umgang ein gewisser Automatismus eintritt, der nicht jedes Mal neu diskutiert werden muss.

Daher ist es wichtig, den Narzissten – notfalls mit rechtlichen Mitteln – zu einer fixen Umgangsregulierung zu zwingen. Es sollten keine Kompromisse zugelassen werden. Wenn der Narzisst an einem Wochenende nicht kann, dann fällt dieses Wochenende eben für ihn aus und er sieht das Kind erst wieder an seinem nächsten Wochenende. Sie sollten sich nicht in Tauschgeschäfte verwickeln lassen, weil das bei einem Narzissten nämlich ganz schnell zur Gewohnheit wird. Dann finden Sie sich in endlosen Verhandlungen wieder, weil am Besuchswochenende wieder einmal die berühmte Ausnahme eingetreten ist und der Narzisst auf eine Sonderregelung besteht. Zeigen Sie dem Narzissten unmissverständlich die Grenzen auf und erinnern Sie ihn an die Vereinbarung. Umgekehrt sollten Sie natürlich auch auf das Tauschen von Wochenenden und Zeiten verzichten – sofern dies nicht aufgrund einer wichtigen Angelegenheit, die das Kind betrifft, notwendig ist. Wenn Sie an dem Wochenende, an dem Sie das Kind haben, anderweitige Verpflichtungen haben, sollten Sie sich nach Alternativen umsehen, statt den narzisstischen Elternteil zu bitten, bei der Betreuung auszuhelfen. Sobald Sie sich wieder auf den Narzissten einlassen und ihm zu verstehen geben, dass Sie seine Hilfe benötigen, wird er dies ausnutzen, um seine Macht auszuspielen. Ein Narzisst liebt es, wenn er andere Menschen in der Hand hat.

Merken Sie sich bitte, dass im Umgang mit einem Narzissten Entgegenkommen selten eine gute Lösung ist. Jedes kleine Zugeständnis führt nur zu weiteren Konflikten, erleichtert das Leben des Narzissten und bringt Ihnen und dem Kind Nachteile. Ihre Nachgiebigkeit wird der Narzisst schonungslos ausnutzen und sich dazu eingeladen fühlen, weitere maßlose Forderungen zu stellen. Bestehen Sie daher auf die Einhaltung vereinbarter Zeiten, dokumentieren Sie Unregelmäßigkeiten und leiten Sie diese an Ihren Anwalt weiter, der den Narzissten auf die Verstöße unmissverständlich hinweisen oder ggf. einen Gerichtsprozess einleiten wird. Dem Narzissten muss klargemacht werden, dass Sie nicht mit sich spielen lassen und dass er sich an Absprachen halten muss, wenn er sein Kind sehen will. Denken Sie dabei daran, dass Sie nicht allein um Ihr Recht kämpfen, sondern vor allem um das Bedürfnis Ihres Kindes nach Sicherheit und Verlässlichkeit.

Kooperation

Letztendlich ist die Umgangsregelung von vielen Faktoren abhängig, die für oder gegen ein Modell sprechen. Zudem kann der Ex-Partner dermaßen unter dem Narzissten gelitten haben, dass er einfach nicht mehr in der Lage ist, sich mit ihm auseinanderzusetzen, ohne dabei zusammenzubrechen. Dann muss zunächst eine Distanz aufgebaut werden und der Kontakt muss auf ein Minimum reduziert werden. In diesem Fall müssen Verwandte oder Bekannte einspringen und versuchen, sich mit dem narzisstischen Elternteil zu einigen.

Jedes Kind reagiert unterschiedlich auf Veränderungen: Es mag Fälle geben, in denen ein Kind einen Umzug sehr gut verkraftet, während ein anderes Kind die Unruhe nicht erträgt und ein gestörtes Verhalten zeigt. Letztlich gibt es keine Patentlösung und den einzig richtigen Weg. Die Entscheidung hängt von vielen Faktoren ab: der psychischen Belastbarkeit des Kindes, der psychischen Belastbarkeit des Co-Narzissten, dem Grad der Persönlichkeitsstörung des Narzissten und seinem Verhalten nach der Trennung und den finanziellen Möglichkeiten. Grundsätzlich gilt jedoch: Je weniger Veränderungen für das Kind eintreten, desto besser, und je weniger Kontakt zu dem Narzissten besteht, umso mehr Ruhe kann im Leben des Kindes und des Ex-Partners eintreten.

17. Übergabe des Kindes

Der Augenblick der Übergabe ist jedes Mal eine brenzlige Situation, weil der Ex-Partner dem Narzissten wieder begegnet und mit erneuten emotionalen Angriffen und dreisten Forderungen rechnen muss. Meist ist der Ex-Partner schon Tage zuvor unruhig und angespannt und hofft, dass dieser Moment so schnell und problemlos wie möglich vorübergehen möge. Begleitend tauchen meist alte, schmerzhafte Erinnerungen aus der gemeinsamen Zeit mit dem Narzissten auf, die den Ex-Partner wieder in endlose und sinnlose Grübeleien führen können.

Für den Narzissten hingegen ist es ein Augenblick, in dem er wieder seine Macht über den Ex-Partner demonstrieren kann. Im Gegensatz zu diesem sieht er dem Aufeinandertreffen in freudiger Erwartung entgegen. Er wird entweder versuchen, die Begegnung zu nutzen, um sich erneut in das Herz des Ex-Partners einzuschleichen, und sich daher von seiner charmanten Seite präsentieren oder er will den Ex-Partner kränken und daher besonders aggressiv auftreten. Entweder nutzt er den Ex-Partner als Prellbock für seine aufgestaute Wut und macht daher alles schlecht, was in Zusammenhang mit dessen Leben steht, oder er nutzt den Moment, um sich wieder eine Vormachtstellung zu sichern, Sondervereinbarungen zu treffen, die vor allem zu seinem Vorteil sind, den Erziehungsstil des Ex-Partners zu kritisieren, um diesem wieder ein schlechtes Gewissen einzuflößen, oder um ihn bezüglich seines Lebens auszuhorchen in der Hoffnung, mit den erhaltenen Informationen eine erneute List planen zu können.

Auf alle Fälle dürfen betroffene Elternteile gespannt sein, was der Narzisst bei der nächsten Begegnung wieder aus dem Hut zaubern wird. Der Ex-Partner weiß genau, dass irgendetwas Unerwartetes kommen wird und dass sich der Narzisst nicht wie jeder normale Elternteil verhält. Er wird den Ex-Partner wieder in eine schwierige, peinliche oder kritische Situation bringen. Betroffene Elternteile wissen, dass der Narzisst sie früher oder später wieder emotional treffen, mit seinen Worten provozieren oder mit seinen Gefühlen berühren wird, indem er entweder vor Wut aus der Haut fährt oder vor Selbstmitleid in einem Tränenmeer versinkt. Der Augenblick vor der Übergabe des Kindes erzeugt in den meisten Fällen großes Lampenfieber: Betroffene Elternteile fühlen sich einer unangenehmen Situation hilflos ausgeliefert und warten förmlich auf ihre emotionale Steinigung.

Für das Kind ist es eine der wenigen Situationen, in denen es die Eltern nach der Trennung zusammen erlebt. In dieser Situation erfährt das Kind hautnah, ob die Eltern in der Lage sind, ihre Aufgaben als Eltern gemeinsam zum Wohle des Kindes wahrzunehmen und Konflikte oder Probleme partnerschaftlich zu lösen. Es spürt, ob sich die Erwachsenen freundlich gesinnt sind oder ob zwischen ihnen Spannungen bestehen. Außerdem nimmt es natürlich sehr intensiv wahr, ob ein Elternteil darunter leidet, wenn das Kind zum anderen Elternteil wechselt. Auch spürt es, wenn der narzisstische Elternteil einen erhöhten Erwartungsdruck erzeugt. Alles, was zwischen den Eltern steht – ob ausgesprochen oder unausgesprochen – nimmt das Kind wahr. Es nimmt sowohl die Ängstlichkeit oder die Abneigung des Ex-Partners als auch die Wut oder die Scheinheiligkeit des Narzissten wahr, egal wie sehr beide versuchen, sich zu verstellen. Es kann aber seine Beobachtungen noch nicht richtig zuordnen.

Die Übergabe des Kindes sollte nicht nur aus einer kurzen Begrüßung und Verabschiedung bestehen. Im Idealfall setzen sich die Eltern noch kurz zusammen und unterhalten sich über die letzten Ereignisse, die das Kind betreffen. Schön wäre auch, wenn das Kind selbst erzählt, was es beim jeweils anderen Elternteil erlebt hat, und die Eltern sich beide für das Kind freuen können, wenn es angenehme Dinge erlebt hat und die Zeit genießen konnte. Bei Problemen sollten beide Elternteile bereit sein, nach sinnvollen Lösungen zu suchen und auf gegenseitige Schuldzuweisungen zu verzichten. Überhaupt sollten die Eltern vorher vereinbaren, dass in Gegenwart des Kindes kein Konfliktthema zur Sprache kommt.

Muss hingegen ein kritisches Gespräch über die Entwicklung des Kindes geführt werden, dann bietet es sich an, eine solche Besprechung an einem anderen Ort und ohne das Kind durchzuführen oder ein Telefonat zu vereinbaren. Das Kind sollte bei der Übergabe nicht mit Konflikten konfrontiert werden, sondern es soll den Wechsel als eine freudige und selbstverständliche Tatsache in seinem Leben ansehen können.

In vielen Fällen sind Elternteile jedoch verletzt, wenn sich das Kind über die gemeinsame Zeit mit dem anderen Elternteil freut. Der Elternteil entwickelt dann Neidgefühle und bekommt Angst, das Kind könnte ihn möglicherweise als Elternteil zweiter Klasse betrachten, weil es ja bei dem anderen sehr viel schöner ist. Die Eltern sehen sich dann als Konkurrenten, die um die Gunst des Kindes kämpfen.

Ex-Partner verfallen aufgrund der eigenen schlechten Erfahrungen zu leicht in den Glauben, dass sich das Kind bei dem narzisstischen Elternteil gar nicht wohlfühlen kann und unter dem Verhalten des Narzissten leiden muss. Sie suchen beinahe zwanghaft nach Begebenheiten, die ihren Verdacht bestärken und ihnen einen Grund dafür liefern, den narzisstischen Elternteil anzuklagen. Erzählt das Kind dann, dass es eine schöne Zeit bei dem Narzissten hatte, glaubt der Ex-Partner sofort, dass der Narzisst das Kind manipuliert hat und sich bei ihm nur beliebt machen möchte.

Umgekehrt will der narzisstische Elternteil dem Ex-Partner das Kind entfremden und es auf seine Seite ziehen, um es für seine Zwecke und gegen den anderen Elternteil zu missbrauchen. Freut sich das Kind dann auf die gemeinsame Zeit mit dem anderen Elternteil, dann entwickelt der Narzisst sehr starke Eifersuchts- und Wutgefühle, was einem entspannten Aufeinandertreffen alles andere als förderlich ist. In der Regel wird dem Ex-Partner von dem narzisstischen Elternteil das gute Verhältnis zum Kind negativ ausgelegt. Der Narzisst unterstellt dem Ex-Partner dann, er verwöhne das Kind zu sehr oder hetze es gegen ihn auf.

Das Kind will oft nicht zu dem narzisstischen Elternteil, weil es sich bei ihm nicht wohlfühlt. Es wird alleingelassen, erfährt weder ausreichende Zuwendung noch wird auf seine Wünsche und Interessen angemessen eingegangen. Weigert es sich dann am Tag der Übergabe, mit dem narzisstischen Elternteil mitzugehen, wird dies dem anderen Elternteil zur Last gelegt.

Der Narzisst erbost sich vor dem Kind und beschuldigt den anderen Elternteil der Manipulation. Seine Wut steigert sich, die Stimme wird immer lauter, er macht obszöne Gesten, was dem Kind nur noch mehr Angst macht, weshalb es sich in der Folge noch mehr weigern wird, den narzisstischen Elternteil zu besuchen. Daraufhin wird der Narzisst noch lauter und bezichtigt seinen Ex-Partner, das Kind gegen ihn aufzuhetzen. Ein Teufelskreis entsteht, der nur zu durchbrechen ist, wenn der Narzisst sein überzogenes Misstrauen, seine Ansprüche und seine chronische Angst vor Zurückweisung zu überwinden lernt.

Der Ex-Partner vermeidet es dann meist, die Übergabe unnötig in die Länge zu ziehen, während der Narzisst den Kontakt bewusst sucht, um den Ex-Partner wieder für sich zu gewinnen oder einzuschüchtern. So kann die Situation entstehen, dass der Ex-Partner drängelt, um möglichst schnell aus der Gefahrenzone herauszukommen, der Narzisst aber das Gespräch nicht beendet und immer neue Ansatzpunkte für die Fortführung der Unterhaltung findet. Der Narzisst will um jeden Preis mit dem Ex-Partner in Kontakt bleiben, während dieser nur darauf aus ist, ihn wieder loszuwerden. Leider nützt es in den seltensten Fällen etwas, den Narzissten grob abzuweisen, denn dieser versteht selbst unfreundliche und abwertende Worte als eine Form der Zuneigung. Immerhin spricht der Ex-Partner noch mit ihm, was für ihn bedeutet, dass er nicht so abstoßend sein kann, wie der Ex-Partner ihn darstellt. Außerdem kann er ein negatives Urteil über ihn nicht im Raum stehenlassen, sondern muss unbedingt eine Richtigstellung herbeiführen.

Lebt das Kind bei dem narzisstischen Elternteil, dann wird der Narzisst den Ex-Partner ausführlich darüber aufklären, wie dieser sich im Umgang mit dem Kind zu verhalten hat. Er wird ihm Vorschriften machen und ihm mitteilen, was er dem Kind erlauben darf, was er mit dem Kind unternehmen soll und was er zu unterlassen hat. Kommt das Kind zurück, wird es genauestens über den Ablauf des Wochenendes ausgefragt. Erfährt der narzisstische Elternteil dann, dass seine Anweisungen nicht eingehalten wurden, zieht er den Ex-Partner zur Rechenschaft.

Ist das Kind nur zu Besuch bei dem narzisstischen Elternteil, dann wird sich der Narzisst in der Regel beim Ex-Partner beschweren, wenn er das Kind am Ende der Besuchszeit zurückbringt, und diesem Vorwürfe machen, weil sich das Kind nicht so verhält und entwickelt, wie er es für richtig erachtet. Der Narzisst nutzt dann die Übergabe, um seine Meinung über die Entwicklung des Kindes kundzutun, Kontrolle auszuüben und Beschwerden anzubringen. Auf diese Weise wird dem Ex-Partner jedes Mal der Prozess gemacht und dieser fühlt sich wie ein kleiner, unmündiger Angeklagter vor dem Hohen Gericht.

Verständlich, wenn der andere Elternteil dann nicht besonders viel Wert darauf legt, dass die Übergabe jedes Mal in endlose und nutzlose Debatten ausartet. Außer Belehrungen, Vorwürfen, Kritik und Beleidigungen ist ja nichts zu erwarten. Leider ist es aber oft so, dass Ex-Partner glauben, sich die Ansichten des Narzissten aus Höflichkeit anhören zu müssen, um den Narzissten nicht zu provozieren und somit die Übergabe erträglicher zu machen. So geben sie jedoch dem narzisstischen Elternteil das Gefühl, dass er sich so aufführen darf, und grenzen sich nicht klar ab.

Die Übergabe wird so für das Kind nicht zu einem lockeren oder freudigen Ereignis, sondern zu einer kritischen Phase. Es kann sein, dass sich das Kind nicht gleich über den Wechsel zum anderen Elternteil freut und sich mit seinen Gefühlen zurückhält aus Rücksicht auf den zurückbleibenden Elternteil oder aus Angst, die Eltern könnten wieder streiten. Das muss aber nicht bedeuten, dass sich das Kind nicht grundsätzlich bei dem anderen Elternteil wohlfühlt – es ist nur genauso aufgewühlt wie die Eltern, wenn die Situation der Übergabe bevorsteht.

Pünktlichkeit ist keine Tugend eines Narzissten

Für das Kind ist es von großer Bedeutung, dass die Eltern die Umgangsabsprachen einhalten. Pünktlichkeit und Verlässlichkeit erlebt das Kind als eine Wertschätzung seiner Person. Kommt der Elternteil nicht, um das Kind abzuholen, oder lässt er das Kind warten, dann verbindet das Kind dieses Verhalten mit einer Geringschätzung und glaubt, dass es diesem Elternteil nicht so wichtig ist.

Ein Narzisst neigt jedoch dazu, den Zeitpunkt der Übergabe nicht ganz genau zu nehmen. Häufig lässt er das Kind und den anderen Elternteil warten oder kommt plötzlich einfach etwas früher, weil es ihm gerade passt oder weil er zufällig in der Nähe ist. Oder er verschiebt die Übergabe um Stunden oder auf den nächsten Tag. Und genauso kann auch die Rückgabe verlaufen. Weder das Kind noch der Ex-Partner kann sich dann verlässlich auf einen Termin einstellen und Letzterer muss sich oft mehrfach beim Narzissten erkundigen, wann er denn nun wirklich kommt. Das kann den anderen Elternteil zu Recht zornig machen, der sich auf den Zeitpunkt der Abholung oder Rückgabe verlässt und anschließend vielleicht anderweitige Termine oder Verpflichtungen eingeplant hat. Auf diese Weise provoziert der Narzisst von vornherein eine aggressive Stimmung bei der Übergabe. Dies macht er aber nicht vorsätzlich, um den Ex-Partner zu ärgern, sondern er denkt eben nur an sich und ist sich des Ausmaßes seines Verhaltens und der Wirkung auf andere überhaupt nicht bewusst. Beschwert sich der Ex-Partner, geht er läppisch darüber hinweg.

Oftmals erscheint es dann betroffenen Elternteilen sinnvoll, das Kind dem narzisstischen Elternteil selbst zu bringen, als ständig auf den Narzissten zu warten oder sich von spontanen Änderungen überraschen zu lassen – es ist aber nicht ihre Aufgabe. Narzissten lassen sich das Kind gerne bringen und nutzen den Ex-Partner als Chauffeur, um selbst Zeit und Kosten zu sparen. Noch mehr genießt er es aber, dass sein Ex-Partner nach wie vor bereit ist, für ihn Dienste zu übernehmen. Auf diese Weise bekommt er wieder das Gefühl von der eigenen Großartigkeit. Der Co-Narzisst seinerseits unterwirft sich diesem Ritual, weil er oft dankbar dafür ist, dass der Narzisst das Kind überhaupt nimmt. Außerdem will er dem Kind die Übergabe auf diese Weise erleichtern.

Was können Sie tun?

Auch hier hilft nur die Devise: »Über den Dingen stehen!« Sie sind nicht für das Verhalten des Narzissten verantwortlich, Sie können es nicht beeinflussen und auch nicht ändern. Diskussionen und Klarstellungen bringen Sie nicht weiter – in der Regel führen sie nur zu weiteren Streitereien. Dennoch leiden Sie und das Kind massiv unter der Selbstherrlichkeit des Narzissten.

Halten Sie die Übergaben so kurz wie möglich. Da ein Narzisst jedes Gespräch dazu nutzt, Sie zu manipulieren, auszuhorchen oder zu kritisieren, sollten Sie dem Narzissten nicht unnötig Nahrung bieten, indem Sie sich auf lange Diskussionen einlassen und womöglich noch Ihr Handeln rechtfertigen. Es hat sich bewährt, dem narzisstischen Elternteil in schriftlicher Form im Vorfeld der Übergabe mitzuteilen, wenn es etwas bezüglich des Umgangs (z. B. Geburtstage, gesundheitliche Beschwerden, veränderte Schlafgewohnheiten etc.) zu berichten gibt. Zum einen kann man auf diese Weise langen Diskussionen aus dem Weg gehen, zum anderen gerät das Kind nicht wieder in ein Spannungsfeld.

Dennoch kann es sein, dass Sie der Narzisst bei der Übergabe auf Ihre Mitteilung anspricht. Fassen Sie sich dann kurz, gehen Sie nur auf den sachlichen Inhalt ein und lassen Sie sich nicht von seinen Äußerungen provozieren. Teilen Sie ihm nichts anderes mit, als Sie ihm bereits in Ihrem Schreiben gesagt haben. Notfalls wiederholen Sie einfach nur dieselben Worte oder schweigen. Sofern der Narzisst nicht unter einer krankhaften Störung der Geistestätigkeit leidet, dürfte er wohl verstanden haben, was Sie wollen. Weitere Erläuterungen dienen dem Narzissten dann nur dazu, Sie umzustimmen oder zu verärgern.

Möglicherweise wird Ihnen der Narzisst unkooperatives Verhalten vorhalten, wenn Sie sich weigern, sich eingehender mit seinen Argumenten zu befassen. Bieten Sie ihm an, das Gespräch auf einen anderen Zeitpunkt zu verlegen und es entweder telefonisch oder schriftlich fortzuführen. So signalisieren Sie Ihre Gesprächsbereitschaft, entgehen damit aber gleichzeitig weiteren unsachlichen Bemerkungen und der arroganten und dominanten Aura des Narzissten und schützen so auch das Kind davor, in den Konflikt hineingezogen zu werden.

Kommt der Narzisst nicht pünktlich zur Übergabe, dann schreiben Sie ihm eine SMS und geben ihm eine kurze Nachfrist. Bleiben Sie aber in einem sachlichen Ton, ohne beleidigend zu werden und ohne ihn darauf aufmerksam zu machen, wie unzuverlässig er ist und was er Ihnen und dem Kind mit seiner Unstetigkeit antut. Nennen Sie ihm aber die Konsequenzen, die es hat, wenn er nicht bis zur Nachfrist erscheint. Kündigen Sie ruhig an, mit dem Kind nicht mehr da zu sein, wenn er nicht pünktlich erscheint. Regelverstöße sollten Sie auch unmittelbar Ihrem Anwalt mitteilen, der den Narzissten hinsichtlich der Übergabetermine belehren und bei erneuter Zuwiderhandlung mit rechtlichen Schritten drohen sollte.

Grundsätzlich dürfen Sie die Herausgabe des Kindes nur verweigern, wenn sie mit einer unmittelbaren Gefährdung des Kindes einhergeht, zum Beispiel wenn der andere Elternteil stark alkoholisiert zur Übergabe erscheint, sichtlich durch Drogenkonsum berauscht ist oder so stark unter psychischen Problemen leidet, dass er seiner Aufsichtspflicht nicht nachkommen kann. Hingegen rechtfertigt ein Streit oder eine Meinungsverschiedenheit nicht die Verweigerung der Herausgabe. Auch muss das Kind einer Begleitperson des abholenden Elternteils ausgehändigt werden, wenn von dieser keine unmittelbare erhebliche Gefahr ausgeht. Ebenso wenig gibt es einen rechtlichen Grund, die Herausgabe zu verweigern, wenn der herausgebende Elternteil nicht mit der Gestaltung des Wochenendes beim anderen Elternteil einverstanden ist. Es muss eine nachvollziehbare objektive Gefahr bestehen, die vermuten lässt, dass dem Kind unter der Aufsicht des anderen Elternteils ein schwerer Schaden droht.

Knut
»Ich bin seit letztem Jahr aus ihrem Haus ausgezogen. Ich habe eingesehen, dass ich nichts an ihrem Verhalten ändern kann, und wollte mich aber auch nicht restlos aufgeben. Ich musste

aber meine Kinder bei ihr zurücklassen, was mich innerlich regelrecht Tag für Tag auffrisst. Der letzte Kontakt zu meinen Kindern war vor fünf Monaten aufgrund eines langen Hinhaltens mit Terminen ihrerseits und Beratungen beim Jugendamt, Jugendschutzbund und bei Psychologen. Sie hat Lügen über mich verbreitet in der Schule, im Kindergarten und in der ehemaligen Nachbarschaft, die mich sehr verletzt haben. Die telefonischen Gespräche mit den Kindern fanden nur unter ihrer Kontrolle per Lautsprecher statt. Ich versuchte ständig, den Kontakt über das Jugendamt herzustellen und diese auch ständig zu informieren. Ich musste vor Gericht gehen, um wieder einen Umgang mit meinen Kindern zu bekommen. Ich habe dann dort erfahren, dass sie beim Kinderschutzbund und beim Psychologen war, und selbst da hat sie weiter gelogen, um mir den Umgang streitig zu machen. Das Gericht hat es erkannt, dass sie die Dinge falsch darstellt, und selbst das Jugendamt bestätigte die richterliche Wahrnehmung, dass an dem allen nichts dran sei. Seit drei Wochen darf ich endlich wieder die Kinder sehen. Eigentlich hätte ich sie letzte Woche Samstag gehabt, und wieder habe ich sie nicht bekommen, weil ich ein Medikament nicht habe, das nur sie hat und das sie mir nicht aushändigen wollte. Und wenn ich dieses Medikament nicht habe, bekomme ich die Kinder nicht mit. Und wieder musste ich wegfahren, obwohl wir uns (die Kinder und ich) aufeinander gefreut haben. Dann führte ich ein telefonisches Gespräch mit meiner fünfjährigen Tochter, wo meine Ex-Frau mal wieder das Gespräch per Lautsprecher mithörte. Als ich der Kleinen mitteilte, wir sehen uns nächste Woche Samstag, kam von ihr aus dem Hintergrund: ‚Nur wenn Papa die Medikamente gekauft hat, dann kann Papa euch sehen.‘ Das tut wirklich sehr weh und bricht mir jedes Mal das Herz. Vor allem habe ich nächtelang teilweise nicht richtig schlafen können und wollte meinen Kindern doch nur vermitteln, dass ich für sie da bin und dass ich sie liebe.«

Es wird Ihnen nicht immer gelingen, den Narzissten zu bändigen. Daher wäre es ratsam, bei jeder Übergabe immer schon einen Plan B in der Hand zu haben für den Fall, dass er nicht kommt, dass er zu spät kommt oder dass er früher kommt. Je mehr Sie sich über seine Unzuverlässigkeit aufregen, desto mehr wird es ihn freuen. Er sieht es als sein gutes Recht an, kommen und gehen zu dürfen, wann immer er will. Insofern wird er Ihre Kritik ohnehin nicht verstehen und schon gar nicht ernst nehmen. Zeigen Sie ihm nicht, wenn er Sie mit seiner Arroganz aufregt, sondern weisen Sie ihn lediglich auf die Absprachen hin und machen Sie ihn mit den Konsequenzen vertraut, die es für ihn haben wird, wenn er nicht in der Lage ist, für sein Kind wenigstens ein Mindestmaß an Disziplin aufzubringen.

Hilfreich wäre es auch, wenn Sie in der ersten Zeit bei der Übergabe nicht alleine sind, sondern wenn sich Verwandte oder Freunde bei Ihnen aufhalten. Diese müssen bei der Übergabe nicht danebenstehen, sollten sich aber im Hintergrund aufhalten. Das kann verhindern, dass der Narzisst aufbrausend, respektlos und unverschämt wird. Er wird wahrscheinlich nicht vor anderen aus der Rolle fallen wollen und aus diesem Grund einen sachlichen Ton beibehalten.

Außerdem sollten Sie vor der Übergabe immer an etwas Positives denken, z. B. an den letzten schönen Urlaub, ein berufliches Erfolgserlebnis oder eine schöne Situation mit Ihrem Kind oder Freunden. Dieses angenehme Bild sollten Sie noch bei der Übergabe vor Augen haben und sich mehr auf diese schönen Dinge konzentrieren als auf die Worte und die Handlungen des Narzissten. Sie können sich auch innerlich bereits darauf freuen, was Sie in Ihrer Freizeit ohne das Kind machen werden. Dann fällt es Ihnen leichter, das Verhalten des Narzissten zu ertragen, weil Sie wissen, dass diese Situation nicht ewig anhält und bald wieder schönere Momente folgen werden.

Bewahren Sie Abstand und bleiben Sie nüchtern in der Wahl Ihrer Worte. Manche Elternteile meinen, durch Höflichkeit dem Narzissten den Wind aus den Segeln nehmen zu können, und bitten ihn bei der Übergabe ins Haus, zeigen ihm die Wohnung und bieten ihm noch eine Tasse Kaffee an. In den meisten Fällen führt dies aber dazu, dass Ex-Partner zu viel von ihrem neuen Leben preisgeben und ungewollt wieder ins Visier des Narzissten geraten. Außerdem könnte der Narzisst die Nettigkeit Ihrerseits als willkommenes Friedensangebot missinterpretieren und sich Hoffnung auf baldige Versöhnung machen. Auch wenn es eigentlich eine Selbstverständlichkeit sein sollte, den anderen Elternteil ins Haus zu lassen und dem Kind damit zu zeigen, dass die Eltern friedlich miteinander umgehen, wird der narzisstische Elternteil darin eher eine Chance für sich selbst sehen als nur pure Gastfreundlichkeit.

Als praktisch hat es sich auch erwiesen, wenn die Übergabe direkt nach dem Kindergarten oder der Schule erfolgt. Das Kind verlässt morgens den einen Elternteil und absolviert den Kindergarten- oder Schultag und geht dann hinterher mit dem anderen Elternteil mit. Das kann eine Erleichterung für das Kind sein, weil es auf diese Weise dem Spannungsfeld der Eltern entgeht und sich auf den Wechsel freuen kann, statt sich an einen Elternteil zu klammern und diesen nicht verlassen zu wollen, um ihn nicht mit einem schlechten Gefühl zurückzulassen. Außerdem erspart man sich so den direkten Kontakt mit dem Narzissten, was eine weitere große Erleichterung sein kann.

18. Wenn das Kind beim narzisstischen Elternteil ist

Die meisten betroffenen Elternteile haben ein mulmiges Gefühl, wenn sich das Kind bei dem narzisstischen Elternteil befindet und sie nicht einschätzen können, wie das Kind von dem Narzissten behandelt wird und ob es sich wohlfühlt. Sie sind dann meist sehr besorgt und machen sich unverhältnismäßig viele Gedanken über das Wohlergehen des Kindes. Da sie aus eigener Erfahrung nur zu gut wissen, wie verletzend ein Narzisst sein kann, fällt es betroffenen Elternteilen extrem schwer, das Kind bei dem Narzissten zurückzulassen.

Der Narzisst hat das Kind nur am Wochenende oder einige Tage

Ein Narzisst stellt sich in der gemeinsamen Zeit nicht angemessen auf das Kind ein: Entweder ist er gar nicht für das Kind da und schiebt es zu den Großeltern, dem neuen Partner oder anderen betreuenden Personen ab oder er spielt den Übervater oder die Übermutter, der oder die sich ständig um das Kind kümmert, alles für das Kind regelt, es über die Maße verwöhnt und ihm alle Entscheidungen abnimmt. Ein Narzisst findet selten ein verträgliches Mittelmaß.

Will sich der narzisstische Elternteil nicht selbst um das Kind kümmern, dann wird vor allem die eigene Mutter für die Betreuung eingespannt, während der Narzisst seinen eigenen Interessen nachgeht. Das Kind wird möglicherweise auch wahllos herumgereicht oder das ganze Wochenende vor dem Fernseher geparkt. Oft hat der Narzisst bereits kurz nach der Trennung schon wieder einen neuen Lebenspartner, weil er schlecht allein sein kann und weil er jemanden benötigt, der ihm den alltäglichen Kleinkram abnimmt. Der neue Partner ähnelt oft in verblüffender Weise dem alten Partner und übernimmt zukünftig dieselben Aufgaben wie einst der

Ex-Partner, so dass der Narzisst in erstaunlich kurzer Zeit wieder in seinem vertrauten Umfeld lebt, ohne dass er sich umstellen musste. Es wurden dann zwar die Partner ausgetauscht, die Funktionen blieben aber erhalten.

Der neue Partner bekommt sodann die Aufgabe, sich um das Wohl des Kindes zu kümmern, was für das Kind aber bedeutet, dass es sich auf eine neue Bezugsperson einstellen muss. Der Narzisst hat die Aufgabe delegiert und glaubt, so seinen Erziehungspflichten Genüge getan zu haben. Angesichts der Tatsache, dass ein Narzisst aufgrund seiner Selbstbezogenheit ohnehin große Schwierigkeiten hat, sich auf sein Kind adäquat einzustellen, kann diese Lösung vorteilhaft für das Kind sein, wenn der neue Partner in der Lage ist, sich liebevoll um das Kind zu kümmern (weitere Informationen hierzu in Abschnitt 24 »Wenn sich die Eltern neu verlieben«).

Der Narzisst wird mit dieser gefühllosen Delegation kein enges und vertrautes Verhältnis zu dem Kind aufbauen können. Indem er zwischen sich und das Kind einen neuen Partner setzt oder andere Bezugspersonen, bleibt eine kühle Distanz erhalten und es findet auf diese Weise nur eine weitere Entfremdung statt, weil die beiden sich emotional zu selten wirklich nah sind. Diesen Prozess nimmt der Narzisst aber in der Regel gar nicht wahr und ist dann entsprechend überrascht und ratlos, wenn sich das Kind sonderbar verhält oder sich von ihm distanziert. Das Kind weiß im Grunde nichts mit dem narzisstischen Elternteil anzufangen, weil es außer unangebrachten Forderungen und neunmalklugen Belehrungen nichts von dem Narzissten empfängt, und schon gar nichts Herzliches.

Möglicherweise kümmert sich der Narzisst aber auch ausschließlich um das Kind und plant ein völlig überladenes Wochenende mit ihm: Kinobesuche, einen Ausflug ans Meer mit einem Abstecher ins Hallenbad, einen Besuch bei Oma und Opa, des Jahrmarkts und vieles mehr. Hinzu kommen dann viele Geschenke und Sondererlaubnisse, die das Kind beim anderen Elternteil nicht erhält. Dabei interessieren den Narzissten allerdings die wahren Bedürfnisse des

Kindes weniger. Er macht aus dem Wochenende ein einziges Event und setzt voraus, dass dies automatisch auf die Zustimmung des Kindes stößt.

Vorrangig will er seinem Kind damit imponieren und ihm zeigen, wie schön es bei ihm im Gegensatz zum anderen Elternteil ist. Er sieht in dem Wochenende nicht eine Möglichkeit, sich dem Kind zu nähern, sich mit ihm zu beschäftigen und eine vertrauensvolle Beziehung aufzubauen, sondern die Gelegenheit, das Kind zu beeindrucken und den Ex-Partner zu übertrumpfen. Für den Narzissten steht im Vordergrund, besser als der andere Elternteil zu sein und vom Kind als den liebenswerteren Elternteil wahrgenommen zu werden.

Hat sich der Narzisst schon während der Beziehung kaum mit dem Kind beschäftigt, dann wird er es nach der Trennung sehr schwer haben, plötzlich eine Beziehung und Bindung zu seinem Kind aufzubauen. Er ist dem Kind ja zunächst fremd, weil er sich zu sehr im Hintergrund aufgehalten hat oder nur bei Schwierigkeiten in Erscheinung trat. Und allein aus der Tatsache heraus, dass er ein Elternteil ist, entsteht noch kein enges Verhältnis. So etwas muss wachsen und braucht sehr viel Geduld und Einfühlungsvermögen. Doch ein Narzisst glaubt, die Gunst des Kindes automatisch mit dessen Geburt erlangt zu haben oder gegenseitiges Vertrauen einfach befehlen zu können. Da einem Narzissten das Instrument der Empathie fehlt, muss er eben auf andere Methoden ausweichen.

Nicht zuletzt ist dies auch der Grund, weshalb der Narzisst durch beeindruckende Wochenendprogramme und großzügige Geschenke und Gesten versucht, das Kind auf seine Seite zu ziehen. Wenn das Kind noch klein ist, dann gelingt dies meist auch recht gut. Ist das Kind hingegen älter, wird es hinter den großzügigen Eigenschaften die dunklen Seiten des Narzissten schneller erkennen und sich weniger von dem Imponiergehabe beeindrucken lassen. Insofern wird es der Narzisst bei jugendlichen Kindern deutlich schwieriger haben, weil sie ihm mit mehr Misstrauen begegnen, wenn er nicht schon vor der Trennung eine enge und partnerschaftliche Beziehung zu ihnen aufgebaut hat.

Eine tragfähige Beziehung kann nicht erkauft werden, so wie es der Narzisst gerne tun möchte, indem er mit Abenteuern, Geschenken und Privilegien lockt. Das hat immer nur einen kurzfristigen Effekt und verpufft, sobald das Ereignis vorbei ist. Es kann aber auch süchtig machen: Kinder können süchtig danach werden, ständig etwas Besonderes zu bekommen oder an etwas Besonderem teilzuhaben. Es hebt ihr Selbstwertgefühl. Das Kind erlebt sich dann selbst als etwas Besonderes, weil es Vorzugsbehandlungen genießt.
Der Narzisst bindet sein Kind aber nicht durch echte emotionale Werte, sondern durch Ersatzmittel. Tragfähige Beziehungen bauen sich allerdings dadurch auf, dass man füreinander da ist, dass man Zeit miteinander verbringt, gemeinsame Erfahrungen macht und sich gegenseitig unterstützt, Verständnis füreinander hat, verlässlich ist und sich vertrauen kann. Da ein Narzisst seinem Kind diese Eigenschaften nicht bieten kann, muss eine Bindung durch andere Faktoren stattfinden. Der Narzisst braucht das Instrument der Verführung oder muss mit Druck und Zwang arbeiten, um das Kind an sich zu binden. Andere Möglichkeiten hat er nicht. Mangelnde Liebe muss dann durch Formen der Manipulation ersetzt werden.

Meist fühlt sich das Kind in der Zeit mit dem Narzissten allein, fremd und unsicher. Es weiß nicht recht, was es mit dem narzisstischen Elternteil anstellen soll, und der Narzisst weiß nicht recht, was er dem Kind anbieten kann. So ist der Umgang geprägt von einem reservierten Verhalten des Kindes und einem unbeholfenen Taktieren des Narzissten. Es kommt nicht wirklich Freude auf und die nüchterne Atmosphäre ist verbunden mit einem mangelnden Gefühl von Verbundenheit, das durch die gekünstelte Lässigkeit seitens des Narzissten überspielt werden soll. In der Regel sucht der Narzisst den Grund für den unterkühlten Kontakt jedoch nicht bei sich, sondern macht den Ex-Partner dafür verantwortlich. Er vermutet, dass der andere Elternteil das Kind gegen ihn aufgewiegelt hat.

Der Ex-Partner muss sich dann pädagogische Inkompetenz vorwerfen lassen. Der Narzisst behauptet einfach, der Ex-Partner manipuliere das Kind und wolle ihm das Kind entfremden. Hierfür weiß er auch zahlreiche Beispiele aufzuzählen. Der narzisstische Elternteil entwickelt ein ausgeprägtes paranoides Verhalten und sieht hinter dem suspekten Verhalten des Kindes und dessen angeblicher Komplizenschaft mit dem anderen Elternteil eine hinterlistige Verschwörung. Hinter allen Missständen, die der Narzisst wahrnimmt, vermutet er die negative Einflussnahme des Ex-Partners, die nichts anderes bezwecken soll, als sein Verhältnis zum Kind zu sabotieren.

Weil er den Ex-Partner als einen Feind betrachtet, der ihm das Kind entfremden will oder der keine Ahnung davon hat, wie man mit Kindern umgeht, sieht er es als gerechtfertigt, seinerseits das Kind zu instrumentalisieren. Der Narzisst sieht sich als Opfer und meint, dem Kind in seiner Zeit etwas Besonderes bieten zu müssen, sozusagen als Gegengewicht zum bösen Elternteil, der ausgeklügelte Komplotts gegen ihn schmiedet und ihm auf diese Weise den Krieg erklärt. Ganz nach dem Motto »*Wenn du Krieg willst, dann bekommst du Krieg!*« richtet er seine Kanonen aus und ist jederzeit zum Feuern bereit.

Der Narzisst glaubt, es sei eine besonders schlaue Taktik, den Ex-Partner durch unentwegte Beschuldigungen in die Knie zu zwingen. Die Erziehungsmethoden des Ex-Partners werden angezweifelt, kleinste Anzeichen einer Vernachlässigung gegenüber dem Kind werden sofort angeklagt, unbedeutende Fehler werden zu unhaltbaren Zuständen hochstilisiert und der gesamte Lebensstil des Ex-Partners wird als schädlich für das Kind eingestuft. Außerdem behauptet der Narzisst, der Ex-Partner verleumde ihn und erzähle allen, was für ein schlechter Mensch er doch angeblich sei. Er stellt das Verhalten des Ex-Partners als unanständig, gestört und besorgniserregend dar. Dabei lässt er nichts unversucht, auch das Kind von seiner Sichtweise zu überzeugen und ihm auf diese Weise den anderen Elternteil zu entfremden, der scheinbar nur Böses im Schilde führt oder unfähig ist, seinen Erziehungsaufgaben nachzukommen.

Der Ex-Partner sitzt dann laufend auf der Anklagebank und ist ständig in der Position, sich für sein Handeln rechtfertigen oder entschuldigen zu müssen. Der Narzisst drängt den anderen Elternteil systematisch in die Defensive und erreicht auf diese Weise, dass der Ex-Partner zu Zugeständnissen bereit ist und dem Narzissten zuarbeitet. Das Kind wird dann verstärkt zum Umgang mit dem Narzissten ermuntert, dessen missliches Verhalten wird beschönigt und der Ex-Partner versucht, dem Kind ein entsprechendes Benehmen beizubringen, das dem Narzissten keinen Grund zur Beschwerde mehr bietet.

Auf diese Weise bleibt der Ex-Partner in der emotionalen Abhängigkeit von dem Narzissten hängen. Der narzisstische Elternteil diktiert die Erziehungsmethoden und die Regeln für den Umgang mit dem Kind, während der Ex-Partner aufgrund seines schlechten Gewissens dem Willen des Narzissten beugt und sich wider besseres Wissen unterordnet. Das eigentliche Problem – die mangelnde Bindungsfähigkeit des Narzissten gegenüber seinem Kind – bleibt dabei unerwähnt und ungelöst.

Lena

»Als meine Mutter meinen Vater verließ, bekam sie das Sorgerecht und ich sah meinen Vater alle zwei Wochen. Ich mochte bei ihm sein, aber es gab einige Dinge, die mir erst nach einigen Jahren klar wurden. Mein Vater redete schlecht über meine Mutter und meine Großeltern. Er sagte immer, wie sehr er doch unter ihnen leiden musste, dass er so viel Geld zahlen muss und meine Mutter mich nicht zu ihm ließ. Außerdem lud er mich gern bei meiner Oma ab, was mir egal war, da ich gerne bei ihr war. Später, als ich schon größer war und er ein zweites Kind hatte, ließ er mich oft 3 Stunden oder mehr

> *alleine, da er etwas erledigen musste. Dann wollte ich nicht mehr an ‚seinem' Wochenende zu ihm und lieber bei Freunden sein. Er ist dann ausgetickt am Telefon, hat rumgeschrien, fuhr zu unserem Haus und tobte vor der Eingangstür. Das hat mich sehr verschreckt. Gott sei Dank waren Mama und Opa da. Mit 10 wollte dann mein Vater mit mir in den Urlaub fliegen. Aber ich weigerte mich bzw. ich hatte Angst davor. Denn es war so, dass ich befürchtete, dass mein Vater mich alleine lässt oder nicht auf mich aufpasst. Am Tag der ‚Abreise' bat ich meine Mutter, mir nicht meinen Pass mitzugeben, da ich ohne Pass nicht ins Flugzeug konnte. Mein Vater holte mich ab. Als er dann am Flughafen merkte, dass mein Pass fehlte, schrie er mich an und machte mich fertig. Aber am Ende rief er meine Mutter an, die mich abholte. Mit 15 wollte ich nicht mehr die ganzen Schulferien bei meinem Vater verbringen, da ich lieber bei meinen Freunden war. Er flippte wieder aus und machte mich fertig. Er sagte, meine Mutter sei an allem schuld, dass es seine Zeit mit mir wäre und redete mir Schuldgefühle ein. Aber ich dachte mir nur: ‚Ich habe nichts falsch gemacht!'«*

Das Kind lebt beim narzisstischen Elternteil

Lebt das Kind bei dem narzisstischen Elternteil, dann wird dieser entweder den anderen Elternteil aus seinem Leben und dem Leben des Kindes drängen oder – wenn dies nicht gelingen mag – versuchen, den anderen Elternteil wenigstens für seine Zwecke einzuspannen und zu kontrollieren. Der Narzisst führt sich wie das Oberhaupt auf, das allein entscheidet, was für das Kind gut ist, und das die Befugnis besitzt, den anderen Elternteil in der Erziehung des Kindes anzuleiten.

Der Ex-Partner wird nach der Trennung häufig durch einen neuen Partner ersetzt, der die Mutter- oder Vaterrolle zukünftig übernehmen soll. Schnell wird der neue Partner mit dem Kind vertraut gemacht und das Kind soll ihn auch gleich mit »Mama« oder »Papa«

anreden. Die Rollen innerhalb der neuen Familie werden schnell verteilt und meist wird das alte Familienleben in herkömmlicher Weise nahtlos weitergeführt. Nach außen wird dann die glückliche Familie ohne jegliche Probleme präsentiert, so als hätte es niemals zuvor eine tragische Trennung gegeben. Das Kind wird versorgt und verwöhnt und alles wird unternommen, damit das Kind gar nicht erst das Bedürfnis verspürt, den anderen Elternteil besuchen zu wollen.

Mit der Zeit wird der Ex-Partner immer mehr wie ein störender Eindringling und Fremdkörper empfunden und mehr und mehr wie das fünfte Rad am Wagen behandelt. Er wird darin behindert, an seinem Wochenende eine schöne Zeit mit dem Kind zu verbringen. In der Regel wird er von dem narzisstischen Elternteil darüber belehrt, wie er in dieser Zeit mit dem Kind umzugehen hat: Er erhält detaillierte Instruktionen zu den Schlaf- und Essenszeiten, den Aktivitäten oder Aufgaben und zu der gemeinsamen Zeit mit anderen Kindern oder Erwachsenen. Oft wird sogar der gesamte Tagesablauf am Wochenende geplant und der Narzisst bestimmt exakt, zu welcher Stunde was zu erfolgen hat. Der narzisstische Elternteil behauptet zwar, diese selbstherrliche Intervention diene dem Wohl des Kindes, tatsächlich will er aber den Ex-Partner genauestens kontrollieren.

Der Narzisst hat die arrogante Einstellung, dass er das Recht darauf hat, wenigstens die Kontrolle über die Zeit mit dem anderen Elternteil zu behalten, wenn er das Kind schon an den anderen Elternteil aushändigen muss. Nach außen begründet er dies mit einer übergroßen notwendigen Fürsorge dem Kind gegenüber. In Wahrheit aber will er die Beziehung des Ex-Partners mit dem Kind überwachen und verhindern, dass sich das Kind bei dem anderen Elternteil wohlfühlt und sich zwischen den beiden ein liebevolles Verhältnis aufbaut. Der Narzisst beansprucht das Kind für sich allein und macht den anderen Elternteil daher nach der Trennung zum Objekt einer gründlichen Spionagetätigkeit. Zwischen den beiden darf sich keine eigenständige Beziehung entfalten, die im

Widerspruch zu den Interessen des Narzissten stehen könnte. Das Leben des Kindes muss in der Zeit beim Ex-Partner lückenlos den Vorstellungen des Narzissten entsprechen, so als wäre das Kind nach wie vor bei dem narzisstischen Elternteil.

Das Kind wird dann nach dem Wochenende ausführlich nach dem genauen Ablauf befragt. Das Verhalten und insbesondere die Stimmung des Kindes werden sehr genau analysiert oder der Inhalt des Reisegepäcks wird genauestens auf Vollständigkeit und Unversehrtheit untersucht. Meist ruft der Narzisst während des Wochenendes auch bei dem Kind oder dem Ex-Partner mehrfach an, um sich nach dem Befinden des Kindes zu erkundigen und die Umsetzung seiner Anweisungen zu überprüfen. Dem Kind wird dann sogar ein eigenes Handy mitgegeben, damit es sich abends bei dem narzisstischen Elternteil meldet und einen Rapport über das bisher verlaufene Wochenende abgibt oder sich bei Unstimmigkeiten mit dem anderen Elternteil unmittelbar melden kann. Der narzisstische Elternteil greift dann sofort ein, wenn sich das Kind unwohl fühlt, stellt den anderen Elternteil zur Rede oder holt das Kind direkt ab, damit es aus der angeblichen Gefahrenzone herauskommt.

So sehr ein Narzisst über das Leben seines Kindes bestimmt und es in seinen Wahlmöglichkeiten beschränkt, so großzügig gewährt er ihm in Bezug auf den Besuch des anderen Elternteils ein Wahlrecht: Das Kind darf sich aussuchen, ob es zum anderen Elternteil gehen möchte oder nicht. Häufig macht der Narzisst auch ein attraktives Gegenangebot, indem er dem Kind ein schönes Wochenende bei ihm in Aussicht stellt, wenn es bleibt. Der narzisstische Elternteil kostet es dann aus, wenn das Kind den anderen Elternteil an der Eingangstür abblitzen lässt. Der Narzisst genießt es, wenn er das Kind wie eine Marionette lenken kann und der andere Elternteil bedröppelt wieder abziehen muss.

Eine weitere List des narzisstischen Elternteils ist es, an den anderen Elternteil keine, ungenügende oder falsche Informationen weiterzugeben. Wenn das Kind krank ist, wenn es Termine während der

Zeit beim anderen Elternteil hat wie z. B. Kindergeburtstage oder Schulveranstaltungen, wenn es noch dringende Schularbeiten zu erledigen hat oder wenn sich Gewohnheiten verändert haben, dann werden notwendige Einzelheiten einfach nicht ausführlich besprochen, so dass der andere Elternteil keine Chance hat, sich auf ein spezielles Thema einzustellen, und aus Unwissenheit zwangsläufig Fehler machen muss. Das wird ihm dann natürlich hinterher vorgeworfen und der andere Elternteil darf sich mal wieder anhören, wie unfähig er ist, sich vernünftig um das Kind zu kümmern. Sein zaghafter Hinweis, dass er die Information nicht erhalten habe, wird von dem narzisstischen Elternteil als typische Zerstreutheit abgetan.

Der Narzisst gibt dem anderen Elternteil auch gerne falsche Empfehlungen. Dann wird behauptet, das Kind mache dieses oder jenes besonders gerne und besitze diese oder jene Vorliebe, nur damit der andere Elternteil diesem Hinweis folgt und das Kind daraufhin falsch einschätzt. Der Narzisst lässt ihn so auflaufen: Der Ex-Partner handelt in bester Absicht, stößt jedoch auf erboste Ablehnung und den Widerwillen des Kindes und macht sich entsprechend unbeliebt – sehr zur Freude des Narzissten.

Oft werden auch die Zeiten der Übergabe nicht eingehalten oder absichtlich falsch weitergegeben, damit das Kind merkt, wie unzuverlässig der andere Elternteil ist. Der Narzisst sucht entweder Situationen oder schafft Umstände, in denen der andere Elternteil angeblich wieder einmal etwas falsch macht, um ihn dann vor den Augen des Kindes kritisieren und belehren zu können. Dabei werden selbst die kleinsten Unzulänglichkeiten aufgespürt, um sich lauthals darüber aufzuregen und den anderen Elternteil verurteilen zu können. Der Narzisst lässt keine Gelegenheit ungenutzt, sich über den anderen Elternteil zu erheben.

Über die Familie des anderen Elternteils, dessen Wohnung, Beruf, Hobbys und Vorlieben wird nur negativ gesprochen. Die Beschreibungen sind voll von Abwertungen, Übertreibungen und Lügen.

Der Narzisst will dem Kind damit demonstrieren, wie schlecht der andere Elternteil ist, und erwartet von ihm, dass es sich emotional auf seine Seite schlägt und den anderen ablehnt. Das Kind darf sich in Gegenwart des Narzissten niemals positiv über den anderen Elternteil äußern, es darf nicht von angenehmen und schönen Erlebnissen mit diesem berichten, um den Narzissten nicht zu verärgern und nicht in den Verdacht der Untreue zu geraten. Eine gute Beziehung zum anderen Elternteil darf es in der Welt des Narzissten nicht geben.

So führt jede kleinste Abweichung von den Vorstellungen des Narzissten und jede Nichteinhaltung seiner Anweisungen zu einem heftigen Streit. Der Ex-Partner wird beschuldigt, dem Kind durch das Ignorieren seiner Vorschriften beachtlichen Schaden zuzufügen, weil er sich erlaubt habe, abweichend von den Regeln des Narzissten zu handeln. Dabei muss das eigenständige Handeln des Ex-Partners objektiv gesehen nicht falsch gewesen sein. Da ein Narzisst allerdings davon überzeugt ist, dass nur er weiß, was für das Kind richtig ist, findet er in dem autonomen Verhalten des Ex-Partners nur die Bestätigung, dass dieser nicht mit ihm kooperieren will.

Der Ex-Partner ist dann regelmäßig verstört über so viel Intoleranz. Fehler können schließlich jedem passieren, aber muss man deshalb gleich so erbost reagieren? Betroffene können sich keinen Reim auf diese ungeheuerliche Unverhältnismäßigkeit machen und glauben am Ende fast immer, selbst schuld an der Verärgerung oder Wut des Narzissten zu sein und wahrscheinlich in der Tat etwas Gravierendes falsch gemacht zu haben, weil ansonsten diese gewaltige emotionale Reaktion nicht zu erklären ist. Sie können sich überhaupt nicht vorstellen, dass das häufige Auftreten von Fehlern vom Narzissten durchaus erwünscht ist und daher auch jede Kleinigkeit zum Anlass genommen wird, sich darüber aufzuregen und den anderen durchweg als minderwertig abzuqualifizieren.

Die Positionen der beiden Elternteile könnten nicht unterschiedlicher sein: Der narzisstische Elternteil erhebt sich über den Ex-Partner und will nach wie vor die Macht über dessen Leben haben, während der andere Elternteil durch die unentwegten Beschuldigungen ständig in die Defensive gedrängt wird und nur noch mit dem Rechtfertigen seiner Handlungen beschäftigt ist. Der Narzisst erweckt den Eindruck, er allein könne über die Umgangsformen bestimmen und nur er sei mit der Weisheit gesegnet, über das Wohl des Kindes entscheiden zu können.

Da sich der andere Elternteil in den Augen des Narzissten in jeglicher Hinsicht als untauglich erweist, entsteht nicht selten die arglistige Idee, Besuche des Kindes auszusetzen als Strafe für das inakzeptable Verhalten des Ex-Partners. Der Narzisst glaubt, durch die Erteilung von Auflagen für die Umgangszeiten oder durch das Aussetzen von Besuchen den anderen Elternteil weiter demütigen zu können. Der narzisstische Elternteil legt dann seine beschämenden Maßnahmen so aus, als wolle er dem anderen Elternteil nur dabei helfen, langfristig zu dem Kind ein besseres Verhältnis aufzubauen.

So kann es passieren, dass der Ex.Partner das Kind wochen- oder monatelang nicht mehr sieht, den narzisstischen Elternteil mit freundlichen Bitten besänftigen muss und darauf hofft, dass dieser Milde walten lässt und einem erneuten Umgang zustimmt. Meist begnadigt der Narzisst seinen Ex-Partner aber nur in Verbindung mit weiteren Auflagen: Der Ex-Partner darf das Kind dann nicht mehr das ganze Wochenende haben, sondern nur noch für einige Stunden, um erst einmal zu prüfen, wie sich das Kind dabei fühlt und ob man dem Kind dieses enorme Risiko überhaupt zumuten kann. Oder der narzisstische Elternteil besteht darauf, dass der Besuch in seiner Anwesenheit und somit unter seiner Kontrolle stattfindet. Der Ex-Partner wird dann in den Tagesablauf des Narzissten eingebunden und wird von diesem wie ein Hund an der Leine geführt, damit dieser das Kind nicht beißt.

Auf diese Weise kann natürlich kein ungezwungener Umgang mit dem Kind stattfinden, weil der Ex-Partner vom Narzissten das Gefühl vermittelt bekommt, zunächst das Vertrauen des Narzissten und des Kindes gewinnen und sich für den Umgang qualifizieren zu müssen. Der Ex-Partner wird nicht nur kontrolliert und eingeschüchtert, sondern durch diese autoritäre Behandlungsweise auch in höchstem Maße gedemütigt. Zu keinem Zeitpunkt wird auf einer Augenhöhe über den Umgang mit dem Kind gesprochen. Der Narzisst setzt seine Maßstäbe höher an als die Maßstäbe des Ex-Partners.

Grundsätzlich hat der Ex-Partner das Recht, die gemeinsame Zeit mit dem Kind so zu gestalten, wie er es für sinnvoll erachtet. Der einzige Maßstab im Umgang mit dem Kind ist dessen Wohl – es gibt keinen anderen. Den Maßstäben des Narzissten kann sich der narzisstische Elternteil unterwerfen, es gibt aber kein Gesetz, dass es dem Narzissten erlaubt, den anderen Elternteil seinen Prinzipien zu unterwerfen.

Es ist für den anderen Elternteil wichtig, sich seiner Position bewusst zu sein und sich nicht dem Narzissten zu unterwerfen, sondern sich entschieden abzugrenzen. Wenn der Narzisst nicht damit klarkommt, dass auf der Seite des Ex-Partners anders mit dem Kind umgegangen wird, dann ist das sein Problem und nicht das Problem des Ex-Partners. Dadurch, dass sich der Ex-Partner aber einschüchtern lässt und keine klare Position bezieht, macht er sich abhängig von der ehrwürdigen Gunst des Narzissten, in der Hoffnung, durch seine Zurückhaltung das Kind nicht zu verlieren.

Sie sollten daher die Anweisungen und Regulierungen des Narzissten nicht als ein Befehl, sondern lediglich als eine gutgemeinte Empfehlung ansehen, die man zunächst überprüfen sollte. Wenn es sich nicht um Themen handelt, die objektiv gesehen im Umgang mit dem Kind wichtig sind – z. B. die Medikamenteneinnahme bei einer Krankheit oder Unverträglichkeiten bei Nahrungsmitteln –, dann müssen Sie auch nicht darauf eingehen. Machen Sie dem Narzissten klar, dass Sie in der gemeinsamen Zeit mit dem Kind das tun werden, was Sie für richtig erachten, und dass Sie es dem narzisstischen Elternteil verbieten, sich in Ihre Zeit mit dem Kind einzumischen. Gehen Sie nicht auf seine Versuche ein, Sie belehren und überwachen zu wollen, sondern bleiben Sie Ihren eigenen Werten treu. Seine Forderung nach einer gleichgeschalteten Erziehung des Kindes entzieht sich jeglicher rechtlichen Grundlage.

Wenn Sie Widerstand leisten und eine eindeutige Position gegenüber dem Narzissten beziehen, müssen Sie natürlich damit rechnen, dass dieser versuchen wird, seinen Einfluss auf Sie über das Kind auszuüben. Das Kind ist dann plötzlich an den Besuchswochenenden krank und kann nicht zum anderen Elternteil oder das Kind wird vorgeschickt, dem Ex-Partner mitzuteilen, dass es nicht mitkommen möchte. Der Narzisst entwickelt eine ungeheure Kreativität bei dem Versuch, den Umgang zu verhindern, und meist wird das Kind selbst vorgeschickt, um die Absage auszusprechen, oder es werden Gründe erfunden, die den anderen Elternteil zum Nachgeben zwingen, weil er das Kind nicht in einen Konflikt bringen möchte.

Auch wenn das Kind den anderen Elternteil durchaus sehen möchte, so kann es sich nicht von dem massiven Druck des Narzissten lösen. Dem Kind fällt es dann leichter, den anderen Elternteil zu enttäuschen, den er ohnehin nicht so oft sieht wie den narzisstischen Elternteil, bei dem er lebt. Im Falle des Ungehorsams muss das Kind mit Spannungen und Bestrafungen rechnen, weshalb es in vielen Fällen gar keine andere Wahl hat, als sich dem Wunsch des Narzissten zu beugen, um nicht leiden zu müssen.

Für den anderen Elternteil sieht es dann so aus, als wolle das Kind in der Tat nichts mehr von ihm wissen. Das ist aber in der Regel nicht der Fall. Das Kind kann sich nur nicht dem narzisstischen Einfluss entziehen und würde aus freiem Willen heraus ganz anders entscheiden. Das Kind spürt, dass es dem narzisstischen Elternteil wehtun würde, wenn es am Wochenende zu dem anderen Elternteil geht. Es spürt, dass es von dem Narzissten nicht erwünscht ist, dass es den anderen Elternteil sieht. Auf der anderen Seite spürt das Kind aber auch seinen eigenen starken Wunsch, Kontakt mit dem anderen Elternteil zu haben, und gerät auf diese Weise in einen starken Loyalitätskonflikt. Egal, wie sich das Kind entscheidet: Es enttäuscht auf alle Fälle einen der beiden Elternteile. Und meist sitzt der Elternteil, bei dem das Kind nicht lebt, am kürzeren Hebel und muss mitansehen, wie ihm das Kind nach und nach entgleitet.

Daher wird ein betroffener Elternteil mit guten Worten bei dem Narzissten nichts bewirken. Es ist ja die Strategie des Narzissten, den anderen Elternteil aus seinem Leben und dem Leben des Kindes zu verbannen. Vielleicht will er auf diese Weise die Kränkungen, die er selbst durch die Trennung erfahren hat, ungeschehen machen. Je mehr der andere dann bittet und bettelt, desto besser fühlt sich der Narzisst. Er genießt das Gefühl, dass der andere Elternteil nach wie vor von seinen Entscheidungen abhängig ist.

Wenn sich der Kontakt zum Kind verringert oder gar gänzlich abgebrochen wird, dann helfen oft nur noch die Mittel der Staatsgewalt. Betroffene Elternteile müssen dann um ihr Umgangsrecht kämpfen und sich juristisch beraten lassen. Natürlich kann es passieren, dass der Narzisst so geschickt argumentiert und taktiert, dass die Umgangssperre vom Gericht mindestens vorübergehend als berechtigt eingeschätzt wird oder dass der Richter das Kind vor Gericht erscheinen lässt, damit es allen Beteiligten selbst mitteilt, wann es welchen Elternteil wie lange sehen möchte. Dadurch wird ein Kind aber in einen schweren Loyalitätskonflikt getrieben, was man jedem Kind nur zu gern ersparen möchte. Nicht zuletzt deshalb machen dann Ex-Partner einen Rückzug und ergeben sich ihrem Schicksal.

Zudem können die erheblichen Kosten eines Verfahrens ein unüberwindbares Hindernis dafür sein, lange Prozess führen zu können. Der narzisstische Elternteil wird alles daransetzen, den Prozess möglichst in die Länge zu ziehen, um den Umgang so lange verhindern zu können, bis eine Einigung erzielt wurde. Jeden Tag, an dem der andere Elternteil das Kind nicht sieht, und jedes Wochenende, das ausfällt, schreitet der Prozess der Entfremdung unaufhaltsam voran. Jede weitere Verhandlungsrunde ist ein Sieg für den Narzissten – egal, ob er mit den Anklagepunkten durchkommt oder ob sie überhaupt verhandlungswürdig sind.

Wie können Sie vorgehen?

Der Gesetzgeber hat festgestellt, dass der Umgang mit beiden Elternteilen uneingeschränkt zum Kindeswohl gehört. Ein Elternteil kann sich nicht über den anderen Elternteil stellen und den Umgang einseitig diktieren. Dennoch nimmt sich ein Narzisst dieses Recht selbstherrlich heraus und erfindet die sonderbarsten Gründe, um sein Handeln zu legitimieren und als Segen für das Kind hinzustellen. Um allerdings einem Elternteil den Umgang zu verwehren, müssen schon gravierende Gründe vorliegen, und das Aussetzen des Umgangs kann nur von einem Gericht entschieden werden.

Kommen Sie mit guten Argumenten bei dem narzisstischen Elternteil keinen Schritt weiter, dann sollten Sie folgende Schritte ausprobieren:

1. Wenden Sie sich schriftlich an den narzisstischen Elternteil und entwerfen Sie einen sinnvollen Umgangsplan, der die Bedürfnisse und Möglichkeiten aller Beteiligten berücksichtigt. Machen Sie den narzisstischen Elternteil darauf aufmerksam, dass Sie sich außergerichtlich einigen möchten, um keine größeren Konflikte aus Rücksicht auf das Kind zu verursachen.

2. Lässt sich der narzisstische Elternteil nicht auf Ihren Vorschlag ein, macht dieser unzumutbare Gegenvorschläge oder verweigert er einfach eine Einigung, dann sollten Sie beratende Hilfe in Anspruch nehmen. Entsprechende Gespräche bieten zum Beispiel örtliche Erziehungsberatungsstellen, Jugendämter, der Kinderschutzbund oder die Caritas an. Mit Hilfe eines Mediators kann dann versucht werden, eine

Einigung zu erzielen, die hinterher auch schriftlich fixiert wird.

3. Kann auch über die Beratungsstellen keine verbindliche Einigung erzielt werden oder werden die getroffenen Vereinbarungen nicht eingehalten, können Sie sich nur noch an das Familiengericht wenden. Dort kann ein gerichtlicher Beschluss erwirkt werden, der Ihnen den Umgang und die entsprechenden Zeiten garantiert. Von vornherein sollte die Androhung von Ordnungsmitteln bei Zuwiderhandlungen in den Beschluss aufgenommen werden. Wird dem Beschluss nicht Folge geleistet, dann können hohe Ordnungsgelder verhängt werden oder es wird ein Umgangspfleger bestellt, der den gerichtlichen Umgang und eine reibungslose Übergabe gewährleistet.

Auch wenn Sie das Kind lange Zeit nicht sehen können: Versuchen Sie dennoch, auf allen verfügbaren Wegen Kontakt zum Kind zu halten, selbst wenn Sie keine Antwort und keinen Dank vom Kind erhalten. Bestrafen Sie das Kind nicht für das, was Ihnen der Narzisst antut, oder dafür, dass es sich auf dessen Seite stellt. Schreiben Sie regelmäßig Briefe, SMS oder Mails. Schicken Sie Geschenke zu den Geburtstagen und zu Weihnachten. Rufen Sie von Zeit zu Zeit an. Selbst wenn Sie eine negative Reaktion bekommen sollten: Werden Sie nicht müde, den Kontakt zu halten. Ihr Kind handelt nicht aus einem freien Willen heraus: Es hat die Einstellung von dem Narzissten übernommen, weil es entweder tagtäglich von ihm beeinflusst wird und es den narzisstischen Elternteil nicht enttäuschen will oder weil es einfach Angst vor dem Narzissten hat. Es hat sich aber mit hoher Wahrscheinlichkeit nicht dafür entschieden, Sie nicht mehr sehen zu wollen. Das Kind leidet selbst darunter, dass es den anderen Elternteil nicht sehen kann und dieser kurzfristig nicht verfügbar ist, sondern immer erst die Erlaubnis des narzisstischen Elternteils eingeholt werden muss. Das macht das Kind zum einen handlungsunfähig und zum anderen entwickelt es Schuldgefühle dem anderen Elternteil gegenüber. Das kann schließlich dazu führen, dass das Kind aus einem Schamgefühl heraus dem anderen Elternteil nicht begegnen möchte.

Tinka

»Auch ich habe mich von meinem narzisstischen Mann getrennt – einfach um mich und die Kinder zu schützen. Jetzt nach 8 Jahren hat er die Kinder so manipuliert, dass meine Jungs (7 und 10) bei ihm wohnen wollen und mit mir nichts mehr zu tun haben möchten. Nach den Ferien hat er sie einfach nicht nach Hause gebracht! Trotz Beschluss vom Gericht hat er sie bei sich eingeschult und unterbindet jeglichen Kontakt zu mir. Das Jugendamt ist machtlos und nicht in der Lage, die Kinder wieder nach Hause zu bringen. Die Gerichtsverhandlung steht noch aus – ich habe aber das Gefühl, total alleingelassen zu werden! Niemand will und kann wirklich helfen. Es ist seine Rache, dass ich ihn verlassen habe! Ich muss versuchen, stark zu sein – für die Kinder!«

Es wird der Tag kommen, an dem das Kind Sie braucht, den Kontakt wünscht und alt genug ist, um selbst den Weg zu Ihnen zu finden. Vielleicht braucht Ihr Kind dann auch dringend Ihre Unterstützung. Schlagen Sie nicht alle Türen zu, indem Sie nichts mehr von sich hören lassen. Steht Ihr Kind eines Tages vor Ihnen, wird es sehr schwer werden, dem Kind Ihre Kapitulation beizubringen. Das Kind wird Ihr resigniertes Verhalten als Ablehnung seiner Person empfinden und von Ihnen tief enttäuscht sein.

Bleiben Sie daher überzeugt davon, dass jedes Kind beide Elternteile braucht. Wenn Sie einen Umgang nicht erzwingen können und der Narzisst eine hohe Mauer zwischen Ihnen und dem Kind errichtet, dann buddeln Sie einen Tunnel. Auch wenn es nicht das ist, was Sie sich vom Umgang mit Ihrem Kind erhofft haben, und Ihnen das Gesetz andere Rechte garantiert, so sollten Sie doch daran denken, dass sich Ihr Kind in einer ähnlich hilflosen Situation befindet wie Sie während der Beziehung mit dem Narzissten. Das Kind wird Sie eines Tages brauchen.

19. Das Kind wird entfremdet

Da sich beide Elternteile nach der Trennung zutiefst gekränkt fühlen, kann kein lockerer und einvernehmlicher Umgang mit dem gemeinsamen Kind entstehen. Der Partner des Narzissten musste im Laufe der Beziehung sehr viel opfern und zahlreiche Demütigungen einstecken, worunter sein Selbstwertgefühl massiv gelitten hat. Der Narzisst fühlt sich gekränkt, weil sein Ex-Partner ihm nicht mehr in gewohnter Weise zur Verfügung stehen will, sich einfach von ihm distanziert und nun sein eigenes Leben führen möchte. Die Quelle seiner narzisstischen Zufuhr droht zu versiegen. Selbst wenn er derjenige ist, der die Trennung herbeigeführt hat, erwartet er groteskerweise von seinem ehemaligen Partner, dass er ihm auch weiterhin zur Verfügung steht. Tut dieser ihm nicht den Gefallen, dann reagiert er erbost, weil die Beendigung der Beziehung für ihn kein hinreichender Grund ist, sich nicht doch gelegentlich wieder im Heim des Ex-Partners niederzulassen.

Daher können beide Partner keine neutralen Gefühle füreinander haben. Die Vergangenheit ist noch lange nicht aufgearbeitet und geklärt, vieles spukt noch im Kopf herum und vieles liegt quer im Magen. Zu viele Fragen bleiben ungeklärt und zu viele Kränkungen unentschuldigt. Der Narzisst ist sich überhaupt keiner Schuld bewusst, während auf der anderen Seite der Ex-Partner das unangemessene und widersprüchliche Verhalten des Narzissten einfach nicht begreifen, vergessen und verzeihen kann. Daher können beide dem jeweils anderen nicht gelassen gegenübertreten, sondern bleiben mit ihrem ehemaligen Partner emotional hochgradig verstrickt, weil sie glauben, den jeweils anderen zur Bewältigung der aufgestauten Gefühle zu benötigen. Dabei dient jeder errungene Sieg über den anderen zur Selbststärkung und zur vorübergehenden Rückkehr zu einem inneren Gleichgewicht.

Der Narzisst will nach wie vor das Gefühl haben, Macht über seinen Ex-Partner zu besitzen, und macht ihm aus diesem Grund das Leben so schwer wie möglich. Der Ex-Partner wiederum möchte es dem Narzissten am liebsten mit einem gezielten Schlag zurückzahlen. Der Narzisst soll auch mal spüren, wie es ist, so zu leiden, wie er es musste. Er möchte sich an dem Narzissten rächen, er möchte, dass der Narzisst schreckliche Schmerzen erleidet, und er möchte, dass sich der Narzisst für seine Schandtaten entschuldigen muss. Er will eine Wiedergutmachung.

Bei aller Selbstbeherrschung wird die Wut dem Narzissten gegenüber so dominant sein, dass es kaum möglich sein wird, ihm gelassen gegenüberzutreten. Manchmal genügt ein einziges falsches Wort oder eine einzige doppeldeutige Geste, die das Fass zum Überlaufen bringt. Letztlich wollen beide unbewusst die Macht über den anderen erringen: Der Narzisst will den Ex-Partner so wie vorher beherrschen und der Ex-Partner möchte zumindest einmal über dem Narzissten stehen, weil er glaubt, auf diese Weise sein beschädigtes Selbstwertgefühl reparieren zu können. Während der Narzisst die dauerhafte Herrschaft über den Ex-Partner anstrebt, würde dieser sich schon damit begnügen, den Narzissten wenigstens einmal in die Knie zwingen zu können, um ihn dann für alle Zeit los zu sein.

Die gemeinsame Sorge um das Kind wird dann als Schlachtfeld für einen persönlichen Rachefeldzug genutzt. Je stärker das subjektive Kränkungsgefühl ist, desto mehr wird der eine Elternteil versuchen, über das Umgangsrecht den jeweils anderen zu verletzen. Das Kind wird zum Instrument, mit dem der andere getroffen und so die eigene Gefühlslage zumindest vorübergehend beruhigt werden kann. Das Kind wird als Schießpulver für die emotionale Bombardierung genutzt. Insofern kann in den meisten Fällen davon ausgegangen werden, dass sich am Entfremdungsprozess beide Elternteile beteiligen und versuchen werden, das Kind zu ihren Gunsten zu manipulieren, um dem anderen zu schaden.

Das Kind weiß dann nicht, auf welche Seite des brennenden Kriegsschauplatzes es sich stellen soll und wo es maximale Sicherheit erfährt. Loyalitätskonflikte mit den Eltern stellen für ein Kind immer eine enorme Belastung dar. Sobald das Kind dem einen Elternteil seine Zuneigung zeigt, muss es fürchten, die Zuwendung des anderen zu verlieren. Die Liebe und die Gefühle des Kindes einem Elternteil gegenüber werden von dem anderen Elternteil nicht getragen und akzeptiert. Das Kind bekommt von dem einen Elternteil das Gefühl vermittelt, den anderen Elternteil nicht lieben zu dürfen, und gerät auf diese Weise in ein großes Dilemma.

Bildet das Kind eine Allianz mit einem Elternteil und wendet es sich von dem anderen Elternteil ab, um auf diese Weise aus dem Spannungsfeld herauszukommen und somit Erleichterung zu erfahren, dann kann dies langfristig zu erheblichen Störungen in der Bindungs-, Beziehungs- und Leistungsfähigkeit des Kindes führen. Ist das Kind allerdings nicht bereit, ein Elternteil zu opfern, so bleibt es im Loyalitätskonflikt gefangen und muss mit einer unerträglichen Situation weiterleben, die ebenfalls zu psychischen Störungen führen kann.

Martina

»Ich habe mich nach meiner 15-jährigen Ehe von meinem Mann getrennt – leider ohne Plan, weil mir nicht bewusst war, dass er eine narzisstische Störung hat. Trennungsgedanken habe ich schon mindestens 10 Jahre lang, habe es der Familie zuliebe aber nie gewagt. Wir haben ja auch recht gut zusammengelebt. Wir haben nie gestritten, er hatte alles in der Hand – das war ja in gewisser Weise auch bequem für mich. Ich hatte aber immer das Gefühl, dass es nicht mein Leben ist. Nach der Trennung habe ich meinen Mann nicht wiedererkannt. Davon abgesehen, dass er nicht wirklich versucht hat, mich zu halten, hat er nichts von dem, was besprochen war, umgesetzt. Das Schlimmste für mich war, dass er mir meinen Sohn weggenommen hat. Ich habe naiv geglaubt, dass wir das Besprochene auch umsetzen werden. Mein Sohn war damals 14 Jahre alt, war immer ein Mama-Kind und sollte natürlich mit mir mitziehen. So war es auch besprochen. Mit

meinem Auszug hat mein Mann nur noch getreten, er hat unser Kind manipuliert und von den Absprachen wollte er nichts mehr wissen. Mein Sohn wollte nicht mal mehr bei mir übernachten. Die Anwälte haben mich zum Jugendamt geschickt, weil mein Sohn schon 14 Jahre alt war und selbst entscheiden konnte. Das Jugendamt hat ihn eingeladen. Mein Ex-Mann aber hat abgelehnt, weil er keine Notwendigkeit sah. Ich war machtlos. Er hat jeglichen Kontakt mit mir abgelehnt, außer wenn er einen Vorteil für sich gesehen hat. Er hat mich mein Sorgerecht nicht ausüben lassen. Es gab viele Schikanen, Beschimpfungen, Beleidigungen. Er hat unser Kind benutzt, um mir weh zu tun. Auch unser Sohn hat darunter sehr gelitten, was mir am meisten weh tat. Aber das war meinem Mann egal, er hat nur an Rache gedacht und wie er in den Genuss kommt, mich leiden zu sehen. Es sind mittlerweile mehr als 3 Jahre vergangen und ich leide immer noch sehr unter seinen Schikanen. Ich habe immer und immer wieder – mit Abstand – versucht, an ihn heranzutreten und an seine Vernunft zu appellieren. Erst jetzt weiß ich, dass das niemals möglich sein wird.«

Will der Narzisst in seiner Verbitterung über die Trennung den Ex-Partner bestrafen, versucht dieser in erster Linie, den rauen Attacken des Narzissten zu entkommen, und entwickelt aus diesem Grund vorsorglich Abwehrstrategien, um sich und das Kind vor den teuflischen Manövern zu schützen. Zuweilen ist aber unklar, ob es dem Ex-Partner wirklich allein darum geht, dem Kind zu helfen, und ob er bei seiner Taktik die Interessen des Kindes ausreichend berücksichtigt oder ob er nicht eher für die eigenen Ziele kämpft und das Kind lediglich hierfür benutzt. Das Kind wird dann in das verhängnisvolle Intrigenspiel mit eingebunden, indem es eingeredet bekommt, dass das Verhältnis zum narzisstischen Elternteil schadhaft sei. Oft übernimmt das Kind die Sichtweise des beschützenden Elternteils, ohne dass es sich selbst ein Urteil aufgrund einschlägiger Erfahrungen bilden konnte. Auf diese Weise beteiligt sich dann auch der co-narzisstische Elternteil an der Entfremdung – selbst wenn er es vorrangig zum Schutz des Kindes tut.

Die Entfremdung beginnt immer dort, wo einer der Gute sein will. Jeder der zerstrittenen Elternteile sieht sich im Recht und verteidigt seinen Standpunkt. Dem jeweils anderen werden schwerwiegende Vorwürfe gemacht, indem dessen schlechte Seiten und Fehler aufgezählt werden. Zum Beispiel wird dem anderen vorgehalten, nie im Haushalt geholfen, sich nie um das Kind gekümmert, die Erziehung zu lasch geführt oder sich illoyal verhalten zu haben oder nie für das Kind da gewesen zu sein. Es geht dann nicht um rationale Lösungen, sondern nur um verletzte Gefühle. Folgendes Verhalten ist dabei typisch:

- Dramatisierungen: Kleinigkeiten werden zu Katastrophen hochstilisiert. Ist das Kind mal aufs Knie gefallen, hat sofort der andere seine Aufsichtspflicht schwerwiegend verletzt. Schneidet das Kind bei einer Klassenarbeit mal mit einer schlechten Not ab, wird gleich von mangelnder Förderung und verantwortungsloser Vernachlässigung gesprochen. Trinkt das Kind mal eine Cola, dann wird gleich von einer unerlaubten Einnahme lebensgefährlicher Genussmittel gesprochen. Erscheint das Kind mal nicht frisch geduscht oder hat es sich unpassende Kleider angezogen, dann wird Anklage auf vorsätzliche Verwahrlosung erhoben. Hinter jedem Handeln des anderen werden schlimmste Absichten vermutet, um die Erziehungseignung des anderen anzuzweifeln.
- Unsinnige Regeln: Der eine Elternteil versucht, dem anderen Umgangsregeln für das Kind zu diktieren, z. B. durch die Vorgabe, dass das Kind nicht bei den Großeltern übernachten darf, es den neuen Partner nicht kennenlernen darf, bevor ihn nicht der andere Elternteil kennengelernt hat, oder keine Süßigkeiten essen darf, weil dies der Gesundheit schadet.
- Abwertung: Der eine Elternteil wertet in Gegenwart des Kindes den anderen Elternteil durch abfällige Aussagen, aber auch durch eine verächtliche Mimik, Gestik und Körpersprache ab:

ein missbilligender Blick, der an der neuen, schicken Hose des anderen Elternteils auf und ab gleitet, oder ein Stöhnen, wenn das Kind von einer schönen Unternehmung mit dem anderen Elternteil berichtet. Möglicherweise bekommt das Kind auch Gespräche mit, in denen über den verantwortungslosen und wenig kindgerechten Umgang des anderen Elternteils gesprochen wird.

- Stimmung: Vor der Übergabe des Kindes spürt dieses eine gewisse Unruhe und schlechte Laune beim Elternteil oder dieser Elternteil ist nach der Rückkehr immer sehr aufgeregt, beunruhigt, kritisch und gereizt. Das Kind empfängt ein Sammelsurium von negativen Gefühlen, ohne diese richtig einordnen zu können oder erklärt zu bekommen.

- Bespitzelung: Das Kind wird als Spion missbraucht, um Informationen von dem anderen Elternteil zu bekommen, die man dann gegen diesen verwenden kann. Oder andere Verwandte und Freunde werden missbraucht, um etwas über den Ex-Partner in Erfahrung zu bringen, was man diesem später vorhalten kann.

- Mitteilungen: Das Kind wird als Bote missbraucht, um dem Ex-Partner unangenehme Fakten mitzuteilen oder per Brief zu überbringen. Das Kind erlebt dann unmittelbar die Reaktion des anderen Elternteils auf seine Nachricht und entwickelt zwangsläufig Schuldgefühle, weil es der Überbringer einer unerwünschten Botschaft war.

- Eigenmächtigkeit: Ein Elternteil entscheidet alleine über eine Sorgerechtsangelegenheit, obwohl diese Entscheidung der Zustimmung des anderen Elternteils bedarf oder die Meinung des Kindes berücksichtigt werden sollte. Zum Beispiel entscheidet ein Elternteil, dass das Besuchswochenende ausfällt oder dass der andere Elternteil nicht zur Geburtstagsfeier des Kindes erscheinen darf, obwohl es sich das Kind wünscht.

- Drohungen: Dem Ex-Partner werden die Konsequenzen seines Handelns aufgezeigt und es wird bei erneuter Zuwiderhandlung mit Strafen gedroht, wie z. B. Einschränkungen des Umgangsrechts, völliger Kontaktsperre, dem Aussetzen von Unterhaltszahlungen oder dem Sorgerechtsentzug.

Häufig ist beiden Elternteilen nicht bewusst, dass sie das Kind instrumentalisieren und in schwere Loyalitätskonflikte treiben. Beide sind von den eigenen Motiven geblendet und glauben, sich im Recht zu befinden. Sie suchen dann eifrig nach Beweisen und Zeugen, um zu belegen, dass es eben nicht um einen reinen Machtkampf geht, sondern nur um eindeutige Fakten, die man als besorgter Elternteil nicht ignorieren darf. Einige der Anschuldigungen grenzen wirklich an Absurdität, die in dem Eifer der Eltern, dem Kind Gutes tun zu wollen, nicht erkannt wird.

Der Narzisst verzichtet niemals auf sein Recht und lässt sich auch nicht so einfach abwimmeln. Ihm macht es nichts aus, das Kind leiden zu sehen, wenn er seinen Willen durchsetzen will. Von Tränen und Wutausbrüchen des Kindes bleibt er völlig unbeeindruckt. In den meisten Fällen erhöht er sogar noch den Druck, weil er sich von dem kindlichen Gefühlsausbruch nicht von seinem Ziel abbringen lassen will. Selbst wenn es kaum zu übersehen ist, dass das Kind große Angst vor dem Narzissten hat und sich fürchtet, gemeinsam Zeit mit ihm zu verbringen, nimmt er darauf keine Rücksicht. In den Befindlichkeiten des Kindes sieht der Narzisst nur die Aufforderung, noch strenger durchzugreifen und erst recht seinen Anspruch einzufordern. Er ist der Ansicht, sich weder von seinem Ex-Partner noch von seinem Kind in seinem Recht beschneiden zu lassen und unnachgiebig dafür zu kämpfen, was ihm zusteht.

So wird der Loyalitätskonflikt für ein Kind zum großen Dilemma nach einer Trennung. Bleibt das Kind bei dem narzisstischen Elternteil, dann bedeutet es für das Kind in den meisten Fällen, dass es den anderen Elternteil nicht mehr lieben darf, wenn es den Narzissten nicht verärgern möchte. Der Narzisst sieht es gar nicht gern, wenn sich das Kind beim anderen Elternteil wohlfühlt. Also wird das Kind seine Gefühle dem narzisstischen Elternteil verschweigen. Aber auch umgekehrt kann der co-narzisstische Elternteil aufgrund der vielen schlechten Erfahrungen mit dem Narzissten dazu neigen, dem Kind den Narzissten als einen schlechten und gefährlichen Menschen zu verkaufen und es für besser zu erachten, dass das Kind keinen Umgang mit diesem böswilligen Tyrannen hat. In diesem Fall gilt dasselbe: Das Kind darf seine Gefühle gegenüber dem Narzissten nicht zeigen, um den anderen Elternteil nicht zu enttäuschen.

Besonders intensiv bekommt das Kind die psychische Belastung des Elternteils mit, bei dem es lebt. Aufgrund der spürbaren Besorgnis des einen Elternteils solidarisiert es sich mit ihm und verhält sich diesem gegenüber treu, während ihm seine Befangenheit vom anderen Elternteil als Verrat ausgelegt wird. Um sich vor unangenehmem Stress zu schützen, hält es lieber zu dem Elternteil, bei dem es lebt, und lehnt den anderen Elternteil ab, ohne dass das Urteil des Kindes auf einer freien Meinungsbildung beruht. Unwissentlich nimmt das Kind auf diese Weise eine große Schuld auf sich, weil es sich gegen den anderen Elternteil stellt, obwohl es ihn eigentlich liebt. Dadurch können starke Schamgefühle entstehen. Dieses Gefühl spaltet das Kind aber unbewusst ab, indem es den anderen Elternteil abwertet oder beschuldigt und es somit als gerechtfertigt ansieht, diesen nicht zu besuchen und nicht zu lieben, weil er ja ein schlechter oder böser Mensch ist. Später wird es sich dieses Verdrängungsmechanismus nicht mehr bewusst sein und in ähnlichen Situationen, in denen es aufgrund von Illoyalität von einem Schamgefühl überrollt wird, die Schuld auf andere oder auf äußere Umstände übertragen und so sein untreues Verhalten begründen.

> **Markus**
>
> *»Ich hatte meinem Sohn versprochen, ihn am Samstag zu mir zu holen, und er freute sich sehr. Als der Tag dann da war, verweigerte sich mein Sohn komplett. Dies war ein großer Schock für mich. Daraufhin ging ich zum Jugendamt, weil es nicht das erste Mal war, dass sich mein Sohn verweigerte, und klagte den Umgang bei Gericht ein. Nach zweijährigem Kampf sollte dann ein Gutachter das Verhalten des Kindes klären. Als das Gericht den Jungen fragte, wen er alles so mag, da begann er mit Papa – jedoch versteckte er sich hinter*

seiner Mutter und behauptete, nicht mit dem Papa spielen zu wollen. Es war nicht möglich, das Kind beim Jugendamt abzugeben und den Umgang, wie vom Gericht veranlasst, ohne die Mutter zu ermöglichen. Auffällig war jedoch das Verhalten des Kleinen, wenn die Mutter im Durchgangszimmer saß. Da taute er auf und es war ein freies, unbefangenes Spiel mit *ihm* möglich. Kaum war die Mutter wieder da, *fiel er in das andere Verhalten zurück und weigerte sich sogar, mich zu verabschieden. Spielsachen, welche ich ihm anbot, wurden von ihm verweigert. Er wollte sie nicht mit nach Hause nehmen. Mir kommt es so vor, als wäre es ihm verboten worden, mit all den Dingen vom Papa zu spielen. Er hat auch schon mal zu mir gesagt, dass er mich nicht mehr braucht. Mama würde jetzt alles für ihn kaufen. Vom Gericht wurden wöchentliche Skype-Termine festgelegt. Auch da wurde anfangs boykottiert und die Kamera nicht eingeschaltet. Die Abläufe sind immer dieselben: 4- bis 5-mal werde ich weggedrückt, dann sagt mein Sohn Hallo. Bei Fragen von mir schaut der Kleine immer nach oben und wartet regelrecht auf ein Zeichen, ob er antworten soll oder nicht. Anschließend wird abrupt beendet. Es kam aber auch schon mehrfach vor, dass mein Sohn schon nach der ersten Frage gleich Tschüss gesagt hat. Der Gutachter teilte mir Anfang der Woche mit, dass ich mein Kind am Freitag um 12 Uhr vom Kindergarten abholen kann, dass er über Nacht bei mir bleibt und Samstag um 17 Uhr wieder zurück zur Mutter muss. Vorab sollte ich die gepackte Tasche von der Mutter abholen, welche sie vor die Tür stellen sollte. Von diesem Ablauf sollte der Junge angeblich nichts wissen. Kaum stand ich im Kindergarten und mein Sohn entdeckte mich, weinte er und sagte, dass er nicht mitkommen wolle. Er verweigerte sich völlig, er wollte kein Eis essen und nicht mal reden wollte er mit mir. Besonders seltsam war es dann, als plötzlich der Opa in der Tür stand und meinen Sohn mitnehmen wollte. Der konnte doch gar nicht wissen, dass sich mein Sohn verweigerte und nicht mitkommen wollte. Ich wurde den*

> *Verdacht nicht los, dass sich das die Mutter irgendwie schon*
> *im Vorfeld zurechtgelegt hatte. Als ich sie daraufhin ansprach,*
> *kamen nur Ausreden.«*

Hört ein Kind immer und immer wieder im Haushalt eines Elternteils, ein bestimmtes Verhalten oder eine Person sei falsch, böse,
gefährlich oder abzulehnen, *übernimmt es* irgendwann automatisch
diese Ansichten, sobald das Thema oder der Name der Person *fällt*.
Das Kind plappert aber nur eine bestimmte Meinung nach, ohne
den Inhalt wirklich verstanden zu haben oder es selbst zu glauben.
Da diese Meinung, die das Kind äußert, nicht mit seinen innersten
Überzeugungen einhergehen kann, verhält sich das Kind oftmals
widersprüchlich und verfängt sich in seinen eigenen Hirngespinsten
und Ausflüchten. Dabei reagiert es beinahe immer negativ, wenn die
abgelehnte Person zur Sprache kommt, ohne situativ zu unterscheiden – die Gründe für die Ablehnung können auffallend unlogisch
variieren. Der andere Elternteil ist dann stets der Sündenbock, was
dieser auch immer tut.

Die Aussagen des Kindes stimmen in vielen Fällen nicht mit seinen
Handlungen und seiner *Körpersprache überein*. Zum Beispiel schüt-
telt es energisch den Kopf, sagt aber laut »Ja«. Oder es beschimpft
eine Person, während es sich an ihr festklammert. Oder es behauptet, keine Nudeln zu mögen, schaufelt sie sich dann aber in den
Mund. Das Kind kann seine Mimik, Gestik und Körpersprache
noch nicht so steuern wie ein Erwachsener, so dass die innerste
Haltung des Kindes und die abverlangte, erwartete Haltung des
Kindes nicht übereinstimmen und sich somit deutliche Widersprü-
che zeigen. Daran kann man erkennen, dass das Kind offenbar etwas äußert, was nicht seiner eigentlichen Überzeugung und seinen
Gefühlen entspricht.

Besonders deutlich zeigt sich das abnorme Verhalten in Vorwürfen,
die ein Kind einem Erwachsenen gewöhnlich nie machen würde:
»Du sollst mir keine Schokolade geben. Das ist schlecht für mich!« Oder
es spiegelt sich in Themen, die ein Kind im entsprechenden Alter

eigentlich weder versteht noch anspricht: »*Wieso zahlst du keinen Unterhalt?*« Möglicherweise äußert es auch grobe Beschimpfungen ohne jeglichen Anlass gegenüber dem Elternteil, oft auch mit Begriffen, die ein Kind in der Regel gar nicht kennt oder verwendet.

Auch kann sich die Beeinflussung darin äußern, dass das Kind die zuvor häufig genossene Nähe oder typischen Gemeinsamkeiten mit dem anderen Elternteil plötzlich ablehnt. Oder es verlangt auffallend konsequent stets die Hilfe und Unterstützung anderer anwesender Erwachsener und lässt sich nicht mehr von dem abgelehnten Elternteil helfen oder trösten, obwohl das zuvor nie ein Problem war. Der böse Elternteil wird von einem Tag auf den anderen auf das Abstellgleis geschoben und nicht mehr beachtet.

Groteske Vorwürfe und Behauptungen werden von dem Kind ohne Prüfung übernommen. Der andere Elternteil wird fortan nur noch als gemein, hinterhältig oder gar gefährlich angesehen. Hat dieser einmal gelogen, wird er für alle Zeit als Lügner abgestempelt. War er einmal unzuverlässig, wird ihm nie mehr vertraut. Hat er einmal einen Fehler gemacht, wird ihm dieser ständig vorgehalten. Es werden absurde Begründungen für die abweisende Haltung angeführt, die gar keinen realen Zusammenhang mit den tatsächlichen Erfahrungen haben oder die auf längst vergangene oder verzeihbare Ereignisse zurückgeführt werden.

Die Zuwendung, das Interesse und die Aufrichtigkeit des abgelehnten Elternteils werden fortan ignoriert. Hingegen wird für den Elternteil, von dem das Kind beeinflusst wurde, immer Partei ergriffen. Die Argumente des »bösen« Elternteils werden nicht zugelassen, während die Ansichten des guten Elternteils überbewertet werden. Auf diese Weise bekommt der abgelehnte Elternteil ein schlechtes Gewissen und fragt sich ständig, was er denn nur falsch gemacht haben und was er ändern könnte. Verfangen in dieser defensiven Position ist dieser Elternteil anfällig für Erpressungen des Kindes, d. h., es werden Gegenleistungen erwartet, wenn es sich dem Elternteil zuwenden soll.

Viele Elternteile, die von ihrem Kind verleumdet werden, versuchen mit aller Kraft, dem Kind zu beweisen, dass die Be-

hauptungen der Gegenseite unzutreffend sind. Dann werden Anwaltsschreiben, Gerichtsdokumente, Kontoauszüge oder Rechnungen vorgelegt, um die eigene Aufrichtigkeit zu beweisen. Dabei verkennen Eltern, dass das Kind nicht aufgrund logischer Schlussfolgerungen zu seiner Haltung gekommen ist. Die Vorhaltungen des Kindes sind letztlich nur Ausweichmanöver, um die übernommene Haltung irgendwie begründen zu können. Das Grundproblem liegt darin, dass dem Kind erfolgreich vermittelt wurde, dass die Zuneigung zum anderen Elternteil grundsätzlich falsch ist.

Diskutieren Sie nicht mit dem Kind und versuchen Sie nicht, sich zu rechtfertigen. Sie bringen das Kind letztlich nur dazu, die unerklärliche Ablehnung begründen zu müssen, und das kann es nicht. Durch Ihren Versuch, den Sachverhalt richtigstellen zu wollen, verschlimmern Sie nur die Situation, weil sich der Druck auf das Kind erhöht. Kämpfen Sie nicht mit denselben Waffen und beginnen Sie nicht Ihrerseits, das Kind gegen den anderen Elternteil aufzubringen. Jede Richtigstellung bedeutet, dass der andere Elternteil einen Fehler gemacht haben muss und sich nicht korrekt verhalten hat. Das erlebt das Kind als eine Abwertung des anderen Elternteils. Stellen Sie bestenfalls bewusst machende Fragen, damit das Kind ggf. selbst zu einem neuen und eigenständigen Urteil kommen kann. Zum Beispiel sagt das Kind zu Ihnen: »Papa ist ganz traurig, weil du ihm sein Motorrad nicht wiedergibst!« Sie können dann antworten: »Warum holt er es nicht? Es steht in der Garage!« Auf diese Weise verurteilen Sie nicht den anderen Elternteil und nehmen zu den Hintergründen keine Stellung. Das Kind wird aber dazu angeregt, den Vorfall mal von einer anderen Seite aus zu betrachten.

Das Misstrauen und der Hass des Kindes gegenüber einem Elternteil können sich dermaßen zuspitzen, dass dessen gesamte Familie und Umfeld verachtet wird. Dann werden die Großeltern, Onkel, Tanten und Freunde auf Seiten des bösen Elternteils konsequent abgelehnt und genauso gemieden wie der Elternteil selbst. Diese vehemente und nicht diskutable Haltung des Kindes sollte allein schon den Verdacht erhärten, dass auf der Gegenseite fundamentale Erziehungsfehler begangen werden.

Während der eine Elternteil das resolute Verhalten des Kindes würdigt, es zudem noch belohnt und womöglich sogar stolz auf das scheinbar unabhängige Verhalten des Kindes ist, kann der andere Elternteil machen, was er will: Er kann das Bild vom »bösen« Elternteil nicht korrigieren. Versucht er dennoch hartnäckig, Kontakt aufzunehmen und sein Interesse am Kind zu bekunden, erfährt er zum Teil schmerzhafteste Abfuhren. Zieht er sich zurück, weil er ständig gekränkt wird und sein zähes Ansinnen offenbar nutzlos ist, dann wird ihm dieser Rückzug als mangelndes Interesse an dem Kind vorgeworfen, was die Einstellung des Kindes weiter zementiert.

Dieselben Methoden kann aber auch durchaus der co-narzisstische Elternteil anwenden, weil er glaubt, das Kind vor dem Narzissten schützen zu müssen. Der Schutzauftrag wird dann als Rechtfertigung dafür genutzt, über das Kind einseitig bestimmen und verfügen zu können, ohne die Bedürfnisse des Kindes ausreichend in Entscheidungen zu berücksichtigen. Nicht alle Boshaftigkeiten gehen von einem narzisstischen Elternteil aus, wenngleich dieser sehr viel direkter und aggressiver vorgeht und die Auswirkungen seiner Taten in der Regel ungleich mehr verbrannte Erde hinterlassen. Der andere Elternteil nutzt im Gegenzug eher subtile Methoden, die vordergründig zwar Gutes zum Ziel haben, für das Wohlbefinden und die Entwicklung des Kindes aber nicht immer hilfreich sind.

Entwickelt das Kind psychische Auffälligkeiten und muss eine therapeutische Behandlung erfolgen, wird dafür meist das Verhalten des anderen Elternteils verantwortlich gemacht. Der Narzisst behauptet, dass sich der andere Elternteil nicht vernünftig um das Kind gekümmert habe, und weist jegliche Schuld von sich, während der co-narzisstische Elternteil den Narzissten als egoistisch und unsensibel bezeichnet und in dessen zweifelhaftem Verhalten den Grund für die Traumatisierung des Kindes sieht.

Im konkreten Einzelfall ist es immer schwierig zu beurteilen, wer nun den größeren Einfluss auf das Kind ausgeübt hat. Man kann davon ausgehen, dass ein Narzisst in den meisten Fällen diese Umstände erzeugt und der Ex-Partner auf das Verhalten des Narzissten ungeschickt reagiert und zu ungeeigneten Gegenangriffen ausholt. Die Schwierigkeiten im Umgang mit einem Narzissten setzen sich auch nach der Trennung fort, weshalb der Ex-Partner allergrößte Mühe hat, passende Reaktionen auf dessen hinterhältige Machenschaften zu finden.

Daher muss der co-narzisstische Elternteil seinen eigenen Anteil an der Entfremdung des Kindes sehen und prüfen. Seine Reaktionen auf das Verhalten des Narzissten fallen nicht immer passend aus: Oft wird kopflos im Strudel der aufgewühlten Gefühlswelt vorgegangen und die Auswirkungen für das Kind werden nicht vollständig bedacht. Das kann zu Nachteilen für das Kind führen. Der Narzisst mag in den meisten Fällen der Auslöser für den Konflikt oder für unerfreuliche Situationen sein, doch die verletzten Gefühle des Ex-Partners und seine allgegenwärtige, teilweise unbegründete Sorge um das Kind führen oft genug zu überstürzten und konfusen Reaktionen, die beim Kind nur noch mehr Schaden anrichten – wenn auch sicherlich unbeabsichtigt.

Für die Entwicklung des Kindes ist es aber von fundamentaler Bedeutung, einen unbeschwerten Zugang zu beiden Elternteilen zu haben. Zudem ist es ein sehr wichtiger Entwicklungsschritt für das Kind, sich mit zunehmendem Alter emotional eigenständig von jedem Elternteil zu lösen, um selbständig zu werden und zukünftig gesunde Partnerschaften eingehen zu können. Die Entfremdung und einseitige Vereinnahmung durch den einen Elternteil in Kombination mit der Tatsache, dass das Kind nie die Wahl hatte, sich für oder gegen einen Elternteil zu entscheiden, erschwert oder verhindert gar die spätere Ablösung und kann sich im Erwachsenenalter negativ auf die Beziehungsfähigkeit auswirken.

20. Das Kind soll nicht zum narzisstischen Elternteil

Ein erzwungener Verlust der Beziehung zu einem Elternteil, der zuvor im Leben des Kindes eine wichtige Rolle gespielt hat, wiegt schwer und ist mit weitreichenden Folgen für das Kind verbunden. Insbesondere sein Bindungsverhalten in zukünftigen Beziehungen wird durch Erfahrungen mit den Bezugspersonen geprägt. Aus Angst vor einem erneuten Verlust kann sich das Kind später an einen Partner klammern, selbst wenn ihm die Beziehung schadet. Oder es kann sich kaum auf engere Beziehungen einlassen und neigt aus Angst vor Enttäuschungen zur Isolation.

Daher ist es so wichtig, dass das Kind selbst die Entscheidung trifft, ob und wann es sich eines Tages vom narzisstischen Elternteil abnabeln will, ohne von dem anderen Elternteil in seiner Wahl beeinflusst zu werden. Der Ex-Partner hat verständlicherweise ein großes Interesse daran, dem Narzissten möglichst nicht mehr begegnen zu müssen und so wenige Berührungspunkte wie möglich zu haben, damit dieser nicht noch länger sein Leben und das Leben des Kindes negativ beeinflusst. Der Schutzfaktor darf aber einer gesunden psychischen Entwicklung des Kindes nicht im Weg stehen.

Daher sollten Eltern den Prozess der Abnabelung nicht durch ein überängstliches Vorgreifen ihrerseits beschleunigen wollen. Das Kind muss bei diesem Prozess mitgenommen werden. Das Leben besteht eben nicht nur aus Sonnenschein und auch ein Kind muss lernen, im Rahmen seines jeweiligen Entwicklungsstandes die Schattenseiten einer Beziehung durchzustehen. Es ist auch eine Frage des Vertrauens, ob man bereit ist, seinem Kind gewisse Herausforderungen zuzumuten.

Wenn das Kind unter der Beziehung zu dem narzisstischen Elternteil leidet, sollte man es in dieser schwierigen Phase sehr wohl unterstützen, seinen Gedanken und Gefühlen folgen und es in seiner Sichtweise bestätigen. Man darf es aber nicht manipulieren und zu etwas drängen, wozu es innerlich nicht oder noch nicht bereit ist. Das Kind sollte immer eine eigene Wahl treffen können. Es sollte aus eigener Einsicht und aufgrund eigener negativer Erfahrungen mit dem narzisstischen Elternteil den Schritt einer vorübergehenden oder endgültigen Trennung vollziehen. Dann hat es auch verstanden, warum es sich lösen möchte oder warum es besser ist, eine kranke Beziehung zu beenden. Ein solches Vorgehen wird dem Kind auch in späteren Beziehungen helfen, sich im richtigen Moment aus einer unglücklichen Partnerschaft zu befreien. Ansonsten würde es vermutlich zu lange in seinem Leid verharren, weil es darauf wartet, von jemandem oder etwas gerettet zu werden. Durchläuft die Entwicklung des Kindes nicht einen solchen Prozess, gibt es später möglicherweise einer schwierigen Beziehung von vornherein keine Chance und läuft zu schnell davon, ohne sich Problemen stellen zu wollen.

Wenn Sie sich in die Beziehung zwischen dem Narzissten und Ihrem Kind und in mögliche Differenzen zwischen den beiden zu sehr einmischen und eine Entscheidung vorantreiben, hinter der Ihr Kind nicht steht, müssen Sie damit rechnen, dass Ihnen Ihr Kind später einen Vorwurf machen wird. Mischen Sie sich allerdings überhaupt nicht ein und beschönigen Sie das Verhalten des narzisstischen Elternteils oder schauen Sie einfach weg, dann müssen Sie sich möglicherweise später vom Kind die Anschuldigung gefallen lassen, dass Sie es nicht ausreichend beschützt hätten und es leichtsinnig zum narzisstischen Elternteil hätten gehen lassen, wo Sie doch die Risiken kannten und die Qualen, die das Kind auszuhalten hatte, sehen mussten. Es ist also eine Kunst für sich, den Mittelweg zwischen übertriebener Einmischung und angemessenem Beistand zu finden.

Außerdem wird das Kind auch im späteren Leben unweigerlich Kontakt mit schwierigen Persönlichkeiten haben. In der Schule, in der Ausbildung oder im Berufsleben wird das Kind immer wieder auf unangenehme Menschen treffen, die ihm das Leben schwermachen. Das Kind sollte lernen, für sich selbst ein Gefühl zu entwickeln, bis zu welcher Grenze ein schlechter Einfluss noch erträglich ist und ab wann es sich schützend distanzieren sollte. Es muss lernen, sich gegenüber schwierigen Naturellen abzugrenzen – und das kann es am besten, wenn es selbst ein Gespür dafür entwickelt und von einer Bezugsperson dabei begleitet und unterstützt wird, die es in seinen Wahrnehmungen bestärkt und ihm bei Konflikten in der Beziehung zum narzisstischen Elternteil hilft. Dem Kind sollte es durch eine vorsorgliche Kontaktsperre nicht zu leicht gemacht werden, sich vor widrigen Umständen zu »drücken«. Es könnte sonst im späteren Leben dazu neigen, Flucht allzu schnell als Lösung für schwierige Situationen anzusehen, oder sich von Problemen leicht überfordert fühlen.

Insofern sollten sich Ex-Partner von Narzissten des Risikos bewusst sein, dass es auch negative Auswirkungen für das Kind haben kann, wenn man ihm einen Elternteil gewaltsam entzieht, im sicheren Glauben, man könnte das Kind durch die Vermeidung negativer Erfahrungen adäquat auf das Leben vorbereiten. Es unterliegt dann zwar nicht mehr der Instrumentalisierung des Narzissten, seinen Launen und seiner Rücksichtslosigkeit und erfährt daher sicherlich ein vorübergehendes Gefühl der Erleichterung. Dafür können aber im späteren Leben Nachteile für das Kind entstehen, weil der Prozess einer Konfliktbewältigung vorschnell unterbunden wurde. Es bleibt daher eine Sache des feinfühligen Abwägens, ab wann die Notwendigkeit eines unmittelbaren Eingreifens besteht, um eine echte Gefahr für das Kind abzuwenden, und wann die Rolle des aufmerksamen Beobachters im Hintergrund ausreichend ist.

Oft beklagen betroffene Elternteile, dass ihr Kind nach der Zeit mit dem narzisstischen Elternteil vollkommen durcheinander zurückkehrt. Es ist verwirrt, verängstigt, niedergeschlagen oder traurig, was angesichts der emotionalen Vernachlässigung durch den narzisstischen Elternteil nicht wirklich verwunderlich ist. Vielfach leiden Kinder darunter, dass sie die Zuwendung und Anerkennung des Narzissten nicht bekommen, und sind deshalb oft enttäuscht und bedrückt. Sie brauchen seine Akzeptanz und wollen darum kämpfen. Der andere Elternteil weiß natürlich um dieses schier hoffnungslose

Unterfangen, hat aber leider meist vergessen, dass er selbst eine
halbe Ewigkeit benötigte, um diese Wahrheit zu akzeptieren.
Auch dem Kind sollte er daher zugestehen, seine Erfahrungen
machen zu dürfen, um selbst eines Tages die Erkenntnis ge-
winnen zu können, dass von einem Narzissten keine Liebe zu
erwarten ist. Wird diese Entwicklung hingegen von dem anderen
Elternteil behindert, dann kommt es zu dessen Verwunderung
möglicherweise dazu, dass das Kind den narzisstischen Elternteil
sogar noch in Schutz nimmt und behauptet, der andere Eltern-
teil sei schuld daran, wenn sich der Narzisst so eigenartig verhält.

Es gibt außer einer Flucht vor dem Narzissten auch andere Möglichkeiten, dem Kind zur Seite zu stehen. Indem man dem Kind den
bewussten Umgang mit narzisstischen Persönlichkeiten so frühzeitig
wie möglich beibringt, ohne es dabei zu überfordern oder einer Gefahr auszusetzen, kann man das Kind ebenfalls stärken. Es muss also
keineswegs ein unverantwortliches Zugeständnis sein, wenn man das
Kind zum narzisstischen Elternteil gehen lässt. Der Kontakt kann
auch eine Chance für die Entwicklung des Kindes sein. Man sollte
ihn allerdings von vornherein limitieren und sorgsam beobachten.

Auf der anderen Seite kann es natürlich sehr wohl Situationen
geben, die ein Kontaktverbot notwendig machen. Wenn der narzisstische Elternteil eine erhebliche Gefahr für das Wohl und das
Leben des Kindes darstellt (*nähere Informationen hierzu erhalten Sie*
im folgenden Abschnitt 21. »Fallstricke im Umgangsverfahren«), muss
der andere Elternteil seine schützende Hand über das Kind halten
und entschlossen handeln. Es sollte aber wirklich ein objektiver
Grund vorliegen, der von einer unabhängigen und ausgebildeten
Person auch als eine echte Gefahr für das Kind bewertet wird. Das
subjektive Empfinden des betroffenen Elternteils aus übertriebener
Sorge kann sehr leicht zu unüberlegten Handlungen führen, die die
Problematik nur noch verschärfen.

Grundsätzlich sollten Eltern verinnerlichen, dass ein Kind
beide Elternteile braucht: Die Mutter kann nicht den Vater
ersetzen und der Vater kann nicht die Mutter ersetzen. Das

Kind braucht den Zugang zu beiden. Es braucht den weibli-
chen und den männlichen Teil, sonst bleibt es unvollständig.
Es wird ein Leben lang auf der Suche nach einem Teil von sich
selbst sein und dafür viele Irrwege in Kauf nehmen müssen.
Daher sollte jeder Elternteil vorher gewissenhaft prüfen, ob er
den Bedürfnissen seines Kindes wirklich gerecht wird, wenn
er ihm den anderen Elternteil entzieht.

Betroffene Ex-Partner, die noch von Wut, Enttäuschung gegenüber dem Narzissten und von der Sorge erfüllt sind, dem Kind könnte Gleiches widerfahren, können sich in den Kopf setzen, das Kind gegen alle Widerstände vom narzisstischen Elternteil fernzuhalten, und dann zu folgenden Methoden greifen:

- Die Besuchszeiten werden eigenmächtig verkürzt oder ausgesetzt.
- Das Kind wird einfach nicht herausgegeben und es werden fadenscheinige Gründe für das Aussetzen von Besuchszeiten vorgebracht.
- Die Besuchszeiten des narzisstischen Elternteils werden besonders intensiv beobachtet und kontrolliert. Jedes Ereignis wird auf die Goldwaage gelegt, nichts kann der narzisstische Elternteil richtig machen.
- Das Kind wird nach der Rückkehr über die gemeinsame Zeit mit dem narzisstischen Elternteil ausgehorcht, um zu prüfen, ob weitere Schutzmaßnahmen erforderlich sind.
- Die Erziehungsmethoden und das Verhalten des narzisstischen Elternteils werden ständig kritisiert.
- Ein juristisches Verfahren nach dem anderen wird angezettelt.
- Die Erlebnisse mit dem narzisstischen Elternteil werden theatralisch vor anderen ausgebreitet, verbunden mit der Hoffnung, von ihnen eine Bestätigung für die eigene Sichtweise und das eigene Vorgehen zu erhalten.

Natürlich lässt sich der Narzisst das absichtliche Ausgrenzen nicht so ohne Weiteres gefallen und wird zu Gegenangriffen ausholen, was den Kampf nur noch verschärfen wird, ohne dass es jemals zu einer befriedigenden Einigung und zu einem ruhigen und geregelten Umgang kommen könnte. Der Ex-Partner wird sich aber durch die aggressiven Reaktionen des Narzissten darin bestätigt fühlen, das Kind unter allen Umständen vor diesem skrupellosen Gangster beschützen zu müssen.

Das Kind kann dann von diesem Elternteil so sehr beeinflusst werden, dass es am Ende darauf verzichtet, den narzisstischen Elternteil zu besuchen. Der Ex-Partner stellt es dann so dar, als habe nicht er diese Entscheidung herbeigeführt, sondern als sei dies der ausdrückliche Wille des Kindes. Das Kind trägt somit selbst die Schuld an dem Verlust eines Elternteils, weil es den Kontakt ja nicht mehr wollte. So wird die Verantwortung für den Kontaktabbruch elegant auf das Kind abgewälzt, während der Ex-Partner erleichtert ist, sich nicht länger mit dem unbequemen Narzissten herumschlagen zu müssen.

Am Ende lässt sich dann oft nicht mehr rekonstruieren, wer der eigentliche Auslöser für den unritterlichen Kampf um den Umgang mit dem Kind war: der Narzisst mit seinem selbstherrlichen Verhalten und seinen ausgekochten Racheplänen oder der Ex-Partner mit seinen hasserfüllten Tiraden und seiner Überbesorgnis. Jede destruktive Handlung – egal von welchem Elternteil sie ausgeht – sorgt nur dafür, dass noch mehr Öl ins Feuer gegossen wird und der eigentliche Leidtragende das Kind ist.

Ich möchte hier aber keineswegs den Eindruck erwecken, ich wolle mich auf die Seite des Narzissten schlagen und um Nachsicht und Milde bitten. Natürlich bin ich mir bewusst, wie destruktiv das Vorgehen eines Narzissten sein kann und wie schädlich es sich auf die Psyche von betroffenen Elternteilen und auf die Entwicklung eines Kindes auswirken kann. In diesem Kapitel sollte lediglich deutlich gemacht werden, dass betroffene Elternteile kritisch ihren eigenen Anteil an dem Disput und seinen ernsthaften Folgen für das Kind prüfen sollten. Das soll nicht bedeuten, dass man sich nicht gegen die infame Haltung des Narzissten wehren sollte, wenn er die eigenen Grenzen und die anderer böswillig überschreitet. Hierzu erfahren Sie mehr in Kapitel 22 »*Wie verhalten Sie sich richtig?*«.

21. Fallstricke im Umgangsverfahren

Wie bereits beschrieben bestehen in einer Beziehung mit einem Narzissten meist heftige, kaum überwindbare Konflikte auf der Paarebene. Das Miteinander nach einer Trennung ist entsprechend negativ beladen und nicht selten landen die beiden Parteien vor Gericht, weil dringende Sachfragen nicht zu klären sind. Zwar geht es dabei vordergründig um die Regelung des Umgangs mit dem Kind (Umgangszeiten, Sorgerecht, Unterhaltszahlungen etc.), meist spielen aber andere Motive eine tragende Rolle: Jeder will beweisen, wer der »Böse« in dieser Konstellation ist und wer Schuld und Unrecht hat. Von einer höheren Instanz erhofft man sich dann, dass der andere belehrt und in die Knie gezwungen wird, um selbst als Sieger aus dem Streit hervorzugehen und so etwas wie Genugtuung zu erfahren.

Der Eifer des Ex-Partners und seine Sorge um das Kind können so weit gehen, dass er versucht, mit Hilfe der Justiz dem Narzissten den Umgang zu verbieten, stark zu limitieren oder mit Auflagen zu versehen. Umgekehrt kann es aber auch sein, dass der Narzisst dieselben Forderungen stellt und den Ex-Partner aus seinem Leben drängen möchte. Jeder beansprucht das Kind für sich allein und jeder glaubt, mit Hilfe der Justiz das alleine Sorgerecht zu erhalten oder den Umgang für den jeweils anderen zumindest zu erschweren – weil dies angeblich besser für das Kind ist.

Mit der energischen Ankündigung juristischer Zwangsmaßnahmen lassen viele Elternteile ihre Muskeln spielen und wundern sich hinterher, wenn sie von den Gerichten aufgefordert werden, selbst Lösungen für das Kind zu finden und ihre Energie nicht in Ränkespiele zu investieren, um dem anderen beweisen zu wollen, wer mehr Recht hat. Die Paarebene darf nicht der Auslöser für Anfeindungen in Bezug auf das Kind sein. Gerichte erwarten, dass Eltern in der Lage sind, dies trennen zu können. Es geht nur um das Wohl des Kindes, und dafür sind beide Eltern gleichermaßen verantwortlich.

Gerichte unterschätzen damit aber die enormen Strapazen, die ein Partner während einer Beziehung mit einem Narzissten durchgemacht hat, und sie haben kein vollständiges Bild davon, was der narzisstische Elternteil nach einer Trennung unternimmt, um dem anderen – und somit auch dem Kind – zu schaden. Richter und alle anderen Verfahrensbeteiligten erkennen nicht die zerstörerische Kraft, die von einem narzisstischen Elternteil ausgeht und die allen gutgemeinten Vorschlägen und Kompromissen entgegenwirkt. Zu leichtfertig wird dem Konflikt auf der Paarebene mit der Lebensweisheit begegnet: »Zum Streiten gehören immer zwei!«

Auf diese Weise wird der bedeutsamen Tragweite des Konfliktes auf der Paarebene nicht weiter Beachtung geschenkt. Die Eltern sollen sich zum Wohle des Kindes zusammenreißen, sich in eine Paartherapie begeben oder einen Mediator zur Hilfe nehmen. Diese gutgemeinten Ratschläge verlagern aber nur die Streitigkeiten vom Gerichtssaal auf eine andere Bühne, beseitigen sie jedoch nicht. Der Ex-Partner des narzisstischen Elternteils muss dann erleben, dass seine Versuche, über das niederträchtige Verhalten des Narzissten aufzuklären, überhaupt nicht zur Kenntnis genommen und seine Darstellungen als subjektiv und emotional überladen bewertet werden. Betroffene Elternteile wenden sich ja aber gerade an Gerichte, weil sie mit dem narzisstischen Querulanten nicht alleine zurechtkommen und sich von erfahrenen Fachleuten entsprechende Unterstützung erhoffen und Gerechtigkeit erwarten. Die einseitige Zuweisung von Schuld findet aber bei Gerichten überhaupt keinen Anklang: Aus Sicht der Richter zeigt dies eher eine mangelnde Bereitschaft zur Kooperation. Die Anklagepunkte des betroffenen Elternteils werden dann nicht nur abgelehnt, sondern sie werden ihm auch noch zum Vorwurf gemacht. Ex-Partner fallen dann von einem anfänglichen Gefühl der Hoffnung in einen erneuten Zustand der Ohnmacht – manche erleben sogar durch die hartnäckige Ablehnung ihrer Tatsachenberichte eine regelrechte Traumatisierung.

Die Feststellung »Schuld sind immer beide« trifft in einer Beziehung mit einem Narzissten nicht zu. Die Unkenntnis von Richtern, Anwälten und Verfahrensbeiständen in Bezug auf die narzisstische Persönlichkeit hilft dann auf tragische Weise in erster Linie dem Narzissten. War dieser in der Beziehung stets bemüht, die Schuld an allen Problemen beim Partner zu suchen, so erfährt er nun hier auch noch Unterstützung von den Richtern. Die Bemühungen des Ex-Partners hingegen, endlich die Wahrheit ans Licht bringen zu wollen, werden zunichtegemacht. Seine fortgesetzten Anstrengungen machen ihn eher verdächtig, der Auslöser des Konflikts zu sein. Aufgrund dieser Ignoranz und Unwissenheit werden von den Gerichten ungewollt Sieger und Verlierer produziert. Der Narzisst fühlt sich in seiner Wahrnehmung bestätigt, dass der andere Elternteil maßlos übertreibt und eine grundlegend falsche Sicht auf die Problematik hat. Um das Gleichgewicht zwischen den Eltern zu wahren, schlagen sich Richter auf die Seite des narzisstischen Elternteils, wenn dieser von dem anklagenden Elternteil zu hart angegriffen wird. Dieser wird auf diese Weise weiter geschwächt und erlebt einen erneuten Tiefschlag.

Diese Simplifizierung wird der Wahrheitsfindung in keiner Weise gerecht. Haben denn Richter noch nie etwas von Beziehungen gehört, in denen der eine Partner zum Beispiel unter einer Alkoholsucht leidet und in unberechenbarem Zustand seinen Partner und seine Kinder misshandelt? Können sich Richter vorstellen, wie es sich anfühlen muss, wenn ein narzisstischer Partner unentwegt verschwenderisch mit Geld umgeht, leichtsinnig riskante Unternehmungen eingeht oder der Befriedigung seiner Begierden nicht widerstehen kann, so dass für die Anschaffung lebensnotwendiger Besorgungen keine Mittel mehr zur Verfügung stehen und daher die ganze Familie ständig mit einer Existenzangst leben muss? Können Richter nachvollziehen, wie sich ein Kind fühlen muss, wenn es mit ansieht, wie der narzisstische Elternteil völlig ungeniert seinen pornographischen Interessen und absolut ungehemmt seinen sexuellen Fantasien und der Selbstbefriedigung vor den Augen des Kindes nachgeht? Können diese juristischen Experten nicht erkennen, dass ein Mensch derart verantwortungslos *handeln kann, dass jeder Partner gut beraten ist, wenn er sich und das Kind unverzüglich aus dieser nicht zu kontrollierenden Gefahrenzone herausbringt? Wie können Richter von einer Mitschuld des co-narzisstischen Elternteils an den schier unersättlichen Ausschweifungen eines Narzissten ausgehen?*

Richter tun sich offenbar schwer damit, dem Narzissten die Verantwortung für sein krankhaftes und asoziales Verhalten alleine zuzuschreiben. Die Wissenslücken bezüglich des emotionalen Missbrauchs sollten im Sinne der Gerechtigkeit und zum Wohle vieler Kinder schnell geschlossen werden, damit zumindest die pauschalisierende Unterstellung »Beide sind schuld« endlich aus Gerichtsverhandlungen verschwindet.

So nimmt die Tragik in vielen Fällen ihren verheerenden Lauf: Der co-narzisstische Elternteil glaubt, das Kind vor dem Narzissten schützen zu müssen, indem er das alleinige Sorgerecht beantragt. Er macht der Gegenseite den Vorwurf, dass eine Verständigung nicht möglich sei und es immer nur zu Streitereien komme. Außerdem behauptet der Ex-Partner, dass das Kind unter den offensichtlichen Manipulationen des narzisstischen Elternteils, seinen unangemessenen Forderungen und zahlreichen Kränkungen, aber auch unter seiner systematischen Entfremdung und der schonungslosen Bekämpfung des anderen Elternteils leide und bereits ernsthafte Verhaltensstörungen zeige.

Für Richter ist dies aber kein hinreichender Grund, den narzisstischen Elternteil von der gemeinsamen Verantwortung auszuschließen – auch wenn dies in vielen Fällen besser wäre. Das Gesetz verlangt, dass die Eltern auch nach der Trennung ein Mindestmaß an gutem Willen und Gesprächsbereitschaft zum Wohle des Kindes aufbringen. Bestehen Hinweise darauf, dass sich ein Elternteil nicht sachlich mit den Vorstellungen der Gegenseite beschäftigen will, sondern nur Vorwürfe gegen den anderen erhebt, kann dieser Unwillen sogar der Grund für einen Sorgerechtsentzug sein.

Der Narzisst hingegen verhält sich in einem Prozess auffallend korrekt und zuvorkommend, geradezu charmant und hilfsbereit. Entgegen seiner Gewohnheit hört er einfühlsam zu, lässt die anderen ausreden und stimmt ihnen manchmal sogar zu, verzichtet außerdem auf direkte Beleidigungen. Das bedeutet allerdings nicht, dass er nicht dennoch lügt, Tatsachen verdreht und wichtige Details zu seinen Gunsten verschweigt. Er agiert nur sehr viel diplomatischer, als er es tut, wenn man mit ihm alleine ist. Vor anderen ist er immer bemüht, eine gute Figur zu machen, so dass niemand auf seinen abscheulichen Kern schließen kann.

Karin

»Als ich den Gerichtssaal betrat, saß mein Ex-Mann bereits auf seinem Platz. Als er mich sah, sprang er sofort auf, ging auf mich zu, gab mir die Hand und küsste mich sogar sanft auf die Wange. Er fragte mich nach meinem Wohlergehen, obwohl ihn das zuvor überhaupt nie interessierte. Und er fragte, wie es den Kindern gehen würde, und sagte, dass er sich ja so unglaublich freuen würde, sie bald wiederzusehen, obwohl er es war, der die letzten Treffen mit den Kindern allesamt abgesagt hatte. Er nahm mir sogar meinen Mantel ab und legte ihn über einen Stuhl. Vor den Augen aller Beteiligten spielte er den Gentleman, so dass alle von seinen Manieren beeindruckt waren und unmittelbar einen positiven Eindruck von ihm bekamen. Wer sollte mir jetzt noch glauben, wenn ich den hohen Herren erzählen wollte, was für ein ekelhafter und berechnender Mensch hinter dieser Fassade steckt?«

Aber selbst wenn sich ein Narzisst nicht von seiner freundlichen Seite zeigt, sondern sich in Gegenwart aller Verfahrensbeteiligten aggressiv und verletzend gegenüber dem Ex-Partner benimmt und mit lauten und gehässigen Aussagen durch den Gerichtssaal tobt, macht ihn das in den meisten Fällen nicht weniger glaubwürdig. Offenbar wird selbst von erfahrenen Richtern rhetorisches Geschick – verbunden mit einer verblüffenden Sprachgewalt, einer erhobenen Stimme, eindrucksvoller Gestik und einer Aura von Omnipotenz – mit Rechthaben assoziiert. Je gewaltiger und mächtiger sich der Narzisst auf der juristischen Bühne präsentiert, desto mehr wird ihm geglaubt. Die Wahl seiner Worte ist bestenfalls zweitrangig, aggressive Gefühlsausbrüche mit unsachlichen Beschimpfungen und Verleumdungen werden lediglich als Aufforderung verstanden, die Argumente des Narzissten ernst zu nehmen. Dabei scheint kaum einer der Beteiligten die Fantasie aufbringen zu können, sich vorzustellen, wie sich diese Persönlichkeit wohl aufspielt, wenn sie mit ihrem Partner oder dem Kind allein ist. Wenn man annehmen darf, dass sich normalerweise jeder vor einem Gericht zusammennimmt und versucht, einen guten Eindruck zu hinterlassen: Wie muss man sich dann das Verhalten eines narzisstischen Elternteils vorstellen, der im Gerichtssaal zu aggressiven Entgleisungen neigt, wenn er sich in seinem privaten Umfeld befindet? Keiner der Verfahrensbeteiligten scheint sich jemals diese Frage zu stellen.

Narzissten können auch eine regelrechte Prozesssucht entwickeln und jagen dann von Instanz zu Instanz. Ihr Bestreben ist es nicht nur, irgendwann einen Richter zu finden, der ihnen endgültig das ihnen zustehende Recht zuspricht, sondern auch, den Ex-Partner durch das Verursachen hoher Gerichts- und Anwaltskosten in den Ruin zu treiben und damit zum Aufgeben zu zwingen. Im Familienrecht muss jeder für seine Kosten selbst aufkommen und die Gerichtskosten werden hälftig geteilt. Diesen Umstand macht sich ein Narzisst zum Vorteil, indem er immer wieder neue Kampfplätze eröffnet und auf diese Weise die Kosten in astronomische Höhen treibt.

Narzissten sind daran gewöhnt, die Unwahrheit zu sagen. Lügen fällt ihnen nicht schwer, wenn es dem eigenen Vorteil dient. Da ihre moralischen Maßstäbe recht niedrig sind, können sie sich alles so zurechtlegen, wie es ihnen gerade passt. Da wird die Wahrheit plötzlich neu erfunden – und nichts ist dem Narzissten zu schade oder zu peinlich, wenn es darum geht, die eigene Realität glaubhaft darzustellen und dem anderen zu schaden. Oftmals steigern sich Narzissten in ihre erfundenen Geschichten derart hinein, dass sie nicht nur vollständig von dem Wahrheitsgehalt ihrer Darstellungen überzeugt sind, sondern regelrecht berauscht von ihren Ausführungen. Vor allem wenn sie merken, dass ihre Geschichten gut ankommen, verstärken sie ihre Rhetorik durch eine künstlerische Inszenierung und beispiellose Theatralik. Dabei stört es einen Narzissten wenig, ob seine Lügen vor Gericht beweisbar sind. Er vertraut ganz einfach auf seine schauspielerische Kompetenz und auf die Einfältigkeit der anderen.

Laura:

»Ich bin vor ein paar Monaten mit meiner Tochter (3) in ein Frauenhaus geflüchtet, um uns vor meinem narzisstischen Mann zu schützen. Was ich seit diesem Zeitpunkt erlebt habe, ist für mich immer noch unglaublich und unvorstellbar. Mein Noch-Mann hat es geschafft, erst ein umfangreiches Umgangsrecht (jedes Wochenende von Freitag bis Montag) und nun sogar ein Wechsel des Umgangs (meine Tochter ist nun nur noch am Wochenende bei mir) zu erreichen. In dem Gerichtsverfahren hat er mehrere falsche eidesstattliche Versicherungen abgegeben, sämtliche Schriftsätze strotzen vor Lügen. Er hat die Erzieherinnen des Kindergartens gegen mich aufgebracht, der Verfahrensbeistand hat in seinem Sinne entschieden und auch das Jugendamt hat keine Einwände vorgebracht, dass mein Kind überwiegend bei ihm ist. Das Ganze lief auf der Schiene, ich habe mein Kind entführt und sei psychisch krank. Er hat es geschafft, alle zu manipulieren. Ich muss jetzt erleben, dass mein Kind, für das ich die Hauptbezugsperson war, immer mehr von mir entfremdet wird. Es macht mich hilflos und ich fühle mich ohnmächtig, dass ich meinem Kind fast nicht mehr helfen kann, weil keiner der entscheidenden Personen merkt, wer hier Täter und wer Opfer ist.«

Umgekehrt treten Ex-Partner von Narzissten oftmals sehr viel bescheidener auf. Sie lehnen nicht nur das Instrument der Lüge aus moralischen Gründen ab, sie haben sogar auch oft Hemmungen, die ganze Wahrheit zu sagen. Weil sie sich zu schade sind, unter die Gürtellinie zu schlagen, verzichten sie auf vorteilbringende, aber unzutreffende Behauptungen. Aus Angst, eine tollkühne Falschaussage könnte ihnen den Schweiß auf die Stirn treiben, und vornehmer Zurückhaltung bleibt der Narzisst so verschont. Zum anderen glauben sie, vor Gericht einen anständigen Eindruck machen zu müssen. Im Gegensatz zum Narzissten haben sie große Angst davor, dass jedes Wort, das sie äußern, gegen sie verwenden werden könnte. Dieses Misstrauen haben sie sich meist schon während der Beziehung mit dem Narzissten zugelegt und glauben nun in Anwesenheit einer richterlichen Autorität, dieser dieselbe Ehrfurcht entgegenbringen zu müssen.

Manchmal entspringt die Zurückhaltung aber auch reiner Naivität. Betroffene Elternteile vertrauen darauf, dass der Richter schon von allein erkennen wird, mit was für einem blutigen Amateur er es zu tun hat, und aus den vorgetragenen Sachverhalten die richtigen Schlüsse ziehen wird. Die Erkenntnis, dass ein Richter nicht die für betroffene Elternteile offenkundige Fassade erkennt, stößt dann regelmäßig auf blankes Entsetzen.

Der Narzisst erhält richterlichen Schutz

Das Recht des Narzissten auf Mitsprache in grundsätzlichen Angelegenheiten mag lästig und unbequem sein, doch rechtfertigt dies nach dem Gesetz nicht, den Narzissten aufgrund persönlicher Defizite aus dem Entscheidungsprozess herauszuhalten. Sofern kein nachweisbares und schadhaftes Fehlverhalten des Narzissten gegenüber dem Kind vorliegt, legt jedes Gericht den Versuch der Ausgrenzung als eine schwere Demütigung aus. Mit anderen Worten ist das Gericht der Meinung, dass der emotionale Missbrauch des betroffenen Elternteils eher in Kauf genommen werden kann als eine

Demütigung des Narzissten. Das destruktive Verhalten des narzisstischen Elternteils in der Erziehung und im Umgang mit dem Kind scheint kein großes Gewicht zu haben. Gerichte und Jugendämter handeln nach der Überzeugung, dass ein schlechter Elternteil besser ist als ein fehlender Elternteil.

Das sind leider die Fakten – und die werden Sie auch nicht ändern können. Sie müssen lernen, diese Tatsachen zu akzeptieren und zu versuchen, im Rahmen Ihrer Möglichkeiten für sich und Ihr Kind das Beste zu erzielen. Das Gericht will immer eine Entscheidung treffen, die zum Wohle des Kindes ist – nicht zum Wohle eines einzelnen Elternteils –, und setzt daher die Kooperationsbereitschaft beider Parteien voraus. Diese Einstellung der Gerichte drängt betroffene Elternteile aber automatisch in die Defensive und zuweilen hat es den Anschein, dass das Wohl des Narzissten dem Kindeswohl vorgezogen wird.

Was bedeutet Kooperationsbereitschaft?

Richter betonen immer wieder, dass für das Wohl des Kindes die Kooperationsbereitschaft der Eltern eine wesentliche Voraussetzung darstellt. Dieses Kriterium stellt den Maßstab zur Beurteilung der Eignung von beiden Elternteilen dar. Das Problem dabei ist nur, dass es zur Kooperationsbereitschaft einer Kooperationsfähigkeit bedarf. Kooperationsfähigkeit setzt voraus, dass man bereit ist, dem anderen überhaupt erst mal zuzuhören, dessen Argumente gelten zu lassen und auch anderen Ideen als den eigenen Raum zu geben und sich damit auseinanderzusetzen. Sie setzt voraus, dass man bereit ist zu erkennen, dass mehrere Wege möglich sind und zum Ziel führen können, dass man von den eigenen Vorstellungen Abstand nehmen und das eigene Denken und Handeln selbstkritisch betrachten kann und man bereit ist einzugestehen, dass man nicht immer alles richtig sieht und andere auch einen wertvollen Beitrag leisten können. Man muss in der Lage sein, für eine Sache zurückzustehen, sich einem höheren Ziel unterordnen zu können sowie aktiv einen positiven Beitrag zum Ganzen leisten zu wollen.

Kurz: Es braucht ein gewisses Maß an Selbstlosigkeit, Selbstreflexion und Empathie. Das sind allerdings Eigenschaften, die bei einem Narzissten kaum in einem akzeptablen Maß vorzufinden sind. Es ist nicht seine Stärke, einem anderen zuzustimmen und von der eigenen Meinung abzurücken. Die Bereitschaft zu haben, eine Lösung anzustreben, die nicht dem eigenen Geist entspringt und die zum Vorteil anderer ist, entzieht sich seinem Vorstellungsvermögen. Die Vorstellung, eine harmonische Integration zu erreichen, ohne eine Vorrechtsstellung zu besitzen, ist nicht mit seinem Selbstbild zu vereinbaren. Daher darf bezweifelt werden, dass jemals der Tag kommen wird, an dem ein Narzisst zu solchen Tugenden fähig sein wird. Somit gestaltet sich das Kooperationsverhalten der Eltern meist in der Form, dass der co-narzisstische Elternteil in seiner Kooperationsfähigkeit maximal strapaziert wird, während der narzisstische Elternteil von seiner Position keinen Millimeter abrückt. Am Ende muss immer der andere Elternteil dem Willen des Narzissten folgen, damit es endlich zu einer Einigung kommt oder damit die Beschuldigungen, Beleidigungen und Unterstellungen ein Ende haben. Für einen Narzissten bedeutet Kooperation, dass der andere das tut, was er verlangt.

Die zahllosen Manipulationsversuche, Lügen, Kränkungen und vor allem das mangelnde Schuldbewusstsein des Narzissten führen mit zunehmender Dauer dazu, dass die Kooperationsbereitschaft des anderen Elternteils rapide nachlässt. Während dieser für alles die Schuld zugewiesen bekommt und immer in die Rolle des Sündenbocks gedrängt wird, wiegt sich der Narzisst in Unschuld, ist sich keines Fehlverhaltens bewusst, zeigt ausschließlich mit dem Finger auf andere und lässt Kritik wie Teflon an sich abperlen.

Auf diese Weise ist der Narzissten immer in der überlegenen Position, während der andere Elternteil ständig das Nachsehen hat. Der Narzisst ist dank seines rhetorischen Geschicks und mangelnden Schuldbewusstseins auf wundersame Weise immer der Gute, der alles weiß, alles kann und alles richtig macht, während der andere trotz seiner Sorgfalt und Anständigkeit immer der Schlechte ist, der nichts weiß, nichts kann und nichts richtig macht. Somit ist klar, wessen Vorschlag und wessen Regeln letztlich gefolgt werden: natürlich denen des Narzissten! Das hat aber nichts mit Kooperationsbereitschaft oder -fähigkeit zu tun – das ist Unterdrückung und Manipulation.

Kooperation sollte zu einem Nutzen für alle Beteiligten führen. Eine narzisstische »Kooperation« führt aber nur dazu, dass der Narzisst alle Vorteile auf seiner Seite hat, während der andere Elternteil mit den Nachteilen und Kosten zurückbleibt. Der narzisstische Elternteil hat die Rechte und der andere Elternteil trägt die Pflichten. Es entsteht ein massives Ungleichgewicht, das auf Dauer dazu führen muss, dass der ohnehin bestehende Konflikt sowie der Missmut beim anderen Elternteil weiter anwachsen.

Das Gesetz geht davon aus, dass die Partner auch über die Trennung hinaus eine gewisse Wertschätzung füreinander aufrechterhalten, um für das Kind da zu sein. Und eben hier besteht der grundlegende Irrtum und entsteht die Forderung nach Unmöglichem: Der Narzisst kann keinen anderen wertschätzen außer sich selbst, es sei denn, er erhofft sich dadurch einen Vorteil. Er nutzt Wertschätzung nicht im Sinne der Pflege eines guten Miteinanders, sondern er nutzt sie dazu, andere besser missbrauchen zu können. Dem anderen Elternteil wiederum fällt es extrem schwer, auch nur etwas Wertschätzung für den Narzissten aufzubringen, weil dieser in der Beziehung meist alles darangesetzt hat, selbst das letzte Fünkchen Respekt vor ihm auszulöschen. Schließlich ist in den meisten Fällen der völlige Verlust der Wertschätzung dem Narzissten gegenüber der tragische Grund für die Trennung des Partners.

Keine Gewinner und keine Verlierer

Gerichte sind bei Prozessen in Familienangelegenheiten grundsätzlich dazu angehalten, keinen Gewinner zu produzieren, um die ohnehin bestehenden Konflikte nicht noch weiter anzuheizen. Wenn es keinen Gewinner geben darf, dann darf es aber auch keinen Schuldigen oder Täter geben. Das, was für andere Prozesse z. B. im Straf- oder Verkehrsrecht gilt, hat im Familienrecht keinen Bestand. Die Frage, wer die Hauptverantwortung für die Folgen der Trennung trägt, darf durch ein Gericht nicht mehr bewertet werden, und schon gar nicht darf sie eine Relevanz bei den Sachfragen bezüglich des Umgangs mit dem Kind haben.

Dennoch führt die sture Ignoranz des Gerichts gegenüber dem destruktiven Verhalten eines narzisstischen Elternteils dazu, letztlich doch einen Gewinner und einen Verlierer zu produzieren und den Konflikt weiter zu verschärfen. Der Ex-Partner fühlte sich bereits in der Beziehung als chronischer Verlierer: Was immer er tat und sagte, es war nie richtig und es war nie gut genug. Ging der Narzisst schon immer als Gewinner aus jeder Unterredung und aus jedem Streit hervor, so wird er nun auch noch durch die Prinzipien der Gerichte geschont. Das kann die Ohnmachtsgefühle des Ex-Partners gegenüber dem Narzissten verstärken und die Hoffnung auf Gerechtigkeit endgültig begraben.

Christine

»Jetzt nach der Trennung werden die Kinder an den vereinbarten Besuchstagen instrumentalisiert und gegen mich aufgehetzt. Dass es mich nur noch in ganz wenigen Ausnahmefällen verletzt, sondern die Kinder nachhaltig schädigt, versteht ein Narzisst nicht. Auch mir wurde anfangs vom Jugendamt vorgeschrieben, ich hätte mit ihm zu kommunizieren, was von meinem Ex auch gut inszeniert war, denn er kann sich bestens als Opfer darstellen und behauptet natürlich, dass ich jegliche Kommunikation bewusst verweigere. Ich kann aber mit einem

---

Menschen nicht mehr kommunizieren, der 15 Jahre lang emo-
tionalen Missbrauch an mir verübt hat. Dann hätte ich auch
bleiben können. Denn was in meiner Beziehung mit dem
Narzissten abging, habe ich erst nach der Trennung begriffen.
Das Jugendamt bekommt von ihm seitenweise E-Mails, in
denen ich als Mensch und Mutter schlechtgemacht werde. Die
Klärung der gemeinsamen Eigentumsverhältnisse wird jahre-
lang hinausgezögert, um finanziellen Druck auszuüben. Die
Briefe von seinen Rechtsanwälten beinhalten haarsträubende
Unwahrheiten. Die Kinder werden gegen mich aufgehetzt.
Aber es ist mir bewusst, dass ich mich auf sehr dünnem Eis
bewege und ich mir gut überlegen muss, welche Schritte ich
zum Wohl der Kinder mache, damit der Schuss nicht nach
hinten losgeht.«

Genau dieses Gefühl der Machtlosigkeit treibt betroffene Elternteile
dazu, heroisch einen Prozess gegen den narzisstischen Elternteil an-
zuzetteln, um diesen endlich in die Knie zu zwingen und aus der
Rolle des ewigen Verlierers herauszukommen. Da werden alle Re-
gister gezogen, um zu beweisen, welch teuflisches Potenzial in dem
Narzissten steckt: Sämtliche Beweismittel werden eingereicht, die
nur im Entferntesten die Verdorbenheit des Narzissten aufdecken
könnten, wie z. B. ein Foto, auf dem der Narzisst betrunken ist oder
gerade das Kind festhält und schlägt. Oder es werden Fotos von
der heruntergekommenen Wohnung des narzisstischen Elternteils
gezeigt, ein Strafmandat mit Führerscheinentzug, frühere Atteste
vom Hausarzt, die vor allem psychische Störungen oder andere Er-
krankungen des Narzissten bescheinigen, oder Briefe des Kindes, in
denen es den narzisstischen Elternteil verurteilt und ablehnt.

Neben allen möglichen Beweisen werden auch gern Zeugen ge-
nannt, beispielsweise ein Verwandter, Freund oder Nachbar, der mit
der Familiensituation vertraut ist und dann aussagen soll, dass der
narzisstische Elternteil ein schlechter Mensch ist und einen zweifelhaften Lebensstil führt. Da ein Familiengericht aber keine Gewinner und Verlierer produzieren will, lädt es in aller Regel keine Zeugen vor, um keine Eskalation des Konflikts zwischen den Eltern zu

provozieren. Das Gericht will nicht über die individuelle Befähigung der Eltern entscheiden, sondern erwartet von den Eltern, dass sie zum Wohle des Kindes den gemeinsamen kleinsten Nenner finden.

Betroffene Eltern erleben die Ignoranz gegenüber ihren zahlreichen Belegen und Zeugenaussagen als herben Rückschlag. So sehr sie auch versuchen, dem Gericht die narzisstische Persönlichkeitsstörung des anderen Elternteils begreiflich zu machen, den narzisstischen Missbrauch zu belegen sowie die Unglaubwürdigkeit des Narzissten durch entsprechende Beweise zu untermauern: Sie stoßen auf eine Wand des Unverständnisses. Das kann betroffene Elternteile dazu führen, noch mehr Beweise zu sammeln und noch ungestümer ihren Standpunkt vorzutragen – im unerschütterlichen Glauben, irgendwann ernst genommen werden zu müssen.

Dann werden sogar belastende Ereignisse vorgetragen, die Jahre zurückliegen und in der Beziehung niemals beklagt wurden, weil sich betroffene Elternteile nicht getraut haben, sich gegenüber dem narzisstischen Elternteil zu erheben. Nun allerdings wird ihnen bewusst, dass ihr vorsorgliches Schweigen aus Angst vor weiteren Verletzungen auf sie zurückfällt. Ihre jahrelange Zurückhaltung – teilweise erzwungen – wird ihnen nun plötzlich zur Last gelegt.

Vergangene Vorkommnisse während der Beziehung werden vom Gericht nicht herangezogen, weil sie für die Beurteilung der Eignung eines Elternteils nicht relevant sind. Je heftiger betroffene Elternteile versuchen, dem narzisstischen Elternteil ein schlechtes und unmoralisches Verhalten mit zweifelhaften Absichten nachzuweisen, und je mehr sie aus diesem Umstand für sich selbst Sonderrechte in Bezug auf den Umgang mit den Kindern ableiten wollen, desto eher wird sich das Gericht auf die Seite des Narzissten schlagen.

Wenn sich ein Familiengericht auf einen Vergleich der beiden Elternteile einlassen würde, um zu ermitteln, wer denn nun von den beiden Elternteilen der tadellosere Mensch ist, dann würde das Gericht in dem Dilemma feststecken, bewerten zu müssen, ab welchem konkreten Lebenswandel einem Elternteil die Kinder zu entziehen sind und ab welchem bestimmten Fehlverhalten der Umgang nicht kindeswohldienlich ist. Wer bestimmt hier die Grenze? Diese wurde bislang nicht eindeutig definiert, wohl aufgrund der erheblichen Komplexität – weshalb schlussendlich angenommen wird, dass beide Elternteile zu gleichen Teilen ihre Rechte und Pflichten eigenständig wahrnehmen können, solange das Wohl des Kindes nicht ernsthaft gefährdet ist. Das Kindeswohl gilt als wichtigste Orientierungsgröße. Einschränkungen des Umgangs sind überhaupt nur dann angedacht, wenn eine unmittelbare Gefahr für das Kind besteht, und nur schwerwiegende Gründe wie die folgenden können zum Sorgerechtsentzug eines Elternteils führen:

- schwerwiegende Erziehungsfehler (z. B. staatsfeindliche Erziehung)
- Kindervermögensgefährdung (z. B. Veruntreuung von Spareinlagen des Kindes)
- körperliche Misshandlungen inkl. sexueller Missbrauch
- Missbrauch des Sorgerechts (z. B. Behindern des Schulbesuchs oder Anstiftung zu Straftaten)
- Gesundheitsgefährdung
- Vernachlässigung durch mangelnde Aufsicht
- Suchtverhalten des betroffenen Elternteils
- gefährliches Umfeld durch Dritte

Selbst psychologischen Gutachten wird in der Regel keine Beachtung geschenkt, weil auch in diesem Fall das Gutachten die mangelnde Eignung des anderen Elternteils beweisen soll, was wiederum zur Produktion eines Verlierers führt. Ein derart verleumdendes Vorgehen wird als Zerstörung einer friedlichen Basis zwischen den Eltern gewertet, was einen zukünftigen konstruktiven Umgang unmöglich macht und den Konflikt nur noch anheizt.

Die hartnäckige Ablehnung aller Argumente und Beweise des co-narzisstischen Elternteils und die Belehrung, er verhalte sich unkooperativ und geradezu taktlos, festigen dessen Position als Verlierer. Nicht selten fällt er dadurch von der Position des schuldlosen Opfers in die Rolle des bösen Täters. Der betroffene Elternteil, der bereits in der Beziehung unter dem dominanten Einfluss des Narzissten gelitten hat, muss nun erfahren, dass seine Bedenken im Hinblick auf die Eignung des Narzissten nicht nur nicht ernst genommen werden, sondern dass ihm auch noch vorgeworfen wird, den narzisstischen Elternteil abzuwerten und anzuschwärzen. Sein Verhalten wird dem Ex-Partner als Unfähigkeit ausgelegt, die Paarebene von der Elternebene zu trennen. Plötzlich findet sich der betroffene Elternteil erneut in der Position wieder, sich rechtfertigen zu müssen, und erlebt wie bereits in der Beziehung, dass er nicht wirkungsvoll agieren kann.

Bonja

»Ich habe mich von meinem narzisstischen Ehemann getrennt und bin mit meinem vierjährigen Sohn auf Anraten der Polizei und des Frauenhauses in meinem damaligen Wohnort in ein 320 Kilometer weit entferntes Frauenhaus gegangen. Was danach passiert ist, ist für mich unfassbar. Mein Ehemann bekam das Aufenthaltsbestimmungsrecht für unseren Sohn zugesprochen. Der Richter des Familiengerichts in meinem damaligen Wohnort gab mir die Schuld an der weiten Entfernung und warf mir Böswilligkeit vor, weil ich eine erhebliche Distanz zwischen Kindsvater und Sohn schaffte. Seitdem lebt mein Sohn nun bei seinem Vater, welcher auch schon diverse Selbstmordversuche hinter sich hat. Laut dem Familiengericht steht der Schutz der Frau weit unten und das uneingeschränkte Umgangsrecht des Vaters an erster Stelle, da Gewalt an der Ehefrau keine Kindeswohlgefährdung darstellt und er trotz seiner Vergangenheit, seines Verhaltens und seiner Selbstmordversuche ein guter Vater sein kann. Und ich wurde für die Trennung von meinem gewalttätigen Ehemann mit Kindesentzug bestraft. Ich habe drei verschiedene Anwälte konsultiert. Alle drei Anwälte sagen das Gleiche: Solange ich nicht zurück in die Nähe meines gewalttätigen Ehemannes ziehe, habe ich keine Chance, meinen Sohn zurückzuholen. Jedes Verfahren findet im gleichen Familiengericht statt, und das hat sein Urteil gefällt: Ich bin schuld – und das, obwohl sich mein Ehemann weiterhin, trotz der großen Entfernung, aggressiv gegen mich verhält.«

Außerdem ist jedes Familiengericht dazu verpflichtet, immer nur das mildeste Mittel zur Anwendung zu bringen. Das Sorgerecht wird nicht so einfach und schnell einem Elternteil entzogen, und schon gar nicht aufgrund mangelnder Kooperationsbereitschaft oder eines Fehlverhaltens. Es müssen zuvor immer mäßige und weniger einschneidende Maßnahmen eingeleitet worden sein. Insofern grenzt es schon an Naivität, wenn betroffene Eltern glauben, durch die Vorlage eines psychologischen Gutachtens und die Attestierung einer narzisstischen Persönlichkeitsstörung mal eben dem narzisstischen Elternteil den Umgang mit dem Kind verwehren zu können. Bestenfalls erfolgt der Umgang unter Aufsicht, und dies auch nur vorübergehend.

Der Ex-Partner wird dabei vom Richter regelrecht abgewiesen und vorgeführt. Da er zu ihm nicht durchzudringen scheint, ist das für den betroffenen Elternteil nicht selten der Anlass, nun endgültig die Nerven zu verlieren. Die Aussichtslosigkeit, schließlich doch noch Gerechtigkeit zu erfahren, und die erneute Erfahrung von Machtlosigkeit können den Elternteil in eine regelrechte Hysterie treiben. Dann wird der narzisstische Elternteil vor allen Beteiligten lauthals beschimpft und niedergemacht. Manchmal bekommt sogar der Anwalt der Gegenseite oder der Richter direkt eine Schelte. Doch je mehr sich der co-narzisstische Elternteil aufregt und ausrastet, desto mehr freut sich der Narzisst, weil nun alle Zeuge werden, wie unbeherrscht der andere Elternteil ist und wie wenig dieser in der Lage zu sein scheint, sachlich zu diskutieren und sich mit den Standpunkten der Gegenseite objektiv zu beschäftigen. Es kann keine größere Wonne für den Narzissten geben als zu beobachten, wie sich der Ex-Partner vor den Augen aller lächerlich macht und auf diese Weise den Verfahrensbeteiligten anschaulich präsentiert, wie er Konflikte zu bewältigen versucht.

Welche Eskalationsstufen sollten grundsätzlich eingehalten werden?

Vor Gerichten macht es immer einen guten Eindruck, wenn man nicht gleich mit Kanonen auf Spatzen schießt, sondern zuvor andere Wege ausprobiert hat, um eine Einigung zu erzielen und einen Rechtsstreit zu verhindern. Die Eltern sollten zunächst versuchen, selbstständig eine Vereinbarung zu treffen, oder sich an beratende Stellen wenden. Folgende Schritte sind dabei denkbar:

1. Die Eltern versuchen durch persönliche Gespräche oder eine schriftliche Kommunikation, eine Einigung zu erzielen.
2. Andere Familienmitglieder (Eltern, Geschwister etc.) oder Freunde versuchen, zu vermitteln und zu schlichten.
3. Die Eltern nehmen eine Familienberatung (Jugendamt, Caritas, Kinderschutzbund, Diakonisches Werk, Kirche etc.) in Anspruch.
4. Die Eltern erwirken in Zusammenarbeit mit dem Jugendamt eine tragfähige Vereinbarung.

Kommt es zu keiner Vereinbarung oder wird die Vereinbarung nicht eingehalten, geht man zu den nächsten Schritten über:

5. Mit Hilfe des Familiengerichts wird ein gerichtlicher Vergleich getroffen.
6. Das Gericht schlägt vor, einen Mediator oder eine Erziehungsberatung einzusetzen, um zwischen den beiden Elternteilen zu vermitteln.
7. Vom Gericht wird eine Umgangspflegeschaft bestellt, welche die Umsetzung des Umgangs sicherstellen soll.
8. Der sich verweigernde Elternteil muss sich einem Gutachten unterziehen. Die Bindungstoleranz des Elternteils soll festgestellt werden.
9. Über das Sorgerecht und das Aufenthaltsbestimmungsrecht wird neu entschieden.

Diese Eskalationsstufen sollten in einem Umgangsverfahren einge-halten werden, weil ansonsten das Bemühen um gemeinsame Lö-sungen und die damit einhergehende Kooperationsbereitschaft von vornherein in Frage gestellt werden. Die mangelnde Bereitschaft des Narzissten, für das Kind tragbare Lösungen zu finden, kann bewiesen werden, wenn der co-narzisstische Elternteil diesen Weg einhält und belegen kann, dass sich der narzisstische Elternteil nicht an getroffene Vereinbarungen hält. Betroffene Elternteile sollten da-her vermeiden, die Kommunikation zu früh zu beenden und sich zu schnell ans Gericht zu wenden, weil ihnen das eben als mangelnde Kooperation ausgelegt werden kann.

Es kommt auf die Gesprächsbereitschaft an

Ein Gericht will sehen, ob die Eltern in der Lage sind, gemeinsame Ergebnisse zu erzielen. Dabei kommt es dem Gericht weniger auf die Qualität der Vereinbarungen an. Im Vordergrund steht alleine die Tatsache, dass Übereinkünfte getroffen werden. Ob die gemein-same Entscheidung für das Kind auch wirklich die beste Lösung ist, spielt keine Rolle: Solange eine Kommunikation unter den Eltern stattfindet und sich beide um einen konstruktiven Weg bemühen, erkennt das Gericht die geforderte und notwendige Kooperations-bereitschaft.

Auch spielt es keine Rolle, ob die Einigung schriftlich herbeige-führt wird, ob man sich in einem persönlichen Gespräch anschreit und gegenseitig verletzt oder ob sie in einem ruhigen und sachlichen Ton erzielt wird – die Hauptsache ist, man findet Lösungen für das Kind. Daher wird dem Argument kaum Beachtung geschenkt, die Kommunikation sei abgebrochen worden, weil mit der Gegenseite kein höflicher Umgang möglich sei und sich der Narzisst ständig im Ton vergreife, beleidigend werde und unentwegt falsche Tatsachen in den Raum stelle. Dem Gericht ist es gleichgültig, wie man zu Ent-scheidungen gelangt – die Eltern sollen nur entscheidungsfähig sein.

Auch dieses Prinzip spielt dem Narzissten natürlich in die Karten. Er muss sich also nicht höflich und ordentlich dem Ex-Partner gegenüber verhalten – er kann mit seinen Psychospielchen fortfahren: Beeinflussung, Erpressung, Einschüchterung, Druck, Kränkungen. Es spielt keine Rolle, wie er sich aufführt und welche Methoden er anwendet, um seinen Willen durchzusetzen. Am Ende muss nur eine Lösung stehen – und meistens ist dies dann die Lösung des Narzissten.

Der Narzisst darf allerdings nicht den Entscheidungsprozess blockieren. Gerichte lassen sich durchaus belegen, inwieweit Gespräche herbeigeführt oder blockiert wurden. Wer dauerhaft und offenbar grundlos ein konstruktives Miteinander auf der Elternebene verhindert, der riskiert sein Sorgerecht. Wenn ein Elternteil nicht mehr zu Gesprächen bereit ist, stur auf seinem Standpunkt beharrt und jede Diskussion darüber ablehnt oder wenn zwischen den Eltern dermaßen große Konflikte bestehen, dass ohne die Betreuung durch eine Drittperson gar kein Dialog zustande kommt, dann wird jegliche Entscheidungsfindung unmöglich und Eltern gefährden allein durch diesen Tatbestand das Wohl des Kindes. Die Alleinsorge für das gemeinsame Kind kann dann auf einen Elternteil übertragen werden.

Da Gespräche mit einem Narzissten die Nerven immer besonders stark strapazieren, kann es schnell passieren, dass betroffenen Elternteilen die Lust auf Kooperation vergeht. Dann werden schnell irgendwelche Gründe vorgeschoben, nur um den Kontakt zu verhindern und gar nicht erst ein unerfreuliches Gespräch entstehen zu lassen. Allerdings kann der Unwille zu kommunizieren später in einem Gerichtsverfahren schwerwiegende Folgen haben. Daher sollten betroffene Elternteile versuchen, sich im eigenen Interesse und in dem ihres Kindes immer gesprächsbereit zu zeigen. Es ist ja nicht erforderlich, direkt und persönlich mit dem Narzissten zu kommunizieren. Eltern können auch schriftlich oder mit Hilfe ihres Anwalts auf den narzisstischen Elternteil zugehen.

Das heißt nun aber nicht, dass betroffene Elternteile jederzeit für den Narzissten verfügbar sein und sich nach Lust und Laune von ihm beschimpfen und beleidigen lassen müssen. Wenn die Diskussion droht unsachlich zu werden, kann das Gespräch auch beendet und zu einem späteren Zeitpunkt fortgesetzt werden. Betroffene

Elternteile müssen sich auch nicht mit Themen befassen, die ihnen der Narzisst zwar aufdrängt, die aber nicht zur Findung einer Lösung für das Kind beitragen oder keinen Sachverhalt beinhalten, der in Zusammenhang mit dem Kind steht. Auch müssen sie bereits getroffene Vereinbarungen nicht immer wieder mit dem Narzissten diskutieren, weil dieser noch Ergänzungen hat oder Ausnahmen beschließen möchte. Dem Gericht ist es nicht so wichtig, wer das Gespräch abbricht, sondern vielmehr, ob das Gespräch wiederaufgenommen wurde. Konnten betroffene Elternteile also keine Einigung mit dem Narzissten erzielen, dann können sie das Gespräch vertagen – egal, aus welchem Grund. Sie sollten nur irgendwann der Gegenseite signalisieren, dass sie nach wie vor bereit sind, eine Lösung zu der Sachfrage zu finden. Sie können sich auch in einem Brief an den Narzissten wenden und ihm Vorschläge unterbreiten – dann haben sie auch gleich einen Beweis für ihre Gesprächsbereitschaft.

Mediation

Um außergerichtliche Übereinkünfte zu finden, wird Eltern von Gerichten häufig nahegelegt, moderierte Gespräche im Sinne einer Mediation zu führen. Zwar ist eine Mediation grundsätzlich freiwillig und kann gerichtlich nicht angeordnet werden, dennoch kann ein Richter den Eltern durchaus zu verstehen geben, dass er eine Teilnahme zwingend wünscht.

Im Rahmen einer Mediation moderiert eine dritte, neutrale Person den Gesprächsverlauf. Der Mediator hat die Aufgabe, die Diskussion sachlich zu gestalten und dafür zu sorgen, dass es zu keinen emotionalen, polemischen oder vorwurfsvollen Äußerungen kommt. Er selbst darf nicht Partei ergreifen. Auch sollte er darauf achten, dass das Gespräch nicht in Nebensächlichkeiten abgleitet und das Ziel nicht aus den Augen verloren wird. Zudem sollte er Sorge tragen, dass nicht unterschiedliche Themen miteinander vermengt werden, sondern dass ein Punkt nach dem anderen besprochen und zufriedenstellend abgeschlossen wird.

Der Mediator begleitet die Parteien bei der Entwicklung von Lösungen, die möglichst allen Seiten gerecht werden. Leider wird dieses durchaus sinnvolle Instrument auch oft genug missbraucht, vor allem um den Prozess in die Länge zu ziehen. Das Gericht überlässt es beispielsweise den Parteien selbst, eine geeignete Form des Umgangs mit dem Kind zu finden. Der nicht ständig betreuende Elternteil will dann zwar Umgangszeiten vereinbaren, doch ist der andere Elternteil zu keiner Entscheidung zu bewegen. Dieser schmettert alle Ideen ab oder unterbreitet selbst Vorschläge, die für den anderen nicht umsetzbar sind. Da der Mediator selbst keine Lösungen vorschlägt, sondern nur einen konstruktiven Weg dorthin anbietet, müssen die Eltern die Lösung allein erarbeiten. Wenn aber einer nur blockiert, weil er gar keine Lösung will, dann hat der Mediator einen schweren Stand.

So kann eine Mediation letztlich auch nicht zu einer Konfliktlösung beitragen und die Gespräche verwandeln sich in verzweifelte Versuche des einen Elternteils, den anderen Elternteil zu überzeugen. Kommt es nach Wochen oder Monaten nicht zu Lösungen, dann führt dies zu weiteren Gerichtsverfahren, in denen eine gerichtliche Regelung erzwungen wird. Diese kann zum Nachteil des Elternteils sein, der sich einigen wollte, aber die Mediation dann abgebrochen hat, weil keine Lösung zu finden war. Der Abbruch der Mediation kann ihm zudem als mangelnde Kooperationsbereitschaft ausgelegt werden.

Außerdem wird der Narzisst das Gespräch nutzen, um den Mediator auf seine Seite zu ziehen. Für ihn ist das Gespräch keine Gelegenheit, gute Lösungen für das Kind zu finden, sondern bietet ihm die Option, einen weiteren Verbündeten zu finden, mit dem er gemeinsam gegen den anderen Elternteil antreten kann. Der Narzisst nutzt dann diese Maßnahme, um seine Meinung zu verstärken, statt von seinem Standpunkt abzurücken und sich auf den anderen zuzubewegen.

Ein Narzisst lässt sich weder von seinem Partner noch von einem ausgebildeten Mediator etwas sagen. Er hält sich für schlauer, geht seinen eigenen Weg und lässt sich nicht von anderen führen. Er glänzt durch fachkundige Vorträge, spitzfindige Beweisführungen, eine ablehnende Körperhaltung und missmutige Mimik sowie emotionale Entgleisungen. Da sich nach der Schilderung des Narzissten immer alles anders darstellt als das, was vom anderen Elternteil berichtet wird, beginnt der Mediator irgendwann, sich im Kreis zu drehen. Der starren und arroganten Haltung des Narzissten hat er nichts entgegenzusetzen und erhofft sich mehr Flexibilität vom anderen Elternteil, um überhaupt in die Nähe einer Lösung zu kommen. Die Gefahr ist dann sehr groß, dass sich der Mediator unbewusst auf die Seite des Narzissten schlägt, weil er mehr Chancen sieht, den anderen Elternteil zu einem Kompromiss zu bewegen, als den narzisstischen Elternteil.

Nicht selten stimmt sich der Narzisst bereits im Vorfeld telefonisch mit dem Mediator über die Themen des nächsten Treffens ab. In diesem Gespräch versucht der Narzisst, den Mediator für sich zu gewinnen und ihn auf diverse Stolpersteine im Umgang mit dem anderen Elternteil aufmerksam zu machen. Der Ex-Partner wird dann als besonders widerborstig beschrieben und als jemand, mit dem man eher keine Übereinkünfte finden kann, wenn man sich nicht im Vorfeld zusammentut und ein gemeinsames Konzept gegen den anderen Elternteil entwickelt. Der Mediator wird dann geschickt manipuliert und in die perverse Strategie des Narzissten raffiniert eingebunden. Er glaubt dann, dem Ratschlag des Narzissten folgen zu müssen, um unnötige Konflikte zu vermeiden.

Werden endlich Vereinbarungen getroffen, ist es meist der Narzisst, der sich nicht an die Spielregeln hält, selbst wenn er ausdrücklich zugestimmt hat. Er findet schnell Ausreden dafür, warum er seinen Teil der Abmachung nicht einhalten kann. Leicht neigt dann ein Mediator dazu, die Sache nicht weiter zu thematisieren, weil er einen weiteren Konflikt befürchtet und sich von der dominanten Aura des Narzissten eingeschüchtert fühlt. Solch ein Verhalten darf man aber nicht durchgehen lassen, weil auf diese Weise eine Schieflage zwischen den Elternteilen entsteht: Der Ex-Partner hält sich streng an Regeln und Vereinbarungen und der Narzisst hält sich nur daran, wenn es ihm gerade passt. Es wird mal wieder mit zweierlei Maß gemessen. Betroffene Elternteile dürfen so etwas nicht hinnehmen und sollten den Mediator auf diesen Missstand aufmerksam machen und ihn in die Pflicht nehmen. Schließlich soll er für beide

Seiten tragbare Lösungen herbeiführen und darauf achten, dass Vereinbarungen von beiden Seiten eingehalten werden.

Wenn sich der Narzisst wieder in unsachlichen Äußerungen mit entwertenden Inhalten verliert, dürfen Elternteile den Mediator auch daran erinnern, das Gespräch wieder auf eine sachliche Ebene zurückzuführen. Werden Umstände bekannt, die darauf hindeuten, dass der Mediator von dem Narzissten manipuliert wird, sollten betroffene Elternteile den Mediator darauf hinweisen, dass er eine neutrale Funktion einzunehmen hat.

Eine Mediation kann dem Narzissten auch dazu dienen, ein Gerichtsverfahren zu vermeiden, weil er befürchtet, den Prozess zu verlieren oder dass das Ergebnis nicht seinen Vorstellungen entsprechen könnte. Dann wird der Ex-Partner unter dem Vorwand, eine schnelle und gütliche Einigung erzielen zu wollen, die zudem weniger Kosten als ein Gerichtsverfahren verursache, zu einem moderierten Gespräch eingeladen. So vernünftig sich der Vorschlag auch anhören mag: In der Regel muss der Ex-Partner mit weiteren Nachteilen für sich rechnen, wenn die Initiative zu einer Mediation ungewohnt beharrlich von dem Narzissten ausgeht. Hat zudem der Narzisst den Mediator ausgesucht, dann darf davon ausgegangen werden, dass er diesen im Vorfeld manipuliert hat und einseitig die Themen diktieren will. Solche Mediationen dienen dann nicht dazu, gemeinsam Lösungen zu erarbeiten, sondern lediglich dazu, die bereits feststehende Entscheidung des Narzissten dem Ex-Partner so diplomatisch wie möglich zu verkaufen.

Eine Mediation kann ein Risiko, aber auch die Chance sein, nach langem Ringen endlich tragfähige Vereinbarungen mit dem Narzissten zu erzielen. Ex-Partner sollten sich aber gut darauf vorbereiten. Das Thema, der Rahmen und das Ziel sollten genau abgesteckt und die Objektivität des Mediators sollte genau im Auge behalten werden. Notfalls muss der Mut aufgebracht werden, den Mediator an seine Funktion zu erinnern und Neutralität, Sachlichkeit und Lösungsorientierung einzufordern. Scheint der Mediator befangen oder im Umgang mit dem Narzissten überfordert zu sein, sollte er ausgetauscht werden.

Wie können Sie sich auf ein Gerichtsverfahren vorbereiten und wie sollten Sie vorgehen?

- Erkennen Sie, was möglich ist und was nicht, und akzeptieren Sie die Grenzen des Machbaren.
- Versuchen Sie nicht, dem Narzissten das Kind wegzunehmen, wenn nicht wirklich ernsthafte Gründe für ein solches Vorgehen vorliegen und eine erhebliche Gefahr für das Kind besteht. Lassen Sie sich von einem guten Anwalt beraten.
- Lösen Sie sich von Ihrem subjektiven Gerechtigkeitsempfinden und versuchen Sie, die Vorgehensweise und die Philosophie der Gerichte zu verstehen.
- Lesen Sie sich in die Gesetzeslage ein und studieren Sie im Internet zugängliche Urteile von Familiengerichten, die für Sie relevant sind.
- Bereiten Sie sich auf die Vorgehensweise des Narzissten vor. Stellen Sie sich vor, welche Forderungen der Narzisst anbringen und wie er auf bestimmte Sachverhalte und Fragen reagieren könnte. Überlegen Sie sich Ihre Antworten genau.
- Suchen Sie sich einen guten Anwalt, der sich mit Familienrecht bestens auskennt und in der Lage ist, schlagfertig auf die verlogenen Inszenierungen des Narzissten zu reagieren. Der Anwalt muss keine Gegenbeweise vorlegen, um die Argumente des Narzissten auszuhebeln, sondern lediglich dem Gericht die Absurdität seiner Behauptungen vor Augen führen. Im Fall von Falschdarstellungen des Narzissten muss mindestens Aussage gegen Aussage stehen.
- Sie können zwar keine Zeugen vor Gericht vorladen lassen, Sie können aber eidesstattliche Versicherungen zur Verhandlung mitbringen. Auch Führungszeugnisse z. B. vom Arbeitgeber können hilfreich sein, um ein tadelloses und verantwortungsvolles Handeln Ihrerseits zu attestieren.
- Betrachten Sie alle Äußerungen, Einwände, Entscheidungen und Urteile sachlich und nehmen Sie sie niemals persönlich.
- Gewöhnen Sie sich für Verhandlungen einen sachlichen, aufrichtigen und interessierten Gesprächsstil an.

- Widerstehen Sie dem Drang, das Gericht vom Gegenteil dessen, was der Narzisst behauptet, überzeugen zu wollen, wenn Sie keine hieb- und stichfesten Beweise haben. Lassen Sie sich nicht provozieren durch Lügen, Unterstellungen oder Beleidigungen. Bleiben Sie Ihrem Konzept treu.
- Stellen Sie die Interessen Ihres Kindes konsequent in den Mittelpunkt und blenden Sie Ihre eigenen Befindlichkeiten aus.
- Bleiben Sie thematisch bei dem Kind und widerstehen Sie der Versuchung, dem Gericht beweisen zu wollen, dass der Narzisst der »Böse« ist. Greifen Sie den Narzissten nicht persönlich an. Verteidigen Sie sich allerdings, wenn der Narzisst falsche Aussagen trifft und Sie beweisen können, dass er die Unwahrheit sagt oder wichtige Details weglässt, nur um sich selbst einen Vorteil zu verschaffen.
- Zeigen Sie sich kooperativ gegenüber Verfahrensbeiständen und streben Sie eine gemeinsame, wohlwollende Zusammenarbeit an.
- Achten Sie darauf, dass man Ihnen nicht unterstellen kann, nicht mehr gesprächsbereit zu sein, und sammeln Sie notfalls Belege, die beweisen können, dass Sie stets um gutes Einvernehmen bemüht sind.

Sie brauchen bei einem Verfahren vor Gericht Mut und Entschlossenheit, um sich gegen Vorwürfe verteidigen, sowie Sachlichkeit und Überzeugungskraft, um die eigenen Standpunkte vertreten zu können. Hin und wieder kann es auch sinnvoll sein, Ihre Hemmungen gegenüber einem unkonventionellen Vorgehen abzulegen. Denken Sie öfter auch einmal quer!

Wenn alles nichts mehr nützt, lassen Sie ihn auffliegen

Ein Narzisst kämpft nicht mit fairen Mitteln. Es ist ihm völlig gleichgültig, ob er mit seiner Vorgehensweise das Gesetz, die Menschenwürde anderer oder sogar die Seele seines Kindes verletzt. Die

Gefühle anderer interessieren ihn nicht. Er sieht nur seinen eigenen Vorteil und kann daher in kritischen Situationen ungehemmt und dreist auftreten, in denen jeder andere mit seinem Gewissen zu ringen hätte. Doch macht die vornehme Zurückhaltung des Ex-Partners, der sich unter gar keinen Umständen mit Lügen, Erpressungen, Unterstellungen oder unrechtmäßigen Handlungen identifizieren will und sich übermäßige Korrektheit abverlangt, den Weg frei für den Narzissten, um so unverfroren vorzugehen.

Drehen Sie daher den Spieß einmal um und treffen Sie den Narzissten an einer Stelle, an der er unter gar keinen Umständen getroffen werden will. Ein Narzisst ist immer sehr um ein tadelloses Ansehen bemüht. Er spielt vor anderen den Saubermann, der sich nichts zu Schulden kommen lassen will und sich stets korrekt verhält. Er zieht eine Maske der Vertrauenswürdigkeit, Zuverlässigkeit, Umsichtigkeit und Friedfertigkeit auf, um seinen erstklassigen Ruf zu wahren. Sein makelloses Image ist sein elementarstes Kapital. Mit diesem Wissen haben Sie ein tödliches Ass im Ärmel, das Sie im Bedarfsfall durchaus ziehen sollten.

Wenn sich nun herausstellt, dass der feine Biedermann gar nicht so seriös ist, wie er immer vorgibt, kann das bei allen Verfahrensbeteiligten zu einer neuen Einschätzung seiner Person führen. Wenn Sie im Besitz von Dokumenten, aufgezeichneten Gesprächen und Filmaufnahmen sind oder Zeugen gewinnen können, die seine hinterlistigen Pläne und skrupellosen Machenschaften bestätigen können, dann sollten Sie nicht davor zurückschrecken, diese Fakten auch zu nutzen, um die Falschaussagen ans Licht zu bringen. Bei einem Narzissten kann im dunklen Kellergewölbe die eine oder andere vermoderte Leiche herumliegen, die den feinen Edelmann wahrscheinlich völlig aus dem Konzept bringen wird, wenn sie plötzlich völlig unerwartet aus dem sicher geglaubten Sarg herauskrabbelt. Narzissten halten sich nämlich für besonders schlau und glauben, dass Ihre Mitmenschen allesamt zu dumm sind, ihre hinterhältigen und betrügerischen Strategien zu durchschauen. Nicht selten machen Sie dann aufgrund Ihrer Selbstüberschätzung geradezu idiotische Fehler.

Solch eine Situation liegt vor, wenn Sie z. B. belegen können, dass der Narzisst ein illegales Konto im Ausland führt, während er bei den Verhandlungen über die Unterhaltszahlung den armen Schlucker spielt. Oder der Narzisst brüstet sich möglicherweise damit, wie sehr er sich in seiner Umgangszeit um das Kind kümmert, während Sie aber belegen können, dass er das Kind gleich nach dem Empfang an einen Babysitter weiterreicht und sich dann die ganze Zeit überhaupt nicht mehr um das Kind kümmert. Es wäre geradezu töricht, diese hochtrabenden und unwahren Aussagen des Narzissten ungesühnt im Raum stehen zu lassen, wenn Sie das Gegenteil beweisen können. In dieser Hinsicht sollten Sie allerdings ja nicht zu forsch vorgehen und nicht die Initiative ergreifen, um das Ansehen des Narzissten zu beschmutzen und seine Eignung als Elternteil in Frage zu stellen. Sie reagieren lediglich sachlich auf eine falsche Darstellung.

Manche leidgeprüften Betroffenen haben in ihrer Not schon eine Privatdetektei beauftragt, um Beweise für die Unehrenhaftigkeit des Narzissten aufzuspüren. Auch wenn die Observation des dünkelhaften Narzissten nicht ganz preiswert ist, so kann sie doch den entscheidenden Vorteil bringen, der später viel Zeit und Nerven sparen kann. In der Regel findet man bei einem Narzissten immer Hinweise auf seine Schattenseiten und so manchen Betroffenen hat es schon die Sprache verschlagen, wie ungeniert ein narzisstischer Elternteil die Gutgläubigkeit des Partners ausnutzte und was für ein bewegendes Doppelleben mit allerlei Rambazamba er führte, ohne dass Betroffene jemals etwas davon mitbekommen hätten. Man darf die maßlose Selbstüberschätzung eines Narzissten niemals unterschätzen und sollte daher einmal genauer hinter den seidenen Vorhang schauen.

Selbst wenn trotz professioneller Ermittlungsmethoden keine Beweise gefunden werden, die vor Gericht standhalten, können Betroffene dennoch Hinweise auf dubiose Machenschaften bekommen und mehr Informationen über den anrüchigen Lebenswandel des Narzissten erhalten. Dieses Insiderwissen kann durchaus die eigene Kreativität anregen, um eine gewiefte Strategie zu entwerfen und den narzisstischen Elternteil empfindlich in die Achillesferse zu treten.

Für einen Narzissten stellt eine derartige Bloßstellung den Super-GAU dar. Plötzlich werden eindeutige Beweise präsentiert, die ihn so zeigen, wie er unter gar keinen Umständen gesehen werden möchte. Plötzlich droht seine weiße Weste hässliche Flecken zu bekommen und damit ein imminenter Gesichtsverlust mit unangenehmen Konsequenzen. Sie müssen Ihr geheimes Wissen auch nicht unbedingt vor Gericht vorlegen. Sie könnten aber den Narzissten warnen, dass Sie es tun werden, wenn er sich nicht zügelt. Sie könnten damit drohen, die Dokumente und Aufzeichnungen dem Richter, Jugendamtsmitarbeiter, den Gutachtern, seinen Freunden oder seinem Arbeitgeber vorzulegen. Sie können ihn eindringlich warnen, dass Sie die unangenehmen und verräterischen Hinweise dorthin weiterleiten werden, wo sie ihm erheblich schaden würden.

Wenn das Ende ihrer Glanzzeit drohte, haben Narzissten oft genug die Pistole wieder in den Halfter gesteckt und sind eingeknickt. Sie sind zwar ganz groß im Drohen und Einschüchtern, aber wenn sie plötzlich öffentlich mit ihren Schattenseiten konfrontiert werden, dann werden sie auf einmal ganz klein und ruhig – ganz nach dem Motto »Hunde, die bellen, beißen nicht«.

Seien Sie also auch einmal mutig und springen Sie über Ihren moralischen Schatten. Mit Korrektheit und vornehmer Bescheidenheit kommen Sie bei einem Narzissten nicht weiter. Wenn es für Sie wirklich um existenzielle Angelegenheiten geht und Sie keinen anderen Weg finden, um Schaden für sich und Ihr Kind abzuwenden, dann sollten Sie Ihre Schuldgefühle an der Garderobe ablegen und ebenfalls zu einer furchtlosen, aber bedachten Tat schreiten, um den Narzissten in die Schranken zu weisen. Ich möchte Ihnen nicht grundsätzlich zu einem solchen Vorgehen raten und Sie sollten sicherstellen, dass Ihre Beweise wirklich fundiert und verwendbar sind und nicht gegen das Gesetz verstoßen. Manchmal muss man jedoch einfach einsehen, dass man zu unkonventionellen Methoden greifen muss, wenn auf der anderen Seite ein Narzisst steht.

Es ist ein Kampf

Das ist sicherlich nicht das, was man sich von der Zeit nach der Trennung erhofft hat. Eigentlich trennen sich Partner von einem Narzissten, weil sie nichts mehr mit ihm zu tun haben und endlich ihre Ruhe haben möchten. Doch wenn gemeinsame Kinder mit im Spiel sind, wird man auch weiterhin – wenn auch nur den kleinstmöglichen – Kontakt zu dem Narzissten halten müssen, um sich der Kinder wegen abzustimmen und Lösungen zu finden. Ein Narzisst wird diesen Kontaktzwang natürlich dazu nutzen, den anderen weiterhin zu beherrschen und zu schikanieren. Daher kommen betroffene Elternteile nicht darum herum zu lernen, sich sinnvoll abzugrenzen, eine gewisse Immunität gegenüber den Attacken des Narzissten aufzubauen und im Ernstfall auch einmal gegen die eigenen Prinzipien, aber mit Augenmaß zu handeln und zurückzuschlagen.

22. Wie verhalten Sie sich richtig?

Betroffene Elternteile sollten sie sich zunächst einmal sich selbst zuwenden und vorrangig an ihrer Selbststärkung arbeiten. Die Regelung des Umgangs mit dem gemeinsamen Kind wird sehr viel Energie fordern und betroffene Elternteile brauchen neben geistiger Klarheit und körperlicher Fitness vor allem den Mut, zu den eigenen Überzeugungen zu stehen sowie für das eigene Recht und das Recht des Kindes zu kämpfen. Daher sollte an erster Stelle immer stehen, dass sich betroffene Elternteile eine emotionale Distanz zu dem Narzissten aufbauen, die Vergangenheit aufarbeiten und das eigene Selbstwertgefühl wieder stärken, um die nun folgenden Herausforderungen mit dem Narzissten so gut wie möglich bestehen zu können.

Finden Sie schnell wieder zu einem geregelten Leben zurück

Versuchen Sie nach der Trennung so schnell wie möglich, Ihr Leben und das Leben Ihres Kindes wieder in geregelte Bahnen zu lenken. Klären Sie alle hiermit in Verbindung stehenden Angelegenheiten wie z. B. die Wahl einer neuen Wohnung, eines neuen Kindergartens oder einer neuen Schule für das Kind, die Regelung der finanziellen Angelegenheiten, der Wechsel des Arbeitsplatzes, die Linderung oder Heilung von gesundheitlichen Beschwerden oder die Einleitung der Scheidung. Suchen Sie sich schnell einen guten Anwalt, der sich auf Familienrecht spezialisiert hat und mit schwierigen Fällen auskennt. Gehen Sie unter keinen Umständen auf das vielleicht bequeme Angebot des Narzissten ein, sich einen gemeinsamen Anwalt zu nehmen, um angeblich Kosten zu sparen oder ganz auf einen Anwalt zu verzichten, auch wenn er Ihnen noch so glaubhaft versichert, dass man sich gütlich einigen werde. Fallen Sie nicht leichtgläubig auf solche banalen Tricks herein. Der Narzisst will sich nur eine gute Verhandlungsposition verschaffen, damit er Sie besser überrumpeln kann.

Machen Sie von vornherein klar, dass Sie nicht mehr mit sich spielen lassen und dass Sie nun konsequent und entschieden vorgehen werden. Mit Freundlichkeit und vornehmer Zurückhaltung machen Sie es dem Narzissten nur möglich, noch schmutzigere Forderungen zu stellen. In Ihrer Nachgiebigkeit sieht der Narzisst die Einladung, noch mehr zu verlangen. Ihre Kulanz lässt für ihn nur die Vermutung zu, dass bei Ihnen noch mehr zu holen sein muss.

Verabschieden Sie sich von der Vorstellung, dass sich ein Narzisst fair verhält und dass er es zu schätzen weiß, wenn man ihm entgegenkommt. Weder auf Ihre Bedürfnisse noch auf die Bedürfnisse Ihres Kindes wird er jemals Rücksicht nehmen. Sie haben es mit einer hochgefährlichen Mischung aus Selbstsucht, Skrupellosigkeit und Rachegelüsten zu tun. Der Narzisst wird nach der Trennung alles versuchen, um Ihnen zu schaden oder Sie gänzlich zu vernichten. Unschuldige Opfer wie das eigene Kind nimmt er dabei billigend in Kauf.

Es ist ein tragischer Irrglaube anzunehmen, dass der Narzisst irgendwann von allein mit seinen Nachstellungen und Gemeinheiten aufhören wird, wenn man seinen Forderungen nachgibt. Solange der Narzisst den anderen Elternteil durch das Einflößen von Schuldgefühlen oder den wirkungsvollen Gebrauch von Drohgebärden einschüchtern kann, glaubt dieser, keine andere Wahl zu haben, als nachzugeben. Aus überhöhter Angst vor den Aggressionen des Narzissten setzen sich betroffene Elternteile zu wenig mit der Glaubhaftigkeit seiner hochgestochenen Argumente auseinander und prüfen nicht die Ernsthaftigkeit seiner wortreichen Drohungen. Eine gut vorgetragene und einschüchternde Lüge reicht oft schon aus, um den anderen Elternteil zum Rückzug zu bewegen. Der große Unterschied besteht eben darin, dass sich der Narzisst nicht zu schade ist, selbst die dreckigsten Methoden zu wählen, um seine Rechte durchzudrücken, während der andere Elternteil sich nicht einmal traut, die anständigsten Mittel einzusetzen, um seine Ansprüche einzufordern.

Besorgen Sie sich daher Rückendeckung durch einen guten Anwalt, der in der Lage ist, die Forderungen und Argumente des narzisstischen Elternteils zu entschärfen und Ihre Interessen schlagkräftig zu vertreten. Natürlich braucht es immer eine Weile, bis Vereinbarungen und Entscheidungen gefunden werden. Für ein geregeltes Leben müssen aber nicht alle rechtlichen Fragen der Trennung geklärt sein. Im Vordergrund sollte zunächst die Regelung der monatlichen Unterhaltszahlungen und der Umgangszeiten mit dem Kind stehen. Auch wenn ein Narzisst viele Gründe dafür findet (oder auch erfindet), Einspruch zu erheben und eine Entscheidung zu verzögern, so sollte es doch einem guten Anwalt möglich sein, zumindest eine vorübergehende Vereinbarung zu erwirken, mit der Sie bis zur endgültigen Entscheidung leben können.

Sofern der narzisstische Elternteil Ihnen und dem Kind Unterhalt zahlen muss, ist davon auszugehen, dass es regelmäßig zu Unregelmäßigkeiten kommen wird. Der Narzisst erbringt nicht einfach kampflos eine Leistung, von der er nichts hat. Sein hart verdientes Geld will er nicht so einfach dem verhassten Elternteil überlassen, der es dann am Ende für sinnlose Sachen ausgibt. Er geht nämlich davon aus, dass der Ex-Partner den Unterhalt für sein persönliches Vergnügen verwendet. Er bringt die regelmäßige Zahlung nicht in Zusammenhang mit notwendigen Anschaffungen und Kosten, die das Kind betreffen, wie z. B. Schulmaterial, Vereinsbeiträge, Klassenfahrten, Medikamente, Kleidung und vieles mehr. Oft reicht die Unterhaltszahlung ohnehin nicht einmal für die grundlegendsten Bedürfnisse, so dass betroffene Elternteile einen strikten Haushaltsplan einhalten müssen, um über die Runden zu kommen. Der Narzisst will selbst entscheiden, wie viel er zahlt, und kürzt dann die Zahlungen nach eigenem Gutdünken oder verschleppt die Überweisung mit fadenscheinigen Begründungen. Nicht selten gibt er sogar ganz plump vor, die Zahlung einfach vergessen zu haben. Der andere Elternteil kommt dann in die missliche Situation, ständig den Narzissten an die Zahlung erinnern und um Almosen betteln zu müssen, um seinen Alltag bewerkstelligen zu können. Der Narzisst befriedigt auf diese Weise sein Bedürfnis nach Macht und behält gleichzeitig die

Kontrolle über die Ausgaben des anderen Elternteils, der dann jede Forderung fein säuberlich nachweisen oder rechtfertigen muss. Gleichfalls sorgt der Narzisst durch die Verschleppung von Zahlungen dafür, dass er weiterhin in Kontakt mit dem anderen Elternteil bleibt und dessen Leben beeinflussen kann. Dieses selbstgerechte Verhalten dürfen Sie keinen Augenblick lang dulden. Sie müssen unverzüglich Ihren Anwalt kontaktieren, wenn Zahlungen ausbleiben oder unvollständig getätigt werden. Schließlich geht es um die Versorgung Ihres Kindes, und da dürfen Sie keine Toleranz zulassen. Viele wollen jedoch den Narzissten nicht provozieren und üben sich in falscher Bescheidenheit aus Angst, der Narzisst könnte die Zahlungen noch mehr kürzen oder noch länger hinauszögern. Sie fürchten, dass der Narzisst den Versuch, ihn über seine Pflichten aufzuklären, mit weiteren Schikanen beantworten könnte. Das wird er sicherlich auch tun. Doch retten Sie – wie bereits mehrfach beschrieben – Nachgiebigkeit und Gehorsam nicht vor der Boshaftigkeit des Narzissten. Er wird immer versuchen, Ihnen zu schaden, ob Sie nun milde gestimmt oder angriffslustig sind.

Letztlich ist vor allem das Kind der Leidtragende, weil es mangels finanzieller Möglichkeiten auf vieles verzichten muss. Hinzu kommt, dass Sie sich beinahe täglich für Ihren harten Sparkurs vor dem Kind rechtfertigen müssen und allmählich beginnen, sich für Ihre finanziellen Sorgen zu schämen. Sie schnallen den Gürtel immer enger und müssen Freunden oder Verwandten eine Absage erteilen, weil Sie angesichts der chronischen Ebbe in Ihrem Portemonnaie an gemeinsamen Aktivitäten nicht teilnehmen können.

Während sich der Narzisst über seine raffinierte Finanzpolitik freut, lebt der andere Elternteil oft an der Armutsgrenze, nur um hoffentlich Ruhe vor dem Narzissten zu haben. Er opfert die eigene Lebensqualität, um den Narzissten zufrieden zu stimmen. Irgendwo hört der Spaß aber bekanntlich auf und es zeugt schon von größter Frechheit, wenn ein Narzisst glaubt, so billig davonkommen zu können. Bitten Sie nicht erst lange

oder warten Sie nicht auf ein Einsehen des Narzissten, sondern
fordern Sie die Zahlung gerichtlich ein. Erinnern Sie den
Narzissten unmissverständlich an seine Pflichten.

Distanz zu dem Narzissten schaffen

Sie sollten den Kontakt zu dem Narzissten auf das Wesentlichste
beschränken und den Austausch auf Inhalte begrenzen, die ausschließlich in Zusammenhang mit dem Kind stehen. Regeln Sie am
besten – wann immer möglich – alles schriftlich für den Fall, dass
der narzisstische Elternteil plötzlich unverhofft Gedächtnislücken
haben sollte. Narzissten neigen nämlich dazu, Fakten plötzlich zu
vergessen oder ganz anders auszulegen, während sie sich meist sehr
gut daran erinnern können, welche Pflichten der andere Elternteil
hat.

Insofern müssen Sie immer damit rechnen, dass ein Narzisst eine
mündliche Vereinbarung nicht so eng sieht. Bei elementaren Themen, bei denen Sie von dem korrekten Verhalten des Narzissten abhängig sind, sollten Sie immer schriftliche Aufzeichnungen machen
oder einen Zeugen bei der Besprechung dabeihaben. Am besten
wird es ohnehin sein, alle wesentlichen Vereinbarungen über den
Anwalt zu regeln. Dann erhalten sie auch den Status der Recht-
mäßigkeit und können bei Zuwiderhandlung schneller eingeklagt
werden.

Bei allen anderen Themen, die dem Narzissten sonst noch so einfallen und über die er gern mit Ihnen reden möchte, die aber nichts
mit der Erziehung und dem Umgang des Kindes zu tun haben,
müssen Sie dem Narzissten eine klare Absage erteilen. Wenn er
z. B. mit Ihnen über Ihre Freunde sprechen möchte oder über Ihre
neue Beziehung, über Ihren Arbeitsplatz oder über Ihre Eltern, dann
verweigern Sie jegliche Stellungnahme. Es bringt überhaupt nichts,
sich auf solche Themen einzulassen, denn Sie können dabei nur
verlieren. Wenn Sie beispielsweise von Ihrem neuen Glück berichten
und äußern, dass Sie nun glücklich sind, wird dies den Neid des
Narzissten beflügeln und er wird sich eine neue Schikane einfallen

lassen, um Ihnen den Tag zu vermiesen und Sie herunterzuziehen. Wenn Sie ihm hingegen erzählen, wie schlecht es Ihnen geht und wie sehr Sie leiden, wird er Ihnen versichern, dass Sie selbst schuld an Ihrer Lage sind und nicht in solche Umstände geraten wären, wenn Sie bei ihm geblieben wären. Möglicherweise fühlt sich der Narzisst auch dazu berufen, Ihnen bei Ihren Sorgen zu helfen und sich auf diese Weise bei Ihnen beliebt zu machen, um sich wieder in Ihr Leben einzuschleichen. Mit Ihrem Gejammer helfen Sie dem Narzissten, sich wieder gut oder nützlich zu fühlen.

Reagieren Sie wütend auf seine Äußerungen, freut ihn das auch, weil er Ihnen zum einen die gute Laune verderben konnte und weil Sie zum anderen anscheinend noch etwas für ihn empfinden – sonst würden Sie ja nicht so an die Decke gehen. Das emotionale Band zwischen Ihnen ist also noch nicht gänzlich durchtrennt und der Narzisst merkt, dass er Sie noch emotional berühren kann und er Ihnen nicht gleichgültig ist. Selbst Wut kann eine Form der Zuwendung sein, der ein Narzisst noch etwas Positives abgewinnen kann.

Reagieren Sie hingegen freundlich und charmant, wird er erst recht glauben, er könne bei Ihnen wieder landen, sich in Ihr Leben einmischen und womöglich in absehbarer Zeit erneut eine bedeutende Rolle in Ihrem Alltag spielen. Er wird damit beginnen, Sie schleichend für seine Bedürfnisse einzuspannen, und je freundlicher Sie bleiben, desto dreister werden wieder seine Forderungen.

Meiden Sie daher jegliches Thema, das den Narzissten nichts angeht, und lassen Sie sich nicht in ein Gespräch verwickeln, das Sie nicht mit dem Narzissten führen müssen und wollen. Selbst wenn es sich um scheinbar harmlose Themen handelt – z. B. fragt er nach Ihrem letzten Urlaub oder dem letzten freien Wochenende oder erkundigt sich nach dem Wohlbefinden Ihrer Eltern –, sollten Sie kurz und entschieden antworten: *»Ich möchte mit dir nicht mehr über solche Themen sprechen – es geht dich nichts mehr an!«* Der Narzisst sucht ja nur Anknüpfungspunkte, um mit Ihnen wieder ins Gespräch zu kommen und Sie dann erneut auf irgendeine Weise zu missbrauchen.

Mit hoher Wahrscheinlichkeit wird er sich aber nach Ihrer Abfuhr nicht zurückziehen, so wie es vermutlich jeder normale Mensch tun würde, der in Ihren Worten eine klare Abneigung spüren würde. Der Narzisst hingegen findet es schon großartig, dass Sie ihm überhaupt antworten – unabhängig von der Qualität der Äußerung. Für ihn ist es nicht wichtig, *was* Sie sagen, sondern nur, *dass* Sie etwas sagen und somit automatisch mit ihm in Kontakt treten. Sehr wahrscheinlich wird er sich von Ihrer verweigernden Haltung nicht abschrecken lassen und beherzt nachfragen: *»Warum?«*

Wenn er nachhakt, antworten Sie einfach nicht, sondern starren Sie ihm lediglich in die Augen und verschränken Sie die Arme. Widerstehen Sie Ihrem inneren Impuls, sich für Ihre Aussage rechtfertigen zu wollen. Sie sind dem Narzissten keine Antwort schuldig. Selbst wenn er mit einem bösen Gesichtsausdruck vor Ihnen steht und auf eine Antwort lauert oder noch durch Mimik und Gestik unterstreicht, dass er auf Ihre Antwort wartet: Bleiben Sie still und starr stehen und schauen Sie einfach geradeaus. Sie müssen lernen, ein Schweigen aushalten zu können. Irgendwann muss er aufgeben, weil er einfach keine Resonanz erfährt.

Zeigen Sie dem Narzissten niemals Ihre Emotionen und zeigen Sie kein Interesse an ihm und seinem Leben. Geben Sie seinem Bedürfnis, weiterhin mit Ihnen in Kontakt bleiben zu wollen, keine Nahrung. Antworten Sie sachlich auf alle Themen, die in Zusammenhang mit dem Kind stehen. Alles andere müssen Sie an sich vorbeiziehen lassen.

Allerdings gibt es auch Themen, die zwar im Zusammenhang mit dem Kind stehen, aber dennoch nicht mit dem Narzissten besprochen werden müssen, wie z. B. die banale Frage *»Was wünscht sich das Kind zum Geburtstag?«*. Diese Frage müssen Sie nicht beantworten, da sie jeder Elternteil dem Kind selbst stellen kann – wenngleich es sicherlich von Vorteil wäre, wenn sich die Eltern und auch die Verwandten bezüglich der Geschenke absprechen würden, damit es zum einen nicht zu doppelten Geschenken kommt und zum anderen auch etwas Nützliches geschenkt wird.

Doch einem narzisstischen Elternteil geht es nicht um eine partnerschaftliche Abstimmung, sondern es geht ihm darum, sich einen Vorteil zu verschaffen. Die Frage dient nur dazu, dahinterzukommen, was Sie dem Kind wohl schenken werden, damit er etwas

Besseres schenken kann. Möglicherweise will er Sie auch von einer genialen Geschenkidee überzeugen, an der Sie sich unbedingt beteiligen sollen. Auf diese Weise will er einmal mehr Ihre Eigenständigkeit beschneiden. Trauen Sie niemals scheinbar unbedenklichen und vernünftigen Angeboten des Narzissten und prüfen Sie zunächst, welche Motive wirklich dahinterstecken.

Auch andere Fragen oder Kommentare des Narzissten, die vordergründig mit dem Kind zu tun haben, bedürfen keiner Stellungnahme Ihrerseits, wie z. B.: *»Was isst das Kind denn bei dir zum Frühstück?«* – *»Findest du auch, dass unser Kind so vernünftig geworden ist?«* – *»Wie fandst du die Aufführung unseres Kindes?«* Antworten Sie entweder nur ganz kurz – am besten nur mit einem Wort – und verweisen Sie dann den Narzissten an das Kind, um es selbst zu fragen, oder schweigen Sie einfach und sagen Sie gar nichts.

Zügeln Sie den Narzissten in seiner Wortwahl

Es kann in manchen Fällen hilfreich sein, dem Narzissten vor einer notwendigen Unterredung mitzuteilen, dass Sie von dem Gespräch eine Sprachaufzeichnung mit dem Handy oder einem anderen Aufnahmegerät machen werden. Das kann den Narzissten dazu bringen, seine Worte in Ihrer Gegenwart und vor allem in Anwesenheit des Kindes gründlicher zu wählen. Indem Sie darauf hinweisen, dass Sie im Ernstfall keine Scheu haben, die Aufnahmen an Ihren Anwalt weiterzuleiten, sollte er sich im Ton vergreifen, können Sie den Narzissten vielleicht zur Vernunft bringen. Zwar werden Sprachaufzeichnungen vor Gericht als Beweismittel nicht zugelassen, sie können aber durchaus als Druckmittel verwendet werden, indem Sie ankündigen, die Aufnahmen an entsprechende Kanäle oder Personen weiterzuleiten, wo sie dem Narzissten schaden könnte, z. B. an die neue Partnerin. Oder Sie weisen ihn sorgsam darauf hin, dass Sie aus Sicherheitsgründen eine Überwachungskamera im Haus oder vor dem Haus installiert haben und seine Worte und sein Verhalten aufgezeichnet werden. Nutzen Sie kleine, aber hilfreiche technische Einrichtungen, um den Narzissten zu zügeln.

Schaffen Sie eine Distanz zu dem Narzissten, indem Sie sich nur noch über das Notwendigste mit ihm unterhalten. In der Regel sind das nur noch Fragen zum Umgang mit dem Kind. Sollte noch ein Scheidungsverfahren laufen, dann sollten Sie auch dieses Thema nicht mit ihm persönlich besprechen, sondern alle relevanten Punkte ausschließlich über den Anwalt klären. Lassen Sie es nicht zu, dass der Narzisst Sie wegen anderer Themen anspricht, anruft oder gar vor der Tür steht – selbst wenn er vorgibt, es handle sich um eine Angelegenheit, die das Kind betrifft. Ein solches Vorgehen kann bestenfalls durch einen Notfall gerechtfertigt werden. Ansonsten darf er nur zu vereinbarten Zeiten Ihr Grundstück betreten. Machen Sie ihn ansonsten unverzüglich durch Ihren Anwalt darauf aufmerksam, dass er Sie und das Kind nicht unerlaubterweise aufsuchen darf. Dulden Sie nicht ein einziges Überschreiten dieser Regel.

Nicht selten werden aber von einem narzisstischen Elternteil angeblich dringende Themen erfunden, denen Sie sich nicht so ohne Weiteres verschließen können. Zum Beispiel erzählt der Narzisst Ihnen, er habe an dem Kind in der Zeit, in der es bei ihm ist, sonderbare Verhaltensauffälligkeiten beobachtet oder er mache sich Sorgen über seine schulischen Leistungen. Möglicherweise berichtet er auch, eine krankhafte Störung beim Kind entdeckt zu haben. Auch wenn sich seine Beobachtungen nicht unbedingt mit Ihren Wahrnehmungen decken und Sie vermuten, dass der Narzisst eine Situation übertrieben darstellt, werden Sie sich diesen Bedenken stellen müssen. Er erzählt Ihnen diese Dinge nicht wegen des Kindes, sondern um sich durch seine übergroße Besorgnis als guter und verantwortungsvoller Elternteil zu präsentieren oder weil er wieder die Nähe zu Ihnen sucht. Meist versucht er auch, über solche Themen Ihren Erziehungsstil in Frage zu stellen oder neue Vereinbarungen über die Betreuung des Kindes zu treffen. So kann er weiterhin seinen Einfluss geltend machend und behält das Gefühl, wichtig zu sein.

Um die Sorgen des narzisstischen Elternteils trotz Ihrer Zweifel ernst zu nehmen, können Sie neutrale Dritte einbinden, wie z. B. Lehrer, Ärzte, Trainer, Freunde oder Verwandte, die das Bild des Narzissten entweder bestätigen oder widerlegen. Sie sollten sich

nicht von der Dramatik der Darstellungen des narzisstischen Elternteils anstecken lassen, sondern zu einer realistischen Einstel-
lung zu der Problematik kommen und daher andere sachkundige
Personen nach deren Einschätzung befragen sowie Ihrem gesunden
Menschenverstand folgen. Das bedeutet nicht, dass der Narzisst
in der Sache nicht auch Recht haben kann – Sie sollten nur immer bedenken, dass der Narzisst in der Regel nicht vorrangig zum
Wohle des Kindes handelt, sondern für ihn möglicherweise andere
Motive ausschlaggebend sind, und dass er meist unangemessene
Vorgehensweisen wählt, die der Sachlage nicht gerecht werden: Ent-
weder geht er zu energisch und konsequent vor oder er verharmlost
eine Situation vollständig. Bedenken Sie, dass einem Narzissten in
den allermeisten Fällen das Augenmaß fehlt – daher sollten Sie die
Fähigkeit zur Relativierung besitzen.

Die Wahrung von Distanz zu dem Narzissten besteht zum einen
aus einer konsequenten Kontaktminimierung und zum anderen aus
einem emotionalen Abstand. Der Narzisst darf nicht mehr über Sie
verfügen und auf Sie zukommen, wann immer er es wünscht. Sie
müssen hohe Mauern um sich errichten, damit er nicht mehr an Sie
herankommt und Sie in unwichtige Gespräche verwickelt, die nur
weitere Konflikte auslösen. Außerdem dürfen Sie es nicht zulassen,
dass der Narzisst noch länger Ihre Gedankenwelt beherrscht, selbst
wenn er gar nicht anwesend ist. Solange Sie noch intensiv an ihn
denken müssen – ob es nun positive oder negative Gedanken sind –,
bleiben Sie mit dem Narzissten emotional verstrickt und können bei
einer Wiederbegegnung seine Aussagen und sein Auftreten nicht mit
einem gesunden Abstand betrachten.

Um Gespräche sachlich führen zu können, müssen sich betroffene Eltern nicht nur räumlich, sondern auch emotional von dem
Narzissten distanzieren. Sie dürfen auf seine Forderungen, seine
Provokationen und sein Verhalten nicht mehr emotional reagieren
und sich von ihren Gefühlen überrollen lassen. Sie müssen sich in
einer ausgeglichenen Verfassung befinden, um auf der Sachebene
bleiben zu können. Die Brüskierungen des Narzissten müssen Ihnen gleichgültig sein – was auch immer er sagt oder tut. Dazu
müssen Sie aber mit sich und Ihrer Vergangenheit im Reinen sein,

sonst kann keine emotionale Loslösung von dem Narzissten erfolgen.

Betroffene Elternteile müssen sich daher intensiv mit ihrer Beziehung zu dem Narzissten auseinandersetzen, mit seinen Verhaltensmustern, Motiven und Ängsten, aber auch mit den eigenen Reaktionsmustern und den eigenen seelischen Wunden und Defiziten. Meistens führt sie das in Kontakt mit den eigenen neurotischen Störungen, die durch einen Eltern-Kind-Konflikt in der Kindheit entstanden sein können. Betroffene Elternteile kommen meist nicht daran vorbei, sich selbst besser kennenzulernen und zu erforschen, um die Schwachstellen ihrer eigenen Persönlichkeit zu erkennen. Oft wissen sie genau, dass sie sich in bestimmten Situationen gegenüber dem Narzissten anders verhalten sollten, aber sie können ihre Gefühle und Reaktionen in solchen Momenten nicht steuern. Die Auflösung verdrängter Gefühle aus vergangenen Erlebnissen ist dann eine wichtige Arbeit, um sich der Hintergründe der eigenen Verhaltens- und Reaktionsweisen bewusst zu werden und schlummernde negative Energien zu verwandeln.

Betroffene Elternteile können nicht zur Gelassenheit finden, solange verdrängte Gefühle ihre Reaktionen beeinflussen. Ausgelöst durch ungeklärte Gefühle, werden betroffene Elternteile immer wieder von unerwünschten Impulsen überrollt und reagieren dann aus einem Affekt heraus selten zum eigenen Vorteil. Hier wäre psychotherapeutische Hilfe wichtig, um vergangene Konflikte besser verstehen und richtig zuordnen zu können und sich von der Vergangenheit zu lösen. Der Prozess einer bewussten Persönlichkeitsentwicklung muss angestoßen werden: Betroffene Elternteile müssen bereit sein, aus der Vergangenheit zu lernen, den eigenen Anteil an Ereignissen zu beleuchten und zu neuen Überzeugungen zu kommen.

Die Aufarbeitung der Vergangenheit hilft dabei, das seelische Gleichgewicht wiederzufinden. Der Teufelskreis aus unwürdigen und hasserfüllten Angriffen des Narzissten und emotionsgeladenen Reaktionen des anderen Elternteils muss durchbrochen werden, indem die Vergangenheit geklärt und verdrängte Gefühle gelöst werden. Ansonsten werden betroffene Elternteile von ihren Angst-,

Schuld-, Wut- oder gar Rachegefühlen gesteuert und der Narzisst hat auch weiterhin eine zu starke Präsenz in ihrem Kopf.

Entsprechende Hilfen zur inneren Befreiung von einem Narzissten finden Sie in meinem Buch »Wie befreie ich mich von einem Narzissten?«. Dieser Ratgeber soll Ihnen dabei helfen, die tragischen Erlebnisse mit dem Narzissten hinter sich zu lassen und wieder eine akzeptable Einstellung gegenüber sich selbst und der eigenen Vergangenheit zu bekommen.

Suchen Sie sich Unterstützung

Betroffene Elternteile befinden sich nach einer Trennung meist in einem geschwächten und unausgeglichenen Zustand. Die vielen unergiebigen Auseinandersetzungen mit dem Narzissten haben ihre Spuren hinterlassen. Obwohl es nun dringend einer Regenerationsphase bedürfte, kommen die Elternteile nicht dazu, sich wirklich um sich selbst zu kümmern, einfach mal abzuschalten und zu entspannen. Zum einen greift der Narzisst dem Ex-Partner in keiner Weise unter die Arme, sondern tut im Gegenteil alles dafür, damit es diesem noch schlechter geht, und zum anderen benötigen die Kinder nun dringend deren volle Zuwendung. Nebenbei müssen sich betroffene Elternteile auch noch um einen geregelten Alltag kümmern und vielleicht sogar um finanzielle Absicherung bemühen. Das mag manchen Elternteil nicht nur überfordern, sondern regelrecht vor schier unlösbare Aufgaben stellen. In solchen Krisen brauchen betroffene Elternteile unbedingt Hilfe aus ihrem nächsten Umfeld, z. B. von den Großeltern, Geschwistern, anderen Verwandten oder guten Freunden, die sich sowohl zeitweise um die Kinder kümmern als auch beim Aufbau eines neuen Lebens behilflich sein können.

Sofern das Kind mit diesen Personen bereits vertraut ist und diese Helfer sich liebevoll um das Kind kümmern, können Sie es beruhigt auch mal in andere Hände geben, ohne ein schlechtes Gewissen haben zu müssen. Wie bereits in vorangegangenen Kapiteln beschrieben, brauchen Kinder nach einer Trennung vor allem Geborgenheit und Liebe. Dieses Bedürfnis muss nicht unbedingt nur von den Eltern, sondern kann auch von anderen Bezugspersonen befriedigt werden. Um die anstehenden Herausforderungen bewältigen zu können, brauchen betroffene Elternteile eine mentale Auszeit, um sich zu sammeln und sich ihren eigenen Bedürfnissen zu widmen. Das bedeutet nicht, dass sie sich überhaupt nicht um das Kind kümmern sollen. Sie sollten sich nur längere Pausen gönnen und die Zeit für sich sinnvoll nutzen. Dies ist ein wichtiger Bestandteil bei der Aufgabe, Abstand zum Narzissten zu gewinnen und sich selbst wieder zu stärken. Bewährt hat sich auch ein mehrwöchiger Kurklinik-Aufenthalt direkt nach der Trennung von dem narzisstischen Partner, der es ermöglicht, inneren Abstand zu finden und sich von Therapeuten helfen zu lassen.

Leider ziehen sich Angehörige und Bekannte aber oft zurück, weil sie selbst Mühe haben, mit der Situation umzugehen, und weil der Narzisst alles unternimmt, um Freunde und Verwandte auf seine Seite zu ziehen und sie dann gegen den anderen Elternteil aufzuhetzen. Außenstehende ergreifen dann plötzlich Partei für den »armen« Narzissten, der sich so sehr für den Erhalt der Beziehung eingesetzt hat, um nun vom »bösen« Partner hinterrücks verlassen zu werden. Der Narzisst nutzt seinen Einfluss, um den Ex-Partner weiter zu isolieren und diesen am Aufbau eines neuen Lebens zu hindern.

Wenn sich ein Elternteil von einem Narzissten getrennt hat, kann es natürlich sein, dass er sich allein durch die Trennung erleichtert und entlastet fühlt, weil er sich nun nicht mehr länger den hohen Ansprüchen des Narzissten stellen muss, sondern seine Energie sich selbst und dem Kind zukommen lassen kann. Das Gefühl, endlich erlöst zu sein, kann Kräfte freisetzen. Dennoch sollte die Überlegung angestellt werden, ob nahestehende Personen in der Anfangszeit behilflich sein könnten, um nicht aufgrund von Selbstüberschätzung doch noch an den Aufgaben zu scheitern.

Selbststärkung

Wenden Sie sich nach der Trennung verstärkt sich selbst zu. Opfern Sie Ihre Zeit nicht aus einem schlechten Gewissen heraus ausschließlich Ihrem Kind und lassen Sie sich nicht durch die Sorge um die Entwicklung Ihres Kindes sowie die Querelen des narzisstischen Elternteils aus dem inneren Gleichgewicht bringen. Sie können die anstehenden Aufgaben nicht wirksam meistern, wenn Sie nicht eine innere Festigkeit und Besonnenheit besitzen.

Ihr geschwächtes Selbstwertgefühl muss sich wieder erholen. Gehen Sie daher in der nächsten Zeit gut mit sich um, verwöhnen Sie sich, gönnen Sie sich etwas, was Ihnen in der Zeit mit dem Narzissten verwehrt blieb. Meiden Sie laute und aggressive Menschen und behandeln Sie sich selbst so, wie sie gerne von anderen behandelt werden möchten. Vermeiden Sie negative Gedanken und stärken Sie sich dadurch, dass Sie sich an frühere Erfolge erinnern und sich Ihrer positiven Eigenschaften bewusst werden. Treffen Sie sich mit Menschen, die Sie wertschätzen und bei denen Sie Akzeptanz erfahren. Wenden Sie sich Hobbys oder anderen Tätigkeiten zu, die Ihre Talente ansprechen, und entwickeln Sie wieder die Fähigkeit, sich in dem Moment zu verlieren.

Nehmen Sie allmählich immer mehr Abstand zu Ihrem bisherigen Leben und machen Sie ungewöhnliche Dinge, um auf andere, erfreulichere Gedanken zu kommen. Erweitern Sie Ihren Horizont, indem Sie sich mal mit neuen Themen beschäftigen, begegnen Sie neuen Menschen und lassen Sie sich von ihnen inspirieren. Entdecken Sie auf diese Weise ganz neue Seiten an sich und beginnen Sie wieder, sich am Leben zu erfreuen.

Achten Sie auf Ihre Gesundheit! Schlafen Sie in der ersten Zeit viel, damit sich der Körper erholen kann. Machen Sie leichte Bewegungsübungen und verbringen Sie viel Zeit an der frischen Luft. Räumen Sie sich Zeit für Entspannungstechniken ein und lernen Sie, Ihren ganzen Körper zu spüren. Achten Sie auf eine gesunde und vitaminreiche Ernährung, um dem Körper wieder das zurückzugeben, was Sie verloren haben: Energie.

Die innere Haltung gegenüber dem Konflikt mit dem Narzissten ändern

In vielen Fällen ist es Elternteilen nicht bewusst, welchen Anteil sie daran haben, dass sich das Kind nicht wohlfühlen kann, dass es verunsichert wird und unter der Trennung erheblich leidet. Entwickelt es dann Verhaltensauffälligkeiten, wird zu schnell der narzisstische Elternteil für diese Entwicklung verantwortlich gemacht.

Folglich wird die Schuld für das Leid des Kindes ausschließlich bei dem Narzissten gesucht und der andere Elternteil fühlt sich hilflos und denkt, nichts an der Situation ändern zu können. Ganz so ist es aber nicht! Betroffene Elternteile können das Verhalten des narzisstischen Elternteils nicht ändern und sie können daher auch keine Verantwortung für das übernehmen, was der Narzisst anrichtet, wenngleich sie und das Kind mit den Folgen leben müssen. Sie können nur die Verantwortung für ihr eigenes Handeln übernehmen und den eigenen Stall sauber halten, indem Sie dem Kind eine förderliche Erziehung zukommen lassen. Störungen durch die falsche Erziehungsweise des Narzissten sind zwar ärgerlich, müssen aber einkalkuliert werden und können nicht gänzlich verhindert werden. Betroffene Elternteile können nur lernen, richtig damit umzugehen und das Kind zu unterstützen.

Folgende Gefahren bestehen für das Kind und können sein Leid verstärken:

<u>Projektion der eigenen Sorgen auf das Kind</u>: Betroffene Elternteile haben große Angst davor, dass der Narzisst nicht richtig auf das Kind eingehen könnte. Sie befürchten, dass es manipuliert wird, dass es nicht richtig betreut wird, dass es überfordert und seelisch verletzt wird. Elternteile sind dann häufig überbesorgt und leiden mit ihrem Kind mit, wenn es beim narzisstischen Elternteil ist. Sie können aufgrund der eigenen schlechten Erfahrungen mit dem Narzissten nur zu gut nachempfinden, was das Kind durchmachen muss. Es wird dann schon vor der Übergabe mit der möglichen Gefahr konfrontiert, indem es zu hören bekommt: »*Wenn es dir nicht gefällt, dann ruf mich an!*« – »*Du musst da nicht hin, wenn es*

dir nicht gut geht!« Dies sind dann Aussagen, die nicht unbedingt dem Wunsch und dem Innenleben des Kindes entsprechen müssen. Wenn das Kind dann zurückkehrt, wird es erst einmal so fest in den Arm genommen, als habe es gerade eine verheerende Naturkatastrophe überstanden. Die überhöhte Angst des Elternteils überträgt sich auf das Kind, das im Zweifel die übertriebene Sorge gar nicht nachvollziehen kann. Oft übernimmt das Kind dann die Angst des Elternteils und tut ihm den Gefallen, befangen und verwirrt zu sein, nur um ihn zu beruhigen. Das Kind wird dann aber daran gehindert, seine wahren Gefühle ausdrücken zu dürfen und sich authentisch zu verhalten.

Schuldgefühle verarbeiten: Betroffene Elternteile fühlen sich oft schuldig, wenn sie die Trennung eingeleitet haben und das Kind dadurch aus seiner gewohnten Umgebung herausgerissen wird. Sie können sich aber auch schuldig fühlen, weil sie dem Kind derzeit nicht die Aufmerksamkeit schenken können, die notwendig wäre, weil sie sich nach der Trennung von dem Narzissten geschwächt und unausgeglichen fühlen und zunächst einmal für ihr eigenes Wohl sorgen müssen. Elternteile versuchen dann, diesen Nachteil durch positive Handlungsweisen auszugleichen, und sind häufig zu großzügig im Umgang mit dem Kind. Grenzen werden zu weit gesteckt, ein Fehlverhalten wird nicht deutlich genug angesprochen, leichtfertig werden Privilegien eingeräumt und zu schnell wird befürchtet, die Liebe des Kindes zu verlieren, wenn es mal schlecht gelaunt ist oder mit den Entscheidungen des Elternteils nicht einverstanden ist. Dann dreht sich plötzlich alles nur noch um das Wohlergehen des Kindes, was genauso zu Verhaltensstörungen bei dem Kind führen kann. Das unangenehme Gefühl der Schuld soll dann durch eine Überversorgung des Kindes gelindert oder verdeckt werden.

Entfremdung: Hieran können beide Elternteile beteiligt sein, weil sie gegenüber dem jeweils anderen Elternteil noch starke negative Emotionen haben und über den Umgang mit dem Kind versuchen, den anderen zu verletzen. Das Kind wird durch subtile Manipulationen auf die eigene Seite gezogen, um es dem anderen Elternteil zu entfremden. Dabei gerät das Kind in einen starken Loyalitäts-konflikt, der eine gesunde Entwicklung stark beeinträchtigen kann.

Unvorteilhafter Erziehungsstil des Narzissten: In der Zeit, in der das Kind bei dem narzisstischen Elternteil ist, bekommt es wenig emotionale Zuwendung, muss die eigenen Bedürfnisse unterdrü-cken und sich auf wechselnde Bezugspersonen einstellen. Von dem narzisstischen Elternteil bekommt es häufig Aufgaben gestellt, die nicht altersentsprechend sind, denen es nicht gerecht werden kann oder die es unterfordern. Oder es wird allein gelassen, während sich der narzisstische Elternteil seinen eigenen Interessen widmet. Auch muss das Kind stets mit Angriffen auf sein Selbstwertgefühl und seine Wahrnehmung rechnen, wenn es dem Willen des Narzissten nicht folgt. Das wenig einfühlsame und verständnisvolle Verhalten des narzisstischen Elternteils löst zwangsläufig Störungen in der zar-ten Seele des Kindes aus.

Gefahr durch den Narzissten: Zudem kann es sein, dass der Nar-zisst das Kind durch Überheblichkeit oder auch mit Vorsatz großen Gefahren aussetzt, die das Wohl des Kindes erheblich gefährden können, z. B. bei körperlichem Missbrauch, der Anstiftung zu Straftaten, einer Gesundheitsgefährdung oder einer folgenreichen Vernachlässigung der Aufsichtspflicht.

Diese aufgeführten Faktoren können Entwicklungsstörungen bei einem Kind begünstigen und potenzieren sich entsprechend, wenn sich beide Elternteile auf ihre Weise an diesem Prozess beteiligen.

					→Ausmaß der Störungen
Projektion	Schuldgefühle	Entfremdung	Erziehungsstil	reale Gefahr	beim Kind
durch Co-Narzisst	des Co-Narzissten	durch beide Eltern	des Narzissten	durch den Narzissten	

Durch inadäquates Verhalten beteiligen Sie sich daran, Ihrem Kind Leid zuzufügen. Indem Sie Ihre Gefühle auf das Kind projizieren und auch den Entfremdungsprozess fördern, verhindern Sie, dass Ihr Kind eine gesunde, stabile und ausgeglichene Persönlichkeit entwickeln kann. Daher sollten Sie für sich ehrlich prüfen und sich ggf. von anderen das eigene Verhalten objektiv spiegeln lassen, inwieweit Sie zu sehr auf die Unzulänglichkeiten des Narzissten im Umgang mit dem Kind fixiert sind und inwieweit Sie Ihre Gefühle in Bezug auf den Narzissten nicht beherrschen können. Sie verunsichern und überfordern Ihr Kind stark, wenn es mit Ihren emotionalen Problemen belastet wird. Ihre aufgewühlte Gefühlswelt müssen Sie dringend aus Rücksicht auf das Kind klären, um den Stress für Ihr Kind zu reduzieren.

Machen Sie Ihre eigenen Hausaufgaben

Wenn Sie Ihre Gefühle gegenüber dem narzisstischen Elternteil klären konnten, die Vergangenheit verarbeitet haben und eine nüchterne Einstellung gegenüber dem Verhalten des Narzissten gewinnen konnten, dann können Sie sich auch ganz auf Ihr Kind konzentrieren, ohne Ihre eigenen Gefühle auf das Kind projizieren zu müssen, sich schuldig gegenüber dem Kind zu fühlen und den Narzissten noch mit aller Macht bekämpfen zu wollen. Ihr entspanntes Verhalten wird sich förderlich auf Ihr Kind auswirken.

Die Entfremdung geht dann maximal von dem Narzissten aus. Seinen für das Kind unvorteilhaften Erziehungsstil werden Sie nicht beeinflussen und auch nicht verändern können. Sie können aber dem Kind beibringen (*nähere Erklärungen finden Sie in den folgenden Absätzen*), wie es sich gegenüber dem destruktiven Verhalten des narzisstischen Elternteils abgrenzen kann und wie es lernt, seine Autonomie zu bewahren.

Indem Sie ein gutes Verhältnis zu dem Kind pflegen, sich der Gefahr bewusst sind, die von dem Narzissten ausgeht, und vielleicht auch einen respektvollen Kontakt zum neuen Partner des Narzissten oder zu anderen Bezugspersonen halten, die dem narzisstischen Elternteil bei der Pflege des Kindes helfen, erhalten Sie wertvolle Informationen über den Lebensalltag Ihres Kindes, wenn es bei dem Narzissten ist. Beobachten Sie, was auf der narzisstischen Seite passiert, ohne das Kind auszuspionieren oder jemandem etwas zu unterstellen. Halten Sie einfach nur Augen und Ohren offen, weil Sie in Kenntnis der narzisstischen Persönlichkeitsstörung mit groben Nachlässigkeiten rechnen müssen. Wenn Sie einen Verdacht haben, dann führen Sie weitere Ermittlungen durch und greifen Sie bei einer realen Gefahr, die durch eine Vernachlässigung der Erziehungspflichten des narzisstischen Elternteils entsteht und das Wohl des Kindes gefährdet, unverzüglich ein, um Ihr Kind zu schützen.

Auf diese Weise können Sie eine gewisse Kontrolle ausüben und sind darüber im Bilde, was auf der narzisstischen Seite passiert, ohne beim kleinsten Anlass die Feuerwehr zu rufen oder selbst den Rettungssanitäter zu spielen. Bewahren Sie eine wohlwollende Distanz, bleiben Sie aber wachsam. So kann Ihr Kind möglicherweise trotz der Destruktivität des Narzissten eine gute Entwicklung durchlaufen. Wenn Sie Ihrem Kind zur Seite stehen und ihm helfen, seine ambivalenten Gefühle gegenüber dem narzisstischen Elternteil zu klären, ohne es beeinflussen zu wollen und ohne seine Entscheidungsfreiheit einzuschränken, kann das Kind am Ende sogar gestärkt aus diesem Lebensabschnitt hervorgehen. Aus dem Umgang mit einem Narzissten kann man sehr viel lernen und nach einer erfolgreichen Bewältigung kann das Kind sogar an Selbstbewusstsein gewonnen haben.

> Finden Sie zunächst zu einer inneren Ausgeglichenheit zurück und lernen Sie, Ihr eigenes Verhalten und Ihre eigenen Gefühle zu beherrschen, um Ihrem Kind die Möglichkeit zu geben, sich unabhängig von Ihren Beeinflussungen entwickeln und frei entfalten zu können. Stehen Sie dem Kind helfend und beratend zur Seite und spielen Sie nicht den Polizisten oder Feuerwehrmann im Dauereinsatz. Bewerten Sie nicht das Verhalten des narzisstischen Elternteils und greifen Sie erst dann zu Schutzmaßnahmen, wenn eine reale Gefahr für das Kind besteht. Bleiben Sie daher wachsam gegenüber nachteiligen Aktionen des Narzissten, ohne in jeder Tat eine Tragödie für das Kind sehen zu wollen. Schenken Sie ihm neben Achtsamkeit auch ein Mindestmaß an Vertrauen!

Behindern Sie die Entwicklung Ihres Kindes nicht, indem Sie es unter eine Käseglocke stellen, weil sie es vor negativen Erfahrungen schützen wollen. So kann es nicht auf das Leben vorbereitet werden. Verstehen Sie mich aber nicht falsch! Es soll natürlich nicht alleine in der Höhle des Löwen gelassen werden. Ein Kind muss die Erfahrung von Bindung und Autonomie, von Vertrauen und Misstrauen, von Angst und Geborgenheit und vielem mehr machen. Wie soll es das richtige Maß finden, wenn es diese Erfahrungen selbst nie machen darf und in seinem individuellen Entwicklungsprozess ständig blockiert, verbessert, manipuliert oder bestraft wird?

Sie müssen Ihrem Kind vor allem Vertrauen schenken und ihm den Rücken stärken, indem Sie ihm zu verstehen geben, dass Sie an es glauben. Sie können zum Ausdruck bringen, dass Sie für Ihr Kind immer da sein werden und dass Sie ihm immer helfen werden. Doch gehen Sie dabei nicht über den Willen des Kindes hinweg, sofern es seinen Willen bereits äußern kann. Die Erfahrungen, die ein Kind bei der Ausübung einer freien Willensbildung macht, formen seine Persönlichkeit und entwickeln die eigene Authentizität. Macht es keine eigenen Erfahrungen, kann es nur alles nachmachen und nachsagen, was es von anderen übernommen hat, oder darauf warten, dass andere handeln.

Als Elternteil will man das Kind natürlich vor schlechten Erfahrungen schützen – das ist ganz normal und in manchen Fällen sicherlich notwendig und dann wäre es geradezu fahrlässig, wenn man es nicht tun würde. Aber in Situationen, in denen man einem Kind schon zutrauen kann, eigene Entscheidungen zu treffen, sollte man nicht zu vorschnell diesen Prozess unterbinden. Dabei muss jeder Elternteil vor allem lernen, vertrauen zu können und nicht aus Angst heraus dem Kind immer vorzugreifen. Wann ein Elternteil dem Kind vertraut und nur beobachtet und wann er aktiv und unterstützend eingreift, hängt also in vielen Fällen von der inneren Haltung des Elternteils ab. Außerdem bedarf es sehr viel Größe, auch dann Entscheidungen des Kindes zu akzeptieren, wenn diese wehtun. Aber auch das gehört zu einer guten Erziehung dazu.

Erleichtern Sie Ihrem Kind den Zugang zum narzisstischen Elternteil

Ihr Kind versteht nichts von der narzisstischen Persönlichkeitsstörung und selbst wenn Sie versuchen würden, Ihrem Kind dieses psychische Krankheitsbild zu erklären, würden Sie wohl eher Verwirrung als Klärung stiften. Wie bereits ausführlich beschrieben fühlt sich ein Kind zunächst grundsätzlich zu beiden Elternteilen hingezogen, unabhängig von der Qualität der Erziehung und Betreuung. Das Recht des Kindes, zu beiden Elternteilen einen Kontakt pflegen zu dürfen, sollten Sie nicht missachten, sofern nicht wirklich gravierende Gründe für ein Aussetzen des Umgangs vorliegen.

Sie sollten vermeiden, dass Ihr Kind den narzisstischen Elternteil mit einem schlechten Gefühl besucht, weil Sie Ihr Kind spüren lassen, dass Sie den Kontakt nicht wünschen. Das Kind kommt dann in einen Loyalitätskonflikt, weil es den anderen Elternteil zwar sehen möchte, Sie aber nicht enttäuschen oder traurig zurücklassen will. Daher sollten Sie Ihrem Kind immer gestatten, Kontakt zu dem anderen Elternteil aufzunehmen, und ihm signalisieren, dass es diesen Elternteil genauso lieben darf – auch wenn es Ihnen grotesk vorkommen mag, dass man einen Narzissten lieben kann.

Sie sollten lernen, Ihre eigenen Emotionen zugunsten des Kindes in den Hintergrund zu rücken, eine neutrale Haltung zu der Beziehung zwischen Ihrem Kind und dem narzisstischen Elternteil einzunehmen und Ihr Kind dabei zu unterstützen, dass der andere Elternteil einen festen Platz im Leben Ihres Kindes hat. Folgende Maßnahmen können dabei hilfreich sein:

- Das Kind darf Fotos vom narzisstischen Elternteil im Kinderzimmer aufhängen.
- Andenken, die an die Zeit mit dem narzisstischen Elternteil erinnern, darf das Kind in seinem Zimmer aufbewahren.
- Erinnern Sie Ihr Kind an Feiertage und Geburtstage, an denen es auch den narzisstischen Elternteil und dessen Familie wertschätzen soll.
- Erlauben Sie Ihrem Kind, dem narzisstischen Elternteil sein

Kinderzimmer zu zeigen. Lassen Sie die beiden dabei allein und ziehen Sie sich zurück.

- Lassen Sie das Kind den narzisstischen Elternteil jederzeit anrufen. Auch muss es erlaubt sein, jederzeit dem narzisstischen Elternteil eine Nachricht zu senden.
- Wenn Sie Gespräche zwischen Ihrem Kind und dem narzisstischen Elternteil mitbekommen, dann bewerten Sie sie hinterher nicht.
- Meiden Sie nicht aus Angst vor einer Wiederbegegnung mit dem Narzissten wichtige Veranstaltungen Ihres Kindes (z. B. Vereinsfeste, Familienfeiern, Schulveranstaltungen).
- Lassen Sie Ihr Kind von gemeinsamen Erlebnissen mit dem narzisstischen Elternteil berichten und bleiben Sie neutral, freundlich und interessiert. Zeigen Sie Ihrem Kind auch nicht durch nonverbale Andeutungen Ihre persönliche Abneigung, sondern versuchen Sie, Ihre Körpersprache zu beherrschen. Freuen Sie sich für Ihr Kind, wenn es eine schöne Zeit hatte – zumindest in seiner Gegenwart.
- Berichtet das Kind über Entscheidungen, die der narzisstische Elternteil ohne Ihre Zustimmung getroffen hat, obwohl diese notwendig gewesen wäre, oder die er anders umgesetzt hat, als mit Ihnen vereinbart war, dann besprechen Sie dieses inakzeptable Verhalten mit dem Narzissten und konfrontieren Sie nicht das Kind mit Ihrem Unmut.
- Wertschätzen Sie hin und wieder die Bemühungen des narzisstischen Elternteils in Gegenwart des Kindes: »*Da hat sich aber dein/e Vater/Mutter viel Mühe gegeben!*« – »*Das finde ich gut, dass er/sie das mit dir gemacht hat!*«

Sicherlich wird es Augenblicke geben, in denen es Ihnen sehr schwerfällt, gegen das eigene Gefühl eine vorurteilsfreie Haltung zu bewahren, und sicherlich wird es Sie hin und wieder enttäuschen, wenn sich das Kind zu dem narzisstischen Elternteil hingezogen fühlt und sich sogar regelrecht auf den Besuch freut. In Anbetracht der Erfahrungen mit dem Narzissten können Sie sich kaum vorstellen, dass Ihr Kind eine schöne Zeit bei dem narzisstischen Elternteil haben kann. Doch Sie sollten zunächst berücksichtigen, dass persönliche Eindrücke immer subjektiv sind und Ihr Kind die Welt mit ganz anderen Augen wahrnimmt, bevor Sie von der Annahme ausgehen, dass sich der Narzisst nur deshalb von seiner guten Seite präsentiert, weil er das Kind beeindrucken und auf seine Seite ziehen will. Und selbst wenn er es nur aus diesem Grund tut: Solange er dem Kind damit eine Freude bereitet, erleidet es keinen Schaden. Weshalb sich also aufregen und das Verhalten des Narzissten bewerten? Konzentrieren Sie sich lieber auf Situationen, die für Ihr Kind wirklich schädlich sind.

Das Kind soll sich nicht schuldig fühlen müssen, wenn es zum narzisstischen Elternteil geht. Es sollte mit einem guten Gefühl von Ihnen verabschiedet und wieder willkommen geheißen werden. Und es sollte sich frei über seine Zeit mit dem narzisstischen Elternteil äußern dürfen, ohne dass Sie die Ereignisse emotional auf sich beziehen oder negativ bewerten. Das Kind sollte nicht ausgefragt werden, sondern von allen Dingen berichten dürfen, die ihm wichtig sind. Hören Sie in erster Linie aufmerksam zu und bestätigen Sie die Gefühle des Kindes, indem Sie sich für Ihr Kind freuen und mit Ihrem Kind lachen oder im umgekehrten Fall mitfühlen und dem Kind Trost spenden, wenn es enttäuscht ist.

Auch wenn das Kind phasenweise oder überhaupt nicht mehr zum narzisstischen Elternteil gehen möchte, sollten Sie Ihr Kind ermuntern, diesen zu besuchen. Sollte das Kind sich aber weiterhin hartnäckig weigern, dann sollten Sie dies mit dem Narzissten besprechen – entweder wenn er zur Übergabe erscheint oder aber schon vorher. Zeigt sich der Narzisst wenig barmherzig und reißt er Ihnen das Kind einfach aus den Händen, verbunden mit einer eindeutigen Schuldzuweisung in Ihre Richtung, dann sollten Sie ihm zunächst sein Recht nicht verwehren. Bei einer erneuten Verweigerung Ihres Kindes sollten Sie allerdings die Herausgabe ablehnen – zur Not auch mit einer faulen Ausrede (z. B. einer Krankheit) als Begründung. Zwar wird sich der Narzisst die Abfuhr mit hoher Wahrscheinlichkeit nicht gefallen lassen und sofort seinen Anwalt kontaktieren und einen Prozess anzetteln, aber dieses Risiko müssen Sie eingehen. Vorsorglich sollten Sie unverzüglich einen Kinderpsychologen aufsuchen oder das Jugendamt konsultieren, um das verängstigte Verhalten Ihres Kindes abzuklären und weitere Schritte zu besprechen.

Um dem Kind den Übergang zum narzisstischen Elternteil zu erleichtern, können Sie auch ein Wechselobjekt einführen, welches das Kind während der Zeit bei beiden Elternteilen begleitet, wie z. B. ein Kuscheltier. So nimmt das Kind immer ein Stück von der einen Welt mit in die andere. Es kann sich dabei auch um eine Bastelarbeit, Hausaufgaben oder ein Musikinstrument handeln, um die Beschäftigung, die es bei dem einen Elternteil angefangen hat, beim anderen Elternteil fortzuführen. So kann es seinen Alltag ungehindert beim anderen Elternteil weiterführen und der Wechsel fällt nicht ganz so schwer.

Es ist natürlich möglich, dass der narzisstische Elternteil die Dinge, die das Kind zu seinem Besuch mitbringt, nicht duldet, weil er sich entweder nicht dafür interessiert oder weil es nicht seine Idee war und er grundsätzlich alle Vorschläge der Gegenseite ablehnt. Sie sollten dann weder enttäuscht sein noch den Narzissten in Gegenwart des Kindes beschimpfen, sondern vielmehr bewusst die Chance nutzen, sich mit Ihrem Kind über dessen Erfahrungen zu unterhalten. Ihr Kind wird es mit Sicherheit auch nicht schön gefunden haben, dass es mit seinen Aufgaben oder Aktivitäten in der gemeinsamen Zeit mit dem narzisstischen Elternteil nicht fortfahren konnte, sondern möglicherweise zu anderen Tätigkeiten überredet oder gezwungen wurde. Dann können Sie Ihr Kind trösten, wobei es nicht darum gehen sollte, den Narzissten in diesem Moment zu verurteilen, sondern darum, das Kind mit seinen Gefühlen nicht alleinzulassen, ihm zu gestatten, seine Gefühle auszudrücken, und ihm zu erlauben, sich ein eigenes Urteil über das Verhalten des Narzissten gebildet zu haben.

Auch wenn Ihnen längst klar ist, dass der destruktive Einfluss des Narzissten nicht förderlich für das Kind ist, so sollten Sie doch stets eine neutrale Position gegenüber dem Kind-Narzisst-Verhältnis wahren und dem Kind gegenüber keine abwertenden Bemerkungen oder Schuldzuweisungen in Richtung des narzisstischen Elternteils machen. Das Kind muss über negative Erlebnisse mit dem Narzissten eigenständig urteilen können, indem es die Möglichkeit erhält, über die eigene Wahrnehmung offen zu sprechen, und Verständnis bei Ihnen findet. Es muss die Erfahrung machen, dass die eigenen Gefühle und die eigene Sichtweise richtig sind, dass aber das Verhalten des Narzissten in vielen Situationen unangemessen ist.

Die eigene Zeit mit dem Kind

Bieten Sie Ihrem Kind in Ihrer gemeinsamen Zeit alles, was einer guten und förderlichen Entwicklung dienlich ist und was den Bedürfnissen Ihres Kindes entspricht. Schaffen Sie eine warme, liebevolle und vertrauensvolle Atmosphäre und geben Sie Ihrem Kind das Gefühl, so sein zu dürfen, wie es ist, und sich ohne Scheu offen und frei mitteilen zu dürfen.

Zeigen Sie Interesse an Ihrem Kind, hören Sie zu, akzeptieren Sie seine Gefühle und Gedanken und helfen Sie Ihrem Kind, wenn es vor einem Konflikt steht, den es nicht alleine lösen kann. Zwingen Sie Ihrem Kind dabei keine Lösungen auf und nehmen Sie Abstand von Ihren eigenen Maßstäben. Versuchen Sie, gemeinsam mit Ihrem Kind einen Weg zu finden, mit dem es sich wohlfühlt – unabhängig von Ihren persönlichen Vorstellungen.

Natürlich kann ein Kind nicht in jeder Situation wissen, was das Beste ist, und oft genug äußert es seinen Willen auch aus einer wechselnden Laune heraus. Mit manchen Sachlagen ist es auch völlig überfordert, so dass man mit dem Kind nicht darüber diskutieren kann. Dann müssen Sie die Entscheidung für Ihr Kind treffen und das Kind wird lernen müssen, diese zu akzeptieren. Es liegt letztlich in Ihrer Verantwortung, für das Kind vernünftige Lösungen zu finden, um dem Kind in seiner Entwicklung zu helfen. Dabei kann niemand ausschließen, dass es nicht auch zu Fehleinschätzungen kommt. Sie sollten dann aber auch die Größe aufbringen, zu Ihren Fehlern zu stehen, und die Bereitschaft zeigen, eine falsche Entscheidung zu korrigieren.

Verwöhnen Sie Ihr Kind ruhig, aber seien Sie auch nicht zu großzügig und lassen Sie nicht zu viel durchgehen, weil Sie glauben, dass sich Ihr Kind von der Zeit mit dem narzisstischen Elternteil erholen soll und Sie daher nicht so streng sein dürfen. Kinder brauchen Grenzen! Achten Sie daher darauf, dass sich Ihr Kind an Regeln und Vereinbarungen hält und dass Sie konsequent durchgreifen, wenn das Kind gegen Regeln verstößt. Konsequenz bedeutet aber nicht, dass Sie das Kind hart bestrafen und züchtigen sollen. Das Kind soll lediglich lernen, dass jede Grenzüberschreitung Konsequenzen mit sich bringt und dass es selbst darunter leiden wird, wenn es sich nicht an Absprachen und Regeln hält und dadurch das soziale Miteinander stört. Das Kind sollte die Auswirkung seines Fehlverhaltens erklärt bekommen sowie die Sinnhaftigkeit von Grenzen verstehen lernen. Ist ein Schaden durch ein Fehlverhalten des Kindes entstanden, so kann eine Aufforderung zur Wiedergutmachung Einsicht bewirken.

Auf Folgendes sollten Sie eingehend achten:

- Respektieren Sie den Erziehungsstil des Narzissten, sofern sein Verhalten keine ernsthafte Gefahr für das Kind darstellt, und reden Sie in Gegenwart des Kindes niemals schlecht von dem narzisstischen Elternteil.
- Akzeptieren Sie unterschiedliche Erziehungsstile. Ein Kind kann sich durchaus auf verschiedene Behandlungsweisen, Regeln und Gebräuche einstellen. Machen Sie daher das Glück Ihres Kindes nicht davon abhängig, dass es bei allen Bezugspersonen dieselben Bedingungen und dieselben Abläufe erfährt, und maßen Sie sich nicht an, allen anderen einen einheitlichen Erziehungsstil vorschreiben zu können.
- Freuen Sie sich nicht vor den Augen Ihres Kindes über ein Missgeschick, eine Niederlage oder das Unglück des Narzissten. Das Kind wird wahrscheinlich mit dem narzisstischen Elternteil mitleiden, wenn dieser Kummer hat. Indem Sie sich aber darüber freuen, dass der Narzisst nun endlich seine gerechte Strafe erfährt, gefährden Sie die Selbstwahrnehmung des Kindes und es wird in seinen Gefühlen verunsichert.
- Lassen Sie Ihr Kind über seine Gedanken und Gefühle reden. Ertragen Sie es auch, wenn es sich positiv über den narzissti-

schen Elternteil äußert. Auch wenn Sie dahinter Manipulationen des Narzissten vermuten, sollten Sie die Welt des Kindes nicht leichtsinnig zerstören, indem Sie meinen, unbedingt etwas richtigstellen zu müssen. Stellen Sie dann lieber ergänzende Fragen, damit das Kind lernt, seinen Blick auf eine bestimmte Situation zu erweitern.

- Unterstützen Sie Ihr Kind in seiner Wahrnehmung, wenn es sich enttäuscht fühlt und von negativen Erlebnissen berichtet. Verurteilen Sie aber auch dann nicht den Narzissten in Gegenwart des Kindes, sondern bewerten Sie lediglich die Situation, in der sich der Narzisst nicht richtig verhalten hat. Verurteilen Sie nie den narzisstischen Elternteil als ganzen Menschen, sondern nehmen Sie lediglich Abstand von einem situativen Fehlverhalten und grenzen Sie sich diesbezüglich in Ihrer Meinung ab. Auf diese Weise kann auch Ihr Kind lernen, sich vom Urteil des Narzissten zu distanzieren und dessen fragwürdige Aktionen in einem anderen Licht zu sehen, ohne diesen Elternteil aber gänzlich zu verdammen.

- Ihr Kind wird nicht rund um die Uhr glücklich sein – kein Mensch ist nur zufrieden und ausgeglichen. Jeder Mensch kennt Stimmungsschwankungen und muss lernen, damit umzugehen. Wenn Ihr Kind mal nicht so glücklich aussieht, dann muss nicht immer gleich der Narzissten daran schuld sein. Hüten Sie sich vor Vorurteilen.

- Nehmen Sie das Verhalten Ihres Kindes nicht persönlich, wenn es den narzisstischen Elternteil vorzieht, auf ein Angebot von ihm eingeht, an ihn denkt oder Kontakt mit ihm aufnehmen möchte. Sehen Sie darin nicht gleich eine Ablehnung Ihrer Person und erleben Sie das Kind nicht als undankbar oder unfair. Nehmen Sie es als Selbstverständlichkeit an, dass sich Ihr Kind auch mal für die Gegenseite entscheiden kann.

In der gemeinsamen Zeit mit Ihrem Kind sollten Sie sich nach Möglichkeit in einer entspannten und ausgeglichenen Stimmung befinden, um sich voll und ganz auf die Bedürfnisse, Wünsche und Sorgen des Kindes konzentrieren zu können. Dazu müssen Sie aber nicht den ganzen Tag neben dem Kind sitzen. Das Kind sollte auch lernen, mit sich selbst sein zu können. Sie sollten allerdings im Bedarfsfall stets verfügbar sein und auch zeitweise gemeinsame Aktivitäten mit dem Kind unternehmen.

Sind Sie in der gemeinsamen Zeit unausgeglichen, besorgt und in Gedanken versunken, dann wird das Kind Ihre Verfassung als Kummer spüren und anfangen, sich Sorgen zu machen. Das Kind wird dann von seinen Bedürfnissen abgelenkt und muss sich einer Situation widmen, mit der es überfordert ist. Nehmen Sie sich dann lieber eine Auszeit. Lassen Sie sich von anderen Bezugspersonen helfen und wenden Sie sich Ihren Sorgen zu.

Bieten Sie dem Kind in Ihrer gemeinsamen Zeit ein warmherziges und zwangloses Klima, in dem es sich angenommen, wahrgenommen und verstanden fühlt. Ihr Kind sollte lernen, vertrauen zu können, und merken, dass es sich in Ihrer Gegenwart frei entfalten darf. Es muss spüren, dass Sie zu Ihrem Kind stehen und dass es sich Ihrer Unterstützung immer sicher sein kann. Sie sollten dies aber nicht aus der Motivation heraus tun, besser sein zu wollen als der narzisstische Elternteil, sondern einzig und alleine darum, weil es dem Kind hilft und weil Sie Ihr Kind lieben.

Notwendige Gespräche und Absprachen mit dem Narzissten

Mit einem Narzissten werden Sie sich kaum einigen können – es sei denn, Sie schließen sich uneingeschränkt seiner Meinung an. Weder werden Sie von einem Narzissten Verständnis bekommen noch werden Sie erleben, dass er Sie versteht und Ihre Ansichten und Ideen akzeptiert. Sie werden Ihre Erwartungen hinsichtlich eines erfolgreichen Gesprächs herunterschrauben müssen: Sie können weder auf Zustimmung oder Mitgefühl noch auf Fairness, Kompromissbereitschaft oder Nachsicht hoffen. Ein Narzisst kämpft nur für sich, und das mit allen Mitteln.

Sie dürfen nicht darauf hoffen, vom Narzissten verstanden zu werden, und auch nicht erwarten, dass er Ihre Bemühungen anerkennen wird. Ihr Ziel kann es nur sein, Ihre Absichten und Vorstellungen klar und nüchtern zu artikulieren, beharrlich für Ihre Pläne zu kämpfen und sich gegenüber dem Narzissten abzugrenzen – unabhängig von seiner Reaktion. Ein Narzisst stört jede sachliche und vernünftige Kommunikation durch abwertende Kommentare, Ironie und Sarkasmus, nonverbale Botschaften, Kränkungen, Gleichgültigkeit, abschweifende Aussagen, Lügen, das Verdrehen von Tatsachen, das Aufstellen unhaltbarer Behauptungen und vieles mehr. Selbst wenn er sich charmant und zugewandt zeigt, verrät das nuancierte Spiel seiner Mimik die abgrundtiefe Verschlagenheit.

Daher sollten Sie sich vor einem Gespräch mit einem Narzissten eine kugelsichere Weste anziehen, um emotionale Geschosse an sich abprallen zu lassen. Sie tragen nämlich nicht zu einer Lösung und zu einem partnerschaftlichen Einvernehmen bei. Wenn der Narzisst sprachgewaltig ausschweift, dann erinnern Sie ihn immer wieder an das eigentliche Thema und führen Sie ihn zum Kern des Gesprächs zurück. Behalten Sie stets das Ziel im Auge und lassen Sie sich nicht von unwürdigen Beleidigungen oder rotzfrechen Lügen aus der Bahn werfen.

Reagieren Sie auf keinen Fall ebenfalls aggressiv und lassen Sie sich nicht von den Gefühlsausbrüchen des Narzissten anstecken. Ignorieren Sie einfach seine Anschuldigungen und Behauptungen und versuchen Sie nicht, sich zu rechtfertigen. Der Narzisst verlässt nur deshalb die sachliche Ebene, um Sie emotional zu attackieren und Sie in Ihrem Selbstwertgefühl zu schwächen, nicht aber um eine konstruktive Lösung zu finden. Indem Sie auf die unsachlichen Äußerungen eingehen und selbst ungehalten und wütend reagieren, verlängern Sie nur die hitzige Diskussion und erreichen niemals Ihr Ziel.

Wenn der Narzisst Dampf ablässt, dann schalten Sie innerlich auf Durchzug. Wenn Sie sich auf das Getöse einlassen, opfern Sie nur Ihre kostbare Energie und kommen am Ende doch keinen Schritt weiter. Machen Sie sich immer und immer wieder bewusst, dass Sie es mit einem kranken Menschen zu tun haben, der paranoide und dissoziale Verhaltensweisen, wahnhafte Denkmuster und vor allem eine unterentwickelte Empathie hat. Von ihm können Sie kein normales Gespräch erwarten.

Diese distanzierte Haltung bedarf natürlich der Übung und es wird Ihnen nicht auf Anhieb gelingen, sie einzunehmen. Wahrscheinlich werden Sie immer wieder völlig unerwartet in unerfreuliche Gespräche hineingezogen und von Behauptungen überrollt, auf die Sie nichts entgegnen können, weil es Ihnen angesichts der Dreistigkeit des Narzissten die Sprache verschlägt. Brechen Sie in solchen Fällen die Kommunikation ab, indem Sie das Gespräch auf einen anderen Zeitpunkt vertagen und dem Narzissten erklären, dass Sie sich erst einmal Gedanken zu dem Thema und zu seinen Ansichten machen müssen und momentan nicht in der Lage sind, schnell zu antworten. Entgehen Sie einem emotionalen K.-o.-Schlag, indem Sie ein unerwartetes Gesprächsthema vorerst beenden. Wenn Sie in einer verwirrten Verfassung mit dem Narzissten weiterreden, wird er Sie nur noch weiter in die Defensive drängen und Sie werden kaum noch etwas ausrichten können. Steigen Sie aus, wenn Sie sich zu stark von seinen Angriffen getroffen fühlen oder momentan keine passende Antwort haben.

Ihr Rückzug wird den Narzissten sicherlich wenig erfreuen und er wird daher den Druck auf Sie erhöhen wollen, indem er darauf besteht, jetzt unbedingt eine Aussage und eine Entscheidung von Ihnen hören zu wollen. Durchschauen Sie diesen Trick und vertrösten Sie ihn auf das nächste Mal mit den Worten: *»Du möchtest doch sicherlich auch, dass wir für unser Kind eine vernünftige Lösung finden, die von beiden Elternteilen getragen wird. Also gib mir ein wenig Zeit!«* Gehen Sie dann auf weitere Aussagen und Fragen des Narzissten nicht mehr ein.

Weigern Sie sich auch, wenn der Narzisst Sie zwischendurch anruft oder einfach vor der Tür steht und Ihnen ein Gespräch aufzwingen möchte. Gehen Sie nicht zu einem Treffen, wenn Sie nicht genau wissen, worum es geht und was der Narzisst mit Ihnen klären möchte. Lassen Sie sich außerdem nicht unter Zeitdruck setzen, wenn der Narzisst einen kurzfristigen Termin ausmachen möchte – die wenigsten Fälle sind so dringend, dass sie nicht auch noch bis zur nächsten Woche warten können.

So können Sie sich auf das Thema intensiv vorbereiten, sich informieren und ggf. fachkundige Meinungen von Dritten einholen.

Sollte der Narzisst dann während des Gesprächs ein Thema ansprechen, das er nicht angekündigt hat und auf das Sie nicht vorbereitet sind, dann bremsen Sie ihn sofort aus. Sie sollten es auch dann tun, wenn Sie durchaus Stellung zu diesem Thema beziehen könnten. Der Narzisst muss lernen, sich an Absprachen zu halten und dass Sie es nicht dulden, wenn er die Gelegenheit nutzen möchte, um gleichzeitig noch andere Angelegenheiten mit Ihnen zu regeln. Andere Themen als die, die angekündigt waren, werden nicht besprochen. Dafür muss ein neuer Termin vereinbart werden und Sie haben so erneut die Möglichkeit, sich gründlich vorzubereiten. Gleichzeitig verliert der Narzisst den Vorteil, Sie in einem schwachen Moment überrumpeln zu können. Sagen Sie ihm: »*Ja, über das Thema müssen wir auch reden – aber nicht heute. Wir können das ein anderes Mal besprechen!*« Wenn er dann fragt: »*Warum?*«, dann sagen Sie: »*Ich will heute nur das eine Thema klären!*«

Wenn Sie befürchten müssen, dass der Narzisst durch Unsachlichkeit jedes normale Gespräch torpedieren wird und Sie keine Chance bekommen, Ihren Standpunkt zu verdeutlichen, kann auch ein neutraler Dritter am Gespräch teilnehmen. Diese Person muss nicht unbedingt in den Gesprächsablauf eingreifen, ihre Anwesenheit kann aber dazu führen, dass der Narzisst seinen Ton mäßigt.

Eine weitere Möglichkeit besteht darin, seine unsachlichen Angriffe mit Schlagfertigkeit zu parieren und auch ruhig einmal etwas frecher aufzutreten. Zeigen Sie ihm durch zungenfertige Reaktionen, dass er Sie nicht mehr einschüchtern kann und besser erst nachdenken sollte, bevor er den Mund aufmacht. Er muss lernen, dass er Ihnen keine Schmerzen mehr zufügen kann und dass es sinnlos ist, Sie auf so plumpe Weise aus dem Gleichgewicht bringen zu wollen. Hier einige Beispiele für schlagfertige Entgegnungen:

Narzisst: »*Du hast ja nicht mehr alle Tassen im Schrank!*«
Sie: »*Stimmt, ich habe das alte Geschirr meiner Mutter geschenkt!*«
oder:
Narzisst: »*Du gehst nicht ans Telefon, obwohl du da bist!*«
Sie: »*Dann musst du es eben lauter klingeln lassen!*«
oder:

Narzisst: »*Du hast ja eine neue Frisur! Sieht ja schlimm aus!*«
Sie: »*Nett, dass du dir Sorgen um mein Aussehen machst!*«
oder:
Narzisst: »*Wie konnte ich mich nur jemals auf dich einlassen?*«
Sie: »*Stimmt, das war ein riesiger Fehler!*«
oder:
Narzisst: »*Du bringst wirklich nichts auf die Kette!*«
Sie: »*Stimmt, mein Fahrrad muss unbedingt repariert werden!*«

Antworten Sie einfach nur mit einer Gegenfrage:
Narzisst: »*Ich möchte, dass unser Kind besser angezogen ist!*«
Sie: »*Wie meinst du das?*«
oder:
Narzisst: »*Nimmst du dir auch mal Zeit für unser Kind oder triffst du dich jetzt nur noch mit deinem Freund?*«
Sie: »*Was hast du gegen meinen Freund?*«
oder:
Narzisst: »*Kannst du deinem neuen Freund mal sagen, er soll mit unserem Kind nicht so viel fernsehen?*«
Sie: »*Warum?*«

Sagen Sie etwas, ohne etwas zu sagen:
Narzisst: »*Du kannst ja gar keine Kinder erziehen!*«
Sie: »*Ich verstehe.*«
oder:
Narzisst: »*Ich will mein Kind nicht nur am Wochenende sehen, sondern die ganze Woche!*«
Sie: »*Interessanter Vorschlag!*«
oder:
Narzisst: »*Das Kind fühlt sich bei dir total unwohl!*«
Sie: »*Sonderbar!*«

Wenn der Narzisst wieder in Wut gerät, könnten Sie entgegnen:
»*Ich verlasse jetzt den Raum, damit du dich erst mal wieder beruhigen kannst!*«

»Warum bist du so aufgebracht? Hast du Sorgen oder hast du vor etwas Angst?«

»Ich habe das Gefühl, du bist momentan in keiner guten Verfassung. Wir sollten das Gespräch besser vertagen.«

Falls Sie unangenehmen Themen ausweichen wollen:
Narzisst: »Hast du einen neuen Freund/eine neue Freundin?«
Sie: »Irgendwann sicherlich!«
oder:
Narzisst: »Wo warst du gestern mit unserem Kind?«
Sie: »Gestern war alles so hektisch – ich kann mich nicht mehr daran erinnern!«
oder:
Narzisst: »Was machst du am Wochenende mit dem Kind?«
Sie: »Ich glaube, es würde dich nur langweilen, wenn ich dir das erzähle.«

Oder stellen Sie sich einfach dumm:
Narzisst: »Warum ist unser Kind zurzeit so aggressiv?«
Sie: »Ich weiß im Moment nicht, was du meinst!«
oder:
Narzisst: »Ich weiß nicht, wie oft ich dir schon gesagt habe, dass unsere Tochter nicht so lange abends auf der Straße spielen soll!«
Sie: »Wie oft hast du es mir denn gesagt?«

Oder reagieren Sie gleichgültig:
Narzisst: »Ich werde dieses Jahr die Geburtstagsfeier für unser Kind organisieren. Du bekommst das ja nie hin!«
Sie: »Wenn du meinst.«
oder:
Narzisst: »Dein neuer Partner interessiert sich überhaupt nicht für unser Kind!«
Sie: »Kann sein.«

Wenn Sie auf die Aussagen des Narzissten kontern, dann achten Sie darauf, dass Ihr Ausdruck scharf und energisch ist. Sprechen

Sie kräftig und ohne Zögern, stehen Sie aufrecht und schauen Sie dem Narzissten in die Augen. Er muss spüren, dass Sie sich in der Wahl Ihrer Worte und Antworten sicher fühlen und dass Sie das, was Sie sagen, auch so meinen. Wenn Ihnen beim Sprechen ein Kloß im Hals steckt, weil Ihre Gedanken von starken Angstgefühlen begleitet werden, können Sie nicht überzeugend sein. Jedes Zaudern und Schwanken, jede kleine Unsicherheit in der Aussprache und jeder unsichere Blick Ihrerseits wird den Narzissten dazu ermuntern, Ihre Antworten als lächerlich zu betrachten und eiskalt darüber hinwegzugehen.

Mit Ihren schlagfertigen Reaktionen werden Sie den Narzissten nicht ausschalten, Sie werden ihn aber überraschen. Ziel soll es sein, dass er durch eine unerwartete Antwort aus seinem Konzept gebracht wird oder zumindest für einen Moment ins Stocken gerät. Das geht aber nur, wenn Sie Ihre Antworten entschlossen und mutig vortragen. Stehen Sie wie ein zitterndes Mäuschen vor dem Narzissten und piepsen Sie ein wenig vor sich hin, dann wird ihn das kaum erschrecken – unabhängig vom Inhalt Ihrer Worte.

Benutzen Sie aber solche knappen und schnippischen Antworten auch nicht übertrieben häufig. Narzissten können sehr humorlose Zeitgenossen sein, wenn sie das Gefühl bekommen, nicht ernst genommen zu werden, oder wenn sie spüren, dass Sie keine Lust mehr auf die Diskussion haben. Dann kann sich ihre Wut ins Unermessliche steigern und sie können noch gnadenloser zurückschlagen. Daher sollten Sie ein feines Gespür dafür entwickeln, in welchen Situationen und bei welchen Themen oder Aussagen des Narzissten eine schlagfertige Bemerkung angebracht ist. Ihre Technik soll dazu dienen, dem Narzissten von Zeit zu Zeit einen kleinen, aber gezielten Dämpfer zu verpassen – Sie sollten aber nicht versuchen, ihn k. o. zu schlagen.

Im Idealfall beenden Sie nach Ihrer schlagfertigen Antwort das Gespräch und ziehen sich zurück. Das unterstreicht Ihren festen Willen, sich nicht mehr auf sinnlose Diskussionen einzulassen oder sich von dem Narzissten nicht mehr erniedrigen und vorführen zu lassen. In Gesprächen mit einem Narzissten muss Ihr oberstes Ziel sein, sich nicht mehr einschüchtern zu lassen und sich abzugrenzen. Auf diese Weise erreichen Sie bestenfalls, dass sich der Narzisst zurücknimmt – nicht aber, dass er vernünftig auf Ihre Einwände und Vorstellungen eingeht. Erreichen Sie es dennoch einmal, dass er Ihrem Vorschlag folgt, dann macht er dies wahrscheinlich nur, weil er sich einen momentanen Vorteil davon verspricht oder um Sie beim nächsten Mal umso mehr zu verletzen oder zu schädigen.

Schlagfertigkeit kann Sie außerdem davor bewahren, sich unnötigerweise vor dem Narzissten zu rechtfertigen. Die Versuchung ist natürlich groß, weil die Aussagen des Narzissten vollgespickt sind mit Lügen, Gemeinheiten und Unterstellungen, die Empörung auslösen. Man glaubt, diese unfassbaren Behauptungen nicht so einfach im Raum stehen lassen zu können, und springt auf die Provokationen an. Doch damit landet man in der Falle: Weil eine Rechtfertigung nur dann als akzeptiert gilt, wenn der andere Verständnis für die eigene Handlungsweise aufbringt, rennt man der Nachsicht des Narzissten unaufhörlich hinterher, ohne sie jemals zu bekommen. Man macht sich abhängig von seiner Reaktion und glaubt, die Rechtfertigung erst dann erfolgreich vorgebracht zu haben, wenn der Narzisst zustimmend nickt und überzeugt wurde. So erfährt der narzisstische Elternteil wieder das Gefühl von Macht und hat den anderen in der Hand. Daher führt jedes erklärende Argument nur dazu, dass Ihnen der Narzisst Ihre Worte wie ein Bumerang zurückschleudert und mit einer noch widerwärtigeren Antwort dagegenhält. In seinen spitzen Bemerkungen und seiner coolen Ausstrahlung schwingt die Botschaft mit: »Komm, reg dich auf! Ich werde dich zur Weißglut treiben!« Wenn Sie darauf einsteigen, verstricken Sie sich nur in seiner paranoiden Welt und zeigen sich bereit, ein Gespräch zu führen, das inhaltlich überhaupt keinen Sinn hat – dem Narzissten aber unglaublich viel Freude bereitet, während es Sie sehr viel Energie kostet.

Schrauben Sie also Ihre Erwartungen herunter und gehen Sie nicht davon aus, dass Sie den Narzissten mit Schlagfertigkeit in die Knie zwingen, ihn zu einer Kurskorrektur bewegen oder aus ihm womöglich einen besseren Menschen machen können. Warten Sie nicht auf das Wunder, dass sich der Narzisst plötzlich einsichtig zeigt, dass er Sie versteht und Ihre Meinung oder Ihren Vorschlag akzeptiert. Das wird niemals passieren! In erster Linie gewinnen Sie durch eine offensive und geschickte Gesprächstechnik Ihre Selbstachtung und Würde zurück und in zweiter Linie können Sie den Narzissten auf Distanz halten, weil er die Lust an einem Dialog mit Ihnen verliert. Mehr wird es nicht bewirken – aber das wäre schon eine ganze Menge!

Solange Sie die verlogenen und bedrohlichen Aussagen des Narzissten ernst nehmen, bleiben Sie in seiner Welt verfangen. Sie räumen dann seiner Meinung und seinen Vorstellungen einen viel zu hohen Wert ein. Es lohnt sich nicht, sich nach einem Gespräch mit einem Narzissten noch Gedanken über den Inhalt seiner Worte zu machen. Machen Sie sich immer wieder bewusst, dass Sie es mit einer kranken Persönlichkeit zu tun haben, die große Defizite im zwischenmenschlichen Miteinander hat und die nicht in der Lage ist, eine gesunde Beziehung zu führen. Stattdessen muss sich ein Narzisst über andere erheben und beim kleinsten Widerstand sofort mit einer Abwertung beginnen oder den anderen auf irgendeine Weise quälen. So eine Persönlichkeit erfreut sich am Leid der anderen und baut sich daran auf. Ihre Tränen sind das Öl für seinen Motor.

Schenken Sie seinen Worten deshalb nicht die Aufmerksamkeit, die er erwartet. Sie bleiben damit nur in seiner Abhängigkeit gefangen, weil Sie bereit sind, sich übermäßig mit der irrealen Gedankenwelt des Narzissten auseinanderzusetzen und auf jedes Wort des Narzissten reagieren. Schalten Sie Ihre Selbstzweifel ab, indem Sie sich nicht mehr von einer kranken Kommunikationsform verschrecken lassen. Wenn Sie seine Thesen für bare Münze nehmen, setzen Sie sich der Gefahr aus, Ihr gesundes Urteilsvermögen zu verlieren und auf die Forderungen des Narzissten hereinzufallen.

Hoffen Sie nie auf das Mitgefühl eines Narzissten

Wenn er einmal nett und entgegenkommend zu Ihnen sein sollte, dann versteckt sich hinter dieser Hilfsbereitschaft in der Regel purer Egoismus. Er versucht, mit seinem Charme und dem scheinbaren Zurückstellen eigener Interessen einen Vorteil für sich zu erlangen. Indem Sie auf sein freundliches Angebot eingehen, begeben Sie sich wieder in seine habgierigen Hände. Ein Narzisst tut niemals etwas anderen zuliebe. Er tut es nur für sich und es kommt einem Zufall gleich, wenn seine wahren Interessen mit denen seines Opfers übereinstimmen.

Doch in Situationen der Eintracht glauben viele betroffene Elternteile, nun endlich von dem Narzissten verstanden zu werden, hoffen auf eine Einsicht und sind überzeugt, dass in dem Narzissten doch eine gute Seele steckt. Sie kaufen ihm seine spontane Wandlung ab. Bitte betrachten Sie seine Gefälligkeit mit Abstand und erinnern Sie sich daran, was Sie in den Kapiteln zuvor bereits mehrfach gelesen haben: Schrauben Sie Ihre Erwartungen zurück! Narzissten bedienen sich an Wehrlosen und Gutgläubigen, um sie eiskalt auszunutzen. Diese negative Energie schwingt bei allem mit, was sie tun.

Auch wenn Ihnen die Freundlichkeit und das Entgegenkommen des Narzissten wie eine unerwartete Friedenserklärung vorkommen mögen, können Sie in Wahrheit bestenfalls von einem vorübergehenden Waffenstillstand ausgehen. Sie sollten gegenüber jeder Form von Freundlichkeit, Lob oder Schmeichelei aus seinem Munde immun bleiben. Seine Äußerungen sind keinen Pfifferling wert. Entgegnen Sie seiner scheinbaren Liebenswürdigkeit kühl, nüchtern und sachlich. Zeigen Sie dem Narzissten nicht, dass es Sie berührt, wenn Sie seine schönen Worte hören oder er mit Vergünstigungen lockt. Er würde Ihre Einwilligung früher oder später nur wieder gegen Sie verwenden.

> **Zeigen Sie nie Ihre wahren Gefühle – die positiven wie die negativen. Je leichter ein Narzisst spürt, wo er sie treffen kann, desto stärker wird er zustoßen.**

Schützen Sie Ihre Gefühle, indem Sie nicht zu viel sagen und von sich preisgeben. Gehen Sie kurz und knapp auf Sachthemen ein und lassen Sie sich nicht dazu hinreißen, private Details von sich auszuplaudern. Ignorieren Sie seine drängelnde Art, seine aushorchende Gesprächsführung, seinen erwartungsvollen Unterton oder sein vielsagendes Spiel mit der Mimik. Sie dürfen seinem indiskreten Verlangen nach intimen Informationen über Sie nicht nachgeben. Lassen Sie seine Neugierde ins Leere laufen.

Konzentrieren Sie sich nur auf den sachlichen Kern eines Themas und diskutieren Sie nur Inhalte, die einer Lösung dienlich sind und die eine dringende Entscheidung verlangen, um das Wohl des Kindes zu sichern. Hören Sie über alle unsachlichen Äußerungen hinweg, so als hätten Sie etwas vernommen, das jemand am Nachbartisch gesagt hat. Bleiben Sie bei dem Wesentlichen und lassen Sie sich mit Ihren Antworten ruhig ein wenig Zeit. Ein Narzisst will den anderen verwirren und nervös machen, indem er ihn mit seiner aggressiven Ungeduld unter Druck setzt und die Erwartungshaltung aufbaut, jetzt und sofort eine Antwort zu bekommen. Je ausgiebiger Sie sich dann Zeit lassen und je länger Sie um den heißen Brei herumreden, desto ungeduldiger wird der Narzisst, was ihn dazu verleiten könnte, von seiner Meinung abzuweichen und Ihrem Vorschlag zuzustimmen oder sich Ihren Vorstellungen deutlich anzunähern, weil er keine Lust auf eine weitere langatmige Verhandlungsrunde hat.

Stellen Sie häufiger ergänzende Fragen, wenn Ihnen so schnell keine Antwort einfällt oder wenn Sie noch nicht in der Lage sind, eine Entscheidung zu treffen. Damit gewinnen Sie nicht nur Zeit, Sie behalten auch gleichsam die Kontrolle über den Gesprächsverlauf, ganz nach dem Motto: »Wer fragt, der führt!« Und damit Sie sich nicht so sehr im Redeschwall des Narzissten verlieren, konzentrieren Sie sich zwischenzeitlich auf Ihre Atmung. So können Sie sicherstellen, dass Sie mit sich selbst in Kontakt bleiben. Lehnen Sie sich ruhig einmal zurück, schließen Sie die Augen, atmen Sie ein paar Mal tief ein und aus und sagen Sie dem Narzissten dann: »*Ich muss mal eben wieder meinen Kopf frei bekommen!*« Das erlebt ein Narzisst immer als störend, weil Sie ihn mit Ihrer Entspannungszeremonie ablenken.

Sie reizen den Narzissten, wenn Sie unaufhörlich belanglose Fragen stellen und zwischenzeitlich buddhistische Konzentrationsübungen einstreuen. Mit diesen gezielten Störungen bringen Sie den Narzissten aus seinem Konzept und lenken ihn von seinem ursprünglichen Ziel ab. Die Verwirrung, die er eigentlich bei Ihnen auslösen wollte, trifft ihn nun selbst. Das kann zur Folge haben, dass er zu Kompromissen bereit ist, um Ihr kommissarisches Nachbohren endlich zu beenden. Bedenken Sie, dass ein Narzisst nicht die bestmögliche Entscheidung für das Kind finden will – er will einfach nur Recht behalten und Ihnen schaden. Scheint dieses Vorhaben nicht zu gelingen, weil es bei all den endlosen Fragen und dem stundenlangen Abwägen zu keinem Nachgeben Ihrerseits kommt, kann er plötzlich das Interesse verlieren.

Auch sollten Sie die Chance wahrnehmen, sich Zeit einräumen zu lassen und eine Entscheidung zu vertagen. Das verschafft Ihnen etwas Abstand vom dominanten Einfluss des Narzissten, um in der Zwischenzeit ein rationales Urteil zu finden, das mit Ihren Überzeugungen übereinstimmt. Die Forderungen und Anliegen eines Narzissten sollten immer hinreichend bedacht und geprüft werden. Außerdem macht es den Narzissten wahnsinnig – wie bereits beschrieben –, wenn Sie einen Entscheidungsprozess in die Länge ziehen. Die Taktik des Hinhaltens bei Themen, die dem Narzissten wichtig sind, hat sich so manches Mal bewährt und kann in Zukunft verhindern, dass die Forderungen des Narzissten zu übertrieben ausfallen, weil er im Gespräch mit Ihnen feststellen musste, dass Sie sich nicht so leicht über den Tisch ziehen lassen.

Allerdings müssen Sie auch darauf gefasst sein, dass er aus Ungeduld und seiner angeborenen Neigung zur Überheblichkeit heraus auf Ihre Zustimmung verzichtet und die Entscheidung alleine trifft. Sie werden dann mit der lapidaren Begründung vor vollendete Tatsachen gestellt, dass Sie ja nicht entschlussfähig seien und dass er daher habe vorgreifen müssen. Dieses Risiko müssen Sie bei Ihrer Hinhaltetaktik in Erwägung ziehen.

Wenn Sie bemerken, dass unangenehme Gefühle in Ihnen hochkommen, weil Sie sich von dem selbstherrlichen Geschwafel oder der arroganten Körpersprache des Narzissten schon wieder provoziert fühlen, dann erinnern Sie sich schnell an etwas Positives, das nichts mit dem Narzissten zu tun hat, oder singen Sie innerlich ein schönes Lied. Lenken Sie sich ab, solange Sie sich im Gespräch mit dem Narzissten befinden, und geben Sie Ihren Gefühlen erst dann nach, wenn Sie wieder alleine sind. Wenn Sie die belastenden Impulse aus Ihrem Inneren nicht länger unterdrücken können, dann verlassen Sie für einen Moment den Raum, bis Sie sich wieder beruhigt haben, oder verschieben Sie das Gespräch auf einen späteren Zeitpunkt.

Ideal wäre es ohnehin, wenn es Ihnen gelänge, die gesamte Kommunikation mit dem Narzissten grundsätzlich auf schriftlichem Weg abzuwickeln. Dann können Sie in Ruhe prüfen, ob und welche Hintergedanken er bei seinen Forderungen oder Vorschlägen hegt, und sein Ansinnen von mehreren Seiten betrachten. Außerdem können Sie sich Ihre Worte sorgfältig zurechtlegen, um angemessen auf ein Thema einzugehen, und jede Form von Unsachlichkeit oder Missverständnis vermeiden. Der schriftliche Austausch ermöglicht es Ihnen, den persönlichen Anfeindungen des Narzissten aus dem Weg zu gehen, sich auf die Sache zu konzentrieren und zu einem vernünftigen Gegenvorschlag oder Urteil zu kommen. Außerdem wird der Gesprächsverlauf auf diese Weise protokolliert, um Ihre Kooperationsbereitschaft jederzeit beweisen zu können.

Unberechtigte Forderungen des Narzissten

Betroffenen Elternteilen verschlägt es so manches Mal die Sprache, wenn sie von dem Narzissten völlig unverfroren und ganz selbstverständlich mit dreisten und zum Teil sogar unsinnigen Forderungen belästigt werden. In vielen Fällen schließt eigentlich schon der gesunde Menschenverstand diese unverschämte Art von Forderungen von vornherein aus. Doch nicht bei einem Narzissten! Während sich der andere Elternteil noch über so viel Frechheit empört, kann der Narzisst nichts Befremdliches an seinem Anliegen erkennen und legt sogar noch nach.

Viele setzen sich aber, ohne zuvor ihr inneres Gefühl befragt zu haben, unverzüglich mit der Forderung des Narzissten auseinander – und wenn sie noch so grotesk ist und eigentlich keiner Antwort bedarf und keinen Gedanken wert ist. Betroffene sind in solchen Situationen aber meist wie gelähmt und glauben, sich dem Narzissten gegenüber entgegenkommend zeigen zu müssen. Auch wenn es gar keine fundierte Grundlage für seine Forderungen gibt – weder gesetzlich noch moralisch –, lassen sich Ex-Partner auf die Diskussion ein und versuchen, eine tragbare Lösung zu finden, um das Bedürfnis des Narzissten zu befriedigen. Beispiele dafür können so aussehen:

- Er will, dass das Kind bei ihm übernachtet, auch in der Zeit, in der es eigentlich bei Ihnen ist.
- Er will, dass Sie seine Fahrtkosten übernehmen, wenn er das Kind bei Ihnen abholen muss.
- Er will das Kind in den Schulferien haben, obwohl das Kind noch gar nicht in die Schule geht.
- Er will, dass Sie ein schriftliches Protokoll anfertigen, wenn Sie mit dem Kind beim Arzt waren.
- Er will, dass Sie sich mit Ihrem neuen Partner nicht in Gegenwart des Kindes treffen.
- Er will, dass Sie sich finanziell an dem Urlaub beteiligen, den er mit dem Kind allein macht.
- Er meldet das Kind ohne Rücksprache mit Ihnen einfach beim Musikunterricht an, obwohl die Musikstunden in Ihre Betreuungszeit fallen.
- Er besteht darauf, mit Ihnen und dem Kind gemeinsam in den Urlaub fahren, weil es angeblich der Wunsch des Kindes sei.
- Statt des abendlichen Anrufs will er nun immer persönlich vorbeikommen, weil er nach der Arbeit ohnehin bei Ihnen vorbeifährt.
- Er will, dass Sie ihm eine neue Wohnung bezahlen, weil er ausziehen muss.
- Er will Ihren neuen Lebenspartner kennenlernen, bevor Sie diesen dem Kind vorstellen.
- Er will plötzlich einen Vaterschaftstest machen, obwohl er jahrelang nicht daran zweifelte, der Vater des Kindes zu sein.

Eigentlich sollten solche Forderungen nicht mehr als ein mitleidiges Kopfschütteln auslösen. Doch der Narzisst argumentiert entweder damit, die Forderung habe einen Vorteil für das Kind, oder er appelliert an das Schuldgefühl des Ex-Partners, der ihm gegenüber noch etwas gutzumachen habe. So zwingt er den anderen Elternteil dazu, sich mit seinen originellen Forderungen auseinanderzusetzen und am Ende vielleicht sogar darauf einzugehen.

Setzen Sie Grenzen

Grenzen zu setzen ist oft leichter gesagt als getan und die meiste Zeit ist es Ihnen ja schon kaum in der Beziehung gelungen. Aber genau hier besteht Ihr persönliches Wachstumspotenzial: endlich autonom werden! Zuvor haben Sie sich in Gehorsam geübt aus Angst, den Narzissten zu verletzen oder zu provozieren, wenn Sie sich seiner Meinung nicht anschließen sollten. Sie haben auf die eigenen Bedürfnisse verzichtet aus Angst, der andere könnte sich abwenden oder Sie dafür in irgendeiner Form bestrafen. Sie haben nicht gewagt, anders zu sein, als es sich der andere vorstellte, aus Angst, er könnte Sie ablehnen oder verlassen. Es ist also die Angst in Ihnen, die Sie daran hindert, eigene Überzeugungen zu äußern, für die eigenen Wünsche einzustehen und das zu tun, was Ihnen wichtig ist – kurz: Sie haben Angst, so zu sein, wie Sie sind! Ihre Angst verhindert, dass Sie autonom werden und den Mut aufbringen, sich vom Narzissten abzugrenzen.

Autonom werden Sie aber nur, wenn Sie Ihre Angst überwinden und bereit sind, Grenzen zu setzen. Sie müssen für sich selbst definieren, wie weit Sie bei einem Thema den Ansichten des Narzissten folgen können und ab wann Sie Ihre eigenen Überzeugungen verteidigen müssen – unabhängig davon, wie der Narzisst reagiert. Er ist niemals begeistert davon, wenn andere sich nicht seiner Meinung anschließen und versuchen, eigenen Bestrebungen zu folgen. Die Eigenständigkeit anderer erlebt er immer als eine Bedrohung und die Distanzierung von seiner Meinung als eine Abwertung seiner Person. Aber in Kenntnis der narzisstischen Persönlichkeitsstörung dürfte Ihnen nun klar sein, dass sein Urteil immer subjektiv, extrem und einseitig ist. Ein Narzisst bewertet alles anhand des Kriteriums der Nützlichkeit: Nur wenn er einen Vorteil von ihr hat, dann ist eine Entscheidung auch gut. Daher darf die Meinung des Narzissten für Sie nicht relevant sein. Das bedeutet nicht, dass Sie sich nicht mit seiner Meinung auseinandersetzen sollten und sich nicht bei vernünftigen Äußerungen seinem Urteil anschließen können. Sie müssen alles nur mit dem notwendigen Abstand betrachten und sich Zeit nehmen, alle Aspekte eines Themas abzuwägen und Alternativen zu prüfen.

Doch es nützt nichts, nur eine eigene Meinung zu haben – es bedarf auch des Muts, die eigenen Ansichten und die eigenen Entscheidungen zu vertreten. Man muss davon ausgehen, dass sich der Narzisst einer fremden Sichtweise nicht anschließen wird und man von ihm für die eigene Meinung womöglich noch verhöhnt wird. Die Gefahr der Ablehnung und Ausgrenzung, die bei jedem autonomen Bestreben mitschwingt, muss man in Kauf nehmen können und sich bewusst sein, dass es nicht nur die anderen sind, die einen an einem Vorhaben hindern, sondern vielmehr die Angst, den eigenen Entschluss auch gegen alle Widerstände umzusetzen.

Es kann ein Meilenstein in der Persönlichkeitsentwicklung sein, wenn man lernt, die eigene Angst zu überwinden und für seine Grenzen einzustehen. Solange man sich von seiner Angst knebeln lässt und sich nicht traut, für die eigenen Werte zu kämpfen, kann man nicht wirklich frei werden, sondern sucht ständig nach Umständen im Äußeren, die dafür verantwortlich sind, dass man mal wieder nicht so kann, wie man gerne möchte. Auf diese Weise verdrängt man zwar erfolgreich seine Ängste, kann aber nicht autonom werden.

Wie bei vielen Dingen bedarf es auch hier der Übung. Der Narzisst wird Ihnen sicherlich viele Möglichkeiten bieten, endlich einmal entschieden »Stopp!« zu sagen, oder: *»Mit mir nicht!«* Nicht nur, dass Sie sich durch solche Bekenntnisse eindeutig von der Meinung des Narzissten distanzieren. Sie überraschen ihn auch mit Ihrem resoluten Auftreten, weil er damit überhaupt nicht rechnet. Wahrscheinlich werden Sie nach der beherzten Kundgebung Ihres Widerstands erschrocken wahrnehmen, wie Ihr ganzer Körper innerlich zittert und vibriert. Lassen Sie sich dann aber nicht wieder von Ihrer Angst in die Knie zwingen, weil Sie fürchten, der Narzisst könnte aggressiv werden. Seien Sie sich in einem solchen Augenblick bewusst, dass dies nur ein Gefühl ist und dass Sie dieses Gefühl aushalten können. Wenn Sie nämlich wieder einknicken und dem Gefühl nachgeben, dann wird die Angst mit jedem Mal größer. Werden Sie sich bewusst, dass Sie ein Recht haben, Ihre eigene Meinung zu äußern und für Ihre Ansichten einzustehen. Wenn der Narzisst ein Problem damit hat, dass Sie sich die Freiheit nehmen, so zu sein, wie Sie sind, und dass Sie an andere Werte glauben als er, dann ist das sein Problem. Sie müssen sich seine Probleme nicht mehr zu eigen machen, weil Sie Angst davor haben, dass ihm Ihre Reaktion nicht gefallen könnte.

Meist werden Sie sogar die Erfahrung machen, dass die Wirklichkeit gar nicht so schlimm ist wie in Ihrer Vorstellung. Das heißt nicht, dass sich der Narzisst nicht gegen Ihre Meinung wehren und verärgert auf Sie einreden wird, um Sie doch noch von seinen Ansichten zu überzeugen. Er wird aber vermutlich nicht ganz so selbstsicher wie zuvor auftreten oder vielleicht kurzzeitig verstummen, weil er mit Ihrer Entschlossenheit nicht gerechnet hat. Dieser Überraschungseffekt kann Sie beflügeln, mit Ihrer Methode fortzufahren und so die Angst allmählich abzubauen.

Grenzen zu setzen, bedeutet Nein sagen zu können. In der Beziehung mit dem Narzissten haben Sie oft genug nachgegeben, haben Ihre eigenen Bedürfnisse verleugnet, gaben dem Narzissten stets den Vorrang, haben sich geopfert und waren am Ende wütend auf sich selbst. Aus der Unfähigkeit heraus, Grenzen setzen zu können, machen betroffene Elternteile dann oft eine Tugend, indem Nachgiebigkeit und Selbstlosigkeit zu hohen Idealen erklärt werden. Auf die eigenen Bedürfnisse zu verzichten und anderen bei ihren Wünschen und Sorgen zu helfen, wird dann nicht als Eingeständnis der eigenen Hilflosigkeit angesehen, sondern als Großtat bewertet. Mit dieser Einstellung vermeidet man zwar erfolgreich den Kontakt mit dem eigenen Schamgefühl, sie verdrängt aber gleichzeitig auch die unbeschreibliche Wut, die durch den ständigen Verzicht entsteht.

Ein Nein kann eine ungemein befriedigende Wirkung haben und maßgeblich zur Festigung der eigenen Persönlichkeit beitragen. Es gibt Ihnen das Gefühl von Selbstbestimmung und Freiheit, weil Sie in der Lage sind, sich bewusst für oder gegen eine Sache zu entscheiden, und sich nicht mehr von Ihrer Angst beherrschen lassen. Das Setzen von Grenzen wird dann nicht mehr als eine unbehagliche Distanzierung von dem Bild des anderen empfunden und als einen Bruch zu einer anderen Person, sondern als Notwendigkeit zur Aufrechterhaltung der Eigenständigkeit erkannt und fördert somit ein stabiles Selbstwertgefühl.

▶ **Tipp:** *Üben Sie öfter einmal, Nein zu sagen. Nutzen Sie aber zunächst andere Gelegenheiten, bei denen Sie es nicht mit einem Narzissten zu tun haben, in der Vergangenheit aber ebenfalls zu schnell und leichtsinnig zugestimmt und sich hinterher geärgert haben, z. B. im Umgang mit Ihren Eltern oder Arbeitskollegen. Wenn Sie in solchen Situationen langsam Sicherheit im Umgang mit einem Nein bekommen, dann wagen Sie es, den Forderungen des Narzissten zu widersprechen.*

Stellen Sie sich einmal vor Ihren Spiegel und sagen Sie laut »Nein« oder »Stopp«, damit Ihr Gehirn allmählich auf eine oppositionelle Haltung programmiert wird und diese Worte als Alternative in seinen Sprachschatz aufnimmt. Spüren Sie, wie gut es sich anfühlen kann, sich gegen etwas zu stellen und sich zu wehren. Üben Sie dabei auch einen festen und bestimmten Gesichtsausdruck und die Einnahme einer gespannten Körperhaltung.

Mit unkonventionellen Aktionen den Narzissten überraschen

Warum nicht einmal zu den gleichen Waffen greifen wie der Narzisst? Ein bisschen Täuschen, ein bisschen Lügen und ein bisschen Taktieren können manchmal nicht schaden, um sich einen unbequemen Quälgeist vom Hals zu halten. Wenn er schon nicht mit Vernunft zu bändigen ist, dann sollten Sie sich nicht zu schade sein, auch einmal ungewöhnliche Wege zu gehen. Hier ein paar Beispiele:

Wenn es Sie nervt, dass der narzisstische Elternteil die gemeinsame Zeit mit der Tochter ausschließlich mit Fernsehen verbringt, dann greifen Sie doch mal zu einem simplen Trick, statt gleich auf den Narzissten loszugehen und ihn belehren zu wollen: Erwähnen Sie einfach mal ganz beiläufig, dass Ihre Tochter ja so gerne reiten möchte, Sie aber einfach keine Zeit dafür finden, und Ihre Tochter bereits richtig sauer auf Sie ist, weil Sie Ihrem großen Wunsch nicht nachkommen. Spielen Sie den völlig überlasteten Elternteil und betonen Sie, dass Sie glauben, so langsam jeden Kredit bei Ihrer Tochter verspielt zu haben, wenn Sie nicht bald mit ihr reiten gehen.

Der narzisstische Elternteil wird hierin möglicherweise eine Chance sehen, sich gegenüber seiner Tochter zu profilieren, indem er Ihnen zuvorkommt und in der gemeinsamen Zeit mit der Tochter reiten geht – nicht wegen der Tochter, sondern um sich mal wieder beliebt zu machen. Ihnen kann es Recht sein und es kostet Sie kaum mehr als ein müdes Lächeln, denn schließlich konnten Sie ihn dazu bewegen, das Sofa vor dem Fernseher zu verlassen.

Ein anderes Beispiel: Der narzisstische Elternteil bittet Sie darum, auf das gemeinsame Kind aufzupassen, während er mit seinem neuen Partner ausgeht. Der Narzisst besteht aber darauf, dass das Kind bei ihm zu Hause bleibt und Sie es in seinen vier Wänden betreuen. Dabei tut er so, als wäre solch eine Bitte die größte Selbstverständlichkeit der Welt. Sie dürfen also an Ihrem freien Wochenende in der Wohnung des Narzissten auf das Kind aufpassen, während er sich mit seiner neuen Liebe amüsiert. Also, wenn das nicht pervers ist?

Doch statt sich über diesen unverschämten Auftrag zu empören, sollten Sie dieses Angebot als Chance betrachten. Verbringen Sie die Zeit mit Ihrem Kind in der Wohnung Ihres Ex-Partners und machen Sie sich richtig breit. Kochen Sie mit dem Kind oder, falls es schon gegessen haben sollte, backen Sie einen Kuchen. Reißen Sie alle Schränke und Schubladen auf – Sie kennen sich ja in der fremden Küche nicht aus. Holen Sie alles heraus, was Sie benötigen, und machen Sie einen richtigen Schweinkram in der Küche. Ihr Kind wird das sicherlich erfreuen. Spielen Sie dann mit Ihrem Kind in der gesamten Wohnung, schleppen Sie die Spielsachen überallhin, toben Sie über die Möbel, machen Sie eine Kissenschlacht und bringen Sie die DVD-Sammlung durcheinander. Wenn der Narzisst dann irgendwann nach Mitternacht nach Hause kommt, das Kind vor Erschöpfung auf der Sofalandschaft zwischen seinen Kuscheltieren eingeschlafen ist und Sie im Fernsehsessel mit Kopfhörern auf den Ohren schlummern, wird er vor Entsetzen an die Decke springen. Stehen Sie dann einfach auf, während Sie sich keiner Schuld bewusst sind, und sagen Sie nur beim Hinausgehen: *»Tobst du denn nicht auch manchmal mit unserem Kind?«* Der Narzisst wird Sie sicherlich kein zweites Mal auffordern, den Babysitter bei ihm zu Hause zu spielen.

Manchmal kann es auch ratsam sein, gegenüber einem Narzissten genau das Gegenteil von dem zu fordern, was Sie eigentlich wollen. Ein Narzisst geht nur zu gern in eine oppositionelle Haltung, um Ihre Absichten zu behindern und Ihnen die Freude zu vermiesen. Ein Beispiel: Wenn Sie das Kind lieber in der ersten Hälfte der Sommerferien haben möchten, dann kämpfen Sie mit Leib und Seele um die zweite Hälfte der Ferien. Betonen Sie, wie wichtig es Ihnen sei, dass Sie unbedingt die zweite Hälfte bekommen, und dass eine Alternative für Sie überhaupt nicht in Frage komme. Um Sie zu ärgern, wird der Narzisst selbst die zweite Hälfte in Anspruch nehmen wollen und sich wie immer unnachgiebig zeigen. Verzichten Sie dann mit einem tiefen Bedauern auf die zweite Hälfte und geben Sie ihm das Gefühl, wieder einmal gewonnen und Ihnen die Laune verdorben zu haben. In Wahrheit haben Sie aber genau das bekommen, was Sie wollten – und alle sind zufrieden: Der Narzisst glaubt, Sie wieder einmal geärgert zu haben, und Sie haben das erhebende Gefühl, den Narzissten ausgetrickst zu haben.

Diese Methode wird nicht in jeder Situation funktionieren, vor allem dann, wenn Ihr narzisstischer Ex-Partner Ihre Vorlieben genau kennt. Außerdem müssen Sie sich sehr gut verstellen können, damit er nicht merkt, dass Sie ihn überlisten wollen. Aber manchmal kann diese Methode erfolgreich sein – vor allem, wenn es sich um Entscheidungen handelt, bei denen es nur die eine oder die andere Richtung gibt. Dann kann man durch das Präferieren einer bestimmten

Variante den Narzissten dazu bewegen, die andere Möglichkeit zu wählen, um Ihnen das Leben schwerzumachen.

Manche Mütter haben es auch schon fertiggebracht, mit dem Chef des Narzissten anzubändeln und eine Affäre zu beginnen, wobei Sie diese Liebschaft ganz nebenbei in einem Gespräch mit dem Narzissten erwähnten. Auf diese Weise konnten Sie den Narzissten ganz plötzlich zu so manchen Zugeständnissen bewegen, gegen die er sich zuvor hartnäckig gesträubt hatte. Aus Angst, der Chef könne seinen wahren Charakter durchschauen, wurde er plötzlich ganz kleinlaut und ließ von seinen Forderungen ab. Hatten betroffene Elternteile ihr Ziel erreicht, wurde der Chef des Narzissten auf einmal uninteressant.

Andere wiederum drohen dem Narzissten damit, für ihn unangenehme Videos von ihm über die sozialen Medien zu veröffentlichen, auf denen man beispielsweise beobachten kann, wie er unsanft mit dem Kind umgeht oder den Ex-Partner gerade anbrüllt und erniedrigt. Narzissten wollen unter gar keinen Umständen, dass ihre Fassade auffliegt, und werden dann plötzlich zahm wie ein Kätzchen, nur damit niemand dahinterkommt, zu welchen niederträchtigen Taten sie fähig sind. Mit etwas Geschick und Kreativität lässt sich auch ein Narzisst wirkungsvoll erpressen, wenn man ihn an seinen Schwachstellen zu fassen bekommt.

Narzissten stolpern häufig über ihren eigenen Größenwahn. Aus Überheblichkeit neigen Sie dazu, ihr gesamtes Umfeld für dumm zu verkaufen, weil sie sich für so unendlich clever halten und glauben, niemand werde jemals Ihre wahren Absichten durchschauen. Aufgrund der eigenen Verblendung und eines kompletten Realitätsverlusts begeht der Narzisst manchmal kaum vorstellbare Dummheiten, die nicht einmal ein kleines Kind im Vorschulalter begehen würde.

Ein Beispiel: Um sich zu brüsten, erzählte ein Narzisst ganz stolz einer Bekannten, dass er das Gericht davon überzeugen konnte, nicht so viel Unterhalt zahlen zu müssen, wie sein Ex-Partner forderte. Zwar stehe dem Ex-Partner der geforderte Unterhalt durchaus zu, er habe aber seine Belege so raffiniert fälschen können, dass niemandem der Schwindel aufgefallen sei – nicht einmal seinem

Anwalt. Zu dumm nur, dass die Bekannte eine neue Arbeitskollegin des Ex-Partners war. Das Verfahren wurde wieder aufgenommen und der Narzisst musste sich neben einer höheren Unterhaltszahlung nun auch noch wegen Unterschlagung verantworten.

Es gibt natürlich keine Garantie dafür, dass der Narzisst auf Ihre gewieften Tricks hereinfallen wird. Zum einen kann er die kleinen Finten durchschauen, zum anderen kann er sich auch als ungemein gleichgültig erweisen. Dann berührt ihn das alles, was Sie sich da ausdenken, überhaupt nicht und er umgeht völlig ahnungslos, aber zielsicher Ihre schlaue Falle. Einen Versuch ist es aber allemal wert, denn je öfter es Ihnen gelingt, den Narzissten zu überraschen, desto mehr wird er es vermeiden, sich mit Ihnen anzulegen, weil er nie weiß, was Sie vorhaben. Ihre Unberechenbarkeit und Ihre Listigkeit machen ihn vorsichtiger, weil er befürchten muss, sich ins eigene Fleisch zu schneiden.

Die Unzuverlässigkeit des Narzissten

Aufgrund seines mangelnden Schuldbewusstseins ist ein Narzisst in der Lage, anderen seine augenscheinliche Unzuverlässigkeit als bewundernswerte Flexibilität verkaufen zu können. Beschwert sich der andere wutentbrannt über sein mangelndes Pflichtgefühl, bekommt er nur den lapidaren Satz zu hören: »*Was regst du dich immer gleich so auf?*« Sein Recht auf Spontanität lässt sich der Narzisst nicht nehmen. Stattdessen dreht er den Spieß um und macht den anderen selbst für seine Wut verantwortlich, weil dieser mit seinem Temperament nicht zurechtkomme. Das Problem ist dann nicht das kurzfristige Umdisponieren des Narzissten, sondern die mangelnde Anpassungsfähigkeit des anderen.

Auch kann es sein, dass sich der Narzisst ganz plötzlich an gar keine Abmachung mehr erinnert und der Ex-Partner selbst durch beharrliche Versuche, sein Gedächtnis wiederaufzufrischen, die Erinnerungslücke nicht schließen kann. Der Narzisst bescheinigt dann dem Ex-Partner eine überschwängliche Fantasie in Verbindung mit der Bemerkung, nur er könne sich so etwas Abstruses ausdenken.

Der Narzisst legt die ursprüngliche Vereinbarung möglicherweise auch anders aus und bestätigt zwar, dass es eine Absprache gibt, behauptet aber, der Ex-Partner habe den Inhalt missverstanden. Der Narzisst zeigt sich dann nachsichtig und erklärt dem anderen freundlicherweise noch einmal den Sinn der Vereinbarung, damit es beim nächsten Mal nicht wieder zu peinlichen Fehlschlüssen kommt.

Ein Narzisst fühlt sich immer in seiner Freiheit beschränkt, wenn er sich an Vereinbarungen, Regeln, Gesetze und Absprachen halten soll. Selbst wenn er derjenige war, der die Abmachung herbeigeführt hat, fühlt er sich nicht daran gebunden. Seine Absicht beim Schließen der Vereinbarung lag darin, den anderen in Ketten zu legen und in dessen Handlungsspielräumen einzuschränken. Er selbst hatte nicht die Absicht, sich mit einer fixen Vereinbarung in seinem Recht auf Autonomie beschneiden zu lassen.

Daher müssen Sie stets damit rechnen, dass der Narzisst seine Zusagen entweder gar nicht einhält oder aber in anderer Form. Überraschungen, die Ihnen Ihre Lebensplanung oder Ihren Tagesablauf verpfuschen, sollten Sie vorsorglich einkalkulieren. Zudem sollten Sie es vermeiden, sich zu lange über die Unzuverlässigkeit des Narzissten zu ärgern – er wird immer so sein. Und noch weniger sollten Sie an Ihrem eigenen Gedächtnis zweifeln und sich irgendwelche lachhaften Ammenmärchen einreden lassen oder auf seine gewitzten Ablenkungsmanöver hereinfallen. Betroffene Elternteile lassen sich nur allzu schnell von der Schlagfertigkeit des Narzissten überrumpeln, statt eisern bei der vereinbarten Version zu blieben und sich notfalls unverzüglich juristischen Beistand zu suchen. Besonders in solchen Fällen stellt es sich dann als clever heraus, wenn man die Vereinbarung zuvor schriftlich festgehalten hat.

Allerdings kann man nicht für alle Fälle schriftliche Vereinbarungen verfassen. Wenn Sie den narzisstischen Elternteil bitten, das Kind pünktlich ins Bett zu bringen, weil es krank ist, oder wenn Sie ihn bitten, das Kind pünktlich zu einer Geburtstagsfeier zu bringen oder mit dem Kind zum Sporttraining zu fahren, dann haben Sie das in den seltensten Fällen vorher schriftlich fixiert. Tut er das Verlangte nicht, können Sie den Narzissten nur auf seine Unzuverlässigkeit hinweisen und Ihre Erwartungshaltung äußern. Auch wenn Ihre Belehrungen den Narzissten mit hoher Wahrscheinlichkeit nicht interessieren, so sollten Sie Ihre Meinung dennoch äußern. Es geht bei der Vertretung Ihres Standpunkts nicht darum, den Narzissten zu überzeugen oder ihn zu verändern. Es geht darum, sich gegenüber dem Narzissten abzugrenzen, sich nicht mit seinem Bild von der Wirklichkeit zu identifizieren.

Wenn Sie sein quertreibendes Verhalten schweigend akzeptieren, dann bedeutet dies, dass Sie mit der willkürlichen Inanspruchnahme von Sonderrechten einverstanden sind und sich damit arrangieren. Auch wenn Sie immer wieder mit der Unberechenbarkeit des Narzissten konfrontiert werden, dürfen Sie nicht müde werden, den Narzissten an getroffene Vereinbarungen zu erinnern – selbst wenn Sie nichts weiter als plumpe Ausreden und Lügen zu hören bekommen. Sie sollten dies in erster Linie auch gar nicht für sich selbst machen, sondern für Ihr Kind. Indem Sie mit gutem Beispiel vorangehen, kann das Kind lernen, dass man ein solches Verhalten nicht gutheißen muss.

Ihr Schweigen würde dem Kind zeigen, dass man gegen eine solche Willkür offenbar machtlos ist und mit Enttäuschungen leben muss. Ihre unbeirrte Reklamation zeigt dem Kind hingegen, dass man sich gegen zügellose Selbstherrlichkeit wehren kann. Es muss klargestellt werden, wer die Verantwortung für ein Missverständnis und die Folgen trägt. Wenn Sie es hinnehmen, dass eine Absprache nicht eingehalten wird, kann Ihr Kind nur lernen, dass Widerstand offenbar keine Option ist und dass man selbstgerechtes Verhalten dulden muss.

Zu anhaltendem Unmut führt es bei dem Kind, wenn die Umgangszeiten nicht verlässlich eingehalten werden. Wenn es sich auf den Kontakt mit dem narzisstischen Elternteil freut und dieser nicht pünktlich erscheint oder den Termin verschiebt, führt das regelmäßig zu Enttäuschungen bei Ihrem Kind. Meist entwickelt es dann starke Schuldgefühle, weil es glaubt, dass es vom Narzissten nicht gesehen werden möchte. Sie müssen sich für das Recht Ihres Kindes einsetzen und die Unzuverlässigkeit des Narzissten protokollieren – am besten durch Zeugen, die belegen können, dass der

Narzisst nicht zur vereinbarten Zeit erschienen ist. Sie sollten klare Beweise sammeln, die für Sie und Ihr Kind in einem Umgangsverfahren einen Vorteil bedeuten können.

Die Aggressionen des Narzissten

Auch wenn Sie sich diszipliniert und anständig verhalten, werden Sie es nicht verhindern können, dass sich der Narzisst aufregt und sich Ihnen gegenüber gemein und aggressiv verhält. Es gibt einfach zu viele Stellen, an denen Sie die empfindliche Gefühlswelt des Narzissten berühren, ohne dass es hierfür einen objektiven Anlass gäbe. Sie können einfach nicht alle Eventualitäten bei Ihrem Vorgehen berücksichtigen, um nicht mit der Dünnhäutigkeit des Narzissten in Kontakt zu geraten. Sie sollten aber mittlerweile verstanden haben, dass es nicht darum geht, den Narzissten zu schonen und ihm Enttäuschungen zu ersparen. Es geht darum, ihn mit Ihrem Bild von der Wahrheit zu konfrontieren – und das wird schmerzhaft für ihn sein.

Folgende Situationen können bereits Aggressionen beim Narzissten auslösen:

- Der Narzisst wird wütend, wenn Sie nicht sofort alles für ihn stehen und liegen lassen.
- Der Narzisst wird wütend, wenn sich das Kind nicht auf ihn freut.
- Der Narzisst wird wütend, wenn Sie Ratschläge von anderen annehmen statt von ihm.
- Der Narzisst wird wütend, weil Sie die Scheidung eingereicht haben – obwohl Sie ihn zuvor darüber informiert haben.
- Der Narzisst wird wütend, wenn er in dem Scheidungsprozess oder im Umgangsverfahren lediglich das bekommt, was ihm auch zusteht.
- Der Narzisst wird wütend, wenn er für den Umgang mit dem Kind keine Sonderrechte bekommt.
- Der Narzisst wird wütend, wenn Sie Ihre Meinung artikulieren.

- Der Narzisst wird neidisch, wenn Sie ein glückliches Leben führen.
- Der Narzisst wird neidisch, wenn es Ihnen besser geht als ihm.
- Der Narzisst wird eifersüchtig, wenn sich das Kind bei Ihnen wohlfühlt und Sie ein gutes Verhältnis zu dem Kind haben.
- Der Narzisst wird eifersüchtig, wenn Sie sich wieder verlieben.
- Der Narzisst wird eifersüchtig, wenn sich Freunde auf Ihre Seite schlagen.

Mit anderen Worten fühlt sich ein Narzisst schon dann provoziert, wenn Sie einfach nur ein ganz normales und eigenständiges Leben führen. Der Narzisst kann es einfach nicht ertragen, dass Sie sich von ihm getrennt haben und nun auch noch glücklich sind und sich souverän im Umgang mit dem Kind verhalten. Alleine die Tatsache, dass Sie ein geregeltes und glückliches Leben führen und ausgeglichen, entspannt und gesund sind, treibt einen Narzissten in den Wahnsinn, weil die Realität mit seinem Bild von einem vernichtenden Sieg über den ehemaligen Partner nicht übereinstimmt. Je besser Sie sich fühlen, desto schlechter wird sich der Narzisst fühlen.

Denken Sie daran, dass Sie alleine dadurch süße Rache üben können, indem Sie sich wieder auf sich selbst konzentrieren, sich selbst stärken, den Narzissten links liegen lassen sowie zu einem glücklichen Leben zurückfinden. Ihr bescheidenes, aber unübersehbares Glück ist die Höchststrafe für den Narzissten. Ihre Zufriedenheit wird einen unerträglichen Hass bei ihm auslösen. Diesen unbändigen Frust im verbitterten Blick des Narzissten können Sie mit keinem Gerichtsprozess der Welt erreichen.

Die hohe Empfindlichkeit des Narzissten, sein übertriebenes Misstrauen, seine unrealistische Erwartungshaltung und der starke Drang, seine Umwelt unbedingt abwerten zu müssen, bringen Sie immer wieder in Kontakt mit seinen Aggressionen. So sehr Sie auch versuchen, den Narzissten auf Distanz zu halten, gelassen auf seine verbalen Attacken zu reagieren und sich nicht von seinen Provokationen aus der Bahn werfen zu lassen, so wenig wird selbst das geschulteste Auftreten und die geschickteste Rhetorik verhindern können, dass Sie sich früher oder später nicht doch innerlich über die spöttischen Bemerkungen des Narzissten aufregen und sich gekränkt fühlen.

Erleben Sie in einer Auseinandersetzung mit dem Narzissten eine Kränkung, dann lassen Sie sich in dem Gespräch keine Schwäche anmerken – das würde nur dazu führen, dass der Narzisst wieder die Oberhand gewinnt. Bleiben Sie sachlich und unbeeindruckt. Wenden Sie sich aber nach dem Gespräch Ihren Gefühlen zu und akzeptieren Sie, dass der Narzisst Sie wieder einmal getroffen hat. Machen Sie nicht den Narzissten für Ihre Gefühle verantwortlich. Er hat vielleicht auf unsanfte Weise eine wunde Stelle bei Ihnen getroffen – er hat Ihre Gefühle aber nicht erzeugt.

Indem Sie sich eingestehen, verletzt worden zu sein, können Sie in Kontakt mit Ihren Gefühlen bleiben und diese bewusst spüren, ohne sie zu verdrängen oder zu leugnen. Sie müssen Ihre Gefühle anderen gegenüber ja nicht zeigen. Sie können sich auch an einen ruhigen Ort zurückziehen, an dem Sie sich Ihren Gefühlen widmen. Sinken Sie in sich und nehmen Sie das Gefühl an, indem Sie es für einen Moment intensiv spüren. Statt vor den eigenen Gefühlen davonzulaufen, können Sie so negative Gefühle in eine positive Kraft umwandeln und die daraus resultierende Energie zur Stärkung nutzen. Die Gefühle wurden dann aufgelöst und müssen nicht weiter in Ihrem Unbewussten brodeln, wodurch Ihnen wertvolle Energie verlorengehen würde.

Ärgern Sie sich jedoch hinterher wieder stundenlang über das Verhalten und die Aussagen des Narzissten, dann verhindern Sie, dass Sie einen Zugang zu den eigenen Gefühlen finden. Entweder bedauern Sie sich selbst, weil sie es dem Narzissten wieder gestattet haben, Sie zu verletzen, und seinen Angriff nicht geschickt parieren konnten, oder Sie werten den Narzissten ab, indem Sie sich über seine unverschämte Art aufregen. Sie schwanken zwischen Eigenabwertung und Fremdabwertung hin und her, gelangen aber nicht zu innerer Sicherheit und zu Selbstachtung zurück.

Akzeptieren Sie daher, dass Sie sich gekränkt fühlen, und schämen

Sie sich nicht für Ihre Schwächen. Erkennen Sie, dass Ihre Gefühle ein Teil von Ihnen sind, dass Sie für das Ausmaß Ihrer Gefühle selbst verantwortlich sind und dass Ihre Gefühle nicht von außen gesteuert werden. Machen Sie sich diese Tatsache bewusst, indem Sie den Inhalt der Aussage des Narzissten von dem Gefühl trennen. Die unsachliche Bemerkung des Narzissten sollten Sie ignorieren, weil er Sie damit ohnehin nur verletzen wollte. Jedes beleidigende Wort hatte nur die Absicht, Sie zu schwächen. Also vergessen Sie so schnell wie möglich die unsachlichen Bemerkungen des Narzissten und sehen Sie seine unpassenden Äußerungen als sein Problem an – machen Sie sie nicht zu Ihrem Problem. Wenn Sie seine grobklotzigen Kommentare nicht auf sich beziehen, können Sie einen objektiven Abstand bewahren.

Selbst wenn Sie einen Fehler gemacht haben und der Narzisst Sie deshalb zur Rede stellt und abwertet, sollten Sie sich lediglich auf den sachlichen Tatbestand Ihres Fehlers konzentrieren und nicht auf die unwürdigen Kommentare des Narzissten. Sie mögen in einer bestimmten Situation einen Fehler gemacht haben. Das bedeutet aber nicht, dass Sie ein komplett unfähiger Mensch sind. Sie können zu einem missglückten Verhalten Ihrerseits stehen. Deshalb dürfen Sie dem Narzissten aber noch lange nicht erlauben, den Respekt vor Ihnen zu verlieren. Nur weil Sie sich einmal falsch verhalten haben, Sie sind deshalb noch kein schlechter Mensch, auf dem man herumtrampeln darf.

Ihr Kind kommt verstimmt vom narzisstischen Elternteil

Die gemeinsame Zeit mit dem narzisstischen Elternteil kann für das Kind sehr aufwühlend sein. Es kann vorkommen, dass Ihr Kind nach dem Besuch vom narzisstischen Elternteil verstört und verängstigt oder auch wütend und enttäuscht zu Ihnen zurückkehrt. Es kann auch sonderbare Auffälligkeiten zeigen, die zuvor nicht zu erkennen waren, z. B. verhält es sich ungewöhnlich schweigsam und zieht sich sofort in sein Zimmer zurück oder es starrt wie unter

Schock in eine Richtung und reagiert kaum auf Ihre Fragen oder redet zusammenhanglose Sätze.

Noch in den folgenden Tagen können sich eigenartige Auffälligkeiten zeigen, wie z. B. Schlafstörungen, unübliche Anhänglichkeit, Appetitlosigkeit, Zerfahrenheit, Konzentrationsschwäche, Wortkargheit und Rückzug, Freudlosigkeit und Gleichgültigkeit. Oder Ihr Kind zeigt ein ungewöhnlich aggressives Verhalten und schlägt andere Kinder, zerstört Gegenstände, widersetzt sich Ihren Aufforderungen oder neigt zu autoaggressivem Verhalten.

Wenn dieses sonderbare Benehmen zuvor nicht vorhanden war und sich in Ihrer Zeit mit dem Kind nicht in dieser Intensität zeigte und wenn sich dieses Verhalten unter Ihrem Einfluss langsam wieder zurückbildet und das Kind zu den vertrauten Umgangsformen zurückfindet, kann man schon darauf schließen, dass in der Zeit mit dem narzisstischen Elternteil etwas Besorgniserregendes vorgefallen sein muss und der Umgang einen schädlichen Einfluss auf das Kind hatte.

Stürzen Sie sich in solchen Situationen nicht gleich auf Ihr Kind und überhäufen Sie es nicht mit kritischen Fragen oder unterstellen Sie nicht sofort, dass der narzisstische Elternteil mal wieder etwas Schlimmes angestellt haben muss. Sprechen Sie nicht Drohungen vor dem Kind aus, wie »Dem werde ich es zeigen!« oder »Ich sorge dafür, dass du dort nie wieder hinmusst!«. Statt sofort mit dem Krisenmanagement zu beginnen und die Sirene anzuwerfen, sollten Sie Ihrem Kind zunächst die Möglichkeit geben, seine Erlebnisse zu verarbeiten.

Nehmen Sie das Kind einfach nur in den Arm und bauen Sie Körperkontakt auf. Streicheln Sie Ihr Kind und spenden Sie Trost, auch wenn Sie noch keine genaue Kenntnis über die Ursache seines seelischen Leids haben. Seien Sie erst mal nur für Ihr Kind da und warten Sie, bis es sich von selbst mitteilt. Beginnt es dann, von seinen Erlebnissen zu berichten, dann hören Sie aufmerksam zu, ohne zu bewerten. Stellen Sie ergänzende Fragen zum Verständnis, aber auch um den Redefluss des Kindes zu erhalten, damit es sich mit seinen innersten Gedanken und seinen Erfahrungen auseinandersetzt. Stellen Sie zwischendurch auch immer wieder die Frage, wie es sich fühlt, damit es sich seiner begleitenden Emotionen bewusst wird und lernt, diese anzunehmen und dass es sie zulassen darf.

Lassen Sie Ihrem Kind seine Gedanken und Gefühle, ohne sie uminterpretieren zu wollen oder als falsch auszulegen. In dieser Phase geht es in erster Linie darum, einfach nur für das Kind da zu sein, eine vertrauensvolle und warme Atmosphäre aufzubauen sowie dem Kind zuzuhören und es zu beruhigen. Seien Sie in dieser Phase ein verständnisvoller Begleiter, selbst wenn Sie Dinge zu hören bekommen, die Ihnen wenig behagen.

Indem Sie zu schnell in Aktionismus verfallen und sofort beginnen, dem Kind auf irgendeine Weise helfen zu wollen, können Sie es stark verunsichern. Es ist sich seiner Gefühle gegenüber dem narzisstischen Elternteil ja noch gar nicht im Klaren. Es weiß nicht, ob es selbst die Schuld am Verhalten des Narzissten trägt und ob die Reaktionen des Narzissten richtig oder krank sind. Ihr Kind weiß auch nicht, was es von seinen eigenen Gefühlen halten soll. Es erlebt eine große Widersprüchlichkeit zwischen dem Willen und Verhalten des Narzissten und dem eigenen inneren Erleben. Es spürt eine belastende Spannung zwischen den eigenen Impulsen und der Angst vor den Erwartungen des Narzissten. Wenn Sie dann vorpreschen und mal eben die Dinge in die Hand nehmen wollen, kann das Kind für sich keine vernünftige Einstellung zu der Situation finden und bekommt am Ende sogar noch ein schlechtes Gewissen, weil gegen den narzisstischen Elternteil voreilig vorgegangen wird.

Helfen Sie dem Kind dabei, nachdem es Trost bei Ihnen gefunden und sich wieder etwas beruhigt hat, eine Einstellung zu seinen Erlebnissen zu finden. Lassen Sie sich berichten, was beim narzisstischen Elternteil vorgefallen ist, und stellen Sie dem Kind die Frage, wie es die Erlebnisse empfunden hat. Lassen Sie Ihr Kind die positiven und negativen Seiten aufführen: Was hat Ihrem Kind gefallen und was lehnt es ab? Führen Sie Ihr Kind dahin, sich seiner selbst zunehmend bewusst zu werden und zu lernen, mit inneren Dissonanzen konstruktiv umzugehen. Treffen Sie zu schnell eine Entscheidung und greifen Sie vor, dann besteht die Gefahr, dass sich Ihr Kind nicht ernst genommen fühlt und dass es nicht mit seinen Erfahrungen wachsen kann.

Für viele betroffene Elternteile ist es in solchen Situationen sehr schwer, Geduld und Ruhe zu bewahren, weil Sie aufgrund eigener bitterer Erfahrungen nur zu gut wissen, wie verletzend das Verhalten des Narzissten sein kann. Doch stellen Sie sich einmal eine vergangene Situation vor, in der Sie der Narzisst gekränkt hat, in der Sie das gemeine und respektlose Verhalten des Narzissten nicht nachvollziehen und erkennen konnten, was Sie falsch gemacht haben. In dieser Phase der Empörung und des inneren Zweifels kommt auf einmal ein Vertrauter auf Sie zu – z. B. ein Freund, Ihre Mutter oder Ihr Vater – und teilt Ihnen mit, dass er den Narzissten jetzt zur Rede stellen und diesem Schrecken ein Ende bereiten wird.

Wahrscheinlich hätten Sie es nicht zugelassen, dass ein anderer sich überstürzt in Ihre Beziehung mit dem Narzissten einmischt und Ihre Probleme zu lösen versucht – selbst wenn es voraussichtlich zu Ihrem Besten gewesen wäre. Wenn sich Ihnen jemand aufdrängt, ohne dass es sich um einen echten Notfall handelt, und solange Sie bei vollem Bewusstsein sind und für sich selbst entscheiden können, wollen Sie auch selbst Herr Ihres Schicksals bleiben und bestimmen, wie Sie vorgehen möchten. Solange Sie nicht selbst zu der Einsicht gelangt sind, dass es so nicht weitergehen kann und es überhaupt keinen Sinn mehr hat, noch länger zu hoffen, dass sich der Narzisst jemals ändern wird, werden Sie sich dagegen sperren, Ihre eigene Hilflosigkeit zu akzeptieren, und dazu neigen, weiter durchzuhalten, Ihre Situation zu beschönigen und auf ein Wunder zu hoffen – denn Sie können Ihre Liebe dann noch nicht aufgeben.

Können Sie sich vorstellen, dass es Ihrem Kind ähnlich geht? Es liebt den narzisstischen Elternteil, es wünscht sich seine liebevolle Zuwendung und Anerkennung und möchte Zeit mit ihm verbringen. Genau wie Sie einst in der Beziehung mit dem Narzissten ist Ihr Kind bereit, dem narzisstischen Elternteil zu verzeihen und ihm noch eine weitere Chance zu geben, in der Hoffnung, dass es das nächste Mal besser wird. Und genau wie Sie einst ist Ihr Kind verwirrt, weil es nicht verstehen kann, warum es von dem Narzissten so behandelt wird, obwohl es ihm mit Wohlwollen begegnet und alles unternimmt, um sich seine positive Zuwendung zu verdienen.

Auch ein Kind braucht einen Entwicklungsprozess, bis es die krankhaften Züge des narzisstischen Elternteils erkannt hat und sich aus der Schuld lösen kann. Es braucht Zeit und Mut, zur Erkenntnis zu gelangen, dass ein gesunder Abstand zum narzisstischen Elternteil keine verbotene Untreue bedeutet, sondern eine unvermeidbare Notwendigkeit darstellt, um das eigene seelische Gleichgewicht zu finden und zu einem stabilen Selbstwertgefühl zu gelangen. Bei diesem Prozess müssen Sie Ihr Kind begleiten und ihm dabei helfen, wichtige Erkenntnisse aus seinen Erlebnissen und Erfahrungen mit dem narzisstischen Elternteil zu gewinnen und für sich selbst die richtigen Schlüsse daraus zu ziehen. Der Weg zu einer befriedigenden Lösung für den Umgang mit dem narzisstischen Elternteil kann sicherlich mehrere Jahre dauern, hat dann aber einen sehr nachhaltigen Einfluss auf die Persönlichkeitsbildung Ihres Kindes und sein späteres Leben.

Kommen Sie mit Ihrem Kind nicht ins Gespräch, weil es sich zurückzieht, sich nicht mit Ihnen unterhalten will oder fortwährend aggressiv zeigt, sollten Sie entweder abwarten, bis sich das Kind in den nächsten Tagen von alleine beruhigt und wieder zugänglicher wird, oder sich Hilfe suchen bei anderen Personen, die einen positiven Einfluss auf Ihr Kind haben und denen Ihr Kind vertraut. Manchmal kann es sein, dass die Großeltern, die Geschwister oder gute Freunde Ihres Kindes einen besseren Draht zu ihm aufbauen können und es bereit ist, sich gegenüber diesen Personen zu öffnen.

Es kann auch hilfreich sein, dass das Kind ein Tagebuch führt und auf diese Weise die Erlebnisse mit dem narzisstischen Elternteil verarbeitet, und zwar sowohl die schönen wie auch die unangenehmen Episoden. Hinein könnten auch Bilder, Grußkarten, Eintrittskarten oder andere Erinnerungen geklebt werden. Geben Sie dem Kind die Möglichkeit, seine Eindrücke zu verarbeiten und sich differenziert mit seiner Welt auseinanderzusetzen. Umso eher wird es auch Ihre Ratschläge verstehen und annehmen können.

Elena

»Nachdem der Narzisst mir damals alles nahm, um mich in die Knie zu zwingen, und dies nicht gelang, da nahm er sich unseren Sohn. Für viele nicht vorstellbar, aber wer die Handlungen eines Narzissten kennt, weiß, wie so etwas ablaufen kann. Um unseren Sohn nicht ganz zu zerstören, nahm ich die Rolle der Wochenendmutter ein. Ein sehr schwerer Weg, aber heute weiß ich, dass es der richtige Weg war – für mich und ganz besonders für unseren Sohn, der heute seine eigene Klarheit gefunden hat. Keine Manipulation dieser Welt, und sei sie noch so massiv durch einen Narzissten ausgeübt, kann dauerhaft Bestand haben, wenn es da eine nicht manipulierende, liebevolle und aufrichtige ausgleichende Seite im Leben des Heranwachsenden gibt. Heute ist mein Sohn dankbar, dass ich nicht auch an ihm rumgezerrt habe und ihn einfach in jeder Situation um seiner selbst willen geliebt habe. Das hat er gespürt und das kann er heute auch so artikulieren. Es war eine lange harte Zeit und jetzt darf ich unterstützend und liebend da sein, während mein Kind sich freiwillig und klärend aus dieser Verbindung löst. Dafür bin ich dankbar. Mir hat ganz zu Beginn des Dramas ein sehr weiser Psychologe Mut gemacht und mir versichert, dass ein Kind, das Mutterliebe uneingeschränkt erfahren hat, niemals ein Narzisst wird. Aber es lernt Narzissmus so gut kennen, dass es eine Lektion fürs Leben ist und künftig nicht mehr sein Leben beeinträchtigen wird, weil der Narzisst direkt enttarnt wird. So ersparen sich unsere Kinder den Weg, den wir gehen mussten.«

Wie bereits beschrieben hat ein narzisstischer Elternteil keine Skrupel, das Kind für seine Zwecke zu manipulieren und es gegen Sie aufzuhetzen. Das sollten Sie aber niemals dem Kind ankreiden und es nicht mit einer Richtigstellung konfrontieren. Was Sie erleben, sind die Auswirkungen des psychischen Missbrauchs durch den narzisstischen Elternteil. Machen Sie Ihrem Kind keine Vorwürfe und geben Sie Ihr Kind nicht auf, sondern lassen Sie ihm Zeit und helfen Sie ihm dabei, die Manipulationen durch eigene Erfahrungen zu erkennen und den Missbrauch allmählich aufzudecken.

Diese Empfehlungen treffen natürlich nicht in Notsituationen zu. Wenn Ihr Kind geschlagen wird, wenn es sexuell missbraucht wird, wenn es einer erheblichen Gefahr in der Zeit mit dem Narzissten ausgesetzt ist und schwere Traumatisierungen erlebt, dann müssen Sie sofort handeln und sich fachmännische Unterstützung holen. Außerdem sollte das Umgangsrecht des narzisstischen Elternteils geprüft und ggf. eingeschränkt werden. Natürlich gibt es auch für die Geduld eine Grenze, ab der Sie nicht mehr seelenruhig abwarten und zuschauen können, wie sich die Dinge entwickeln. Dann müssen Sie zum Wohl des Kindes entschlossen handeln. Entwickeln Sie aber ein feines Gespür dafür, bis zu welchem Punkt Sie Ihr Kind lediglich begleiten und ihm beim Aufbau eigener und gesunder Überzeugungen behilflich sind und ab wann Sie energisch eingreifen müssen, um das Kind zu schützen – unabhängig von seiner Meinung und seiner Verfassung.

Besonders aufmerksam sollten Sie die folgenden Phasen oder Situationen im Hinblick auf mögliche Auswirkungen auf Ihr Kind beobachten:

- Ein neuer Partner: Wie wird ein neuer Partner im Leben des narzisstischen Elternteils eingeführt und wie verhält sich der neue Partner dem Kind gegenüber? Ist der neue Partner daran interessiert, eine tragfähige Beziehung zum Kind aufzubauen? Wird der neue Partner dem Kind behutsam vorgestellt und lässt man sich Zeit, damit sich das Kind an die neue Person gewöhnen kann? Wie reagiert das Kind und wie entwickelt sich das Verhältnis zum neuen Partner?
- Umzug: Wird das Kind auf den Wohnortwechsel vorbereitet? Wird auf seine Ängste und Bedürfnisse eingegangen? Fühlt es sich an dem neuen Ort wohl? Findet es neue Freunde? Kann es sich in der neuen Schule integrieren?
- Hochzeit: Wie geht das Kind damit um, dass es einen Stiefelternteil bekommt? Welche Ängste löst das in dem Kind aus? Und wie wird auf seine Ängste eingegangen?

- Finanzielle Engpässe: Durch einen Arbeitsplatzverlust oder -wechsel oder andere Umstände können finanzielle Schwierigkeiten auftreten, wodurch die Bedürfnisse des Kindes nicht mehr wie gewohnt befriedigt werden können. Wie geht das Kind damit um, dass seine Wünsche zurückstehen müssen und derzeit andere, größere Probleme anstehen?
- Krankheit: Ein Elternteil kann durch eine Krankheit vorübergehend ausfallen oder langfristig geschwächt sein. Es kann auch unter einer Sucht leiden. Wer kümmert sich in dieser Zeit um das Kind?
- Schulwechsel: Wie geht das Kind damit um, dass es die Schule wechseln muss und neue Klassenkameraden und Lehrer bekommt? Wie gelingt die Integration?
- Neue Geschwister: Wie fühlt sich das Kind, wenn Stiefgeschwister oder Halbgeschwister dazukommen? Findet es einen neuen Platz für sich innerhalb der Familie? Wie entwickelt sich das Verhältnis unter den Kindern?
- Streitigkeiten: Wird zwischen dem narzisstischen Elternteil und seinem neuen Partner oft gestritten? Wird daher das Kind vernachlässigt? Kommt es oft verstört zu Ihnen zurück?
- Verlust oder Tod von Bezugspersonen: Wie fühlt sich das Kind, wenn wichtige Bezugspersonen plötzlich nicht mehr zur Verfügung stehen? Wer steht dem Kind bei? Wie wird die Lücke für das Kind geschlossen?
- Pubertäre Entwicklung: Inwieweit entspricht das veränderte Verhalten des Kindes in der pubertären Phase einer normalen Entwicklung und inwieweit wird es durch das destruktive Verhalten des Narzissten erzeugt? Muss der Jugendliche bei seiner Suche nach der eigenen Identität unterstützt werden? Besteht die Gefahr, dass er auf eine schiefe Bahn gerät?

Sollte Ihr Kind trotz Ihrer Zuwendung und Liebe stark unter dem Kontakt mit dem narzisstischen Elternteil leiden und den Umgang mit diesem verweigern, sollten Sie professionelle Unterstützung von einem ausgebildeten Psychologen in Anspruch nehmen oder sich vom Jugendamt beraten lassen. Wenn das Kind bereits schwere Verhaltensauffälligkeiten und Entwicklungsstörungen zeigt und die Ursache recht deutlich in dem destruktiven Verhalten des narzisstischen Elternteils zu finden ist, dann sollten Sie auf einen begleitenden Umgang hinarbeiten.

Ein begleitender Umgang stellt sicher, dass das Kind weiterhin Kontakt zum anderen Elternteil hat, der Kontakt aber nur in Gegenwart einer dritten, neutralen Person stattfindet, mit der das Kind nicht zusammenlebt. Das kann sinnvoll sein, wenn das Kind auf einer Elternseite mit Beeinträchtigungen oder einer erheblichen Gefahr aufgrund einer Sucht- oder psychiatrischen Krankheit, häuslicher Gewalt, eines Missbrauchs des Kindeswohls oder sexueller Gewalt rechnen muss.

Das ist zwar keine Dauerlösung, trägt aber dazu bei, das Kind zwischenzeitlich zu entlasten. Das Kind trifft in regelmäßigen Abständen – meist begrenzt auf wenige Stunden – in Begleitung eines neutralen Betreuers den narzisstischen Elternteil. Es ist dann nicht mehr den Aggressionen und dem willkürlichen Verhalten des Narzissten ausgesetzt, sondern wird von einem Betreuer beschützt. Zudem wird sich der Narzisst in dieser Zeit zusammenreißen müssen, wenn er zu einem selbstständigen Umgang zurückfinden und nicht wie ein Strafgefangener behandelt werden möchte.

Daher ist es wichtig, bei Auffälligkeiten und eindeutigen Störungen einen Kinderarzt, Kinderpsychologen oder das Jugendamt zu konsultieren, damit Untersuchungen, Beratungen und Therapien durchgeführt werden, die auch dokumentiert werden. Ein begleitender Umgang kann nur durch Anordnung des Familiengerichts erwirkt werden. Hierzu bedarf es allerdings entsprechender Einschätzungen von Fachleuten und Gutachten, um eine Notwendigkeit zu beweisen.

Das Kind will nicht mehr zu Ihnen

Zwar können betroffene Elternteile sich um einen guten und friedvollen Umgang mit Ihrem Kind bemühen, sie werden dadurch aber nicht die zerstörerische Energie Ihres narzisstischen Gegenspielers mindern können. In den meisten Fällen fühlt sich ein narzisstischer Elternteil sogar provoziert, wenn sich das Kind beim anderen Elternteil wohlfühlt und dieser offenbar ein enges und vertrauensvolles Verhältnis zu dem Kind pflegt. Das kann den Neid des Narzissten anschüren, woraufhin dieser unbedingt die Harmonie zwischen dem anderen Elternteil und seinem Kind zerstören muss.

Aus diesem Grund manipuliert der narzisstische Elternteil das Kind dann so stark, dass es am Ende überhaupt nicht mehr zum anderen Elternteil möchte. Für betroffene Elternteile geht damit eine Welt unter, weil Sie trotz größter Bemühungen und Fürsorge von dem Kind abgelehnt und oft sogar undankbar und rüde vor den Kopf gestoßen werden. Solch ein Verhalten löst Fassungslosigkeit aus, weil gleichzeitig auf der anderen Seite ein narzisstischer Elternteil sitzt, der keinen Finger krumm macht für ein gutes Miteinander und dennoch die volle Rückendeckung des Kindes erhält. Betroffene Elternteile kann das in den Wahnsinn treiben: Sie können nicht verstehen, was sie falsch gemacht haben und warum sie vom Schicksal so hart bestraft werden.

In den allermeisten Fällen haben betroffene Elternteile aber gar nichts falsch gemacht. Das Kind konnte sich nur gegen die Manipulationen des Narzissten nicht wehren und musste auf tragische Weise zu dem Entschluss kommen, mit dem narzisstischen Elternteil kooperieren zu wollen und besser nicht mehr zu dem anderen Elternteil zu gehen, um nicht den Zorn des Narzissten auf sich zu lenken. Das Kind bekam erfolgreich suggeriert, dass der andere Elternteil ein schlechter Mensch ist und es nicht verdient hat, dass man sich noch länger um ihn kümmert. Dann ist das Bild des Narzissten vollständig zur Überzeugung des Kindes geworden.

Sie sollten das fragwürdige Verhalten Ihres Kindes aber trotzdem nicht so einfach hinnehmen. Wenn das Kind noch klein ist, dann kämpfen Sie gerichtlich für einen geregelten Umgang. Das Kind wird seine Entscheidung mit Sicherheit nicht unabhängig getroffen haben; tief in seinem Herzen wird es den Kontakt wollen. Es weiß aber nicht, wie es mit diesem Dilemma umgehen soll. Dann kann die Erwirkung eines ordentlichen Umgangs für das Kind eine große Entlastung darstellen.

Sofern Sie es sich leisten können, sollten Sie Ihren Kampf nicht so schnell aufgeben und durch alle gerichtlichen Instanzen gehen. Müssen Sie aufgrund finanzieller Beschränkungen aufgeben, dann halten Sie dennoch auf allen erdenklichen Kanälen regelmäßig Kontakt zu Ihrem Kind, selbst wenn es nicht auf Ihre Kontaktversuche reagiert oder Ihnen sogar böswillige Formen der Ablehnung und eine regelrechte Feindseligkeit entgegenschlagen. Zeigen Sie Ihrem Kind, dass Sie trotz aller Widrigkeiten zu ihm stehen und dass Sie Ihr Kind niemals aufgeben und vergessen werden.

Es kann aber auch nach vielen zähen Verhandlungen und dem Erreichen eines Umgangsrechts der Fall eintreten, dass Ihr Kind sich dennoch weigert, Sie zu besuchen. Entweder hat es das Bild des narzisstischen Elternteils kritiklos übernommen und lässt keinen Zweifel an der Richtigkeit dieser Einschätzung aufkommen oder es hat Angst, von dem Narzissten auf irgendeine Weise bestraft zu werden, wenn es von dem hart erkämpften Recht Gebrauch macht.

Trotz der Tatsache, dass Sie dann eine weitere entwürdigende Schlappe einstecken müssen und am Ende alle Bemühungen und Kosten nicht zum Ziel geführt haben, sollten Sie unverzüglich zur nächsten Strategie übergehen und den Kontakt zum Kind unbedingt aufrechterhalten, selbst wenn die Resonanz mehr als dürftig ausfallen sollte.

Dasselbe trifft zu, wenn das Kind bereits älter ist und selbst bestimmen darf, ob es Sie besuchen möchte oder nicht, und Sie gar nicht erst einen Prozess vor Gericht führen brauchen. Dann sollten Sie die Entscheidung Ihres Kindes akzeptieren, es nicht quälen, indem Sie ihm ein schlechtes Gewissen machen, und nicht versuchen, etwas klarstellen zu wollen, von dem Ihr Kind überzeugt ist, dass es richtig ist. Halten Sie auf liebenswürdige und beständige Weise den Kontakt zu Ihrem Kind, selbst wenn der narzisstische Elternteil Ihre Bemühungen und vor allem Ihre suspekte Höflichkeit eindeutig als Manipulation erkannt haben will und nicht müde wird, das Kind vor Ihrem zweifelhaften Charakter eindringlich zu warnen. Lassen Sie sich nicht von einer Lüge in Ihrem Bestreben behindern. Lassen Sie nichts unversucht, was unter den gegebenen Umständen möglich ist. Hoffen Sie aber nicht bei jeder Kontaktaufnahme Ihrerseits sofort auf eine Einsicht und Wandlung Ihres Kindes, sondern bleiben Sie optimistisch, wenn Ihnen Ihr Kind nicht gleich wieder in die Arme fällt. Seien Sie sich bewusst, dass Ihnen in diesem Fall ein langer Weg bevorsteht bis zu einem freien und regelmäßigen Umgang mit Ihrem Kind. Um Ihr Kind zu überzeugen, braucht es dessen Einsicht – und die wird Zeit benötigen.

Ob sich jemals eine Beziehung zu Ihrem Kind entwickeln wird, liegt dann nicht mehr allein in Ihrer Macht. Es hängt zum großen Teil von der Konstitution Ihres Kindes ab, ob es in der Lage sein wird, die Manipulationen des Narzissten zu durchschauen und sich dagegen zu wehren oder sich helfen zu lassen. Bei Ihrem Kind muss ein Leidensdruck entstehen – so sehr man gerade dies seinem Kind ersparen möchte –, damit sich bei ihm der Wille herausbildet, sich aus dieser unglücklichen Beziehung befreien zu wollen. Die Diskrepanz zwischen den Einschränkungen des Narzissten und dem Wunsch nach Autonomie bei dem Kind sowie zwischen der mangelnden Wertschätzung des Narzissten und den Bemühungen des Kindes muss nur groß genug werden, damit die Mauern der Manipulation einstürzen. In solchen Augenblicken ist es wichtig, dass Ihr Kind den Weg zu Personen findet, denen es sich anvertrauen mag und die es stützen können. Wahrscheinlich wird es in dieser Phase noch nicht gleich den Weg zu Ihnen finden – aus Scham, weil es sich Ihnen gegenüber in den letzten Jahren so verletzend verhalten hat. Dann glaubt es, Ihr Vertrauen verspielt zu haben, und meidet zunächst den Kontakt zu Ihnen.

Daher kann es sinnvoll sein, auch Kontakt zu anderen Bezugspersonen, Verwandten oder Freunden, die regelmäßigen Umgang mit Ihrem Kind haben, zu halten, um auf diesem Weg hilfreiche Informationen über das Wohlbefinden Ihres Kindes zu bekommen und um zu erfahren, ob es leidet und Hilfe benötigt. Dann können diese Personen – sofern sie Ihnen freundlich zugewandt sind – Ihrem Kind beistehen und dabei helfen, ein Zusammentreffen zwischen Ihnen und Ihrem Kind wieder zu ermöglichen.

In solchen schlimmen Situationen gibt Ihnen allein Ihr Glaube die Kraft, den Verlust Ihres Kindes durchzustehen und die schwere Demütigung auszuhalten. Nur der starke Glaube, dass Sie das Richtige tun, wenn Sie unter allen Umständen mit Ihrem Kind in Kontakt bleiben, und dass Sie das Schicksal eines Tages wieder zusammenführen wird, wird dafür sorgen, dass sich Ihre Anstrengungen auszahlen werden. Geben Sie auch nach der Ausschöpfung sämtlicher juristischen Möglichkeiten den Kampf um Ihr Kind niemals auf.

23. Das Kind entwickelt narzisstische Züge

Betroffene Elternteile machen sich oft große Sorgen, dass sich bei ihrem Kind dieselben Eigenschaften wie bei dem Narzissten herausbilden könnten und es unter seinem negativen Einfluss ebenfalls eine narzisstische Persönlichkeitsstörung entwickeln könnte. Die Gefahr ist da und kann auch nicht schöngeredet werden. Manchmal neigen aber betroffene Elternteile dazu, in dem Verhalten des Kindes vorschnell krankhafte Züge zu entdecken, sofort den narzisstischen Elternteil zu beschuldigen und die Entwicklung des Kindes zu dramatisieren.

Jedes Kind macht in seiner Kindheit narzisstische Phasen durch. Das ist ein von der Natur eingerichteter Prozess, um eine gesunde Persönlichkeit entstehen zu lassen. Jeder Mensch braucht einen gewissen Grad an Narzissmus, um seine Persönlichkeit festigen und selbstbewusst und kraftvoll die Herausforderungen des Lebens bewältigen zu können. Hierin sollte das Kind unbedingt unterstützt werden. Dabei sollte es lernen, nicht nur sich selbst und die eigenen Bedürfnisse zu sehen, sondern auch Rücksicht auf die Wünsche, Vorstellungen und Meinungen anderer zu nehmen. Eine gesunde Entwicklung lässt einen Menschen entstehen, der sich seiner eigenen Überzeugungen und seines eigenen Wertes bewusst ist und sich gegenüber anderen behaupten kann, der aber auch in der Lage ist, sich in ein größeres Ganzes einzugliedern und einen wertvollen Beitrag zum Wohle aller zu stiften, ohne sich dabei selbst aufzugeben oder andere dominieren zu wollen.

Wenn Kinder noch Babys sind, dann verhalten sie sich durch und durch narzisstisch. Sie spüren nur ihre Bedürfnisse und nehmen alles in ihrer Umwelt als einen Bestandteil von sich selbst wahr. Sie erleben sich nicht als eigenständiges Wesen, das getrennt von der Hauptbezugsperson – in der Regel ist das die Mutter – existiert. Alles, was in seiner Welt geschieht, gehört zu ihm und muss zu seinem Wohl da sein. Das Baby vereinnahmt alles in seiner Umwelt und erwartet, dass seine Bedürfnisse unmittelbar befriedigt werden. Es kann nicht warten, es hat noch nicht gelernt, die eigenen Wünsche zurückzustellen, und es nimmt die Bedürfnisse anderer nicht wahr. Diese Phase ist notwendig, damit sich beim Kind ein Urvertrauen und eine Bindungsfähigkeit bilden können. Wird es in dieser Entwicklung behindert, wird seine Versorgung vernachlässigt oder bekommt es statt Liebe nur psychische oder physische Gewalt zu spüren, dann wird das Urvertrauen des Kindes immens erschüttert und die Folge kann eine Persönlichkeitsstörung sein.

Im Kindergartenalter wird es erneut eine narzisstische Phase erleben und kann starke Eifersuchtsgefühle entwickeln, wenn andere Menschen, denen es sich gerne annähern möchte, den Kontakt begrenzen oder verweigern. Es möchte Personen für sich vereinnahmen, indem es auf sich aufmerksam macht und mit seinen Vorzügen kokettiert. Dabei wird es auch auf Ablehnung stoßen, weil sich nicht jeder von dem Kind beeindrucken lassen wird. Dies kann wiederum zu Kränkungen führen, die das Kind als Schuldgefühle erlebt. Auch das gehört zu einem gesunden Entwicklungsprozess dazu: Das Kind ergreift die Initiative, um im sozialen Miteinander notwendige Akzeptanz zu finden, und muss mit Enttäuschungen leben, wenn es dabei zu weit geht. Wie soll das Kind soziales Verhalten lernen, wenn es nicht den Mut aufbringt, sich anderen zu nähern, und sich dabei der Gefahr aussetzt, auch einmal Grenzen zu überschreiten? Eltern sollten dem Kind in dieser Phase beistehen, damit es lernt, mit Frustrationen richtig umzugehen, statt das Kind zu bestrafen oder zu pathologisieren.

Dann gibt es noch die pubertäre Phase, in der sich ein Kind zunehmend von den Eltern abwendet, Autonomie anstrebt und nach einer eigenen Identität sucht. Ein gewisses aggressives und daher auch narzisstisches Verhalten ist schon vonnöten, um sich von den Eltern zu lösen und zu einer eigenständigen Persönlichkeit zu reifen. Auch hier werden Grenzüberschreitungen zu beobachten sein, die aber noch kein Indiz für eine narzisstische Persönlichkeitsstörung sein müssen.

Ein Kind muss unterschiedliche Phasen in seinem Leben durchlaufen und braucht dabei die wohlwollende Unterstützung der Eltern, um ein ausgewogenes Verhältnis zu Themen wie Bindung und Autonomie, Vertrauen und Misstrauen, Initiative und Schuldgefühle, Isolation und Solidarität zu bekommen. Wird es in dieser Entwicklung behindert, dann entwickelt es psychische Störungen und Verhaltensauffälligkeiten. Diese Störungen müssen aber nicht allein durch den narzisstischen Elternteil entstanden sein. Da das gestörte Verhalten des Narzissten so dominant ist, neigen co-narzisstische Eltern zu schnell dazu, den Sündenbock schon zu bestimmen, bevor eine Störung und die Ursache dafür überhaupt festgestellt wurden.

Auch der co-narzisstische Elternteil kann – wie in den vorangegangenen Kapiteln beschrieben – zu einer Fehlentwicklung des Kindes erheblich beitragen. Daher sollte man sich vor zu schnellen Urteilen hüten, die individuelle Situation sehr genau prüfen und sich einen sorgfältigen Überblick über die Symptome und die Auslöser verschaffen.

Grundsätzlich unterstützen Sie Ihr Kind bei einer gesunden Entwicklung und können einer narzisstischen Störung entgegenwirken, wenn Sie folgende Punkte beachten:

• Beachten Sie die beschriebenen Rahmenbedingungen in Kapitel 2 »*Ideale Voraussetzungen für das Kind*« und setzen Sie diese bestmöglich um.
• Seien Sie für das Kind ein Vorbild, indem Sie ein gutes zwischenmenschliches Miteinander vorleben, sich an humanitären Werten orientieren, den Respekt anderen gegenüber bewahren, ohne die eigenen Überzeugungen aufzugeben, sowie ein gefestigtes und gerechtes Auftreten an den Tag legen.
• Sie können nicht alles in der Entwicklung des Kindes beeinflussen, verhindern oder steuern. Was der narzisstische Elternteil auf der anderen Seite macht, entzieht sich Ihrer Verantwortung oder Kontrolle. Auch können Sie die inneren Energien und Veranlagungen Ihres Kindes nicht unterdrücken, sondern müssen lernen, sie zu akzeptieren und in positiver Weise zu beeinflussen. Sie können versuchen, mit entsprechendem Einfühlungsvermögen die positiven Eigenschaften des Kindes zu stärken und die negativen Eigenschaften durch Sublimierung zu kompensieren. Beispielsweise kann eine innere Unruhe mit Bewegungsdrang durch körperliche Betätigung wie Sport oder handwerkliche Tätigkeiten ausgeglichen werden oder ein

starkes oppositionelles Verhalten in kreative Arbeit umgewandelt werden, wenn man das Kind für Aufgaben begeistert, bei denen es sich künstlerisch betätigen kann (z. B. Malen, Basteln). Dann lernt es, die Energie, die es für Veränderungen aufbringen will, nicht für Zerstörung zu nutzen, sondern für schöpferische Tätigkeiten.

- Wenn Sie auffallend oppositionelle oder narzisstische Züge an Ihrem Kind entdecken, sollten Sie ihm die Auswirkungen seines unangepassten Verhaltens auf andere oder auf sein eigenes Leben erläutern. Dies sollten Sie in einer respektvollen und verständnisvollen Art und Weise machen und dabei weitgehend auf Vorwürfe verzichten.
- Vereinbaren Sie klare Umgangsregeln mit Ihrem Kind. Zeigen Sie Grenzen, aber auch Möglichkeiten auf. Setzen Sie angedrohte Konsequenzen bei einer Zuwiderhandlung unbedingt um – sonst sind Sie unglaubwürdig.
- Führen Sie Ihr Kind zur Übernahme von Verantwortung für sein Handeln, indem es einen durch ihn entstandenen Schaden wiedergutmachen und sich bei geschädigten Personen entschuldigen muss.
- Verlieren Sie niemals das Vertrauen in Ihr Kind und die Wertschätzung ihm gegenüber. Zeigen Sie Verständnis für seine Fehler und geben Sie ihm immer eine zweite Chance.

Im Kleinkindalter

Solange das Kind noch klein ist und sich die Persönlichkeit noch nicht herausgebildet hat, können Sie präventiv immer darauf achten, dass die Entwicklung der Empfindungsfähigkeit des Kindes gefördert wird. Ein wesentliches Merkmal von Narzissten ist ihr hoher Mangel an Empathie: Sie besitzen weder ein gesundes Gefühl für sich selbst noch ihrer Umwelt gegenüber. Das macht jede zwischenmenschliche Interaktion mit ihnen sehr schwierig bis unmöglich. Narzissten nehmen die Reize aus der Umwelt oft nicht vollständig auf oder reagieren häufig überhaupt nur auf sehr starke Reize. Außerdem beziehen sie diese Reize viel zu stark auf sich selbst, ohne sie hinreichend im Kontext mit der Umwelt zu sehen. Dieses Verhalten deutet auf eine gestörte und unterentwickelte Empfindungsfähigkeit hin, die zu Missdeutungen der Umwelt und des eigenen Verhaltens führt.

Je größer das Empfindungsvermögen eines Menschen, desto stärker nimmt er Reize aus seiner Umwelt auf und vergegenwärtigt die Reize in seinem Bewusstsein in quantitativer und qualitativer Hinsicht. Je stärker das Empfindungsvermögen, desto besser können sich die geistigen Anlagen entwickeln und umso stärker sind das Gewissen, das ethische Gefühl, die Intuition, der Sinn für Schönheit, Wahrheit und Gerechtigkeit sowie das soziale Gespür und Verhalten ausgeprägt. Eine solche Person kann nicht lügen, ohne sich hinterher zu schämen oder am Ende doch die Wahrheit zu gestehen. Sie kann keinem anderen wehtun, ohne diese Handlung nicht selbst als Schmerz zu empfinden. Sie kann andere nicht einfach im Regen stehen lassen, ohne sich schlecht dabei zu fühlen. Sie kann andere Menschen nicht ausnutzen, ohne dies als unrechtmäßig zu empfinden.

Mit der Entwicklung der Empfindungsfähigkeit steigt auch der Wille zur geistigen Tätigkeit, zum Streben nach Vervollkommnung, nach Einheit und Liebe. Das Streben nach Transzendenz wird zur Lebensaufgabe und nicht selten entwickeln Menschen mit einem ausgeprägten Empfindungsvermögen okkulte Fähigkeiten wie Hellsehen, Telepathie, Wahrsagen oder Geistheilung. Bei einer gesunden Empfindungsfähigkeit steigt die Verantwortung sich selbst, aber auch den Mitmenschen und der ganzen Welt gegenüber, weil das eigene Wirken immer in Zusammenhang mit der Umwelt erlebt wird.

Daher liegt meines Erachtens der Schlüssel zur Vermeidung einer narzisstischen Störung in dem Aufbau einer gesunden Empfindungsfähigkeit. Das bedeutet nicht, dass das Kind *empfindlich* werden soll, sondern *empfindsam*. Es soll sich selbst spüren, die eigenen inneren Impulse wahrnehmen, aber auch die Reaktionen aus dem Umfeld in sein Handeln und Tun integrieren können. Es sollte sich als einen Teil des Lebens und der Gesellschaft erleben und erkennen, dass es selbst leiden wird, wenn es keinen verträglichen Beitrag zum Ganzen leistet. Auf der anderen Seite muss es auch lernen, sich vor zu vielen Reizen zu schützen, um nicht den inneren Halt und die Orientierung zu verlieren.

Als Erstes sollten Sie daher selbst als gutes Beispiel vorangehen und dem Kind Liebe, Aufmerksamkeit, Wärme und Wertschätzung entgegenbringen. Sie sollten dies aber auch im Umgang mit anderen Menschen vorleben, damit das Kind lernt, wie man sich in sozialen Begegnungen verhält. Ein Kind sucht immer ein Beispiel, an dem es sich orientieren kann. Daher ist das Verhalten einer engen Bezugsperson so wichtig für das spätere Verhalten des Kindes.

Schaffen Sie ein Umfeld, in dem sich das Kind kreativ betätigen kann und unterschiedlichen Reizen und Themen begegnet. Es sollte nicht nur mit dem Kopf versuchen, die Dinge zu begreifen, denn dann könnte es sein, dass nur die kognitiven Fähigkeiten stark ausgeprägt werden. Alle Sinne sollten sich entwickeln – Sehen, Hören, Schmecken, Riechen, Fühlen –, damit sich die Empfindungsfähigkeit voll entfalten kann. Die Schulung der Sinne ist der entscheidende Schritt, um das Empfindungsvermögen zu steigern. Erklären Sie daher nicht nur einen Gegenstand, sondern lassen Sie das Kind das Objekt auch spüren, schmecken und riechen. Fordern Sie Ihr Kind auf und ermutigen Sie es, einen Gegenstand oder ein Thema immer aus unterschiedlichen Perspektiven zu betrachten und die mannigfaltigen Abstufungen einer Sache zu erkennen. Alles auf der Welt ist einmalig und es bedarf daher einer genaueren Betrachtung, um die Unterschiede zu erkennen. Indem das Kind lernt zu differenzieren, entwickelt es seine Empfindungsfähigkeit und gleichfalls seine Geisteskraft und Liebesfähigkeit.

Dass Narzissten eine unterentwickelte Empfindungsfähigkeit haben, erkennen Sie unter anderem daran, dass sie nicht in der Lage sind, sorgsam zu differenzieren: Entweder ist alles schlecht und miserabel oder alles ist einmalig und genial. Sie können zu keinem feineren Urteil kommen, weil sie sich eben nicht die Mühe machen, genauer hinzusehen und alle Sinne einzusetzen. Daher ist ihr Urteil immer eindimensional und muss aus diesem Grund hinterfragt werden.

Des Weiteren wird das taktile Gefühl durch die Hände und Finger angeregt, wodurch eine intensivere Verbindung zu einem Objekt oder einer anderen Person entsteht. Besonders hilfreich ist es, wenn sich kleine Kinder mit kleinen Tieren (Hamstern, Vögel, Katzen) beschäftigen und sie berühren oder vielleicht sogar pflegen und versorgen. Das fördert gleichsam ihr Verantwortungsgefühl. Doch erhöht jede andere Beschäftigung mit allem Kleinen, Zarten und Weichen das Gefühl und damit die Empfindungsfähigkeit, die Liebesfähigkeit, die soziale Vernunft und den Wert und die Bedeutung für den anderen.

Auch kann die Fantasie des Kindes angeregt werden, wenn es Geschichten vorgelesen bekommt, vor allem altersgerechte Märchen. Durch Basteln und andere kreative Tätigkeiten kann es lernen, seine schöpferischen, geistigen und motorischen Fähigkeiten zu entwickeln. Und nicht zuletzt ist die Form der Kommunikation mit dem Kind wichtig – es sollte sich dabei sicher und wertgeschätzt fühlen. Aber auch die nonverbale Kommunikation hat einen großen Einfluss auf die Entwicklung des Kindes. Sparen Sie nicht mit freundlichen Gesten, einem Lächeln oder einem Zuzwinkern. Berühren Sie Ihr Kind, nehmen Sie es in den Arm und streicheln Sie es, damit es Nähe und Liebe erfährt. Empfindungsfähigkeit lernt man nicht durch Verstehen, sondern durch Spüren und Erleben – aber nur, wenn es zarte und weiche Impulse sind.

Im Jugendalter

Befindet sich Ihr Kind bereits im Jugendalter und hat es schon narzisstische Züge übernommen, dann wird Ihr Kind schwer zu den oben beschriebenen Praktiken zu bewegen sein – die würden in diesem fortgeschrittenen Alter ohnehin keine große Wirkung mehr zeigen. Außerdem wird sich ein Jugendlicher kaum noch auf Anraten der Eltern zu beschäftigungstherapeutischen Maßnahmen hinreißen lassen, sondern mehr und mehr damit beschäftigt sein, sich von den Eltern zu distanzieren, sich selbst zu entfalten und einen eigenen Weg zu finden. Eltern werden kaum noch als Mentor gesehen. Der Jugendliche ist zunehmend mit der Loslösung von den Eltern beschäftigt. Dies ist auch ein wichtiger und notwendiger

Prozess, der zum einen geduldet werden muss, zum anderen aber auch Gefahren in sich birgt, wenn der Jugendliche ein Verhalten an den Tag legt, das einfach nicht zu dulden ist.

Entwickelt das Kind ebenfalls starke krankhafte narzisstische Züge und richtet es seinen zerstörerischen Willen vor allem gegen den co-narzisstischen Elternteil, muss es sich für diesen so anfühlen, als kehre mit der Nachkommenschaft des Narzissten der Teufel ins Haus zurück und als wiederhole sich das grauenvolle Drama, das er mit der Trennung von dem Narzissten hinter sich gebracht zu haben glaubte, mit dem eigenen Kind.

Hier muss man anders vorgehen. Man steht dann oft vor einem Dilemma: Auf der einen Seite möchte man seinem Kind dieses Verhalten abgewöhnen, auf der anderen Seite will man sein Kind aber auch nicht verlieren. Geht man zu hart und zu schroff vor und will man das Kind mit Gewalt zu einem anderen Verhalten zwingen, kann sich die emotionale Distanz noch vergrößern und der Jugendliche wird sein Verhalten noch verstärken, um sich vom Elternteil zu entfernen. Auf der anderen Seite will man aber zum Wohle des Kindes etwas gegen die narzisstische Entwicklung unternehmen.

In solchen Fällen kann die Methode des sanften Spiegelns hilfreich sein. Wenn die narzisstische Störung noch nicht so stark fortgeschritten ist wie bei einem Erwachsenen, kann der Jugendliche vielleicht noch lernen, mit Hilfe von gutgemeinten Hinweisen sein inadäquates Verhalten selbstkritisch zu hinterfragen. Dies wird er wahrscheinlich nicht in Gegenwart der Eltern tun, weil er sich keine Schwäche eingestehen möchte und ja ohnehin der Meinung ist, dass die Eltern keine Ahnung haben. Aber in ruhigen Augenblicken und dann, wenn ihm immer wieder die gleichen Situationen widerfahren, wird er sich möglicherweise an die Andeutungen erinnern.

Beispiele:

Ihr Kind: »*Ich glaube dir ohnehin kein Wort mehr!*«

Sie: »*Gut, das kann ich verstehen. Nimmst du denn von anderen einen Rat an?*«

Geben Sie Ihrem Kind mit dieser Frage den Impuls, sich innerlich damit zu beschäftigen, ob es sich generell gegenüber anderen verschließt und glaubt, dass nur seine Meinung die richtige ist, oder ob es bereit ist, Hilfe von anderen anzunehmen.

Ihr Kind: »*Ich bin der Beste in meiner Klasse! Keiner kann mir das Wasser reichen!*«

Sie: »*Ja, du bist gut! Sehen aber deine Lehrer und deine Klassenkameraden das auch so, dass dir niemand das Wasser reichen kann?*«

Geben Sie Ihrem Kind mit dieser Frage den Impuls, sich innerlich damit zu beschäftigen, ob sein Selbstbild mit dem Fremdbild übereinstimmt.

Ihr Kind: »*Wenn meine Freunde nicht das tun, was ich sage, dann kann ich auf sie verzichten!*«

Sie: »*Ja, es ist nicht schön, wenn einem andere nicht helfen. Tust* du *denn immer das, was deine Freunde dir sagen?*«

Geben Sie Ihrem Kind mit dieser Frage den Impuls, sich innerlich damit zu beschäftigen, ob es bereit ist, Gleiches zurückzugeben, wenn es von anderen etwas verlangt.

Auf diese Weise greifen Sie Ihr Kind nicht direkt an und äußern keine Kritik, die es als abwertend empfinden könnte. Sie stellen nur eine sachliche Frage, die ohne jeglichen ironischen Unterton geäußert werden sollte. Nutzen Sie die Gelegenheit, Ihr Kind auch mit der gegenteiligen Sichtweise zu konfrontieren, damit es lernt, abzuwägen und vielleicht zu einem neuen Urteil zu kommen. Überlassen Sie es aber ihm, inwieweit es sich damit beschäftigen will.

Machen Sie Ihrem Kind nicht zu schnell einen Vorwurf und versuchen Sie nicht, es besserwisserisch zu belehren. Regen Sie Ihr Kind an, sich mit einer Situation oder mit seinen Aussagen kritisch auseinanderzusetzen. Versuchen Sie Ihrem Kind zu spiegeln, dass alles, was in seinem Leben passiert, auch mit seinem eigenen Verhalten zu tun hat und dass unschöne Reaktionen aus dem Umfeld durchaus mit dem eigenen Auftreten in Verbindung stehen können. Fördern Sie diesen Bewusstseinsprozess durch Fragen – so bleiben Sie neutral, werden eher als Helfer und Mentor akzeptiert und können auf diese Weise das Vertrauen Ihres Kindes erlangen.

Ist die Störung jedoch so weit fortgeschritten, dass ein Zusammenleben mit Ihrem Kind nur noch unter schwierigsten Bedingungen möglich ist, weil Ihr Kind sich Ihnen gegenüber nur noch rücksichtslos, egoistisch und aggressiv verhält, unzumutbare Forderungen stellt und das gesamte Umfeld manipuliert, schikaniert, gegeneinander aufhetzt oder Intrigen schmiedet, um seinen Willen durchzusetzen, dann sollten Sie sich überlegen, wie Sie Ihr Kind zu einer Therapie bewegen könnten.

Da Ihr Kind von Ihnen in dieser Phase keinen Rat und schon gar keine Kritik annimmt und sich der narzisstische Elternteil entweder nicht zuständig fühlt oder keinen Anlass zur Beunruhigung sieht, kann der Impuls von einer neutralen Person ausgehen oder von einer Person, die Ihr Kind besonders schätzt, wie z. B. dem geliebten Großvater oder der geliebten Großmutter. Es kann sich dabei auch um den Vater oder die Mutter seines besten Freundes, einen Lehrer oder einen Trainer handeln. Versuchen Sie herauszufinden, wer einen guten Einfluss auf Ihr Kind haben und mit Einfühlungsvermögen und Verständnis das unpassende Verhalten Ihres Kindes sowie seine krankhafte Entwicklung spiegeln und erklären könnte, so dass es selbst einsieht, dass sich etwas ändern muss – und zwar bei ihm selbst.

Natürlich kann man mit dem Kind auch zu einem Psychologen gehen und es zu einer Therapie verdonnern. Fehlende Einsicht in Bezug auf die Notwendigkeit ist aber immer eine sehr schlechte Voraussetzung für den Erfolg einer Therapie. Medikamente können zwar kurzfristige Verbesserungen erzielen, bewirken aber längst keine Veränderung in der Einstellung Ihres Kindes. In den meisten Fällen verhindern sie sogar, dass sich das Kind mit den eigenen negativen Persönlichkeitsanteilen auseinandersetzt.

Manchmal muss leider das Leid des Kindes, das es sich durch sein unangebrachtes Verhalten selbst zufügt, erst noch weiter anwachsen, bis es merkt, dass es an sich selbst arbeiten muss, statt immer nur die Schuld bei den anderen zu suchen. In der Regel entwickeln Kinder sehr kreative Abwehrstrategien, um mit ihrem Schmerz und ihren negativen Anteilen nicht in Berührung zu kommen. Das zieht dann den Prozess der Einsicht, dass man selbst die Verantwortung für sein Handeln trägt, ungeheuerlich in die Länge und man braucht sehr viel Geduld und die passende Gelegenheit, um intervenieren zu können.

24. Wenn sich die Eltern neu verlieben

Zu weiteren Komplikationen kann es kommen, wenn sich ein Elternteil neu verliebt und den neuen Partner in die Familie integrieren möchte. Dann werden die Rollen neu verteilt, jeder fürchtet um seinen Platz und es können Rivalitäten entstehen. Wenn die Eltern nicht mit der notwendigen Umsichtigkeit an diese tiefgreifende Veränderung herangehen, kann sich ein schwelender Dauerkonflikt entwickeln, der die Bildung einer neuen und tragbaren Konstellation gefährdet.

Um das Kind nicht unnötig zu beunruhigen, wird der neue Partner oder die neue Partnerin des Elternteils dem Kind am Anfang zunächst nur als Freund oder Bekannter vorgestellt. Das Kind spürt aber in der Regel, dass es sich bei der neuen Person an der Seite der Mutter oder des Vaters nicht nur um einen Freund, einen Nachbarn oder Arbeitskollegen handelt, sondern dass mehr dahintersteckt. Das Kind bekommt dann Angst, dass der neue Partner den Elternteil vereinnahmen und folglich die Mutter oder der Vater weniger Zeit für das Kind haben wird. Das Kind wittert einen Konkurrenten und glaubt, in einen Kampf eintreten zu müssen, weil es den Elternteil für sich alleine beansprucht und ihn nicht verlieren will. Somit wird das Kind beginnen, seinen Protest in irgendeiner Weise auszudrücken: durch die Einforderung von mehr Zeit und Aufmerksamkeit, Verweigerung, Rückzug, Schmollen oder eine offene Aggressivität gegenüber dem neuen Partner.

Wird das Kind nicht vorbereitet und sanft in das neue Bündnis eingebunden, dann wird es eifersüchtig und beginnt, den neuen Partner abzulehnen. Das Kind stellt fest, dass sich seine Mutter oder sein Vater zu einem anderen Menschen hingezogen fühlt, dass sie oder er sich dort sehr wohlfühlt und viel Zeit mit dieser Person verbringt. Es wird sich dann fragen, ob die Mutter oder der Vater den neuen Partner lieber hat. Je weniger sich der Elternteil um das Kind kümmert und je mehr es sich dem Fremden zuwendet, desto eher wird das Kind in seiner Meinung bestätigt und in der neuen Liebe des Elternteils eine große Bedrohung sehen. Das muss aber nicht bedeuten, dass das Kind den neuen Partner nicht mag – es hat ja noch gar keine Beziehung zu ihm aufgebaut. Aber allein die Tatsache, dass sich die Mutter oder der Vater abwendet, macht es unsicher.

Wie sollten sich Elternteile verhalten, wenn sie einen neuen Partner in ihr Leben integrieren möchten?

- Das Kind muss von Anfang an einbezogen werden und seine Ängste müssen gesehen und ernst genommen werden.
- Mütter und Väter dürfen ihrem Kind nicht das Gefühl geben, nicht mehr für das Kind da zu sein, indem sie mehr Zeit mit dem neuen Partner verbringen. Sie sollten dem Kind dieselbe Aufmerksamkeit wie zuvor schenken.
- Der neue Partner sollte langsam und behutsam an das Kind herangeführt werden.
- Beide – das Kind und der neue Partner – sollten die Chance bekommen, sich allmählich durch regelmäßigen Kontakt und gemeinsame Unternehmungen aneinander zu gewöhnen.
- Der neue Partner sollte die Fähigkeit haben, eine vertrauensvolle Beziehung zu dem Kind aufbauen und die Bedürfnisse des Kindes ernst nehmen zu können, und sich der Bedeutung einer Bezugsperson im Leben eines Kindes bewusst sein.

Der Narzisst braucht einen neuen Partner

Ein Narzisst findet in der Regel sehr rasch einen neuen Lebenspartner, mit dem er ungewöhnlich schnell zusammenzieht. Zum einen fällt es einem Narzissten sehr schwer, allein zu sein, weil er dann mit seiner inneren Leere in Kontakt kommt und sich depressiv, wertlos und frustriert fühlt. Zum anderen braucht er jemanden, der ihm bei der Bewältigung seiner Alltagspflichten behilflich ist. Vor allem, wenn sich der Narzisst bereits während der Ehe nicht um das Familienleben und häusliche Aufgaben gekümmert hat und das Kind noch sehr klein ist, braucht er dringend Unterstützung von einem Partner, der nahtlos die Lücke füllt, die der alte Partner hinterlassen hat. Dabei ist es unerheblich, ob der narzisstische Elternteil nun weiblich oder männlich ist. In beiden Fällen sucht er sich schnell wieder einen neuen Lakaien, der ihm die unangenehmen Arbeiten abnimmt.

Gewöhnlich wird der neue Partner des narzisstischen Elternteils sehr schnell in die Familie eingeführt und dem Kind ohne Umschweife vorgestellt. Auf vorbereitende Gespräche, ein Erspüren der Stimmung des Kindes, erste diskrete Annäherungen sowie ein geduldiges Abpassen des richtigen Augenblicks wird leichtfertig verzichtet. Aus Sicht des Narzissten kann die Integration des neuen Partners gar nicht rasch genug gehen und meist wird der neue Partner ganz plump in das Leben des Kindes geschubst. Mit Verständnis und Einfühlungsvermögen ist von Seiten des Narzissten nicht zu rechnen. Im Vordergrund steht für ihn der Wunsch, entlastet zu werden und sich wieder seinen eigenen Interessen zuwenden zu können. Die Ängste des Kindes interessieren ihn dabei nicht.

Dem Kind wird nicht die Möglichkeit gegeben, sich allmählich an den neuen Partner zu gewöhnen, diesen in Ruhe kennenzulernen und sich auf ihn einzustellen. Auch umgekehrt wird von dem Partner verlangt, dass er das Kind ohne Einschränkungen akzeptiert und sich unverzüglich mit ihm anfreundet. Der Narzisst gibt den beiden keine Chance, durch langsames Näherkommen und vertrauensbildende Begegnungen eine gute Basis zu entwickeln, sondern er setzt einfach voraus, dass sich die beiden schon irgendwie verstehen werden.

Nicht nur das Kind wird durch das plötzliche Auftreten einer neuen Person überfordert und vor vollendete Tatsachen gestellt. Auch der neue Lebenspartner des Narzissten hätte nichts dagegen, wenn das Kennenlernen etwas bedachter verlaufen würde. Aber aus egoistischen Motiven heraus überrollt der Narzisst beide: »*Es wird schon nicht so schlimm!*« – »*Ihr werdet euch toll verstehen – das spüre ich!*« – »*Meine neue Partnerin liebt Kinder!*« Diese Aussagen des Narzissten sollen die Skepsis der beiden kurzerhand vom Tisch fegen.

Dem Narzissten ist es nicht möglich, sich in die Haut seines Kindes zu versetzen und ihm die Angst zu nehmen. Auch kann er sich nicht in die Lage seines neuen Partners versetzen, der vielleicht aus eigener Erfahrung um die Ängste von kleinen Kindern in solchen Momenten weiß und sich lieber behutsam annähern würde. Doch oftmals ist der Impuls, dem Narzissten gefallen zu wollen, somit vorrangig dessen Wunsch nachzukommen und sich auf sein Urteil zu verlassen, dominanter als die Rücksichtnahme auf das Kind.

Der Narzisst will, dass sich die beiden verstehen und dass es keine Probleme gibt. Mit langen Gewöhnungsprozeduren hat er nichts am Hut. Meist erhöht er sogar noch die Schlagzahl, indem er beiläufig von einer gemeinsamen Wohnung spricht, eine Hochzeit ankündigt oder dem Kind vorschlägt, den neuen Partner doch gleich mit »Mama« oder »Papa« anzureden. Aufgrund mangelnder Umsichtigkeit tut ein Narzisst wirklich alles dafür, dass die Ausgangslage für den Partner wie auch für das Kind denkbar ungünstig ist.

Die Frage allerdings, wie die beiden gemeinsam eine Beziehung zueinander aufbauen sollen, empfindet der Narzisst nicht als sein Problem. In seinen Augen ist es die Aufgabe des neuen Partners, fortan für ein harmonisches Familienleben zu sorgen. Der Narzisst selbst sieht es als glückliche Fügung, dass er einen neuen Partner gefunden hat, der mit ihm leben möchte und der ihn unterstützt. Weil er sich wohlfühlt, glaubt er, alles sei in bester Ordnung. Aufgrund seiner egozentrischen Haltung kann er die Befürchtungen der anderen überhaupt nicht wahrnehmen.

Doch der Alltag lehrt die frisch Verliebten etwas anderes: Der neue Partner trifft auf eine Wand der Ablehnung. Das Kind wehrt sich gegen die neue Bezugsperson, die ihm einfach vor die Nase gesetzt wird. Es kann dabei zu einem heftigen Widerstand des Kindes kommen, worunter der neue Partner sehr leiden wird, weil er vermutlich in bester Absicht versucht, eine gute Beziehung zum Kind aufzubauen. Dies tut er allerdings vorrangig aus Liebe zu dem Narzissten und weniger, weil es seinem eigenen unmittelbaren Wunsch entspringt. Aber er ist bereit, diese Tatsache zu akzeptieren, weil er den Narzissten nicht verlieren will.

Nimmt der narzisstische Elternteil wahr, dass sich die beiden nicht so gut miteinander verstehen, gibt er einfach dem neuen Partner die Schuld, weil dieser sich angeblich nicht richtig auf das Kind einstellen könne oder das Kind boykottiere. Dann bekommt der neue Partner einen ausführlichen Unterricht in Kindererziehung erteilt und muss oberlehrerhafte Belehrungen über sich ergehen lassen. Oder der Narzisst unterstellt dem Kind, bockig zu sein und dem neuen Partner keine Chance zu geben. In vielen Fällen droht er dem Kind sogar mit Konsequenzen, sollte es sein aufsässiges Verhalten gegenüber dem neuen Partner nicht ändern. Der Narzisst glaubt, mit einem Machtwort das neue Familienleben organisieren zu können.

Das muss aber nicht so sein! Wenn der narzisstische Elternteil schon in der Ehe keine Beziehung zu dem Kind aufgebaut hat, dann wird es diesen Elternteil auch jetzt nicht vermissen. Das Kind wird kaum das Gefühl haben, dass ihm durch den neuen Partner etwas weggenommen wird, was vorher einmal da war. Wenn zudem der neue Partner des Narzissten über ausreichend pädagogisches Geschick verfügt und sich einfühlsam auf das Kind zubewegen und ein Fundament aus Vertrauen errichten kann, dann kann er für das Kind auch ein Segen und eine echte Bereicherung sein. Das sollte auch für den anderen Elternteil ein Grund zur Freude sein, da er weiß, dass es auf der anderen Seite eine Bezugsperson gibt, die sich zuverlässig und wohlwollend um das Kind kümmert.

Wie auch immer: Es wird nicht der Verdienst des Narzissten sein, wenn sich die beiden gut miteinander verstehen. Vielmehr hängt die Beziehung der beiden davon ab, inwieweit der neue Partner in der Lage ist, trotz der Gedankenlosigkeit des Narzissten ein gutes Verhältnis zum Kind aufzubauen.

Wie reagiert der andere Elternteil auf den neuen Partner?

Der andere Elternteil reagiert in der Regel eifersüchtig, weil er Angst hat, das Kind könnte den neuen Partner in sein Herz schließen und mit diesem mehr Zeit verbringen wollen als mit ihm. Plötzlich rückt eine starke Verlustangst in den Vordergrund und das objektive

Befinden des Kindes wird von dem anderen Elternteil kaum noch richtig wahrgenommen, weil dieser im Grunde nur das Schlechte in der neuen Bezugsperson sehen will. Der Gedanke, dass das Kind auch mit dem neuen Partner eine gute Beziehung aufbauen könnte, ohne bereits bestehende Beziehungen in Frage zu stellen, kommt dann gar nicht erst auf. Der neue Partner wird als Konkurrent erlebt und sein Verhalten künftig mit Argusaugen beobachtet in der Hoffnung, dass er im Umgang mit dem Kind scheitern wird. Kleinste Fehltritte des neuen Partners und verdächtige Eigentümlichkeiten werden zum Anlass genommen, das Kind vor dieser fremden Person zu warnen. Dann beginnt ein Prozess der Entfremdung, der es dem Kind unmöglich macht, dem neuen Partner zukünftig unvoreingenommen entgegenzutreten.

War schon der Einstieg des neuen Partners in die Welt des Kindes durch die dilettantische Einführung des Narzissten nicht besonders glücklich, so erfährt nun die neue Bezugsperson nicht nur den Widerstand des Kindes, sondern dieses erhält auch noch Schützenhilfe durch den anderen Elternteil, der sein Kind zur Rebellion ermuntert. Somit steht der neue Partner auf verlorenem Posten, weil er bei dem massiven Protest keine ausreichende und adäquate Unterstützung von dem Narzissten erhält. Plötzlich kämpft er gegen eine ganze Familie, was dazu führen kann, dass die Beziehung schnell wieder in die Brüche geht, weil der neue Partner dem Druck nicht standhalten kann.

Dann sucht sich der Narzisst einen neuen Partner, setzt ihn dem Kind vor die Nase und das Spiel beginnt von vorne. Der andere Elternteil wäre somit gut beraten, sich aus diesem Beziehungsgeflecht, das sich neu bilden möchte, gänzlich herauszuhalten, weil eine Einmischung dem eigenen Kind schaden könnte. Im Gegenteil: Er sollte das Kind sogar dazu ermuntern, dem Kontakt zu der neuen Bezugsperson positiv gegenüberzustehen und dem neuen Partner des narzisstischen Elternteils eine Chance zu geben. Auf diese Weise kann der andere Elternteil vielleicht verhindern, dass sich das Kind andauernd auf neue Bezugspersonen einstellen muss und sich so das Umfeld des Kindes ständig ändert.

Gabi

»Ende des Jahres war ich ja mit der Großen bei einem Heilpraktiker, weil sie die damalige Trennung seiner Freundin nicht verkraftet hatte. Sie hatte Pferde und die Wochenenden bei dem Vater bestanden somit aus Reiten. In dieser Zeit waren die Kinder auch ziemlich ausgeglichen, es gab keinerlei Probleme. Dann war das Pferd von jetzt auf gleich weg und sie weinte jeden Abend bitterlich. Es war für sie, als sei ein guter Freund gestorben. Daraufhin rief ich meinen Ex-Mann an und berichtete am Telefon über die Trauer unserer Tochter und sagte, dass er, wenn er eine neue Freundin in Aussicht hat, nicht gleich wieder die Kinder von Anfang an mit einbeziehen soll. Er schien einsichtig und versprach, das nächste Mal vorsichtiger zu sein. Drei Wochen am Stück meldete er sich daraufhin gar nicht mehr – weder telefonisch noch sonst wie. Als er am darauf folgenden Umgangswochenende klingelte, stand plötzlich eine wildfremde Frau bei uns vor der Haustür. Als ich ihn darauf ansprach, was das solle und dass die Große dann wieder zum Psychotherapeuten gehen dürfe, zuckte er einfach mit den Schultern. Diese Beziehung hielt auch nicht lange, ständig haben sich die beiden gestritten, und gerade als sich meine Kinder wieder an die neue Freundin gewöhnt hatten, verschwand sie auch schon wieder und es dauerte nicht lange, dann zog die nächste Frau in seine Wohnung. Ich mag meine Kinder schon nicht mehr abgeben, weil ich weiß, dass sie verstört wieder zurückkommen.«

Es sollte auch im Interesse des anderen Elternteils sein, dass sich das Kind im Zuhause des Narzissten wohlfühlt. Wenn der Narzisst sich nicht ausreichend Zeit für das Kind nimmt und sich nicht auf die Bedürfnisse und das Wesen des Kindes einstellen kann, in der gemeinsamen Zeit mit dem Kind nun aber eine weitere Bezugsperson zur Verfügung steht, die versucht, liebevoll mit dem Kind umzugehen, kann auf diese Weise ein vernünftiger Ausgleich und ein Gegengewicht zum narzisstischen Erziehungsstil geschaffen werden. In vielen Fällen erfährt der co-narzisstische Elternteil dann eine emotionale Entlastung, weil er sich nicht mehr ganz so viele Sorgen um das Wohl des Kindes machen muss, wenn es bei dem Narzissten ist. Ein neuer Partner muss daher nicht zwangsläufig eine Katastrophe für das Kind sein – auch dann nicht, wenn sich der Narzisst nicht um eine vernünftige Zusammenführung bemüht. Er kann für das Kind sogar ein Segen sein. Daher sollten betroffene Elternteile nicht zu früh urteilen, wenn in das Leben des Narzissten ein neuer Partner tritt, sondern die Entwicklung aufmerksam beobachten.

Wenn die Beziehung mit dem Narzissten vom Ex-Partner noch nicht ausreichend verarbeitet wurde, besteht allerdings die Gefahr, dass durch einen neuen Partner alte Erinnerungen und Verletzungen wieder hochkommen. Plötzlich bekommt der Ex-Partner mit, wie der Narzisst den neuen Partner verwöhnt und hofiert. Beim Anblick dieser romantischen Zweisamkeit wird er eifersüchtig, weil sich der Narzisst am Ende der Beziehung ihm gegenüber ganz anders zeigte. Er sieht, wie der neue Partner in den Himmel gehoben und geradezu idealisiert wird, so wie er es selbst einmal wurde, bevor er in Ungnade fiel. Er wird mit der Freude und dem Glück des neuen Partners, das dieser in dem Narzissten gefunden hat, und dem eigenen Leid, das er durch den Narzissten erfahren hat, konfrontiert und fühlt sich sofort miserabel. Die Selbstzweifel melden sich wieder und betroffene Elternteile fragen sich dann, was sie nur falsch gemacht haben und warum sie nicht auch die zauberhaften Seiten des Narzissten wieder zum Leben erwecken konnten. Sie können nicht verstehen, warum sich der Narzisst gegenüber dem neuen Partner so verwandelt zeigt, während er sie nur noch mit Füßen tritt.

Zudem wird die Wut von betroffenen Elternteilen erfolgreich aufrechterhalten, wenn der neue Partner bei allen Gelegenheiten mit dabei ist und z. B. das Kind vom Kindergarten oder von der Schule abholt, auf Schulveranstaltungen und Familienfesten ebenfalls anzutreffen ist oder an Lehrer- und Arztgesprächen ganz selbstverständlich teilnimmt. Wenn der neue Partner in trauter Zweisamkeit mit dem Kind spricht, kuschelt und spielt, es verwöhnt und seinen Sonnenschein nennt, kann das den Blutdruck des anderen Elternteils in die Höhe treiben. Betroffenen Elternteilen fällt es dann schwer, vorrangig an das Wohl des Kindes zu denken, weil sie das Gefühl haben, durch den neuen Partner kurzerhand ersetzt worden zu sein. Außerdem tut dieser sich anscheinend auch keinen Zwang an, das Kind wie sein eigenes zu behandeln. Zu sehr werden betroffene Elternteile dann von ihrer Eifersucht gequält und sie warten inständig darauf, dass die neue Beziehung des narzisstischen Elternteils endlich scheitert – egal, was für Auswirkungen dies auf das Kind hat.

Der neue Partner erleidet dasselbe Schicksal

In den meisten Fällen ist davon auszugehen, dass sich das neue Familienleben des Narzissten so gestaltet wie in der vorherigen Beziehung. Der neue Partner hat oft dieselben Eigenschaften wie der Ex-Partner – in vielen Fällen ähnelt sich sogar das äußere Erscheinungsbild auf verblüffende Weise. Der neue Partner wird mit zunehmender Dauer der Beziehung mit denselben Schwierigkeiten zu kämpfen haben wie einst der Ex-Partner. Da die Trennung und die damit verbundenen schmerzhaften Erfahrungen bei dem Narzissten nicht zu einer Einsicht und somit zu einer Veränderung führen, wiederholt sich das Szenario: Der Narzisst bestimmt über das Familienleben, setzt die Regeln und gibt den Takt vor. Seine Ansprüche werden im Laufe der Beziehung ständig größer und immer seltener wertschätzt er die Bemühungen seines neuen Partners. Dieser verweigert dann irgendwann den Dienst, weil er nicht länger nur als Knecht behandelt werden möchte. Der Narzisst spürt den Unmut des Partners und zeigt sich vorübergehend wieder von seiner charmanten Seite. Hat sich der neue Partner aber beruhigt und ist er wieder motiviert, beginnt der Narzisst wieder, überzogene Forderungen zu stellen und sich rücksichtslos und verletzend zu verhalten. Dann begibt sich der neue Partner erneut in den offenen oder verdeckten Widerstand und das Spiel beginnt von vorne, bis sich der neue Partner irgendwann nur noch als Opfer erlebt und sich die Frage stellt: »Warum mache ich das alles, wenn außer Kritik und Demütigungen nichts dabei herauskommt?« Und so gerät die Beziehung in Gefahr, wobei dieser Prozess zuweilen über Jahre verlaufen kann, bis sich der Partner dieser Muster allmählich bewusst wird oder bis er aufgrund von Erschöpfung einfach nicht mehr kann.

Das Kind wird diese Entwicklung in Form von zunehmender Vernachlässigung durch den neuen Partner spüren. Dieser hält sich mit seinem Engagement gegenüber dem Kind zurück, weil ihm entweder zunehmend die Kraft fehlt oder weil er in Gedanken versunken ist und ständig über den Beziehungskonflikt grübeln muss. Weil es eben nicht das eigene Kind ist und daher die Grenzen der Selbstlosigkeit schneller erreicht werden, rücken die Bedürfnisse des Kindes mehr und mehr in den Hintergrund. Dann wächst das Kind ohne die Zuwendung des narzisstischen Elternteils und mit einer geringen und zunehmend kraftlosen Zuwendung des neuen Partners auf, der sich zwischen allen Fronten aufreibt.

Auf Dauer bleibt es nicht aus, dass das Kind in den Konflikt der beiden Erwachsenen hineingezogen und stark verunsichert wird. Meist löst dies den Prozess aus, dass sich das Kind wieder stärker zum anderen Elternteil hingezogen fühlt, wenn dieser mehr Aufmerksamkeit, Wärme, Verständnis und Stabilität geben kann. Wenn der Konflikt zwischen dem Narzissten und dem neuen Partner ins Rollen kommt – und man sollte davon ausgehen, dass diese Situation irgendwann eintreten wird –, dann ist es wichtig, dass auf der Gegenseite ein Ausgleich stattfindet. Kinder brauchen Zuwendung, und dort, wo sie Zuwendung finden, da fühlen sie sich auch wohl.

Betroffene Elternteile brauchen sich also keine Sorgen zu machen: Weder wird sich das Kind bei der neuen Bezugsperson wohler fühlen als bei Ihnen noch wird es dem neuen Partner an der Seite des Narzissten besser gehen. Mischen sich betroffene Elternteile jedoch aus Eifersucht in diese Beziehung ein, bewirken sie nur, dass das Kind darunter leidet und dass sich die Erwachsenen gemeinsam gegen den aufgebrachten Elternteil wenden. Lassen betroffene Elternteile hingegen den Dingen ihren Lauf – sofern keine echte Gefahr für das Kind besteht –, dann wird die neue Beziehung mit der Zeit dieselben Probleme produzieren wie die alte. Das wird die Position des betroffenen Elternteils stärken und dem Kind wird hierdurch nur noch bewusster, wie schwierig der Umgang mit dem narzisstischen Elternteil ist.

Wenn weitere Geschwister hinzukommen

Bringt der neue Partner eigene Kinder mit oder kommen in der Beziehung mit dem neuen Partner weitere Kinder hinzu, ergeben sich weitere Probleme. Dann widmet sich der neue Partner möglicherweise mehr den eigenen Kindern, weil er vom Narzissten mit dessen Kind ohnehin nicht ausreichend vertraut gemacht wurde. Außerdem kann eine bestehende Rivalität zwischen dem neuen Partner und dem Kind dazu führen, dass der neue Partner das Kind des Narzissten ungenügend beachtet und ausgrenzt und seine eigenen Kinder bevorzugt. Auch kann das Kind des Narzissten die neuen Geschwister meiden oder sich aggressiv ihnen gegenüber verhalten. Zwar zielt dann die Eifersucht des Kindes vordergründig auf das andere Kind oder die anderen Kinder, gemeint sind aber immer die Hauptbezugspersonen, die dem Kind das Gefühl geben, sich nicht ausreichend um es zu kümmern.

Das Hauptproblem bei solchen Konstellationen liegt darin, dass sich ständig jemand benachteiligt fühlt und glaubt, weniger Zuwendung als andere zu bekommen. Dieser Zustand wird ja bereits vom narzisstischen Elternteil gefördert, der den neuen Partner für sich allein beanspruchen will, diesen aber gleichzeitig mit der Erziehung der Kinder beauftragt. Die mangelnde Aufmerksamkeit des Narzissten empfinden die Kinder als Ablehnung, weshalb sie sich zunehmend auf den anderen Elternteil konzentrieren. Dieser kann sich aber nicht zerteilen und sich um alle Kinder kümmern, was wiederum zu Rivalitäten unter den Kindern führt. Der neue Partner ist überfordert und wendet sich in seiner Not vorrangig den Kindern zu, mit denen er ein gutes Verhältnis hat. Die Kinder werden dann in brave und schwierige Kinder eingeteilt und entsprechend behandelt.

Eine gleichmäßige und gerechte Zuwendung ist somit die große Herausforderung in solchen Patchwork-Familien. Diese kann es unter der narzisstischen Führung aber niemals geben, weil der narzisstische Elternteil sämtliche Zuwendung schon für sich allein beansprucht. Besonders brisant wird es aber dann, wenn die Eltern sich für ein gemeinsames Kind entscheiden. Dann bekommt in der Regel das Baby mehr Aufmerksamkeit als die anderen Kinder. Das kann den Kampf um Zuwendung noch weiter verschärfen, es kann aber auch dazu führen, dass die anderen Kinder enger zusammenrücken, um sich gegenseitig zu stärken. Die Abwesenheit der Eltern und die Eifersucht auf das Neugeborene können die anderen Kinder enger zusammenschweißen.

Auch kann sich eine echte Freundschaft unter den Kindern entwickeln, wenn sich die Erwachsenen ständig streiten und aufgrund ihres Konfliktes überhaupt keine Zeit und Kraft mehr haben, den Kindern ihre Aufmerksamkeit zu schenken. Dann werden die Geschwister zu einem wichtigen Ausgleich für die Abwesenheit der Bezugspersonen. In solchen Fällen kann die Freundschaft der Kinder untereinander eine so große Bedeutung bekommen, dass eine Trennung der Eltern für das Kind wieder einen herben Verlust bedeuten würde.

Folgende Rahmenbedingungen sollten Elternteile für die Kinder schaffen, wenn Stiefgeschwister oder Halbgeschwister dazukommen:

- Die Beziehung zu den eigenen Kindern darf nicht vernachlässigt werden.
- Es darf kein Grund zur Eifersucht gegeben werden, indem andere Familienmitglieder bevorzugt werden.
- Jeder Elternteil sollte jeweils zu den Kindern des anderen Elternteils eine gute Beziehung aufbauen und unterhalten, was gleichzeitig als Vorbildfunktion für die eigenen Kinder dient.
- Geduld sollte aufgebracht und Zeit und Raum sollten gewährt werden, damit sich die Kinder kennenlernen und gemeinsame Erfahrungen machen können.
- Die Eltern sollten sich möglichst nicht in das Beziehungsverhalten der Kinder einmischen und nicht bei der Bildung einer natürlichen Hierarchie unter den Kindern intervenieren.

Von anderen Kindern akzeptiert zu werden, ist für alle Kinder von zentraler Bedeutung für ihr Wohlbefinden. Jedes Kind muss daher innerhalb einer Gruppe seinen Platz finden. Dabei bringt jedes Kind seine eigene Veranlagung und seine eigenen Ansprüche mit. Ein

Kind braucht vielleicht besonders viel Aufmerksamkeit und ständig die anderen Kinder um sich herum, während ein anderes Kind sich weitgehend selbst genügt. Das eine Kind will die Rolle des Anführers einnehmen, während das andere Kind die Rolle des Eigenbrötlers beansprucht. Erlebt das Kind eine Diskrepanz zwischen seinen eigenen Wünschen und Vorstellungen und dem Alltagsgeschehen, wird es leiden und sich anstrengen, einen passenden Platz für sich zu finden und hierfür eine eigene Strategie zu entwickeln. Das Verhalten der Kinder untereinander und die natürliche Rangfolge pendeln sich für gewöhnlich von alleine ein. Auf diese gruppendynamischen Entwicklungen können die Eltern keinen Einfluss nehmen und daher sollten sie sich auch so weit wie möglich heraushalten. Mischen sie sich dennoch ein, kann sich der Prozess der Bildung einer natürlichen Ordnung erheblich verlängern. Außerdem kann es dann sein, dass die Kinder ihrerseits die Eltern instrumentalisieren und dazu benutzen, ihre Rechte gegenüber den anderen Kindern durchzusetzen.

Wenn betroffene Elternteile wieder an einen Narzissten geraten

Auch der andere Elternteil kann sich natürlich wieder verlieben, wobei hier die Gefahr besteht, dass er sogleich an den nächsten Narzissten gerät, wenn er seine Vergangenheit nicht aufarbeiten und den narzisstischen Missbrauch nicht aufdecken konnte. In diesem Fall will der neue narzisstische Partner unter Umständen gar keine Beziehung zu dem Kind eingehen, weil er einfach nur an einer Partnerschaft interessiert ist, aber keine Ambitionen verspürt, ein Familienleben zu unterhalten. Das Kind wird als Belastung empfunden und der narzisstische Partner erwartet von dem Elternteil, dass dieser das Kind wegschafft oder dafür sorgt, dass es nicht stört. Außerdem wird der Elternteil ermutigt, sich nicht alles von dem Kind gefallen zu lassen und strenger durchzugreifen. Dann kommt in den bisherigen Erziehungsstil eine ganz neue Note, die das Verhältnis des Kindes zum Elternteil nachhaltig verschlechtern kann, wenn sich betroffene Elternteile von dem Narzissten nicht abgrenzen können.

Plötzlich drängelt sich eine neue Person in die Eltern-Kind-Beziehung und stellt die eigenen Bedürfnisse über die der anderen. Bestehende Regeln und Abläufe im Familienleben werden auf den Kopf gestellt und durch neue Muster ersetzt, die vorrangig den Wünschen und Interessen des Narzissten dienen und weniger denen des Kindes. Die bisherige Geborgenheit und Vertrautheit verschwindet und das Kind wird zwangsläufig gegenüber dem neuen Lebenspartner des Elternteils misstrauisch.

Ein Narzisst fühlt sich meist unwohl und wird eifersüchtig, wenn sich der Elternteil aus seiner Sicht zu sehr um das Kind kümmert. Gerade Narzissten haben es gar nicht gern, wenn ein Kind mehr Zuwendung erfährt als sie selbst. Wenn er die Gründe für das Verhalten des Narzissten nicht durchschaut, ist der Elternteil emotional gezwungen, den Umfang der Betreuung des Kindes zu begrenzen, um sich mehr dem Narzissten widmen zu können, was in der Folge wiederum dazu führt, dass sich das Kind unwohl fühlt und seinerseits eifersüchtig wird. Dann bringt der neue Partner ein Ungleichgewicht in die zuvor bestehende Harmonie.

Noch mehr wird das bisherige Familienleben leiden, wenn der Narzisst eigene Kinder mitbringt und alle in einer gemeinsamen Wohnung zusammenleben. Dann werden bisherige Regeln und Gebräuche einfach über Bord geworfen und es gelten nur noch die Spielregeln und Sitten, die schon zuvor bei dem Narzissten gegolten haben. Die Gewohnheiten der einen Seite werden allesamt wegrationalisiert, während die Art des narzisstischen Familienlebens als beispielhaft dargestellt wird. Auf diese Weise kann das Kind stark verunsichert werden, weil alle Regeln, Gewohnheiten und Abläufe, die zuvor Gültigkeit hatten und an die sich das Kind gewöhnt hatte, plötzlich nicht mehr vorhanden sind oder über sie sogar noch gespottet wird. Wenn sich dann der betroffene Elternteil nicht gegen die Vormachtstellung des Narzissten wehrt, besteht die Gefahr, dass die kleine Welt des Kindes aus den Fugen gerät und sich völlig auf den Kopf stellt, was bei einem Kind sehr große Unsicherheit auslösen muss und in der Folge zu Verhaltens- und Entwicklungsstörungen führen kann.

Die Verfügbarkeit des Elternteils für das Kind wird durch einen neuen Partner und durch neue Geschwister – seien es nun Stief- oder Halbgeschwister – eingeschränkt. Da sich ein narzisstischer Elternteil nicht für eine harmonische Eingliederung und ein gutes Miteinander verantwortlich fühlt und auch nur begrenzte Möglichkeiten besitzt, dazu einen positiven Beitrag zu leisten, hängt das Gelingen von dem anderen Elternteil und dem Bemühen der Kinder ab.

Schlussbemerkung

Wenn sie ihrem Kind eine schöne Kindheit und eine förderliche Erziehung zukommen lassen wollen, kommen betroffene Elternteile nicht darum herum, sich aus der Opferhaltung zu lösen und Verantwortung für ihr Leben und das Leben ihres Kindes zu übernehmen. Betroffene dürfen nicht mehr länger dem destruktiven Einfluss des narzisstischen Elternteils unterliegen, sondern sollten sich im Bewusstsein ihrer eigenen Werte und Überzeugungen aus den Klammern dieses streitsüchtigen Ignoranten lösen.

Die Kunst liegt darin, dem narzisstischen Elternteil die Führung abzunehmen, ohne ihn spüren zu lassen, dass sein Einfluss nur noch gering ist. Indem Sie sich mit allen notwendigen Sachfragen auseinandersetzen, zeigen Sie ihm, dass Sie bereit sind, ihn ernst zu nehmen, und auch seine Ansichten prüfen und berücksichtigen. Indem Sie sich aber gleichzeitig von seinen unsachgemäßen, übertriebenen und kränkenden Reaktionen distanzieren, zeigen Sie ihm, dass Sie nicht mehr über Ihre Gefühle manipulierbar sind, und nehmen ihm auf diese Weise sein stärkstes Machtinstrument. Indem Sie sich unverzüglich – notfalls auch mit juristischen Mitteln – zur Wehr setzen, zeigen Sie ihm, dass er eine Grenze überschritten hat und dass Sie nicht mehr mit sich spielen lassen. Sie zwingen ihn somit dazu, dass er Sie zukünftig ernst nehmen muss.

Der Kampf gegen einen narzisstischen Elternteil hört dann auf, wenn Sie sich entscheiden, nicht mehr kämpfen zu wollen. Sie verzichten darauf, den Narzissten zu attackieren und ihn Ihrerseits anzugreifen und verletzen zu wollen. Auch nehmen Sie Abstand davon, den Narzissten zu einem guten Menschen erziehen zu wollen, und begraben die Hoffnung, dass dieser sich jemals ändern wird. Zudem gehen Sie nicht mehr auf seine Provokationen ein und lassen den Unrat an sich vorbeischwimmen. Sie stehen jedoch zu Ihren Überzeugungen und kämpfen um Ihr gutes Recht – nicht mehr, aber auch nicht weniger. Sie greifen den Narzissten zukünftig nicht mehr an, verteidigen sich aber entschlossen, wenn er sich nicht an Vereinbarungen hält oder eine Grenze überschreitet.

Ansonsten ist Ihnen das Leben des Narzissten gleichgültig, solange Ihr Kind keinen ernsthaften Schaden unter seinem Einfluss nimmt. Wenn Sie diesen seelischen Zustand erreicht haben und Ihnen das Leben, das Wirken und die Ansichten des Narzissten wirklich aus ganzem Herzen völlig egal sind, dann kann er Sie auch nicht mehr berühren. Dann haben Sie ihn seiner Macht beraubt, weil er Sie nicht mehr treffen kann – weder positiv noch negativ. Sie reagieren nicht mehr auf schöne Worte und Sie reagieren auch nicht mehr auf hässliche Worte – Sie bedauern innerlich nur noch das narzisstische Gehabe.

Dann steigen Sie auch nicht mehr emotional auf seine Äußerungen ein, sondern konzentrieren sich ausschließlich auf die sachlichen Umgangsfragen, die das Kind betreffen. Selbst das oppositionelle Verhalten des Narzissten, das immer nur Ärger und Umstände bereitet, löst bei Ihnen keine Kopfschmerzen mehr aus, weil Sie angesichts der Kenntnisse über die narzisstische Persönlichkeitsstörung gewisse Turbulenzen automatisch einkalkulieren. Es ist zwar jedes Mal wieder ärgerlich, wenn man mit Unnützem, Widersprüchlichem, Eigentümlichem, Unverschämtem oder Unrechtem belästigt wird, man erkennt aber immer besser die große und unüberwindbare seelische Not des narzisstischen Elternteils, der zur Regulierung seines schwachen Selbstwertes das Gefühl der Macht braucht. Sein ganzes Ansinnen besteht nur darin, besser zu sein als andere, und daher müssen Sie immer wieder damit rechnen, dass der Narzisst Wege suchen und finden wird, um Sie zu benachteiligen und Ihnen zu beweisen, dass Sie minderwertiger sind.

Es ist wie bei Ihrem Kind: Es braucht Ihre Aufmerksamkeit und Liebe, um sich in Ihrem Augenausdruck spiegeln zu können und in Ihrer Warmherzigkeit seinen eigenen Wert zu erkennen. Sind Sie Ihrem Kind freundlich zugewandt, kann es auf seine eigene Liebenswürdigkeit schließen. Sind Sie Ihrem Kind gereizt und missmutig zugewandt, dann schließt es auf seine Minderwertigkeit.

Genauso braucht auch der Narzisst Ihre Gefühle, um sich darin selbst zu erkennen und sich daran aufzubauen. Bekommt er sie nicht mehr, werden all seine Bestrebungen und Absichten plötzlich sinnlos und er muss sich notgedrungen ein neues Opfer suchen. Das kann

zuweilen allerdings recht lange dauern, weil ein Narzisst sehr hartnäckig und widerspenstig sein kann. Aber auch dieser Prozess liegt
allein in Ihren Händen. Solange Sie auch nur das geringste Interesse
an ihm zeigen, solange Sie auch nur das kleinste Zeichen von Anteilnahme von sich geben oder sich auch nur den Hauch eines Gefühls
anmerken lassen, bleibt er Ihnen erhalten. Erst wenn Sie sich über
einen längeren Zeitraum ihm gegenüber völlig distanziert, nüchtern
und abgeklärt verhalten, wird er aufgeben und sich abwenden.

Hinweis

Der Autor Sven Grüttefien ist der Verfasser der Webseite:
http://www.umgang-mit-narzissten.de

Hier finden Sie weitere umfangreiche Informationen über das
Thema Narzissmus sowie hilfreiche Tipps zum Umgang mit Narzissten, aber auch wie man sich von einem Narzissten trennen und
die eigenen Erlebnisse aufarbeiten kann.

Es erscheinen regelmäßig neue Beiträge, in denen das Thema Narzissmus von allen Seiten betrachtet wird. Der Narzissmus findet sich
in vielen alltäglichen Situationen und wenn man lernt, darauf zu
achten, dann kann man seine Muster und Gesetzmäßigkeiten sehr
schnell erkennen.

Außerdem haben Leser auf dieser Seite die Möglichkeit, untereinander zu kommunizieren und sich über ihre Erfahrungen auszu-
tauschen. Der regelmäßig erscheinende Newsletter bietet außerdem
die Möglichkeit, stets über alle Neuigkeiten zu diesem Thema informiert zu werden. Zudem können Sie hier mit dem Autor direkt
in Kontakt treten.